本书受广东省教育厅人文社会科学重点研究基地
重大项目（编号08JDXM82004）资助

刑事诉讼法再修改
专题研究

"中国刑事诉讼法再修改与人权保障"国际学术研讨会论文集

主　编／杨松才　肖世杰

副主编／袁兵喜　陈佑武　刘志强

中国检察出版社

图书在版编目（CIP）数据

刑事诉讼法再修改专题研究/杨松才，肖世杰主编．—北京：
中国检察出版社，2009.8
ISBN 978－7－5102－0145－5

Ⅰ．刑…　　Ⅱ．①杨…②肖…　　Ⅲ．刑事诉讼法－专题研究－
中国－文集　Ⅳ．D925.204－53

中国版本图书馆 CIP 数据核字（2009）第 152781 号

刑事诉讼法再修改专题研究

—— "中国刑事诉讼法再修改与人权保障" 国际学术研讨会论文集

杨松才　肖世杰　主编

出　版　人：袁其国

出版发行：中国检察出版社

社　　　址：北京市石景山区鲁谷西路5号（100040）

网　　　址：中国检察出版社（www.zgjccbs.com）

电子邮箱：zgjccbs@ vip. sina. com

电　　　话：（010）68630385（编辑）　68650015（发行）　68636518（门市）

经　　　销：新华书店

印　　　刷：三河鑫鑫科达彩色印刷包装有限公司

开　　　本：720mm×960mm　16 开

印　　　张：24.5 印张　　插页2

字　　　数：451 千字

版　　　次：2009 年 8 月第一版　　2009 年 8 月第一次印刷

书　　　号：ISBN 978－7－5102－0145－5

定　　　价：48.00 元

前　　言

2008 年 12 月 6 日至 7 日，由广州大学人权研究中心主办，中国社会科学院法学研究所、北京市海淀区人民检察院、广州大学法学院、广东商学院法治与经济发展研究所协办的"中国刑事诉讼法再修改与人权保障"国际学术研讨会在广州隆重召开。此次会议规模浩大，盛况空前，云集了国内外多位一流的刑事法专家和学者。我国著名法学家、中国政法大学终身教授、前校长、博士生导师陈光中教授在大会发言时曾深有感慨地认为，这是刑事诉讼法再修改议题受学界关注以来规模最为盛大的一次会议。的确，能够在远离学术中心（北京）的广州召开一次论旨并不算新鲜而规模却如此盛大的会议，确属不易。

本次国际学术研讨会荟萃了来自中国社会科学院法学所、北京大学、中国政法大学、西南政法大学、北京师范大学、厦门大学、中山大学、湘潭大学、湖南大学、浙江工商大学、华南理工大学、广东商学院、深圳大学、暨南大学、贵州大学、汕头大学、华南农业大学、广东工业大学、贵州民族学院、四川警官学院、广东金融学院和广州大学以及丹麦人权研究所、纽约大学、澳大利亚 La Trobe 大学、香港大学、香港中文大学等数十所高等院校和科研机构以及国家司法部、共青团中央青少年犯罪研究会、北京市海淀区人民检察院、中国法学会和广东、湖南、江西等省、地、市的公安部门、人民检察院、人民法院、律师事务所等实务部门的专家学者和司法事务人员共一百五十余位代表。

本次国际研讨会是在丹麦人权研究所的大力资助下召开的，属于丹麦人权研究所资助的"中国刑事诉讼法再修改与人权保障"平台合作项目课题的一部分。该项目于 2006 年 1 月启动，在丹麦人权研究所的资助下，由中国社科院法学研究所、北京市海淀区人民检察院、北京京鼎律师事务所和广州大学人权研究中心四家学术科研单位和实务部门组成。3年多来，平台四方紧紧围绕与我国刑事诉讼法再修改比较迫切的、与人权保障直接相关的八个方面的问题（如权利告知、辩护权保护、禁止刑讯逼供、取保候审与羁押正当性、起诉裁量权、未成年人案件暂缓起诉、证人出庭作证和死刑案件二审程序等）进行了专门深入的规范研究、系统论证和实证调查，并经最终整合四方平台的工作成果，形成了较为系统的《中国刑事诉讼法建议稿与论证》，现已提交国家有关立法部门和司法部门。

该次国际研讨会既是对上述平台项目阶段性成果的一个总结与评价，更是对平台项目与我国刑事诉讼法再修改的若干热点、难点问题所进行的一次大型的学术研讨。会议紧紧围绕我国刑事诉讼法再修改的基本理念、被指控人权利告知、刑事辩护权的保障与落实、取保候审与羁押正当性、刑事证据制度的建立健全、起诉裁量权（包括未成年人暂缓起诉）、刑事被害人问题以及死刑案件特别程序等相关议题展开了深入的交流和研讨。会议共收到论文50余篇，专题报告4件，建议稿与论证1件。整个会议议程安排合理，详略得当，内容丰富，既有关于重要主题的精彩发言，也有同行专家就主题发言的全面点评，更有意义的是，会议不仅在主题发言和点评后安排"提问与回答"的互动机会，还安排了较为充裕的时间进行专门的发言与讨论，使尽可能多的学者能有机会充分展现自己的思想主张和学术观点。因此，此次会议得到了各位与会专家和社会各方面的普遍好评。

2004年，国家将"尊重和保障人权"正式载入《宪法》，标志着我国人权建设事业步入一个崭新的历史时期。对于与人权保护密切相关的刑事法治领域来说，无论从刑事立法还是从司法实践来看，近几年我国在犯罪嫌疑人、被告人权利保障领域所取得的成就是巨大的。当然，受历史、文化和经济社会发展水平等因素的影响和制约，我国的人权发展还面临诸多挑战，我们在人权保障领域的问题也是存在的。近年来，刑事诉讼法的再修改问题一度成为法学理论界、司法实务界乃至全国范围内的热点，即是我国在人权保障领域至少在刑事立法中所存在的一系列弊端的反映。令人可喜的是，继本届与上届两届人大把刑事诉讼法的再修改列入立法议程之后，2009 年 4 月在由国务院新闻办发布的《国家人权行动计划（2009—2010 年）》中，又大篇幅地在"公民权利与政治权利保障"中就严禁刑讯逼供、严格死刑审判程序与完善死刑复核程序、被羁押者的权利和获得公正审判的权利等问题进行了明确具体的规范，并将之作为未来两年我国政府在促进和保护人权方面的工作目标和具体措施。结合我国在人权建设事业上取得的长足进步，我们完全有理由相信我国政府在人权建设事业上的决心与能力，也完全有理由相信我国刑事诉讼法在不久的将来会朝着更有利于人权保障的方向进行修改和完善，并在我国人权保护事业上大有作为。正因为如此，作为人权理论研究工作者，我们愿乘驾当前我国人权建设事业之强劲东风，尽自己绵薄之力为祖国的人权建设事业干点添砖加瓦之类的工作。呈现在读者面前的这部专题论文集，即是编者在国际学术会议提交的论文中经过精心挑选、编辑和整理而成的，尽管此举难免亦有掠人之美之嫌（因为文集作品更多凝聚的是各位专家的心智），却也包含了编者与出版社编辑同志的一些心力。因此，在感谢各位专家与出版社编辑同志的辛勤劳动的同时，祈望该论文集对于加快我国刑事诉讼法的再修改之进程能在思想上提供若干智识资源以及在实践上提供某些鲜活素材。

馨香祷祝之！

编　者

2009 年 7 月

目　　录

专题三　刑事证据制度

专题四　起诉裁量权、刑事辩护与刑事审判

专题五　死刑案件特别程序

专题六　刑事被害人

专题七　调研报告

专题一

刑事诉讼法再修改基本理论

刑事诉讼法再修改的理性思考

樊崇义　吴光升[*]

虽然现代西方大儒雅斯贝斯曾言："完成从而认识理性是什么，从来是并且永远是真正的哲学任务。"[①] 但是，对于何谓理性，从古到今，却是众说纷纭。连哲学大师黑格尔也不得不发出这样的感慨："我们一般时常和多次听人说起理性，并诉诸理性，却少有人说明理性是什么，理性的规定性是什么?"[②] 现在一般认为，理性常在三种意义上使用：本体论、认知论、实践论。其中，用得较多的是后两者。

本体论意义的理性指的是作为人区别于动物的、用以调节自己的欲望、控制自己的行为，以协调自己与他人、社会的关系的精神活动与能力。这种具有浓厚伦理色彩的理性早在古希腊时就已产生。如柏拉图就认为，"人的灵魂分为三个部分，即情欲、意志和理性"，"三者之间有着一定的等级统属关系，理性最高，意志次之，情欲最低"，"一个有道德的人，就是一个理性控制了情感与情欲的人"。[③] 另外，弗洛伊德的"自我"的理性定义，其实也是一种本体论上的理性。他认为，人人皆有本我，即人人都有天性、本能、七情六欲或感情，满足这些是人生的根本动力，这就需要超我即压抑本我的规范来进行控制，否则一味放纵本我，人便会成为害群之马，受到社会的制裁；而一味服从超我，便会使自己异化而成为不正常的工具人。为此，人生便意味着随时地用自我在本我与超我之间进行判断和权衡。这种自我就是理性。但是，由于古希腊哲学中的神学因素，"理性"在古希腊罗马后期发生变异，并在中世纪的

---

　*　樊崇义，中国政法大学教授、博士生导师；吴光升，贵州大学法学院副教授、中国政法大学博士生。

　①　[德] 卡尔·雅斯贝斯著，王玖兴译：《生存哲学》，上海世纪出版集团2005年版，第51~52页。

　②　[德] 黑格尔著，贺麟译：《小逻辑》，商务印书馆1980年版，第355~356页。

　③　罗国杰、宋希仁：《西方伦理思想史》（上册），中国人民大学出版社1985年版，第157页。

宗教神学中成为上帝的理性，而不是人的一种能力。直到启蒙运动后，理性才又成为人的主体性特征。

认知论意义的理性，也称为理论理性，作为一种观念、知识形成的方式及结果，它是指以概念、判断、推理等思维活动获取高于感性与知性的知识的能力。大多数情况下的理性概念指的是这种认知论意义的理性。如以笛卡尔为代表的唯理论理性与以洛克为代表的经验论理性，一般都是从认知论的角度来理解与阐述的。这两种观点的区别主要在于知识获得的途径。唯理论认为认识真理和获得普遍有效知识的唯一途径就在于在明确前提的基础上通过逻辑演绎推理，凡是不能通过演绎推理证明为真的，都是不可信的知识。如笛卡尔认为，"我思故我存在"，"凡我们能够设想得很清晰、很判然的一切事物都是真的"，"认识外界事物不可靠感官，必须凭精神"。① 他"拒绝把任何不能以逻辑的方式从'清晰且独特的'明确前提中推导出来的从而也不可能加以怀疑的东西视为真实的东西"。② 而经验论则认为，真理或知识的获得不是通过逻辑推理所得，而是从经验中归纳所得。如洛克认为，根本就没有什么天生的观念或天赋的原则，观念来自于经验，"那么我们且设想心灵比如说是白纸，没有一切文字、不带任何观念；它如何装备上了这些东西呢？人的忙碌而广大无际的想像力几乎以无穷的样式在那张白纸上描绘了的庞大蓄积是从何处得来的？它从哪里获有全部的推理材料和知识？对此我用一语回答，从经验：我们的一切知识都在经验里扎着根基，知识归根结底由经验而来"。③ 现在的认知论理性一般是在平衡、调和唯理论理性与经验论理性基础上建立的认知论理性。如康德的认知理性概念就是调和唯理论理性和经验论理性形成的，他认为一切科学知识只能是感性与知性两大因素所构成，是感性材料与知性形式的结合。只是这种调和并不成功，因为他的调和是建立在他认为先验的知性原理和直观形式起主导作用之上的，即以某种固定不变的先验框架来规范、支配感性材料，歪曲了科学来自实践的根本性质。④ 博登海默的理性概念也可以纳入这个范围。博登海默认为，理性概念有广义的和狭义的两种，狭义的理性概念就是笛卡尔

① ［英］罗素著，马元德译：《西方哲学史》（下），商务印书馆1976年版，第87～89页。

② ［英］弗里德利希·冯·哈耶克，邓正来等译：《法律、立法与自由》（第一卷），中国大百科全书出版社2000年版，第4页。

③ ［英］罗素著，马元德译：《西方哲学史》（下），商务印书馆1976年版，第140页。

④ 李泽厚：《批判哲学的批判——康德评述》，天津社会科学院出版社2003年版，第52～53页。

的唯理论理性概念，而广义的理性概念，也就是"人用智识理解和应对现实的（有限）能力"，这种能力可以使人能够辨识一般性原则并能够把握事物内部、人与事物之间以及人与人之间的某种基本关系，可以使人有可能以客观的和超然的方式看待世界和判断他人，使人所作的评价并不是基于他本人的那些未经分析的冲动、前见和成见，而是基于他对所有有助于形成深思熟虑的判决的证据所作的开放性的和审慎明断的评断。① 依据这种能力作出论证和判断，虽然是建立在详尽考虑所有同解决某个规范问题有关的事实方面以及根据历史经验、心理学上的发现和社会学上的洞识去捍卫规范性解决方案中所固有的价值判断的，但从逻辑的角度来看，它可能既不是演绎的，也不是归纳的，而且严格来讲也不是使人非相信不可，不过却可能具有高度的说服力。②

实践论意义的理性，是一种行动的理性，也就是黑格尔所说的行动的推理，它实际指的是人进行正当行为的能力。由于人的行为往往出于一定的目的，这种目的的达到需要借助相应的方法、手段，实践论的理性实际包括价值理性或目的理性与工具理性两方面。价值理性也就是人类追求合理目标的能力，它要求的是以某种道德的理想和信念作为人们行为的最高目标；工具理性则是人类实现追求目标而使用各种方法、工具的能力，它注重的是如何有效达到预期目的与效果，只考虑行为所达到的功用、利益和效果。工具理性和价值理性最早见诸韦伯的理性异化观点。在韦伯看来，新教徒由于自认为是上帝选民而形成一种"天职"观念的职业伦理，这种职业伦理使得新教徒们争相以世俗工作的成功来证明自己是上帝的选民。这种对世俗工作的追求导致了经济政治活动中理性主义的发展，从而最终推动了资本主义的产生。在这之中，上帝的观念是一种价值理性，而世俗活动则是一种工具理性，这时的理性对新教徒来说是一个完整的统一体。可随着近代科学的迅猛发展，宗教的理论基础受到削弱，人们开始怀疑上帝选民这种价值，"寻求上帝天国的狂热开始逐渐变为冷静的经济德性，宗教的根慢慢枯死"。由于价值理性的丧失，物质与金钱成了人们追求的直接目的，而人的活动本身则异化为经济理性与金钱的手段。"金钱和物质这些身外之物对圣徒来说，本应'是披在他们肩上的一件随时可

---

① ［美］E. 博登海默著，邓正来译：《法理学、法律哲学与法律方法》，中国政法大学出版社 1999 年版，第 454 页。

② ［美］E. 博登海默著，邓正来译：《法理学、法律哲学与法律方法》，中国政法大学出版社 1999 年版，第 260 页。

甩掉的轻飘飘的斗篷'，然而命运却注定这斗篷变成一只铁的牢笼。"① 理性为此被分化而主要成为一种工具理性。

从西方社会发展史来看，正是理性促进了科学思维的发展，而科学思维的发展又推动了科学技术的发展，从而促进工业的发展。可以说，是理性带来了现代工业文明。理性虽然催生了现代工业文明，但由于对其的不合理使用，也给现代社会带来了诸多问题，如两次世界大战大规模的破坏性后果，全球环境的恶化，贫富两极分化，有关克隆技术的使用问题，等等。再加上"20世纪的科学已经提供了使得理性主义的雄心显得过于自负的答案，这种答案本身表明人必须改进他那传统的理性概念"，② 理性万能的神话逐渐被打破。如爱因斯坦相对论的提出，使任何自称发现绝对的、终极的知识的观念几乎成为了不可能，"相对论的时代使人想要找到他能够为之坚定地毫不含糊地献身的终极价值的希望大大破灭了"；③ 海森堡的"测不准原理"④ 的出现，也使一些西方哲学家认为因果论和决定论因此破产；还有就是哥德尔的"不完全性定律"，⑤ 使"在那些理性科学中最可靠的领域中出现人的不牢靠感，标志着西方思想中一个新转折点"。⑥ 其他的还有弗洛伊德的精神分析学的创立，也对由亚里士多德提出的"人是理性动物"这一传统观念造成巨大冲击。由于这些问题，不少人把问题的矛头指向理性，怀疑人的理性。如海德格尔就对理性进行了否定："唯有当我们体会到，千百年来被人们颂扬不绝的理性乃是思想

---

① ［德］马克斯·韦伯著，于晓、陈维刚等译：《新教伦理与资本主义精神》，三联出版社1987年版，第138～142页。

② ［美］威廉·巴雷特著，彭镜禧译：《非理性的人》，商务印书馆1995年版，第36页。

③ ［美］L. J. 宾克莱著，马元德等译：《理想的冲突》，商务印书馆1983年版，第52页。

④ 由德国物理学家维尔纳·海森堡在1927年提出，这一理论表明了要同时测定微观粒子的位置和动量是不可能的。即我们不可能设想出任何一种办法，把任何一种物体的位置和动量两者同时精确地测量下来。你把位置测定得越准确，你所能测得的动量就越不准确；你测得的动量越准确，你所能测定的位置就越不准确。

⑤ 由德国著名数学家哥德尔在1931年提出，该定律与塔斯基的形式语言的真理论、图灵机的判定问题理论，被赞誉为现代逻辑科学在哲学方面的三大成果。该定律表明我们永远不可能把数学形式化为任何完整的系统，或者说我们根本不能建立一组可以凭以推导出一个完美无缺的数学体系的公理。

⑥ ［美］威廉·巴雷特著，彭镜禧译：《非理性的人》，商务印书馆1995年版，第39页。

的最顽冥的敌人，这时候思想才能启程。"① 这也就导致现代社会非理性主义和反理性主义的诞生。非理性主义，也称非逻辑主义，这种观点一是主张知识的相对化，认为并不存在绝对的知识。如尼采就认为，真理本质上是一种解释的艺术，不是发现的，而是为了生存的需要而发明的；② 二是主张关注具体的个人而不是抽象的个人，认为生命、情感、欲望、意志才是人生存的原动力，才是哲学研究的对象。"思辨哲学的不幸恰就在于每每忘却了认识者是一个生存着的个人。"③ 反理性主义对理性的批判与怀疑则更为激进。反理性主义主要是指后现代主义思想中有关理性的观念，如利奥塔就声称"后现代主义是与理性观念的主要转变的发生相适应的"。威尔默也认为，后现代主义的意识虽然轮廓尚不明确，但其中心体验却是"理性之死亡"。④ 反理性主义者的主要观点：一是反基础主义，即否定人类知识有其确定的、坚实的、可靠的基础。如美国新实用主义哲学家罗蒂就持此观点，其代表著作《哲学与自然之镜》就是摧毁读者对"知识"的信任，摧毁读者对康德以来人们所设想的"哲学"的信任。二是反本质主义，即否认本质与现象的区分，认为各种现象后面并没有一个内在的、稳定的、终极的本质。如罗蒂认为哲学的目的并不是去发现客观真理，而是维持谈话继续进行，达到人类的相互理解而已。⑤

在上述情况下，为了坚守理性的阵地，维护理性的地位，不少学者对传统理性进行反思与重建，提出不少新的理性模式，如哈贝马斯的交往行动理论、伽达默尔的新释义学理论、波普尔的批判理性主义等。但这种重建，由于其理论支点的局限性，并没有形成对非理性主义和反理性主义的有力抗击，理性并没有得到有效维护。

面对现代社会存在的诸多问题，面对非理性主义和反理性主义者的责难，面对理性坚持者无力的辩护，我们是否就应当放弃理性原则，尤其在刑事诉讼立法方面放弃理性的要求呢？我们认为，答案是否定的，现代社会中出现的问题并不是人类理性过度造成的，相反是理性不足或理性发展不平衡造成的，在刑事诉讼的立法中，我们不应当放弃理性原则，而是要更加完善与坚持理性原则。首先，传统理性理论本身不足，给非理性主义与反理性主义者借以非难的

---

① ［德］马丁·海德格尔著，孙周兴译：《林中路》，上海译文出版社 2004 年版，第272 页。

② 文兵：《理性：传统与重建》，当代中国出版社 2004 年版，第 81 页。

③ 文兵：《理性：传统与重建》，当代中国出版社 2004 年版，第 77 页。

④ 文兵：《理性：传统与重建》，当代中国出版社 2004 年版，第 95 页。

⑤ 文兵：《理性：传统与重建》，当代中国出版社 2004 年版，第 97~98 页。

突破口。如前所述，唯理论理性认为仅凭在一种先验的、确证的基础上进行演绎推理就可以获得一般的、普遍的知识，这种唯心主义的理性除了说明唯理论者的狂妄外，并不能给我们带来什么，因为世界根本没有什么先验的知识，也不可能脱离实践仅凭一种演绎推理就可获得普遍的知识，更没有如数理逻辑般精确且绝对的知识。经验论理性虽然承认实践的重要性，但又走向唯理论理性的反面，割断归纳与演绎的联系，主张知识完全是相对的，体现了经验论理性者对人类智识的不自信。康德、黑格尔的理性虽然对唯理论与经验论进行了调和，但由于受唯心主义的影响，仍然追求一种绝对的知识，颠倒一般与个体之间的关系，忽视个体的正当需求，注定其走向的依然是经验论理性与唯理论理性的相同命运。人类行为中，并不都是为了对必然真理进行识别，更多的行为在于使自己更好地生存，在于及时解决所遇到的各种问题，它们可能既不是演绎的，也不是归纳的，更不是都需要在准数理逻辑的帮助下才能解决。因此，如何解决理性本身存在的问题，关键在于对理性作广义的理解，使其不致限制于归纳与演绎等逻辑方法，同时解决好归纳与演绎、一般与个别、非理性与理性之间的关系，为感性与直觉等非理性的因素留下适度的生存空间。其次，不是理性本身而是价值理性与工具理性发展不平衡，给现代社会造成了严重的问题。理性应当是价值理性与工具理性的统一体，价值理性是理性的理想目标，没有价值理性，理性就会像一只在大海中失去方向的船，只能无助地随波漂荡；工具理性是理性得以实现的有效途径，没有工具理性，理性这只船也不能驶向理想的彼岸。在 20 世纪的西方社会中，由于过度关注工具理性而忽视价值理性，理性异化成为一种工具理性，理性被等同于一种技术理性，导致科技的发展在极大满足人类的物质需要的同时，却并不能给人类带来应有的归宿感，相反使人逐渐异化成物质追求的一种工具与手段，使人类对生命的价值越感迷茫。非理性主义与反理性主义的出现，正是对这种现象进行反思与批判的结果。解决这些问题的出路不在于放弃理性，而在于高扬价值理性，使理性作为价值理性与工具理性的统一整体而全面发展。最后，刑事诉讼的立法要求理性。这表现在以下几个方面：一是刑事诉讼各种规则、程序的形成需要理性的指导。对于法律是如何形成的，有构建论与进化论两种不同的观点。前者认为法律是人类为了某种目的凭借自己的智识而刻意设计的，而后者则认为法律并不是人刻意建构的，而是对长期积淀的习惯与规则的选择而形成的。法律作为一种文化，它只可能发生转向而不可能发生断裂，对已有习惯、制度、规则进行有选择的吸收是不可避免的，法律有时是生成的，而不是刻意建构的；同时，法律作为一种行为规范，它指向的是未来的行为，如何调整还未曾出现的行为，仅对已有习惯、规则的分析与选择显然不足，根据未来预测进行一定的法律建构也是必需的。但不管是对已有习惯、制度、规则的选择，还是根据未来预测建构法律，都离不开理性的运用，因为法律必须在逻辑上具有一致性、在内容上具有抽象性、在规范对象上具有一般性。二是刑事诉讼价值的选择与平衡需要理性的指引。刑事诉讼解决的是国家、社会与犯罪行为人之间的冲突问题，直接关涉到各方面的利益，而这些不同利益又形成不同的价值需求，如何选择需要实现的价值目标，并在这些价值目标发生冲突时如何合理平衡，都需要我们运用价值理性合理分析我国所处的社会发展阶段后才能作出正确的决定。三是在具体制度的设置上离不开理性的指导。虽然各国的刑事诉讼都是为了解决犯罪问题，根据"有限变异原则"，所应满足的基本需求是一样的，在诉讼基本原理上应当是一致的，但是，犯罪及其解决毕竟是一个社会问题，不同社会由于其不同的政治、文化传统，其面临的犯罪问题不可能完全一样，刑事诉讼作为解决犯罪问题的一种重要途径，其具体制度和规则的设置也不可能完全相同。这就需要我们理性地分析各国具体刑事诉讼制度的形成与发展过程，分析其哪些内容是可以普遍适用的，哪些是只适用这些国家的，以及我国是否存在移植该制度的社会土壤，而不能机械地、不加分析地按照制度逻辑进行照搬或移植。

随着我国民主法制建设进程的加快和社会各方面的发展，现行《刑事诉讼法》又出现了一些亟待修改完善的问题，司法实践中也积累了一些经验需要认真总结，我国已经批准和正在研究批准的有关国际公约对我国现行《刑事诉讼法》也提出了一些新的挑战，人权入宪和构建社会主义和谐社会目标的提出，对我国《刑事诉讼法》提出了更高的要求。中央关于司法体制和工作机制改革的初步意见对进一步修改完善《刑事诉讼法》提出了一些要求，全国人大常委会已将《刑事诉讼法》的修改列入立法规划，我国《刑事诉讼法》已面临着再修改。在这次再修改中，我们应当如何坚持理性，并体现理性的要求呢？笔者认为，可概括为以下十个方面。

一、以斗争哲学为指导转向，以和谐哲学为指导

人的有意识的行为往往受一定世界观的指导，有意识的或无意识的。因此，可以说，人的行为往往是在一定哲学观的影响下进行的。个体的人是如此，国家及其执行机构也是如此，其行为也是在一定政治哲学观的指导下进行的，因为所谓的国家行为只不过是国家机构组成人员的行为的有机结合体。而所谓政治哲学观，其实也就是指有关政治及其活动的一些基本观点和方法。从我党八十多年的历史来看，不同时期的政治哲学观是不一样的，以前的可以说是一种斗争哲学观，现在的可以说是一种和谐哲学观。当然，不管是斗争哲学

观还是和谐哲学观，都只是相对的，并不是绝对的，说的都只是占主导地位的是斗争哲学观或和谐哲学观，而不是说我党以前完全只讲斗争哲学不讲和谐哲学，现在只讲和谐哲学不讲斗争哲学。

斗争哲学观，也就是我党根据民主革命时期的具体情况，从马克思主义的矛盾运动原理出发，认为阶级斗争是推动社会发展的直接动力，矛盾的斗争性是绝对的，统一性是相对的，因而应注重矛盾的斗争性，主要通过斗争的方法和手段来消除各种社会矛盾。[①] 这种哲学观的形成，是我党以马克思主义的历史唯物论和辩证唯物论为理论基础，结合我国民主革命的矛盾斗争特点形成的，它是马克思主义与我国革命实践相结合的一种产物，也是由我党产生初期的历史使命所决定的。众所周知，我党诞生于半封建、半殖民地社会的旧中国，帝国主义与中华民族的矛盾、封建主义与人民大众的矛盾，是当时社会的主要矛盾。这种矛盾是一种有你没我的矛盾，矛盾的属性决定了我党的历史使命就是夺取政权，建立一个新中国。政权的更替，也就意味着社会的质变，意味统治阶段既得利益的丧失，这并不是统治所愿意的，他们肯定会以暴力手段作最后挣扎。对于这种暴力的反革命只能用暴力的革命手段才能达到目的。这种革命的历史使命也就决定了中国共产党人在当时必须把马克思主义的阶级斗争理论作为主要思想武器。不使用这种阶级斗争理论，我党就不可能取得革命的成功，民主革命初期的历史教训也确实证明了这一点。这种阶级斗争理论，正如毛泽东 1945 年在《在中国共产党第七次代表大会的口头政治报告》中所讲的，它就是被压迫人民的"斗争哲学"。

和谐哲学观，也就是承认、尊重各种主体的正当需要，平等保护这些正当需要，在这些利益发生冲突时，通过各种平和而非激烈对抗的方式来化解这些冲突，最大限度地增加和谐因素，最大限度地减少不和谐因素，不断促进社会和谐，从而促进社会稳定，推动社会发展。和谐哲学观的出现，也是我党以马克思主义的历史唯物论和辩证唯物论为理论基础，结合我国新时期的社会矛盾特点而发展形成的，是马克思主义在我国新时期的发展和应用。当然，和谐政治观之所以成为我党新时期的主导哲学观，也是批判吸收我国传统文化中"和合"思想的结果。因为在我国传统文化中，始终贯穿着"和合"思想这一主线。这种"和合"思想强调，世界万事万物都是由不同方面、不同要素构成的统一整体。在这个统一体中，不同方面、不同要素相互依存、相互影响，

[①]　梅宁华：《中国共产党人政治哲学观的重大发展——学习十六届六中全会〈决定〉的体会》，载《北京日报》2006 年 11 月 6 日。

相异相合、相反相成。① 和谐哲学观的提出，在某种程度上就是传承和弘扬了"和合"思想中的积极因素和合理内涵，是对中华民族传统文化的扬弃。

从社会矛盾的角度来看，和谐哲学观是我国社会矛盾从敌我矛盾转变为人民内部矛盾的结果，因为人民内部矛盾不同于敌我矛盾，它们只是基本利益相同情况下的局部利益冲突，解决这种矛盾的手段只能是平和的，而不能以斗争的、暴力的手段来解决。只是这种结果的出现并不是一帆风顺的。实事求是地讲，从新中国成立以后，我国社会的主要矛盾就已逐渐发生变化，从敌我矛盾逐渐转变为人民内部的矛盾，从夺取国家政权的矛盾转变为人民日益增长的物质文化需要与落后的生产力之间的矛盾。在这种情况下，根据唯物辩证法质量互变规律的要求，斗争哲学观应当逐渐退出历史舞台。但实际情况并非如此，而是在很长时期内，斗争哲学观仍是我党指导社会主义建设的思想基础。为什么会这样，究其原因，既有"不要忘记阶级斗争"等极"左"思想的影响，也有当时国际国内形势还比较严峻的因素。另外，这也与长期的战争环境使初期的执政者形成了一种思维定式，习惯于从对立和斗争的视角思考问题，擅长斗争哲学，忽视从对立的同一面化解矛盾，轻视和谐哲学，以至于在社会已经发生质变，对抗性矛盾基本消失时仍奉行斗争哲学有关。② 直到改革开放后，以邓小平为核心的党的第二代中央领导集体，重新确立了解放思想、实事求是的思想路线，果断摒弃了"以阶级斗争为纲"的指导方针，确立了"以经济建设为中心"的指导方针，我党的斗争哲学才从此逐渐有所淡化。以江泽民为核心的党的第三代中央领导集体，提出了"三个代表"重要思想，强调我们党已经从一个领导人民为夺取全国政权而奋斗的党，成为一个领导人民掌握着全国政权并长期执政的党后，我党的斗争哲学观逐渐退出历史舞台而转向和谐哲学观。党的十六大以后，以胡锦涛为总书记的党中央对和谐社会的认识不断深化。党的十六届四中全会明确提出了"构建社会主义和谐社会"的重大命题。2005 年胡锦涛同志在"2·19 讲话"中，又把"构建社会主义和谐社会"作为重大目标和战略任务加以阐述；十六届六中全会《中共中央关于构建社会主义和谐社会若干重大问题的决定》又进一步明确了"构建社会主义和谐社会"在中国特色社会主义事业总体布局中的战略地位，明确提出"社会和谐是中国特色社会主义的本质属性"，和谐哲学观至此正式取代斗争哲学

---

① 郭建宁：《传统"和"文化与现代新思维——文化哲学视野中的和谐社会》，载《学术研究》2006 年第 11 期。

② 杨豹：《马克思主义的新发展——从斗争哲学到和谐哲学》，载《唯实》2007 年第 5 期。

观而成为主导我党的政治哲学观。

　　中国共产党是我国的执政党，而《刑事诉讼法》又是一国解决社会矛盾的一个重要途径，执政党不同的哲学观势必对刑事诉讼法基本原则和具体制度产生不同的影响。从我国建国以后几十年的历史来看，在斗争哲学观的影响下，刑事诉讼法往往带有一种专政工具的色彩。因为斗争哲学观，在矛盾的解决上，也就是将矛盾的双方置于一种完全对立的立场，有你没我，有我没你，解决的方法就是消灭其中一方或将其中一方的抵抗力完全解除，使其完全受另一方控制。反映在刑事诉讼中，也就是将犯罪行为作为一种敌对行为看待，国家对犯罪嫌疑人、被告人采取的是一种高压态势，以有力打击犯罪分子为价值导向，至于犯罪嫌疑人、被告人的人权保障和程序公正问题，并不是刑事诉讼法的目标。以这种哲学观为指导的刑事诉讼的最极端的表现形式就是我国"文革"时期的砸乱公、检、法，完全抛弃诉讼形式而以运动方式打击犯罪分子。1979 年《刑事诉讼法》虽然时值实事求是、解放思想的思想路线已在十一届三中全会上确立，政治、经济等各方面的发展已逐渐走入正轨，但仍受斗争哲学观的强烈影响。其总的表现就是《刑事诉讼法》基本上是作为一种专政工具而存在的，公、检、法三机关都是专政机关。具体表现主要有：一是基本指导思想上重打击、轻保护；重实体、轻程序。如该法第 1 条就规定："中华人民共和国刑事诉讼法，以马克思列宁主义毛泽东思想为指针，以宪法为根据，结合我国各族人民实行无产阶级领导的、工农联盟为基础的人民民主专政即无产阶级专政的具体经验和打击敌人、保护人民的实际需要制定。"阶级斗争色彩极其浓厚，而有关犯罪嫌疑人、被告人的利益则没有受到应有的重视。二是诉讼构造上，控、审不分，实行的是一种超职权主义的诉讼模式，犯罪嫌疑人、被告人没有诉讼主体地位而沦为诉讼客体，应有权利得不到保障。三是诉讼行政化倾向严重，法院主动调查取证，承担追究被告人有罪的责任，并在审前移送案卷，导致审前有罪预断。法院主动参与刑事诉讼，这不仅是其作为专政工具的体现，也是其完成所承担职责的重要条件。四是没有规定无罪推定原则。无罪推定，总体上是有利于犯罪嫌疑人、被告人的利益而不利于国家有力打击犯罪的，这不符合斗争哲学的要求，为此，无罪推定原则不仅在 1979年《刑事诉讼法》中没有规定，而且也是当时学界的一种忌讳。五是实行免予起诉制度。免予起诉制度，其实也就是检察机关未经审判就对被告人作了定罪免刑处罚，检察机关行使了法院的一部分审判权。这也只有在斗争哲学的指导下，把公、检、法三机关都作为与犯罪行为作斗争的专门工具的情况下才有可能发生，在实行控、审分离的现代法治社会里是不可想象的。

　　由于法制环境的改善，1996 年《刑事诉讼法》虽然较 1979 年《刑事诉讼法》有了很大进步，但受我党斗争哲学观影响的痕迹仍然比较明显，专政意味依然存在，只是没有 1979 年《刑事诉讼法》严重而已。其主要表现有：一是重打击、轻保护，重实体、轻程序的观念仍没有改变，侵犯犯罪嫌疑人、被告人人权的现象时有发生。如司法实践发生的刑讯逼供现象，以及公、检、法三机关联合办案现象，其实都与斗争哲学不无联系。二是无罪推定原则没有得到完全的确立。虽然有人认为，我国《刑事诉讼法》第 12 条规定的就是无罪推定原则，但一般认为，该条规定的只是法院的统一定罪权，而不是无罪推定原则。时隔十余年，在法制环境已有明显改善的情况下，无罪推定原则作为现代刑事诉讼法的最基本原则竟然没有在我国刑事诉讼法中得以确立，斗争哲学的影响难逃干系。三是犯罪嫌疑人在侦查阶段的人权保障措施缺失，对侦查措施缺乏有效控制。这可以说是斗争哲学在 1996 年《刑事诉讼法》中留下的最深的痕迹。四是犯罪嫌疑人、被告人没有沉默权，辩护权受到较多限制。这是最能体现刑事诉讼是否作为专政与压制工具的标志。因为没有沉默权，也就意味着犯罪嫌疑人、被告人只不过是国家司法机关追诉犯罪的一种工具或手段，而犯罪嫌疑人、被告人是追诉犯罪的工具或手段，这除了能说明该种刑事诉讼是一种单向的、行政治罪的工具外已无其他解释。五是没有建立有效的非法证据排除规则。非法取证行为是犯罪嫌疑人、被告人合法权益的最大威胁，也是国家有效打击犯罪的"捷径"。将非法取得的证据予以排除，在更深层的意义上，是为了维持刑事诉讼程序的诉讼性，以免其沦为一种行政治罪的工具、一种专政的手段。但我国《刑事诉讼法》却缺少这方面完善的规定。

和谐社会的前提性条件是对各种主体、各方利益、各种形态的社会存在予以广泛认同和尊重，社会自身的多元化、多层次化是和谐社会的前提与基础。因此，和谐从刑事诉讼法的角度来讲，最重要的就是承认与尊重不同主体特点，平等保护不同主体的合法权益，而不能将其中一种主体的利益尤其是国家利益凌驾于其他主体的合法利益之上。如何随着这种政治哲学观的转变而将和谐理念体现在刑事诉讼法中，笔者认为可从以下几个方面着手：

1. 以和谐观念为指导，在宏观上和理论层面理顺好几大关系。首先是刑事诉讼法与其他法律的关系，这是刑事诉讼的外部和谐问题，包括刑事诉讼法与宪法、刑法以及民事法律规范的关系等。其次是处理好刑事诉讼各阶段之间的关系，如侦查和起诉、起诉和审判、审判和执行等方面的关系。理顺这些关系目的在于处理好它们之间的制约关系，消除我国刑事诉讼中的行政化倾向。最后是处理好权力和权利之间的关系，处理好国家追诉权和犯罪嫌疑人、被告人人权保障之间的关系。刑事诉讼中权力与权利之间的关系，尤其是追诉权力与犯罪嫌疑人、被告人权利之间的关系，这是刑事诉讼程序性质的风向标。权力处于压倒性地位，权利得不到保障，这是专政性质的行政治罪程序；权力受到抑制，权利得到保护与张扬，这才是真正意义上的刑事诉讼程序。目前改革的方向是对追诉权力进行一定程度的抑制，防止其过分扩张而压制权利、侵害权利。

2. 对刑事诉讼法的价值、目标和功能等进行重新定位。如前所述，我国目前的矛盾主要是大同之下的小异，是整体利益相同而局部利益不协调的矛盾，是人民内部矛盾，解决这种矛盾的方法只能是用和平的手段即正当的诉讼手段化解，而不能使用专政的手段来解决。据此，应对刑事诉讼法的价值、目标和功能等进行重新定位。在刑事诉讼制度的价值上，不仅要强调打击犯罪和保障人权的统一，更要将社会关系的恢复作为其最终目标。在刑事诉讼制度的目标上，要强调刑事司法的法律效果和社会效果的有机统一，不能仅将犯罪行为打击了事，还要致力于弥补被犯罪行为破坏了的社会关系，使社会秩序真正回到稳定和谐的状态中来。在刑事诉讼制度的功能上，应将刑事诉讼法从过去的专政工具转变为社会关系的调节器和社会矛盾的化解器。

3. 改革、完善相关刑事诉讼原则、制度与具体程序，根除行政化倾向，还刑事诉讼的本来面目。以行政化方式运作，这是受斗争哲学影响的刑事诉讼的特点，这是与和谐哲学下刑事诉讼作为社会矛盾化解器的要求不相符合的。要在刑事诉讼中体现和谐理念，必须根除刑事诉讼的行政化倾向。首先，严格执行控、审分离原则，防止法院充当追诉角色。这就需要限制法院罪名变更权，取消其再审启动权。其次，明确规定犯罪嫌疑人、被告人的不得强迫自证其罪特权，防止犯罪嫌疑人、被告人成为控诉方的追诉工具，同时保障犯罪嫌疑人、被告人的辩护权，强化他们的抗辩能力，赋予其律师在场权，条件成熟时规定沉默权制度。最后，明确规定无罪推定原则，适当按诉讼化改革侦查程序，增强其应有的诉讼因素。当然，这种改造也必须有一个度，必须兼顾犯罪的控制。另外，就是增加法官的独立性，尽量减少法官判决过程中的行政审批现象。

4. 引入纠纷解决的合意因素，增设诉讼和解制度，通过和解方式化解社会矛盾，减少不和谐因素。根据我国传统观点，犯罪被认为是国家和犯罪行为人之间的冲突，在公诉案件中检察机关无权同犯罪嫌疑人、被告人就刑事责任进行和解。但在和谐政治哲学视野下，犯罪行为其实也是一种矛盾，一种人民内部的矛盾，也有以和解方式解决的可能，尤其是在有被害人的公诉案件中，只要犯罪行为所造成的危害结果并不是很严重，应当也可以和解。如此处理，既有利于节约司法资源，提高矛盾解决的效率，也有利于保护被害人的合法权益，使犯罪行为给被害人造成的损害得以及时恢复，消除犯罪行为所导致的不稳定因素。具体设计上，可以在侦查、起诉、审判和执行各个阶段都设立和解制度：在侦查终结后，对于一定范围内的刑事案件，如果犯罪嫌疑人和被害人达成和解协议并履行的，侦查机关可以撤销案件结案；在审查起诉阶段，对于一定范围内的刑事案件，如果犯罪行为人和被害人达成和解协议，检察机关可以附条件不起诉；在审判阶段，如果被告人认罪并和被害人达成和解协议，法院可以通过简易程序审判，并减轻对被告人的刑罚处罚或建议检察机关撤回起诉；在执行阶段，如果被判刑人和被害人达成和解协议并履行的，可以对被判刑人减刑或予以假释等。

5. 提高诉讼效率，及时恢复被犯罪行为破坏的社会秩序。一般来说，矛盾解决得越及时，社会秩序恢复越快，社会也就越和谐。因此，在刑事诉讼法再修改时，我们应当在公正的前提下兼顾诉讼效益，探索在诉讼各阶段建立诉讼分流程序，尤其是审查起诉阶段建立附条件不起诉制度，在审判阶段扩大简易程序的适用范围，采取措施加快诉讼进程，及时化解不和谐的因素。

二、国家本位转向国家、社会与个人本位并重

国家、社会、个人三个概念的区别可以说是黑格尔的发明。"自从黑格尔对市民社会和政治国家作了实质性区分以来，国家与社会两个层面的事实得到了基本的学理说明。马克思早期仍然借助于黑格尔的学说作为分析工具，即使其后来的经济基础与上层建筑的区分，也是在充分肯定黑格尔学说的基础上发展起来的。"[1] 诉讼尤其是刑事诉讼常是国家利益、社会利益和个人利益进行博弈的场所，在这一博弈过程中，应当优先保护国家利益，还是社会利益，抑或是个人利益，也就有国家本位主义、社会本位主义和个人本位主义之分。所谓国家本位主义，简言之，也就是指在刑事诉讼过程中，从国家的角度和立场出发，简单地把刑事诉讼法视为国家控制和管理社会的一种工具的思想观念。社会本位主义则是指社会公共利益高于其他利益，刑事诉讼法优先保护的是社会公共利益，刑事诉讼只不过是保护社会公共利益的一种手段。而个人本位主义则相反，它是指个人在刑事诉讼的合法权益应当受到优先保护，刑事诉讼法是个人权利保障的工具，个人权利是刑事诉讼法得以存在的基础。

在我国，对法律本质的认识，长期以来，特别是从 20 世纪 50 年代初到 80 年代中期，由于受前苏联制度结构和意识形态的影响，把法律仅仅当做是维护国家政权的统治阶级的意志，是一种国家本位法律观。在这种国家本位法律观的指导和统治下，作为比较敏感的刑事诉讼法，从立法到执法，无不以国

[1] 《中国法学家法律观的转变》，载《法制日报》2000 年 5 月 7 日第 3 版。

家本位为主宰。在"以阶级斗争为纲"时期，刑事诉讼法甚至被定位于"打击敌人"、"镇压反革命"的工具。党的十一届三中全会以后，社会主义民主与法制建设被提到议事日程。1979 年《刑事诉讼法》的诞生，在立法上开始注意把保障无罪的人不受刑事追究和诉讼中的权利保障作为社会主义民主与法制的体现加以规定。随着我国民主与法制建设进程的加快，党的十五大把"依法治国"确定为治国方略，并明确提出了政治生活中的人权保障问题。这些重大的改革和变化，说明党和国家的法律观已经从一元化转变为多元化，社会利益和个人利益开始得到强调和肯定。但是，由于我国传统法律文化中缺少个人自主的地位和独立的价值，国家本位的价值观根深蒂固，导致我国刑事诉讼法实际上采取的价值取向还是一种国家本位主义。

这种国家本位主义主要表现在以下几个方面：一是在立法指导思想上，重国家利益保护，轻个人权利保障。在刑事诉讼中，以国家本位价值观为指导，其结果必然导致置诉讼参与人的诉讼权利于不顾。因为在一元化思想指导下，必然会导致义务本位和权力本位，在"为了国家"，"必然要牺牲个人"名义下，诉讼中的独立、平等和权利很难有存在的空间。这种恶果，早在 20 世纪初陈独秀在分析义务本位和权力本位的价值观时就已指出："一曰损坏个人独立自尊之人格，一曰窒碍个人意见之自由，一曰剥夺个人法律上平等之权利，一曰养成依赖性，戕贼个人之生产力。"① 体现在刑事诉讼法上，就是《刑事诉讼法》第 1 条的规定，该条规定，刑事诉讼法的目的就在于保证刑法的正确实施，其言下之意也就是刑事诉讼法只不过是打击犯罪的一种工具而已。打击犯罪，虽然有保护人民的意思，但也如该条后面规定的，更多的是维护国家、社会安全和社会秩序，而不是保护个人的权利。二是在《刑事诉讼法》中没有规定程序法定原则。要求国家司法机关在行使权力时必须按规定程序进行，实际也就是给司法机关设置一个行使轨道，防止其随意倾轧个人的权利。从这个意义上讲，程序越规范，公民权利越有保障；程序越不规范，公民权利受到侵害的几率越大。但在我国《刑事诉讼法》中，根本没有程序法定原则，重实体、轻程序，作为国家代表的司法机关往往可以为了达到自己的目的而便宜行事。三是在《刑事诉讼法》中，国家司法机关权多责少，而公民则权利少义务多。从某种程度上讲，公民的权利就是国家的义务，国家的权力就是公民的义务，它们是一种此消彼长的关系。我国《刑事诉讼法》的一个特点就是公民的义务多而权利少，国家司法机关则相反。最明显的一点就是犯罪嫌疑人、被告人应当有的不得强迫自证其罪的特权、沉默权、律师在场权、非法证

---

① 公丕祥：《法律文化的冲突融合》，中国广播电视大学出版社 1993 年版。

据排除权都没有，最重要的辩护权也受到诸多限制，而不该有的义务却不少，如实陈述的义务、自己承担出庭受审费用的义务，甚至在被判决无罪后，其辩护律师的费用也得自己承担。而对国家司法机关不仅很多权力没有法律规范，而且即使程序违法后也很少受到有效制裁。

刑事诉讼法从本质上看，作为一种程序法，它目的在于限制国家权力的滥用，要求国家通过正当程序来追究犯罪行为人的刑事责任。因此，在这次《刑事诉讼法》再修改中，我们应当从一元化的国家本位主义转变为国家、社会、个人本位并重。首先，就刑事诉讼的概念而言，它并不是国家"一言堂"、国家说了算，它是由控诉、辩护、审判三种基本诉讼职能组成的，取消或削弱了任何一种职能，就不是一个完整的、健康的诉讼。其次，就参与和决定刑事诉讼进程的主体而言，并不是代表国家的侦查、检察与审判机关说了算，作为刑事诉讼的主体，除了专门机关之外，还包括所有的诉讼参与人，法律应当赋予各个诉讼参与人应有的诉讼权利。一部完整的《刑事诉讼法》，对此应有明确的规定。再次，就刑事诉讼法的属性而言，通过多年对传统国家本位法律观的反思，特别是1992年对市民社会的讨论，我国法学界已充分肯定了法律多元化的存在，打破了"法律是统治阶级的意志的体现"这个一元化的论断。为此，我们在刑事诉讼法的立法上，必须完成从国家本位向国家、社会、个人三位一体的转变，同时兼顾三者利益；否则，向任何一方偏颇，都会导致不良的社会后果。第四，经过多年社会主义市场经济的发展，我国市场主体资格制度基本确立。作为市场的法律主体，他们是相互独立、完全平等的人，没有行政依附，不存在因所有制不同而产生的身份差别。这种经济生活的重大变化，必然影响着刑事诉讼的立法、执法。如果说传统的国家本位一元化法律观同计划经济相适应，那么在经济体制发生重大变化后，我们的刑事执法思想不能不作相应调整，使之同市场经济相适应。为此，刑事诉讼法律观必须在考虑国家利益的同时，要平等地对待社会和公民个人的合法权利。第五，就国际环境而言，我国已经批准或已经签署加入多个联合国有关公约，这些变化必然要求刑事诉讼法同相应的国际规则或标准协调一致。江泽民同志在《联合国千年首脑会议分组讨论会上的发言》中曾指出："促进和保护人权是各国政府的神圣职责。任何国家都有义务遵照国际人权公约，并结合本国国情和有关法律，促进和保护本国人民的人权和基本自由。"为完成这一任务，首先要做的就是冲破国家本位一元化的刑事诉讼法律观，牢固地树立国家本位、社会本位和个人本位多元化的法律观。

从我国刑事诉讼法来看，最大的问题国家本位过度扩张而导致社会本位，尤其是个人本位受到严重压制而无发挥的空间。因此，如何实现这种转变，关键在于如何使国家本位退缩到其应有的空间，给社会本位尤其个人本位留出应有的空间。具体来讲，这包括以下几个方面：一是对刑事诉讼法的本质重新进行定位，改打击犯罪的单一目的为打击犯罪与保障人权并重；二是明确规定程序法定原则，规范公安司法机关的权力行使，防止其侵害公民个人尤其犯罪嫌疑人、被告人的权利。在具体制度设置上，将公安司法机关的权力尤其是公安机关的强制性侦查措施纳入法律规范范围；三是扩大犯罪嫌疑人、被告人等诉讼参与人的诉讼权利，将不得强迫自证其罪、律师在场权等权利纳入刑事诉讼立法之中；四是建立程序违法制裁机制，建立犯罪嫌疑人、被告人权利救济机制。

三、一元化价值观转向多元化价值观

何为法的价值，可以说自古以来就众说纷纭。但一般来说，都认为法的价值是作为主体的人与作为客体的法之间的关系范畴。我国现在比较恰当的理解是卓泽渊教授的观点。他认为，法的价值在广义上可以指法对于人的一切意义，是法对于人的需要的满足，没有人的需要，也就无所谓法的价值；人的需要是多元、多层次的，法的价值也具有多元、多层次性；"法是人的创造物，人在创造法的时候，就赋予或确定了它应有的价值使命。或者也可以说，法是人在一定的价值指导下而创制出来的。法的状况、法的价值状况都与人的主观企求，有着极大的关系。"[1] 刑事诉讼法作为法的一种，它的价值也是指它本身对人的意义，其价值也应当是多元、多层次的，国家在创制它的时候就已赋予它应有的价值使命，只是不同国家由于其对刑事诉讼法价值企求不一样，赋予刑事诉讼法的价值使命不一样，刑事诉讼法的价值也就不一样。

在人类的历史上，对于刑事诉讼法的价值一直存在着绝对工具主义、相对工具主义、程序本位主义和经济效益主义四种法律观之争。所谓绝对工具主义，按边沁的说法："程序法的唯一正当目的，则是最大限度地实现实体法"，"程序法的最终有用性取决于实体法的有用法，……除非实体法能够实现社会的最大幸福，否则程序法就无法实现同一的目的。"[2] 这也就是说，刑事诉讼法的价值在于实现刑事实体法，除此之外，它本身是没有任何价值和意义了。相对工具主义理论是由美国学者 R. 德沃金提出的。1985 年，德沃金在《原则、政策和程序》一文中对相对工具主义理论作了阐释。他认为，绝对工具主义理论强调了程序的工具性价值，但忽视了权利。事实上，任何一名无辜的

---

① 卓泽渊：《法的价值论》，法律出版社 2006 年版，第 51 页。
② 转引自陈瑞华：《刑事审判原理论》，北京大学出版社 1997 年版，第 2 页。

公民都享有一种不受错误定罪的"道德权利"，对一名事实上无罪的公民予以定罪是一种内在的"道德错误"，它会带来一种"道德上的耗费"。这种"道德错误"和"道德耗费"能否减少到最低程度，是评价刑事审判程序正当与否的独立价值标准。为此，他提出一种相对工具主义理论，认为在坚持工具主义立场的同时，还应当兼顾程序的两个独立价值目标：无辜者不受定罪的权利和被告人获得公正审判的权利。程序本位主义，又称非工具主义，认为评价刑事诉讼程序的唯一价值标准就是程序本身是否具备一些内在的品质，而不是程序作为实现某种外在目的的手段的有用性。这种理论主要盛行于英美国家，他们相信"正义先于真实"，即法院的审判只要依照公正的程序进行，就能够作出公正、合理的判决。如英国大法官基尔穆尔认为："必须遵守关于审判活动的程序，即使——在一些例外场合下——有损于事实真相，也在所不惜。"①经济效益主义是西方经济分析法学派提出的程序价值理论，兴起于 20 世纪 70 年代的美国，其主要代表人物是芝加哥大学教授波斯纳，他在《法律之经济分析》、《法律程序和司法活动的经济分析》等著作中指出，所有法律活动（包括立法、执法和诉讼等）和全部法律制度都以利用自然资源、最大限度地增加社会财富为目的，因此，"效益"是法律活动的唯一宗旨，效益是一个公认的法律价值。从本质上讲，这一理论仍属于程序工具主义的一个分支，因为它所坚持的仍然是"审判程序不过是最大限度地实现某一外在价值的工具"的观点，只不过它的外在目标是"最大限度地提高经济效益，减少诉讼耗费"。这种理论出世以后，受到了一些学者的批评。有的学者说，经济效益主义无疑是贬低了人的生命、自由和人格尊严，因为它是不能用金钱来衡量和计算的。也有学者批评说，经济效益论者忽略了一个重要的价值目标——正义。但经济效益论者明确宣布：效益与正义是同义语，正义的第二种意义就是效益。

在我国，关于刑事诉讼法的价值问题，长期以来，无论在理论研究还是法律的执行上，一直是沿用和秉承工具主义的法律观，认为刑事诉讼法是实施国家刑罚的工具，是无产阶级专政的工具。这与人们对法律在总体认识上的工具主义法律观有关。在 20 世纪 80 年代中期以前，一直认为"法律是国家的工具"、"法律是阶级斗争的工具"、"法律是发展经济的工具"、"法律是党的政策的工具"等。在这种工具主义法律观的影响下，作为一种程序法的刑事诉讼法更不能例外，"程序法是实施实体法的工具"，"刑诉法是实施刑法的工具"，便顺理成章而几乎成为一种"公理"。在这种法律观的指导和影响下，

① 陈瑞华：《刑事审判原理论》，北京大学出版社 1997 年版，第 2 页。

刑事诉讼法处于"从属"、"服从"、"可有可无"的地位，是一种"工具"而没有独立存在的内在价值，所以想用就用，不想用就扔在一边。如有的执法者就曾言："超期羁押行为虽然是对刑事诉讼法的一种抵制行为。可是，什么是刑事诉讼法呢？刑诉法只不过是一种工具，是一种可以执行，也可以不执行的软法，因为不执行刑诉法所规定的期限，也不会受到什么制裁。"实务界如此，理论界长期以来也是如此。有的高等法学教育的教科书也认为刑事诉讼法是手段，是工具，而不是目的，保证刑法的实施才是目的。长期以来，"重实体、轻程序"，"程序虚无"的做法，刑事诉讼中刑讯逼供、超期羁押、剥夺辩护权，律师参与诉讼难等现象，认真反思一下，无不与单一的工具主义法律观有关。

　　人的生存需要安全、秩序、自由以及人格上的尊严。法律的价值就在于满足人的上述需求。作为法律重要组成部分的刑事诉讼法，其价值也在于满足人的上述需求，实现刑事实体法，这只是表面的或直接的价值，而不是其最终的价值。从这点来看，刑事诉讼法只不过是这样一种法律规范，其目的在于保证司法机关通过正当程序即在不侵害公民包括犯罪嫌疑人、被告人合法权利的情况下打击犯罪，维护社会秩序，从而满足所有人的安全、秩序、自由以及人格尊严的需要。在价值目标上，它既有工具性价值，也有本身独立的价值，还有效益的价值，是一种多元价值目标体系。在《刑事诉讼法》再修改时，必须将之从现有的一元化价值目标转变为多元化的价值目标。

　　如何实现和完成上述转变，首先是要解放思想，改变过去那种认为程序法服务于实体法的观点。长期以来，占据理论界与实务界的一直是一种"工具论"，其理论依据就是马克思的一著名论述，即"实体法……具有本身特有的，重要的诉讼形式……审判程序和法律二者之间的联系如此密切，就像植物的外形和植物的联系，动物的外形和动物的血肉的联系一样。审判程序和法律应该具有同样的精神，因为审判程序只是生命形式，因而也是法律内部生命的表现"。①　其实，马克思就是在同一篇文章中也明确地指出："如果审判程序只归结为一种毫无内容的形式，那么这种空洞的形式就没有任何独立的价值了。"由此可见，程序法不仅仅是用以实现实体法的工具、手段或形式，它还具有一种独立于实体结果的内在价值。解放思想，开阔视野，就是要清除中国数千年来流行的"法即刑"论的影响，改变过去那种将刑事诉讼法作为制裁工具的思想，就是要深刻认识到刑事诉讼法与刑法一样，它们都是服务于更高价值目标，即满足人的自由、安全、秩序以及人格尊严等需求的，刑事诉讼法

----

① 《马克思恩格斯全集》（第 1 卷），人民出版社出版。

的最终目标并不是为了实现实体法，保证实体法的实施只不过是其实现更高价值目标的众多手段或工具中的一种，刑事诉讼法不仅具有实现实体法的工具性价值，还有本身独立的保障人权的价值以及诉讼效益的价值。

根据我国目前民主与法治进程，重点在于加强对刑事诉讼法自身独立价值的认识和研究，并使之付诸实施。内在价值虽然是刑事诉讼程序本身应有的属性，但它在人类历史上被认识得比较晚，回顾和追溯刑事诉讼制度的发展史，在一定程度上可以说是人类不断认识刑事诉讼内在价值的过程，是从绝对工具主义到程序本位主义的发展史，是诉讼程序内在价值从无到有，从依附到独立的历史。现在，虽然已有不少国家已经认识到刑事诉讼程序的独立价值并将之付诸实施，联合国的许多文件，尤其是《公民权利及政治权利国际公约》、《经济、社会和文化权利国际公约》、《禁止酷刑和其他残忍、不人道或有辱人格的待遇或处罚公约》、《囚犯待遇最低限度标准规则》等一系列文件，也对刑事诉讼程序的内在价值作了相应规定，明文规定了不少刑事诉讼的程序正义标准；而我国1996年《刑事诉讼法》的修改，虽然也通过一系列规定，如无罪推定原则的吸收、收容审查的取消、免予起诉的废除、辩护律师提前介入诉讼、庭审方式的改革等，特别是《刑事诉讼法》第191条关于"第二审人民法院发现第一审人民法院的审理有下列违反法律规定的诉讼程序的情形之一的，应当裁定撤销原判，发回原审人民法院重新审判"的规定，在一定程度上体现了刑事诉讼的内在价值。但总体上是不够的，与刑事诉讼应有的内在价值目标还有相当差距，还需不断完善、改革。如刑讯逼供现象仍时有发生，非法取证还大量存在，而非法证据排除规则没有完全确立，犯罪嫌疑人、被告人没有不得强迫自证其罪的特权，刑事辩护还受诸多限制，强制措施滥用现象仍然比较多，等等。这些都说明我国刑事诉讼法在价值目标的问题上，不足的是程序公正的内在价值没有得到应有的重视和体现，而不是实体正义的工具价值没有得到充分体现。为此，目前修改的重点应当是加强刑事诉讼内在价值的分量。

此外，《刑事诉讼法》再修改时还应当适当重视诉讼效益价值的体现。诉讼效益虽然在层次上，其重要性不能与实体公正和程序公正同日而语，只有在不损害公正的情况下兼顾诉讼效益。但它也并不是可有可无的，正如日本法学者棚濑孝雄所说的，司法制度是一种生产正义的制度，不能无视成本问题，面对现代社会中权利救济大众化的趋势，缺少成本意识的司法制度更容易产生功能不全的问题。① 在这次《刑事诉讼法》修改中，我们也应把诉讼经济效益价值观纳入修改的范围。这是因为，在社会主义市场经济条件下，刑事犯罪日见增长，大案、要案不断增加，我们的人力、物力有限，司法人员的素质有待提高，1996 年《刑事诉讼法》虽然增设了简易程序，但是使用率也不高，而司法实践中的普通程序简易审虽然解决了一些问题，但毕竟不是法律的正式规定；在司法实践中，公安司法机关的担子沉重，警察、检察官、法官在超负荷运转。解决这些问题，最重要的途径就在于提高诉讼效益。具体来讲，一是扩大简易程序的适用范围，将目前可适用普通程序简易审的案件纳入简易程序范围。二是将坦白从宽予以法律化，使之成为法定情节而不是酌定情节，以提高被告人选择简易程序的积极性。我国目前简易程序适用较少，其中一个原因就在于坦白并不一定从宽，决定权在法官手中，由于这种不确定性，被告人根本就没有坦白从宽的积极性，从而导致可适用简易程序的案件并不多。法律的目的在于激励。为此，我们可以借鉴英国的做法，规定坦白后适用简易程序的，明确规定可以从轻判处的刑罚，以确定性激励被告人选择简易程序。三是尽快确立庭前证据出示制度，以便在开庭前明确控辩双方对事实、证据争执的要点，以确定庭审重点，促使法庭审判效益的提高。四是明确证明的对象和标准，减少证据的收集、调查和运用中的重复劳动。特别要转变侦查模式，改变传统的由供到证（先取口供后取证）的侦查模式，转换为由证到供，把侦查的重点放在实物证据的收集上，以防止"供了翻，翻了再供"，造成人力、物力的浪费。当然，实现侦查模式的转变，还要加大科技投入，科技强警、科技强检、科技强法是提高诉讼经济效益的必由之路。

四、权力治人转向权利保障

刑事诉讼的目的与刑事诉讼法的目的是不一样的。刑事诉讼作为一种诉讼活动，虽然参与人是多方面的，有代表国家的公安司法机关，有当事人，还有其他诉讼参与人，他们参加诉讼的具体目的虽然是不同的，甚至是相互冲突的，但诉讼行为合力最后所指向的目的只有一个，至少在一个国家中这种目的是唯一的。而刑事诉讼法的目的则不一样，它是国家之所以制定这样一部刑事诉讼法的目的，这种目的可能是单一的，也可能是复数的，这取决于一个国家的刑事政策。打一个不是很恰当的比喻，刑事诉讼的目的就是一群人最后所要去的目的地，尽管他们之间可能有争论，而刑事诉讼法的目的就是给这些人设

① ［日］棚濑孝雄著，王亚新译：《纠纷的解决与审判制度》，中国政法大学出版社 2004 年版，第 267 页。

计一条道路（程序），防止这些人随意闯入或践踏其他人或他们中间一些人的私人空间（权利）。很明显，刑事诉讼法的目的要受刑事诉讼目的的制约。比如，目的地是朝东的，总不能把道路设计成往西；刑事诉讼的目的是控制犯罪，总不能把刑事诉讼法设计成有利于犯罪行为人逃避侦查、毁灭证据。否则，把道路两边的围栏设计得再高、再巩固，《刑事诉讼法》制定得再精致，也总会人不惜代价逾越围栏，破坏诉讼程序，更严重一些的，甚至会弃该道路、该法律程序而不用。不少公共绿地中间的"小路"，刑事诉讼活动中的不少潜规则，其形成虽然不排除有人恶意违规，但这与有关道路、程序设计不符合应有的人性关怀、应有的程序目的也不无关系。另一方面，刑事诉讼法的目的虽然不能不兼顾刑事诉讼的目的，但两者绝对不能等同，刑事诉讼法最主要的目的在于规范诉讼行为，尤其是规范有滥用权力和扩张权力倾向的国家机关的诉讼行为，以保障公民合法权利不受侵害，即保证国家机关通过正当程序来实现刑事诉讼活动的目标。目前存在的问题是不少人把刑事诉讼的目的等同于刑事诉讼法的目的，从而导致诸多不应有的争议。

刑事诉讼活动作为一种追究犯罪行为人刑事责任的活动，其前提条件是发生了犯罪行为。因此，虽然各国的刑罚目的不同，有的出于矫正，有的出于预防，有的甚至出于报应，但总的说来，各国刑事诉讼的目的都在于发现犯罪行为人，并对其给予恰当的定罪处罚，从而控制犯罪，进而维护社会秩序，保障全社会公民的自由与安全。我国刑事诉讼的目的也不例外，也无可非议。问题在于我国在立法过程中没有正确区分刑事诉讼的目的与刑事诉讼法的目的，把刑事诉讼法的目的等同于刑事诉讼的目的，使刑事诉讼法本应有的控制国家权力、防止权力滥用的主要目的置换成了本属于刑事诉讼直接目的控制犯罪，即以权力治人。也正是这种错误的理解与不正当的置换，导致我国刑事诉讼法中有关权利保障和权力制约的规定并不多，更多的是规定如何保证有效打击犯罪与控制犯罪。其表现主要有：一是在刑事诉讼法的基本原则中没有规定程序法定原则。程序法定原则，其实也就是要求公安司法机关的权力运行必须遵守预定的轨道，从而防止其滥用而侵害公民尤其是犯罪嫌疑人、被告人的合法权利。这应当是刑事诉讼法的主要目的。但由于将刑事诉讼法的目的混同于刑事诉讼的目的，该原则在我国刑事诉讼法中并没有得到确立。二是不少侦查机关采取的强制性侦查措施在法律上没有规定。将有关诉讼行为通过立法加以规定，这是规范这些诉讼行为的前提条件。但我国侦查机关的不少侦查措施如技术性侦查措施却是由公安部以内部规定形式加以规定，不在刑事诉讼法的法律规范范围内。三是侦查权缺乏有效制约。有些侦查措施如强制措施、搜查、扣押等，虽然在《刑事诉讼法》中有一些规定，但对这些措施如何制约却缺乏相应的规定，而是大部分由侦查机关便宜行事，导致除了给侦查机关提供合法依据以外，规定与不规定的效果一样。四是对公安司法机关程序违法行为缺乏相应的制裁。有针对违法行为的制裁措施，这是诉讼行为合规范的必要条件，没有这种制裁措施，有法律规定其实也就相当于没有法律规定。五是缺乏应有的权利规定，权利缺乏有效的保障。前者如犯罪嫌疑人、被告人的不得自证其罪的特权，后者如辩护难问题。六是公民权利尤其是犯罪嫌疑人、被告人合法权利受到侵害后缺乏相应的救济措施。无救济就无权利。由于缺乏救济措施，《刑事诉讼法》的不少权利规定往往无异于法律白条。如非法证据排除问题。

刑事诉讼法的目的不同于刑事诉讼的目的，刑事诉讼法的目的在于权力制约，在于权利保障，使刑事追诉行为控制在正当程序内。《刑事诉讼法》的制定虽然离不开刑事诉讼目的的影响，但更应当在刑事诉讼法的目的指导下进行。为此，我们在《刑事诉讼法》再修改时，应当理性地区别刑事诉讼法的目的与刑事诉讼的目的，从犯罪控制、权力治人的刑事诉讼法目的观转向权力制约、权利保障的刑事诉讼法目的观。这在我国目前尤显必要。一是权力本来就是扩张性的，不受制约的权力必定导致权力滥用，权力的本性要求必须对公安司法机关的权力加以规范、制约。二是我国是一个官本位传统比较严重的国家，权力更具有扩张性、侵略性。这种文化传统更加要求我们对权力进行制约。三是我们已将人权保障写入宪法，并参加不少有关人权保障尤其是刑事诉讼人权保障的国际公约，如《公民权利与政治权利国际公约》，这种国内与国际的承诺要求必须重视刑事诉讼过程中的人权保障问题，加强对权力的制约，否则有损我国在国际上的人权形象。

权利保障与权力制约是一个问题的两面，如何在刑事诉讼法中从权力治人转向权利保障，关键在于一方面采取切实有效措施加强对公安司法机关权力的制约，另一方面在《刑事诉讼法》中明确规定犯罪嫌疑人、被告人等诉讼参与人应有的权利，并规定相应的救济措施。具体来讲，一是分清刑事诉讼法的目的与刑事诉讼的目的，将权利保障明确规定于刑事诉讼法的目的中，并使其占据主导地位。这就必须对《刑事诉讼法》第1条和第2条进行相应修改，增加权利保障的规定。二是在刑事诉讼法的基本原则中增加程序法定原则，使权力制约有据可循。三是将侦查机关实践中经常用的侦查措施纳入法律规定，使其有法可依。目前最需要作这方面规定的是侦查机关的技术性侦查措施。四是加强对权力运用的制约，必要时在侦查程序引入司法审查机制。这方面的重点是侦查权的制约问题，尤其是强制性侦查措施的制约问题。五是对犯罪嫌疑人、被告人应有的权利加以规定，以权利制约权力。这方面必须结合我国的实际情况进行，目前切实可行的是犯罪嫌疑人、被告人的不得强迫自证其罪的特权、律师在场权等。六是建立权利救济机制，加强对公民权利尤其犯罪嫌疑人、被告人合法权益的保护。这种权利包括人身自由权、辩护权等，也包括财产权等。目前尤其是要加强财产权的保护，因为目前刑事诉讼法重刑事责任的追究而轻财产权保护的现象特别严重，很多涉案财物的处理是按行政化方式进行的，根本不符合正当程序的最基本要求。七是建立程序违法行为的制裁机制，保证公安司法机关的诉讼行为合法进行。目前亟须解决的是完善我国的非法证据排除规则，建立一种程序性裁判制度，使程序制裁有章可循。

五、有罪推定转向无罪推定

在法院作出生效判决之前，被追诉人是否有罪是不确定的，在这种情况下，应当给予被追诉人何种法律地位，自古以来有两种不同的做法：有罪推定和无罪推定。

有罪推定，也就是在法院判决之前，被追诉人被推定为有罪。为此，被追诉人必须提出证据证明自己无罪，同时被追诉人并不具有一般公民所享有的权利，追诉机关可以对之采取各种措施限制其人身自由。无罪推定则是指刑事诉讼中，任何被怀疑犯罪或受到刑事指控的人，在未经法院最终判决确认有罪之前，在法律上应当推定为无罪。在无罪推定下，被追诉人是否有罪，应当由控诉方提出证据证明，不能证明的就判决无罪，被追诉人没有证明自己无罪的义务；同时，由于被推定为无罪，被追诉人享有与一般公民同等的权利，追诉方不能随意剥夺或限制被追诉人的权利。从表面上看，有罪推定不利于被追诉人的权利保障，但有利于国家对社会的控制，而无罪推定有利于被追诉人的权利保障，但不利于国家对犯罪的追诉，但由于被追诉人的确定具有偶然性，一个社会中的任何公民都可能在某一天成为被追诉人，为此，是有罪推定还是无罪推定，其实直接关系到公民的权利保障问题，也是一国刑事诉讼是否民主、文明的标志。也正因为无罪推定原则的权利保障功能，无罪推定原则自 18 世纪由意大利刑法学家贝卡利亚提出后，现在已成为大多数国家刑事诉讼法的基本原则，有的甚至上升成为宪法原则。如意大利 1947 年《宪法》第 27 条就规定："被告人在最终定罪之前，不得被认为有罪。"联合国通过的许多人权保障公约或其他法律文件也对该原则进行了确认，该原则为此也成为了联合国刑事司法准则的最低标准之一。如联合国《公民权利与政治权利国际公约》第 14 条就规定："凡受刑事控告者，在未依法证实有罪之前，应有权视为无罪。"

在我国，在长达两千年的封建社会中，实行的是一种有罪推定原则，任何人一旦被确定为犯罪嫌疑人，也往往就被作为罪犯看待，没有辩护权，刑讯逼供合法化。新中国成立以后，由于意识形态方面的原因，无罪推定原则被看做是西方资产阶级的产物，"封建社会采取有罪推定原则，资产阶级针对有罪推定提出了无罪推定。我们坚决反对有罪推定，但也不是西方国家那种无罪推定，而是以客观事实为依据"，① 在很长一段时间内，我国不仅没有规定无罪推定原则，甚至在理论上讨论无罪推定原则都成为一种忌讳。1979 年的《刑事诉讼法》没有规定无罪推定原则，1996 年《刑事诉讼法》第 12 条规定："未经人民法院依法判决，对任何人都不得确定有罪。"对于该条规定的内容是否就是无罪推定原则，有不同的理解。有人认为这就是我国的无罪推定原则，而有人认为这只是规定了法院的统一定罪权，并不是无罪推定原则。笔者认为，从其他有关规定来看，我国 1996 年《刑事诉讼法》并没有完全确立无罪推定原则，只是吸收了无罪推定原则的部分合理因素，第 12 条规定充其量只是一个非完整的无罪推定原则：一是我国《刑事诉讼法》区分了犯罪嫌疑人与被告人，被追诉人在提起公诉前称为犯罪嫌疑人、提起公诉后称为被告人，并删去了带有有罪推定色彩的"人犯"的称谓。二是赋予了犯罪嫌疑人、被告人更多的诉讼权利，为保障犯罪嫌疑人、被告人的权利提供了程序保障，尤其是规定了律师可以提前介入侦查阶段。三是取消了免予起诉制度。免予起诉制度，从本质上看，也就是检察机关未经法院判决就确定被告人有罪，侵害法院审判权的同时也表明当时刑事诉讼法有罪推定的色彩极浓。取消免予起诉制度，也就表明 1996 年《刑事诉讼法》吸收了无罪推定原则的部分内容。四是明确规定证明被告人有罪的责任由控诉方承担。无罪推定原则的一个重要功能就是确定证明被告人有罪的证明责任在于控诉方，被告人没有证明自己无罪的责任。1996 年《刑事诉讼法》规定证明责任由控诉方承担，也是吸收无罪推定原则合理因素的重要标志。五是确定了疑罪从无原则。疑罪从无，这是无罪推定原则的重要内容。1996 年《刑事诉讼法》除规定证据不足起诉外，还规定了证据不足、指控犯罪不能成立的无罪判决，其实也是吸收无罪推定原则合理因素的结果。

由于我国刑事诉讼法只是吸收了无罪推定原则的部分合理因素，而没有完全确立无罪推定原则，我国刑事诉讼法与国际上通行的无罪推定原则之标准还有相当差距：一是没有规定犯罪嫌疑人、被告人不得强迫自证其罪的特权。根据无罪推定原则，证明被告人有罪的证明责任在于控诉方，被告人没有证明自己无罪的责任，更没有协助控诉方证明自己有罪的责任。但我国《刑事诉讼

---

① 转引自卢勤忠：《试探无罪推定在中国的确立和贯彻问题》，载《法学》1998 年第 10 期。

法》第93条却规定，"犯罪嫌疑人对侦查人员的提问，应当如实回答"。在被告人有罪的情况下，这无异于要求被告人协助控诉方证明自己有罪，这种要求不仅与人趋利避害的本性有冲突，而且也是有违无罪推定原则的。二是强制性措施的使用没有得到有效的控制。按无罪推定原则，在法院判决有罪之前，犯罪嫌疑人、被告人应当被视为无罪，其权利应当与一般公民一样受到同等保护。为此，控诉方不能随意对其采取强制措施，剥夺或限制其合法权利。但我国《刑事诉讼法》在这方面却缺乏应有的规定，许多应当纳入法律规范范围的强制性侦查措施没有法律规定，如技术性侦查措施；有的在《刑事诉讼法》中有规定又缺乏相应的有效措施予以制约和救济，如逮捕、拘留、搜查、扣押等。三是非法证据没有得到彻底的否定。非法证据大都是通过侵害犯罪嫌疑人、被告人的合法权利所得到的，如要彻底贯彻无罪推定原则，就应当对这些证据予以排除，才能实现无罪推定原则保障公民权利的目的。但根据我国《刑事诉讼法》以及相关司法解释，规定排除的只有非法取得的言词证据，对于非法取得的实物证据，如果不是特别严重损害公民合法权利就并不排除。即使是非法言词证据，由于缺乏相应的保障机制，在实践中排除的也不多。四是"疑罪从无"贯彻不彻底。首先是证据不足不起诉的规定，《刑事诉讼法》第140条第4款规定的是可以不起诉，并不是应当不起诉，其言下之意也就是即使证据不足，检察机关也可以起诉。尤其是发现新证据的仍然可以起诉。其次，对于证据不足、指控犯罪不能成立的无罪判决，根据最高人民法院的司法解释，检察机关发现新证据的，可以重新起诉，法院应当受理，这也就使得因疑罪从无的无罪判决效力不具有确定性。

无罪推定原则由于其人权保障方面的重要意义，可以说是刑事司法人道、民主、文明的标志，是法治社会应有的内容。法治社会也是我国有中国特色社会主义的建设目标，刑事司法更文明、人道、民主，也是我国法治建设的目的，尤其是无罪推定原则已成为国际刑事司法最低标准之一，为诸多国际公约与法律文件所明文规定，而这些公约与国际法律文件中，有不少是我国已加入或即将加入的，根据国际条约必须信守的原则，我国没有理由拒绝无罪推定原则，在即将进行的《刑事诉讼法》再修改中，我们应当确立完整的无罪推定原则。

如何在《刑事诉讼法》再修改中确立无罪推定原则，根据我国目前存在的问题，我们应当做以下方面的努力：一是建议把《刑事诉讼法》第12条修改为："任何人在人民法院依法确定有罪之前，都应当被推定为无罪。"① 二是对权力尤其是侦查权力进行有效控制，尤其是确立不得强迫自证其罪原则，以保护犯罪嫌疑人、被告人的合法权利不受非法侵害。"反对强迫自证其罪原则与无罪推定原则紧密相关，该原则体现了对人格尊严与人性的尊重，体现了刑事诉讼正当程序与人权保障等程序目标的追求，体现了被追诉者的诉讼主体地位与举证责任的合理分配。"② 三是强化控诉方的举证责任和举证意识，确立非法证据排除规则，制约和规范控诉方的取证行为。四是增强法院证据不足、指控犯罪不能成立的无罪判决的既判力，彻底贯彻一事不再审原则。五是明确规定存疑有利于被告的原则。在笔者看来，这项原则虽是从无罪推定原则衍生出来，但在某种意义上它又超越了无罪推定原则而体现了一种更为彻底的人权保障意识。

六、口供本位转向物证本位

在现代社会的刑事诉讼中，案件事实的认定必须通过证据加以证明，而证据的种类繁多，从证据的表现方式来看，可以分为言词证据与实物证据两种，其中言词证据包括证人证言、犯罪嫌疑人、被告人的口供、被害人的陈述等。根据刑事诉讼主要通过何种证据来证明案件事实，可以分口供本位和物证本位两种证明方式。口供本位证明方式也就是在诉讼证明过程中注重犯罪嫌疑人、被告人的口供，虽然也注意收集除口供以外的各种证据，但口供被认为是证据之王，因此全部证明活动的核心是获取犯罪嫌疑人、被告人的口供而不重视搜集其他证据，并主要根据口供认定案件事实。与此种证明方式相应的是刑讯逼供现象盛行。物证本位证明方式是随着现代人权保障思想的发展和刑事侦查技术的提高而出现的一种证明方式。在这种证明方式下，口供虽然也被认为是证据中的一种，但因获取口供对人权保障和发现实体真实存在双重危险，因而口供在审判中的使用受到了严格限制，案件事实主要是通过口供以外的其他证据尤其是物证来证明。与此种证明方式相适应的是，由于诉讼证明活动的重点就是收集除口供以外的其他各种证据，特别是物证，物证技术鉴定技术比较发达。

仅从立法规定上看，我国的证明方式是以物证为本位的。我国《刑事诉讼法》第 46 条规定："对一切案件的判处都要重证据，重调查研究，不轻信

---

① 陈光中：《刑事诉讼法再修改之基本理念——兼及若干基本原则之修改》，载《政法论坛》2004 年第 3 期。

② 陈卫东主编：《模范刑事诉讼法典》，中国人民大学出版社 2005 年版，第 133 页。

口供。只有被告人供述，没有其他证据的，不能认定被告人有罪和处以刑罚；没有被告人供述，证据充分确实的，可以认定被告人有罪和处以刑罚。"《刑事诉讼法》第 43 条规定："严禁刑讯逼供和以威胁、引诱、欺骗以及其他非法的方法收集证据。"要求公安司法人员注意调查收集其他证据，而不是获取犯罪嫌疑人、被告人口供，这与以物证本位的精神是一致的。但从司法实践来看，由于我国侦查技术落后，侦查投入不足等原因，我国的诉讼证明方式基本上还是以口供为中心，一般是侦查机关在掌握了一定的犯罪线索以后，立即讯问犯罪嫌疑人，然后再以犯罪嫌疑人的供述为线索收集其他证据。如果收集的其他证据与犯罪嫌疑人的口供有出入，就继续讯问犯罪嫌疑人，整个取证活动基本上都是围绕犯罪嫌疑人、被告人的口供来进行的。在审判过程中，虽然我国《刑事诉讼法》已明确规定，没有被告人供述，证据充分确实的，可以认定被告人有罪和处以刑罚，但在司法实践中，法院没有被告人供述时通常不敢下判。

这种口供本位的证明方式弊端极多：一是由于其常常伴随着刑讯逼供现象而不利于犯罪嫌疑人、被告人的人权保障；二是影响刑事案件破案率，因为过于重视犯罪嫌疑人、被告人口供，一旦被告人在法庭上翻供或指控侦查人员刑讯逼供，公安司法机关就会非常被动，影响案件的追诉；三是与现行法律规定不符合，尤其是与我国已加入或即将加入的有关国际公约要求不符合。反对强迫自证其罪，这是联合国《公民权利和政治权利国际公约》规定的联合国刑事司法准则的一项基本内容，我国政府已于 1998 年 10 月签署了该公约，按条约必须信守的原则，一旦全国人大批准该公约，我国就必须在国内刑事诉讼中执行该条约的规定，再以口供为本位，显然是不符合该条约的要求的。因此，我国必须在刑事诉讼证明方式上从口供本位转向物证本位。

诉讼证明方式的转换是一项长期而艰巨的系统工程，既涉及公安司法人员自身主观意识的改变，也涉及客观技术装备和司法投入的增加，既亟须实现司法操作方式的真正转换，又需要对相关法规作出配套修改。笔者认为，要实现这一转变，必须做好以下工作。

一是转变观念，提高认识。要深刻认识口供主义的证明方式产生的历史及现实原因，从诉讼观念上转变到先查证后取供的证明方式上来。当然，实现诉讼证明方式的转变，关键在于实现诉讼价值取向的转变。因为从根本上说，任何法律制度的设计和运作都以实现一定的法律价值为基点和归宿的，诉讼证明方式的设计更是如此。我国目前之所以实行的是一种口供本位的证明方式，主要是由于我国目前的"犯罪控制"这种价值取向导致的。因此，要实现诉讼证明方式的转变，从根本上讲，就是要将诉讼价值观和出发点从单纯的以国家、社会利益为本位、片面地追求效率，转变到以国家、社会本位与个人本位同时兼顾的价值选择上，即不仅要积极主动地追究犯罪，而且要把诉讼行为建立在科学合法、程序公正的基础上，把犯罪控制同权利保障有机地结合起来。

二是大力使用技术侦查措施。技术侦查措施是侦查机关运用技术装备调查和分析作案人和案件证据的一种侦查措施，如用机器设备排查、传送个人情况数据，用计算机模拟犯罪嫌疑人的体貌等。技术侦查措施由于其对被侦查对象造成的伤害较少，能通过不限制犯罪嫌疑人权利的常规侦查措施中获取的证据分析出许多对侦破犯罪具有重要价值的案件信息，被西方学者认为是一种能够实现控制犯罪和保障人权兼顾的理想侦查方式。由于各种主、客观因素的影响，我国对技术侦查手段一直重视不够。要从口供本位转向物证本位，这要求我们必须大力加强刑事侦查的技术研究，大力提高公安司法机关的技术装备水平，从而实现诉讼证明在技术含量上的提升。

三是建立健全刑事诉讼信息网络系统。许多犯罪通常没有明确的受害人和明显的犯罪现场，且行动非常隐秘，因此，拓宽刑事诉讼的信息渠道具有非常重要的意义。目前，我国刑事侦查的信息来源主要有群众举报、犯罪人自首、领导交办和公安司法机关办案中发现等几种途径，信息来源非常有限。从我国的现实情况来看，还有以下信息渠道是可以利用的：（1）其他部门接受的报案、控告、举报线索。目前我国的纪委、人大、监察、公安、法院等许多部门都设有信访办公室或举报电话等途径接受群众报案、控告和举报，但这些部门之间在信息的使用上很少进行沟通，今后有必要加强信息的登记管理工作，并由中央有关部门负责，将全国所有接受群众报案、控告和举报部门的计算机进行联网，实现全国信息的资源共享。（2）政府部门管理的国家公务员财产申报资料。目前我国的公务员财产申报制度还极不规范。根据国外的做法，国家公务员的财产申报不仅应该包括工资收入，工资以外的其他各种收入，包括接受赠与、股票证券收入、银行存款利息等都必须定期申报。将这些信息纳入刑事诉讼的信息网络系统，对于公安司法人员及时核查被追诉者的支出中是否含有非法收入，准确侦控犯罪将具有重要意义。（3）新闻媒介接受或报道的与违法犯罪有关的情况等。

四是健全和完善收集和使用物证的配套法律法规。我国的证据立法极其疏漏，有关物证的立法更是如此。要想实现从口供本位向物证本位的转变，就必须强化对物证的收集和运用。当前特别需要制定的是有关秘密侦查的法律法规。由于现代犯罪行为逐渐朝着智能化、隐秘化和组织化方向发展，不少国家都针对这一现象制定了有关秘密侦查的法律。如美国 1968 年《综合犯罪控制与街道安全法》明确规定 12 种犯罪可以采用秘密监听手段；① 意大利 1988 年《刑事诉讼法》规定刑事侦查可以采用"通讯窃听"手段；法国于 1991 年 7 月 10 日通过的第 91 - 646 号法律在《刑事诉讼法典》中增加了"电讯的截留"一节，对秘密监听的程序问题作出了详细规定。但秘密侦查的适用也可能导致对犯罪嫌疑人隐私权的侵犯和限制，因此亟须制定出相应的法律法规，对秘密侦查的方式、条件、审批机关、适用程序、违法责任等问题作出严格的规定。另外，有关鉴定人出庭作证的有关法律规定也必须作出相应的完善措施，因为以物证为本位，也就不得不更多地依赖于鉴定结论，而鉴定结论是否能作为定案根据，一般要经过质证才能作出决定。

五是加大对刑事诉讼的人力、物力和财力投入。与讯问犯罪嫌疑人只需在室内进行相比，其他取证方式将涉及更广泛的诉讼空间和更复杂的司法操作，因而也就需要更充足的司法投入。如检验物证、书证需要购置技术设备和培训操作人员，勘验现场需要出动车辆和大批公安司法人员，制作视听资料需要比较先进的技术、人员和设备等，所有这些都要求我们加大对刑事诉讼的司法投入。

六是优化公安司法人员的专业结构，建立一支专家型的公安司法队伍。许多刑事案件涉及复杂的专业知识和特殊技能，如会计、金融、财务、证券、外汇、计算机甚至测谎器等。这些知识和技能有些是可以通过短期培训来强化的，有些则只有经过长期的系统学习甚至专业训练才能掌握。这就要求我们改变以往在进行公安司法人事管理时仅注意配备法律方面的人才，甚至吸收没有任何专业知识和技能的人员的人事管理模式，大力引进精通会计、金融、财务、证券、外汇、计算机甚至心理学和语言学等方面知识和技能的专业人才，提升公安司法人员的专业化程度。

七、客观真实转向法律真实

刑事诉讼的证明标准问题，尤其是有罪判决的证明标准问题，是我国学界和实务界长期关注的一个热点问题。在 2000 年以前，学界与实务界对此问题就说法不同，运用不一。学界有"客观真实说"、"实质真实说"、"法律真实说"、"两个基本说"（基本事实清楚、基本证据具备）等。在各种说法中，客观真实说处于主导地位，高等院校法学本科统编教材《证据学》，就是把"客观真实"作为刑事诉讼的证明标准，即认为"查明案件的客观真实"是诉讼

---

① See John N. Ferdico J. D: Criminal Procedure, West Publishing Co, p. 358.

证明的任务，这不仅是十分必要的，而且也是"完全可能"的。① 2000 年笔者在《中国法学》第 1 期发表一篇对"客观真实说"提出一些不同看法的文章以后，② 在学界引起很大争论，有赞同者，也有反对者。客观真实是指刑事证明应当查清犯罪事实真相，裁判者只有在所认定的案件事实正确反映犯罪事实真相时，才能裁判被告人有罪。法律真实是指公安司法机关在刑事证明过程中，运用证据对案件事实的认识，应当符合刑事实体法和程序法的规定，应当达到从法律的角度认识真实的程度。笔者仍然认为，对于刑事诉讼的证明标准，应当是法律真实而不是客观真实，应当从过去那种客观真实观转向法律真实观。理由有：

一是法律真实顺应和符合从实质合理的法律观向形式合理的法律观的转变。所谓实质合理是人们对事物的认识在价值的选择上所追求的是事物在实质层面上的公正与合理。形式合理又称程序正义或诉讼正义，是相对于实质合理而言的，它起源于古老的"自然公正"原则，形式合理所追求的是人们处理事情的形式上的公正标准。由于实质合理常因人们的需求不同而具有多样性题，即每个人的背景不同，认识能力不同，经验不同，世界观、价值观、人生观不同，对实质合理的需求和标准就不同。而且从认识上看，实质合理是一个带有终极意义的用语，过分地追求实质合理，非实质合理就不能得到认同，有时就不可避免地走向形而上学，不可避免地走向专制。因此，现代法治国家一般追求的是形式合理而不是实质合理。在我国，由于受传统文化的长期影响，人们在处理事情的价值选择上，习惯于追求事物的实质合理。譬如，在立法和执法中，特别是法律的实施中，人们就有"重实体法、轻程序法"的倾向。但近年来，随着法学界对法律形式合理的深入认识，已经发生了深刻的变化，这一变化过程就是从实质合理的法律观转到形式合理的法律观。这也是我国依法治国方略的必然要求。如我国刑法罪刑法定原则的确立，就是从实质合理的法律观向形式合理的法律观的一个转变。"随着罪刑法定原则的确立，类推制度的废止，在刑法中形式合理性的诉求战胜了实质合理性。"③ 我国刑事诉讼法对无罪推定原则合理因素的吸收和使用，以及《刑事诉讼法》第 162 条关于"疑罪从无"的确立，其实也是对实质合理性的一种放弃。从这个意义上

① 陈一云主编：《证据学》，中国人民大学出版社 1991 年版，第 114～115 页。

② 参见樊崇义：《客观真实管见——兼论刑事诉讼证明标准》，载《中国法学》2000年第 1 期。

③ 陈兴良主编：《刑事法评论》（第 5 卷），中国政法大学出版社 2000 年版，第 30页。

看，我国刑事诉讼过程的形式合理的思维和法律观也正在形成，这也就意味着在证据运用的价值选择上也必然走形式合理之路，必然从客观真实转化为法律真实。因为客观真实在某种意义上是与实质合理相对应的，而法律真实是与形式合理相对应的。

二是在证据的运用上，离开形式合理去追求实质合理，而达到所谓客观真实，弊多利少，甚至是不能实现的虚幻。传统的客观真实论，在我国刑事诉讼法不完备，而且证据立法也非常原则、笼统的背景下，再加上儒家思想为主导的中国传统文化，缺乏自然法与形式法的逻辑理念，这样在证据的运用上，对案件事实的查证，追求实质合理，选择客观真实的价值标准，是完全可以理解的。但问题是我国正走向法治，法律纷纷出台，尤其是将要制定一部完善的证据法。在这种情况下，证据运用的价值选择、案件事实的证明标准就不能再以实质合理作为指导，而应以形式合理作为指导了。此其一。其二，所有的刑事案件都是过去发生的不可能重现的事件，这种事后性的证明活动不同于自然科学的规律认识，刑事诉讼是以恢复社会秩序为目标的，案件事实的认识必须有相应的时空限制，而自然科学研究是以真理发现为目标的，没有时空的限制，这一代人不行，还可以由下一代来完成。更何况自然科学研究的对象是客观规律，作为一种规律，它可以因重复出现而对其客观性加以准确检验，而刑事诉讼的案件事实是单向不可重复的，通过证据证明的案件事实只能是一种经验性事实，它与客观发生的案件是否完全一致，是没有可靠的方法与工具来检验的，除非我们人类能穿越时空回到过去。由于诉讼认识的这种复杂性，案件事实的认识永远只能是接近原物，近似原物，把客观真实定为认识活动的价值目标，无异于一种幻想。其三，从绝对真理与相对真理的辩证关系来看，客观真实论也只能是一种虚幻的理想价值，不是一个可以达到的现实价值目标。列宁曾生动形象地论述过这个问题，他指出："（一）有没有客观真实？……（二）如果有客观真实，那么表现客观真理的人的表象能否立即地、完全地、无条件地绝对或者只能近似地、相对地表现它？这第二个问题就是绝对真理和相对真理的关系问题。"① 列宁还生动地比喻说："图画的轮廓是受历史条件制约的，而这幅图画描绘的是客观地存在着的模特儿，这是无条件的。"② 按照马克思主义关于真理的绝对性和相对性的辩证关系的原理，笔者认为对一个刑事案件

---

① 列宁：《唯物主义和经验批判主义》，载《列宁选集》（第 2 卷），人民出版社 1960 年版，第 121 页。

② 列宁：《唯物主义和经验批判主义》，载《列宁选集》（第 2 卷），人民出版社 1960 年版，第 135 页。

的证明要求，在价值的选择上只能达到近似于客观真实，而且越接近客观真实越有说服力。那种"必须"达到，"就要"达到，"一定"达到客观真实的说法，在认识论上是不能成立的，更是无法实现的。

三是法律真实是"程序正义"的要求，是刑事诉讼法内在价值的集中体现。我国《刑法》第 3 条规定："法律明文规定为犯罪行为的，依照法律定罪处罚；法律没有明文规定为犯罪行为的，不得定罪处罚。"这就是罪刑法定原则。这一规定的精神实质是在刑法中确立法治精神，是否犯罪以及如何处罚以法有明文规定者为限，这样我国刑法的内在价值就突出地表现出来了，它在公民自由与国家刑罚权之间划出了一条明确的界限，它有利于对公民个人权利的保障。我国刑法在这一原则的指导下，明文规定了各类、各种罪的构成和条件。这样作为定罪处刑根据的证据，理所当然地要以刑法的要求为依据来调查、收集和运用。法律真实的主要根据之一就是刑事实体法，离开国家的刑法，去另外寻求什么客观真实，那只能是一种虚幻的、无所遵循的想象。收集到的证据，最后达到的证据标准，只能用刑法各罪的构成要件来权衡。至于如何收集、调查、审查、判断和运用证据认定事实，那就要遵循我国刑事诉讼法（包括证据的有关规定）规定的程序进行。我国刑事诉讼法的价值与功能，就在于它外在的工具价值、内在的程序正义价值和效益价值。这三位一体的价值，反映着刑事诉讼法的地位和作用。近年来，我国诉讼法学者在过去工具价值的基础上，对刑事诉讼法独立的、内在的程序正义价值的研究和认同，反映了我国学术水平的提高和进步。《刑事诉讼法》第 12 条规定："未经人民法院依法判决，对任何人都不得确定有罪"；第 140 条第 4 款规定："对于补充侦查的案件，人民检察院仍然认为证据不足，不符合起诉条件的，可以作出不起诉的决定"；第 162 条第 3 项规定："证据不足，不能认定被告人有罪的，应当作出证据不足、指控的犯罪不能成立的无罪判决。"所有这些规定不仅从立法上肯定了程序公正的诉讼价值，而且为我们指明了刑事证据的证明标准。因此，法律真实的另一根据就是刑事诉讼法规定的程序标准。诉讼程序上的法律真实，就是为了体现刑事诉讼法程序公正的价值，就是刑事诉讼关于运用证据的原则、程序和标准等有关规定的集中表现。

四是在运用证据的价值选择上，从客观真实转向法律真实不仅符合我国民主与法治的进程，而且也是司法实践所急需。在党的十五大把"依法治国"的方略作为治国之本，把社会主义市场经济定位为法治经济之后，我国在政治、经济各方面发生了很大变化，人治渐渐退出历史舞台，法治社会、法治经济正在逐渐形成。在这种形势下，如何正确运用刑事诉讼中的证据，唯一的出路就是依法进行，即根据我国刑法、刑事诉讼法规定的规则和标准进行，其证明要求和标准必须从虚幻的客观真实转向实实在在的法律真实。同时，在司法实践中，许多案件定案难，质量低，破案不佳，积案成堆，人民群众不满意，社会治安仍然是人民群众关心的一个热点问题。笔者认为，这在一定程度上不能不归因于我们在运用证据定案时选择了客观真实所造成的。客观真实虚幻、神秘、不可预测，而且原则笼统，可操作性差，致使办案人员认识不一，相互扯皮而贻误时机，造成拖案、积案。凡此种种说明，司法实践呼唤一个规范的、容易操作的证明标准，而法律真实因其就是以我国《刑法》和《刑事诉讼法》规定的犯罪构成要件和收集运用证据的规则、程序、标准来认定案件事实，它显然符合这一证明标准。

如何从客观真实转向法律真实，关键在于从实体法和程序法两方面对诉讼证明活动进行规范。在实体上，根据刑法规定的构成要件来确定诉讼证明的对象，只要证明了对于定罪量刑有决定意义的事实就可以定案判决。这些事实包括：（1）犯罪事实是否发生；（2）犯罪行为是否是嫌疑人被告人所为；（3）实施犯罪行为的时间、地点、手段、后果以及其他情节；（4）行为的动机、目的；（5）影响量刑轻重的情节（包括从重情节、加重情节、从轻情节、减轻情节和免除刑罚情况）；（6）被告人的个人情况（包括身份事项、责任年龄和有无前科）。在程序上，对于上述事实的证明必须到达以下要件才能认定该事实是否得以证明：（1）每个证据材料必具有客观性、关联性和合法性；（2）各个证据材料的内容经过排列、组合、分析必须与案件的发生、发展的过程，即案件事实相符；（3）借助证据材料进行的推理必须正确，必须符合逻辑规则；（4）全案证据事实必须达到"三统一"，即证据自身统一、证据与证据统一、证据案件统一，统一的标准就是排除了矛盾。

八、重实体、轻程序转向两者并重，最终转向程序本位

在刑事诉讼的过程中，如何处理遵守程序与追求有效打击犯罪之间的关系，有程序绝对工具主义、程序相对工具主义和程序本位主义三种不同的做法。程序绝对工具主义，也称结果本位主义，这种理论认为，刑事程序仅仅是实现某种外在目的即刑事实体法目标的工具或手段，它本身并不是目的，程序本身是好是坏完全取决于是否能实现实体法目标。程序相对工具主义则认为，刑事诉讼程序是实现实体法的工具和手段，但在追求这一目标时也要兼顾程序本身的一些独立价值目标。① 由于这种理论本质上仍然属于一种工具主义，因此，在程序本身价值与实体目标发生冲突时，它选择的是后者。程序本位主

① 陈瑞华：《刑事审判原理论》，北京大学出版社 1997 年版，第 30 页。

义，是一种旨在强调程序本身的功能和价值的观点，这种观点认为，刑事诉讼程序是好是坏，其评价标准是程序本身是否具有一种独立于程序结果的内在的善。在诉讼进行中，首先要承认程序的价值和作用，才能真正保证实体正义的实现。如日本的法学家把程序本位、程序优先称之为"程序是实体之母，或程序法是实体法之母"。①

从法律的发展来看，"原始社会没有实体法的观念，共同体的代表诉请于某种超自然的力量来解决纠纷的所谓审判就是依靠程序。即使对这种原始状态存而不谈，只要回溯到英美法和大陆法历史的早期阶段就可以发现只有程序而不存在实体法观念的现象。早期的英国法采取诉讼方式（formsofaction）的程序，具有特定实施关系的案件通过特定诉讼方式处理……作为大陆法起源之一的罗马法中同样可以看到类似现象。罗马法首先看到是'诉权'（action），诉权不同程序也不同。诉权的逐渐增加，意味着实体法被创制"。② 在早期社会中，程序先于实体，实体是源于程序的。但在近现代社会而言，法律常被按其内容分为实体法和程序法。"实体法从常识来讲就是'应当如此'的法律关系为内容，提示什么是实体正义的规范。与此相对，程序法被理解为规定如何实现实体法的内容的手段性规范。程序法可以包括各种各样的规范，但其中核心部分是规定民事诉讼和刑事诉讼的法律规范。由于程序法作为手段、工具的性质，有时被称之为'助法'，或'附带性规范'。这里表现出一种思想，即以完美无缺的实体法为前提，程序法仅仅是以判决的方式产生出其结果的机械性过程或就是这个机械本身。孟德斯鸠作为法治理想而描绘出来的所谓'自动售货机'式的法官正是这种程序观念的象征。"③ 把诉讼程序看做是"助法"、"附带性规范"、"机械的过程"等，这就是"重实体、轻程序"绝对工具主义法律观的一种表现。这种理念和观点，一直在我国法律界占据主导地位，直到今天还有不少市场。在 20 世纪以来的有关程序价值的讨论中，人们逐渐认识到"重实体、轻程序"的危害，认识到程序不仅是贯彻实体法的工具和手段，更重要的是它还有一种独立的品格和独立的价值，即程序本身的正当性如何，以及是否严格按照法定程序办案，它直接关系到一个民族、一个国家的进

---

① ［日］谷口安平：《程序的正义与诉讼》，中国政法大学出版社 1996 年版，第 8 页。

② ［日］谷口安平：《程序的正义与诉讼》，中国政法大学出版社 1996 年版，第 7 页。

③ ［日］谷口安平：《程序的正义与诉讼》，中国政法大学出版社 1996 年版，第 6 页。

步、文明、民主与法治的问题。也就是在这样的背景下，我国司法领域出现了一种"程序与实体并重"的理念和提法。这一提法貌似公允、合理，但一旦实体正义与程序正义发生冲突和矛盾时怎么办？是要实实在在的结果呢，还是要程序正义？多数人的回答是，当然是要牺牲程序捍卫实体，其结果是又回到"重实体、轻程序"的老路上来。笔者认为出现这种现象是正常的，因为一种理念的确立，一种创新思想的引进，并非一朝一夕之事，就是要在反复的思索中，乃至痛苦的教训中逐步确立起来。

　　以科学的发展观而论，或曰按照诉讼进程和诉讼规律来说，笔者认为应当依照程序优先的原则，牢固地树立起"程序本位"的理念，即"程序优先于实体，重于实体"的观点。其道理在于"正当程序"得到实施的前提下，程序过程本身就能使程序结果取得正当性的重要作用，即按一般的规律，不仅程序正义往往可以保证实体正义，而且在正当程序的指导下，由于程序已经给予被追诉人充分机会参与诉讼，表述了自己的观点，并提出充分的证据，还经过了法官公正的审理，即使判决结果对己不利，被判者也不得不按这一结果而服判服败。同时，这一结果对社会和广大公众而言，也会产生一种正当化效果，因为如果已在程序的正当性上和执法必严上得到了公众的信赖，即司法权威已牢固树立，广大群众在判断实体结果的正当性，即是否正义时，一般也是从程序和制度的保障功能上来判断其结果如何。相反，如果把程序放在可有可无、随意牺牲的位置上，一味地去追求所谓的实体公正性，但又不知这种结果的公正性从何而来，办案者就会自觉不自觉地把被追诉者当做一个追诉客体，而不讲程序、不择手段地去查明"事实真相"，这往往很容易滑向非法收集证据的深渊，历代的冤案、错案都证明了这一点。

　　就我国刑事诉讼立法而言，1996年《刑事诉讼法》虽有明显的进步，但从总体上还没有充分体现"以程序为本"、"程序本位"的理念，程序优先、程序重于实体的原则尚未显现出来。如1996年《刑事诉讼法》仅仅在第191条规定：二审法院发现一审法院的审理有下列违反法律规定的诉讼程序的情形之一的，应当裁定撤销原判，发回原审人民法院重新审理：（1）违反本法有关公开审判的规定的；（2）违反回避制度的；（3）剥夺或者限制了当事人的法定诉讼权利，可能影响公正审判的；（4）审判组织的组成不合法的；（5）其他违反法律规定的诉讼程序，可能影响公正审判的。这一规定同1979年《刑事诉讼法》相比，虽然有历史的进步，初步体现了程序的一些价值和作用。但是，就这一仅有的规定本身而言，不仅在立法的行文上软弱无力，而且在贯彻执行上也无所适从，实务部门反映说：标准不明，没法执行。如什么叫"可能影响公正审判"？什么叫"其他违反法律规定的诉讼程序"？原则笼统，概念模糊。就 1996 年《刑事诉讼法》的整体而言，与有关"程序本位"的理念与标准存在的差距有四：一是没有把"程序法定"作为诉讼原则加以规定；二是仅仅规定审判公开，在诉讼的透明度上，没有把"程序公开"作为诉讼原则规定下来；三是只规定了"被告人有权获得辩护"原则，没有规定"保障犯罪嫌疑人、被告人辩护权"的原则；四是在诉讼程序上，只规定了应当和可以怎么做，没有专章规定违反了这些程序的制裁措施和救济措施，更没有这种相关程序。如超期羁押的救济与制裁，刑讯逼供、骗供、诱供的制裁与救济，非法证据的排除，没有律师辩护或辩护不力怎么办，剥夺了当事人诉讼权利的法律后果等。

因此，在这次《刑事诉讼法》的修改中，应当在"程序本位"这一理念的指导下，针对上述问题，在立法上采取以下几个方面的措施：第一，明确程序的地位、价值和功能，在诉讼原则中增加"程序合法"、"程序法定"和"程序公开"的原则。第二，确立"非法证据排除"原则，即在刑事诉讼的过程中，违反本法典的规定所取得的证据不允许采信。第三，确立程序保障和程序违法制裁机制。为公民基本权利和诉讼权利的保障提供一套从基本原则到诉讼程序的保障机制。并规定程序违法的制裁机制，除对非法证据的排除外，对超期羁押、非法拘捕、羁押、扣押、冻结、搜查、勘验、鉴定等涉及公民人身权、财产权、隐私权的一切违法行为，都要视轻重缓急、影响大小给予相适应的制裁措施，以促进诉讼的文明进行。第四，构建程序违法的救济机制，正确处理上诉、申诉、控告。制定各种救济行为的条件、范围、提起和审理程序。在一些程序和环节上，适当增加听证程序，以听取各方面的意见，使诉讼能够和谐进行。特别是对那些可能造成冤、假、错案，导致矛盾激化，给社会带来严重影响的申诉和控告，必须立即采取行动，启动应急的救济措施。

九、高压从重转向宽严相济

由于前面提到的斗争哲学的影响，在相当长的时间内，我国对犯罪的处理是按敌我斗争而不是按内部矛盾来处理的，实行的是一种高压从重的政策。在这种高压从重政策下，不仅在实体上重刑化倾向严重，而且在程序上犯罪嫌疑人、被告人的权利得不到保障，处于一种诉讼客体地位，司法机关在诉讼过程中倾向于对犯罪嫌疑人、被告人采取不必要的强制性措施。这种高压从重政策最明显的体现：一是死刑适用过多；二是犯罪嫌疑人、被告人的辩护权受到较多限制；三是逮捕、拘留等羁押措施适用率很高，且羁押期限比较长；四是公、检、法三机关不时联合办案，诉讼行政化色彩极浓。

这种高压从重政策形成于我国国内外形势都比较严峻、阶级斗争还比较严重的建国初期。因此，从其形成来看，并不是没有其历史的合理性。但随着我国经济形势的好转、国内外局势逐渐趋向和平稳定，绝大部分犯罪行为已转变为人民内部矛盾，这一合理性已逐渐消失，再以高压从重政策处理犯罪行为，已不能适应我国社会的发展要求。特别是在 2004 年中共十六届四中全会上提出构建社会主义和谐社会的目标后，以敌我斗争哲学为基础的高压从重刑事政策完全是与该目标相违背的，它必须退出历史的舞台。正是在这种情况下，宽严相济逐渐成为我国的刑事司法政策。2005 年 12 月 5 日，中共中央政治局常委、中央政法委书记罗干在全国政法工作会议上提出，要注重贯彻宽严相济的刑事政策，2006 年 10 月，中共中央十六届六中全会通过的《中共中央关于构建社会主义和谐社会若干重大问题的决定》明确强调，要实施宽严相济的刑事司法政策。

从我国的历史发展来看，宽严相济刑事政策不仅是党和国家的一贯政策，而且在我国也有着深厚的历史渊源，是我国的法律传统之一。因为不仅我党早在第一次国内革命战争时期就已出现与宽严相济相类似的镇压与宽大相结合的政策，在 1979 年我国第一部《刑法》已将惩办与宽大相结合刑事政策作为《刑法》第 1 条的重要内容正式确定外，在我国古代的法律传统中也早已有宽严相济的思想。这主要体现在以下几个方面：一是"刑罚世轻世重"，不同时期适用轻重不同的刑罚措施；二是针对特定种类的犯罪人适用较轻刑罚，如对老年人、未成年人、残疾人、妇女犯罪的减轻或免除刑罚，对自首者减轻处罚，对犯罪进行赦免等。

宽严相济刑事司法政策不仅与我国构建社会主义和谐社会的目标相契合，而且也具有深厚的理论基础，符合对立统一规律、正义论、效益论和以人为本的思想。如何在刑事诉讼法中贯彻宽严相济刑事司法政策，笔者认为该当从以下几个方面着手：

首先是正确理解宽严相济刑事司法政策的内涵。不仅要从实体角度理解宽严相济刑事司法政策，而且还必须从程序角度理解宽严相济刑事司法政策。因为不仅程序本身体现了对犯罪行为人的处理是宽还是严，而且程序还是保证宽严相济刑事政策得以正确贯彻实施的重要条件。基于此，笔者认为，宽严相济刑事政策是一种在有效打击犯罪、维护社会秩序与保障人权、尊重人性之间进行合理平衡的刑事政策，它的内涵应当包括如下几个方面：一是宽严相济刑事政策体现的是一种合理的区别对待，这种区别对待包括两个方面的内容：横向的区别对待和纵向的区别对待。何为"严"，除了实体上的从重外，还包括一种程序上的"严"，如采取逮捕等较严厉的强制措施。何为"宽"，与"严"相对应，也包括非犯罪化、处以较轻刑罚和在程序上给予宽缓处理三个方面。

除根据不同时期有宽有严外，还应当根据不同地区的不同社会治安情况对同一种犯罪行为是否犯罪化、是否判处刑罚以及是否采取宽缓程序上适当地作不同处理。二是严有度、宽有节，不管是宽是严都应当依法进行，不能突破法律的规定。宽严相济刑事政策中的宽与严都应当依法进行，打击犯罪不能不择手段，严要有度；任何权利都不是绝对的，宽要有节。三是宽严应当"相济"。"济"，也就是帮助、配合、协调之意。宽与严"相济"，实际也就是要求宽与严应当相互体现、相互配合与相互统一。具体而言，就是要求在刑事立法与刑事司法中对重罪处以较重刑罚要能体现出轻罪所处刑之轻，对轻罪处以较轻刑罚也要能体现出重罪所处刑之重。只有合理使用"重"，才能使"轻"收到应有效果；只有适时使用"轻"，才能使"重"的作用得以发挥。

其次是正确理解宽严相济刑事政策与"严打"政策的关系。对于宽严相济刑事政策与"严打"政策的关系，目前有两种不同的观点：一是认为依法从重从快的"严打"政策与宽严相济刑事政策是相符合的，两者之间是一种具体政策与基本政策之间的关系，"严打"政策是宽严相济刑事政策的重要体现和重要内容之一；二是认为"严打"政策和宽严相济刑事政策是两种不同的刑事政策，在"严打"时期，"严打"政策是实然的刑事政策，而惩办与宽大相结合的刑事政策是应然的刑事政策；"严打"政策体现的只是惩办的一面，"严打"政策在其内容上与惩办与宽大相结合刑事政策是存在抵触的，我国在1997年修改《刑法》时之所以将1979年《刑法》第1条规定的惩办与宽大相结合刑事政策删除，主要还是为了给"严打"刑事政策让路。① 笔者认为，从"严打"的历史来看，本意上的"严打"政策是在某一时期依法从重从快打击某些严重危害社会治安的犯罪分子，它既不排除在同一时期对其他犯罪分子予以从宽处理，也不排除在其他时间尤其是社会治安缓和时期对这些犯罪分子从宽处理。因此，"严打"政策并不与宽严相济刑事政策相抵触，它是宽严相济刑事政策中从严的重要内容之一。"严打"政策之所以会在司法实践中出现这样或那样的问题，并不是"严打"政策本身有问题，而主要是实践中片面理解甚至曲解"严打"政策所造成的，现在的问题不是要不要"严打"政策的问题，而是如何保证"严打"政策被正确依法执行的问题。

最后是在刑事诉讼的各阶段切实贯彻宽严相济刑事司法政策。一是在刑事立案阶段严格案件材料审查关，使无辜者或不应当受刑事处罚之人不受刑事追究，同时严密法网，使有罪者不致逃脱刑事责任。严密法网，在此体现的是宽严相济中"严"的一面。其要求一方面是严格依照法律的规定，只要有一定

① 陈兴良：《宽严相济刑事政策研究》，载《法学杂志》2006年第1期。

的证据证明犯罪事实发生，且没有《刑事诉讼法》第 15 条规定的情形之一，就应当立案；另一方面是立案机关应当在收到有关案件材料后及时审查并作出是否立案的决定，因为刑罚的确定性，不仅仅是一个该不该追究刑事责任的问题，还有一个能不能将刑事责任变成现实刑罚的问题。如果有犯罪事实发生，也应当追究刑事责任，但因为时过境迁或遭人为破坏没有证据证明，刑罚的确定性也不可能实现。宽严相济刑事政策中的"宽"，从我国《刑事诉讼法》规定来看，在此主要体现在对行为情节显著轻微不予立案的规定上。即合理使用《刑事诉讼法》第 15 条第 1 项的规定："情节显著轻微、危害不大，不认为是犯罪的"，从犯罪的社会危害性、犯罪人的主观恶性、案件的社会影响三方面进行权衡，可从宽不立案的就不立案侦查。二是在侦查程序中，最能体现宽严相济刑事政策的是强制措施的适用和案件侦查终结后的处理两方面。从我国有关强制措施的立法与有关司法解释来看，强制措施的适用本身已体现一种宽严相济精神，目前要解决的主要是监视居住的使用问题，解决其在实践中的虚置现象。而对于侦查终结的处理来看，最能体现宽严相济精神的在于公安机关侦查终结的案件，因为检察机关侦查部门的侦查终结处理实际上只是一种内部处理意见，对外没有实际意义。对于公安机关的侦查终结的处理，要使其能充分体现宽严相济刑事司法政策，目前要解决的是扩大侦查机关在侦查终结时的处理权限，让其可以对一些双方当事人已经和解的轻微刑事案件以撤销案件处理。当然，从广义来看，公安机关作为侦查机关，充分行使和发挥其侦查职能，尤其是破案中关于案件证据的收集，把案件事实搞清、搞准，使证明从宽从严的事实情节的证据准确无误，为起诉、审判提供良好的基础和前提，这也是贯彻执行宽严相济刑事政策的应有之义。三是在审查起诉过程中，改革完善审查起诉的方式，保证宽严准确。从目前来看，我国的审查起诉程序已在一定程度上体现宽严相济刑事司法政策，在从宽方面，有慎用强制措施尤其是逮捕这种强制措施，明确规定未成年人犯罪案件有七种情形可不予以逮捕外，还规定未成年犯罪嫌疑人被羁押的，检察机关应当审查是否有必要继续羁押，可捕可不捕的不捕；借鉴国外暂缓起诉制度，对轻微案件慎重起诉；对确需提起公诉的轻微刑事案件在提起公诉的同时提出从宽处理的意见；快速办理轻微刑事案件。在从严上，一方面是体现在加强对某些严重犯罪案件的打击，该逮捕的就捕，该起诉的就起诉；另一方面是对于严重犯罪案件要及时处理，但不适用快速办理机制。但是，我国审查起诉实行的是一种书面色彩很浓的方式，这种方式并不能保证宽严准确，该起诉的就起诉，可不起诉的就不起诉。为了保证宽严适当，我们应当对我国审查起诉方式改造成一种听证方式，加强辩方抗辩能力，增强办案检察官的独立性，使审查起诉宽与严能得以恰当体现。四是在审判阶段，我国除了应当在实体上制定比较科学的量刑制度，使每个被告人被判处的都是与其刑事责任相称的刑罚处罚外，还应当改革和完善刑事审判程序，建立宽严不同的审判程序，使在对被告人审判的程序上也能体现宽严相济的刑事政策。一方面是引入和解制度，完善现有的简易程序。在我国简易程序中，不管是公诉案件，还是告诉才处理的案件与被害人有证据证明的轻微刑事案件，被告人的人身危险比较小，侵犯的也主要是被害人的利益，公共利益较少。因此，在审判过程中，法院应当少用强制措施，或使用比较轻缓的强制措施，而不能使用逮捕措施，如果被告人能与被害人和解，并履行和解协议，法院就应当对被告人减轻刑罚或免除刑罚，或尽量判处缓刑，以体现简易程序的宽缓性。另一方面在被告人认罪程序中明确可以从宽判处的刑罚，使用轻缓的强制措施。因为被告人对指控的犯罪事实予以承认，本身就说明该被告人的人身危险性以及伪造证据、串供的可能性都比较小，对其适用强制措施尤其是逮捕的必要性不大，完全可以使用一些轻缓的强制措施而没有必要使用逮捕措施，而且被告人认罪后，其人身危险性低，国家也可以节省一笔不小的追诉资源与审判资源，作为对其认罪的"奖励"，国家应当明确"奖励"的幅度，增加认罪结果的可预期性。只有把"坦白从宽"的政策落到实处，才能促使被告人认罪伏法。五是在执行阶段，完善社区矫正程序和判刑程序，使刑事执行也能有宽有严。应当说，我国的社区矫正制度与判刑制度本身已体现了宽严相济刑事司法政策，但这些制度主要是从实体上进行了规定，其落实还有待合理的程序。我国的社区程序和判刑程序应当说并不是很合理，存在很大暗箱操作的空间，不能保证宽严恰如其分。因此，我们应当增加相关程序的透明度，将现有书面裁定与决定程序改造为听证程序，切实保障被害人、罪犯等利害关系人和社会公众的程序参与权，以权利制约权力，保证程序结果的准确性，同时设立专门机构行使社区矫正或判刑的决定权和监管权，加强检察机关的监督力度。

十、国内优位转向国际优位

对于本国所签署的国际公约在本国是否具有法律效力，有国内优位和国际优位两种做法。所谓国内优位，也称国内法优先原则，它是指一个主权国家在国际公约与本国法律发生冲突时，基于国家主权的考虑，优先适用国内法。国际优位又称国际法优先原则，即一个主权国家在处理国际法与国内法的关系时，必须恪守所签署加入的国际公约，不得以国内法为借口而不执行自己已签署加入并批准实施的国际条约。

当今世界是一个由于国际分工的深化而不断加强合作与交往的世界，任何一个国家，如果不想被世界遗忘，如果想有所发展，就必须把自己融入了国际社会之中。但是，在国际交往与合作中，出于利益最大化的考虑，国际摩擦难免时有发生，这就需要相应的规则以加以规范，这些规则也就是国际公约。可以说，国际公约的存在是国际交往与合作得以发生的前提条件，而遵守所加入的国际公约，这是一个主权国家融入国际社会的前提条件。为此，确立并落实国际法优位原则已经为国际社会所共认，世界各国已经步入国际法优位的时代，一个法治国家要融入国际社会，就必须恪守自己所认可的国际法的准则和规定。例如，在俄罗斯，前苏联《宪法》和旧《刑事诉讼法典》均无国际优位原则的规定，2002 年颁布的新《刑事诉讼法典》第 1 条第 3 款就以新《宪法》第 15 条第 4 款的规定为根据，明确规定："公认的国际法原则和准则及俄罗斯联邦签署的国际条约是俄罗斯联邦调整刑事诉讼的立法组成部分。如果俄罗斯联邦签署的国际条约规定了与本法典不同的规则，则适用国际条约的规定。"只是不同国家在适用方法上不一样而已，有的是转化适用，即把国际条约的内容转化为国内法后加以适用，而有的是直接适用，即不需要国内进行相应的立法而直接将条约的条款适用于国内，当条约与国内法相抵触时，采取国际法优于国内法的原则，美国、日本、法国等都采用这种做法。①

国际优位的理念或原则，虽然在我国的立法中早已有所体现，如早在新中国成立之初的 1955 年，周恩来总理在亚非万隆国际会议上就明确地向世界宣告："尊重基本人权，尊重联合国宪章的宗旨和原则……都是中国人民一贯主张，也是中国人民一贯遵守的原则。"我国《民法通则》第 142 条第 2 款明确规定："中华人民共和国缔结或者参加的国际条约同中华人民共和国的民事法律有不同规定的，适用国际条约的规定，但中华人民共和国声明保留的除外。"我国的《民事诉讼法》及《行政诉讼法》也作了同样的规定。但是，我国在刑事司法领域，国际优位原则却迟迟不能在立法中得以体现。在相当长的时间内，在极"左"思潮的笼罩下，对国际刑事司法准则和国际人权标准采取的是一种否定的态度，一种批判的做法。例如，关于"无罪推定"原则的认识和理解，凡是主张"无罪推定"原则的法学家，统统被打成右派分子，这一沉痛的教训，我们还记忆犹新。在这种情况下，无论是理论研究，还是刑事司法，占据人们大脑是国内优位的法律观。如果说在 20 世纪 50 年代末期，由于复杂的国际和国内斗争形势迫使我们不得不处于与外部世界相隔离的状态，从而也不得不实行一种国内法优位的原则。但在党的十一届三中全会以

---

① 程味秋、杨诚、杨宇冠编：《联合国刑事司法准则和中国刑事法制》，中国法制出版社 1998 年版，第 71 页。

后，随着我国改革开放政策的实施，我国与世界已不再隔绝，我国渐渐融入了国际社会，并到 20 世纪 90 年代时，中国在国际社会中已经成为负有特殊责任的大国。这种形势的变化与时代的要求，已不容许中国再不重视国际法，在刑事司法领域再不重视国际刑事司法准则了。尤其是我国作为联合国的常任理事国之一，于 1997 年 10 月 27 日签署了联合国《经济、社会和文化权利国际公约》，并已经全国人大批准生效实施。于 1998 年 10 月 5 日签署了《公民权利和政治权利国际公约》。这两个公约再加上联合国《世界人权宣言》，被誉为"国际人权宪章"，并且已成为联合国制定一系列国际人权公约、决议等法律文书时理论上和法律上的重要依据。特别是这些文件中所确立的诉讼原则、证据规则、诉讼人权标准、诉讼程序标准等，都是全人类诉讼文化的总结和结晶，都是诉讼文明的优秀成果，我们已没有理由再拒绝执行。因此，对于我国已签署并批准实施或待批准的这些公约，我们理应将之接受并转化为国内法加以执行，使之成为我国刑事诉讼法立法的渊源之一。

　　如何在这次《刑事诉讼法》的修改中以"国际优位"为指导，适用国际法优先原则，笔者认为着重要解决的问题有四：一是要认清改革开放的形势，明确我国在国际社会中的地位和应承担的责任，要解决在刑事司法领域内，如何正确处理好联合国刑事司法准则与国内法的关系，牢固地树立国际优位的法律观。把人的尊严和权利的保障贯彻在诉讼的各个环节中，既要惩罚犯罪，保障被害人及社会公众的权利，又要注意保障犯罪嫌疑人、被告人及一些诉讼参与人的合法权利，要完整、准确地理解和掌握人权保障问题。对于对各国普遍采用的最低限度的一些刑事标准，我们不能借口"中国特色"、"条件不成熟"，"不能太超前了"等虚假的理由，而将之拒之门外。二是积极创造条件，促使我们已经参加、签署的国际公约批准生效并认真加以实施。中国作为联合国的创始成员国和安理会的常任理事国，对于联合国 1945 年 6 月 26 日签署的《联合国宪章》，1948 年 12 月 10 日通过的《世界人权宣言》和 1966 年通过的两项关于人权国际公约——《经济、社会和文化权利国际公约》、《公民权利和政治权利国际公约》（以下简称"两权公约"）等文件的约束力，必须要有一个明确的认识。对于《联合国宪章》和《世界人权宣言》，中国作为参与国，对这两个文件规定的宗旨和原则，正如江泽民同志所说："我们应该致力于弘扬《联合国宪章》的宗旨和原则……《宪章》就是一部国与国关系的指南，为我们指明了应循之路，各国都应该严格照章办事。"① 我们必须严格执

---

① 程味秋等编：《联合国人权公约和刑事司法文件汇编》，中国法制出版社 2000 年版，第 1 页。

行。对于"两权公约"，我国已经分别于 1997 年 10 月 27 日和 1998 年 10 月 5 日签署，最后的工作是经过全国人大批准后才能生效。我国既已签署"两权公约"，就应该积极创造条件，争取早日批准。联合国刑事司法准则高度重视刑事司法中的人权保障，它的前瞻性和针对性，从长远着眼于对犯罪的预防的有关规定，都对我国有着明显的指导意义。①《公民权利和政治权利国际公约》第 9 条关于人身自由和安全的权利的规定，第 14 条关于刑事司法中各项准则和标准的规定，作为世界多数国家通行的最低标准，对于完善和改革我国的刑事司法制度，对于推进刑事诉讼法的科学化与民主化，都有非常重要的移植和借鉴意义。一旦全国人大批准生效后，除有可能保留的条款外，我们必须奉行国际优位的原则，认真地加以实施。三是对于国际上通行的带有普遍意义的做法，特别是刑事诉讼的一些最低限度标准，笔者的看法是不宜随意持保留意见。如当前人们议论较多的是刑事诉讼中犯罪嫌疑人、被告人的沉默权问题，或曰"不被强制作不利于他自己的证言或强迫承认犯罪"。不管人们对这两种称谓的含义如何理解，笔者认为中国应当积极地创造条件加以实施，赋予犯罪嫌疑人、被告人这一权利，这对司法文明水平的提高，对遏制刑讯逼供，对消除口供主义，保证案件的质量有着非常重要的作用。再如沉默权，其创设本身就是人类历史的一个进步，就是一个反封建专制的产物，它对防止司法专横，促使刑事司法的民主和法治都有重要的作用。因此，在签署和批准之后，对沉默权问题，我国不能作出彻底的保留，但可根据我国的具体情况，适当地加以限制，或作一些例外的规定，这是完全可以的。例如，英国就对沉默权作了一些限制性的规定。1944 年《刑事审判与公共秩序法》第 34 条至第 37 条规定，在一些法定的情况下被告人的沉默权可以用做对他不利的证据。当然，在这些情况之外，沉默权规则仍然有效。② 英国 1987 年《刑事审判法》第 2 条规定，"在严重欺诈调查局的官员调查欺诈案件过程中，接受讯问的犯罪嫌疑人如果在没有合理理由的情况下拒绝回答提出的问题或者说谎，这本身就构成犯罪，并可能被判处短期监禁刑罚"。③ 四是在刑事诉讼法立法技术和行文上，笔者认为，可在《刑事诉讼法》的诉讼原则部分，采用上述《民事诉讼法》、《行政诉讼法》的规定，增加一条关于国际法优位原则，其具体表述可以参考俄罗斯《刑事诉讼法典》第 1 条第 3 项规定的表述方法，并完整规定无罪推定的原则、不被强迫自证其罪的原则，以及完整的公开和辩护原则等。在诉讼制

① 陈光中、江伟主编：《诉讼法论丛》（第 2 卷），法律出版社 1998 年版，第 16 页。
② 陈光中、江伟主编：《诉讼法论丛》（第 2 卷），法律出版社 1998 年版，第 368 页。
③ 陈光中、江伟主编：《诉讼法论丛》（第 2 卷），法律出版社 1998 年版，第 367 页。

度和程序方面，在辩护制度的改革，法律援助制度的完善，证据制度的修订，侦查程序的设计与人权保障相一致的问题以及审判方式的改革与完善，通过死刑程序的严格限制以达到逐渐缩小死刑适用等一系列问题上，都要认真、仔细地对照国际刑事司法最低准则，以求实现二者的统一和协调。

刑事诉讼法再修改的理念

徐静村[*]

【内容摘要】

立法理念是立法的先导，立法理念在很大程度上决定立法的走向。法律修改亦是如此。正确确定立法或修法理念，是立法或修法成功的关键。本文提出我国《刑事诉讼法》再修改的基本理念是：立足国情，适度前瞻；保障公正，提高效率；提升权利，约束权力；博采众长，形成特色。

【关键词】刑事诉讼法 再修改 理念

一、"理念"诠释

"理念"二字似乎"只可意会，不便言传"，但要谈论"刑事诉讼法再修改的理念"这个题目，又不得不首先探究"理念"二字的基本含义。

"理"的本义是"治"的意思，与"念"字组合，主要取义"道理"、"治理"、"理由"、"理想"等含意。"念"的本义是"长久之思"，与"理"字组合联用，主要取义"观念"、"意念"、"思路"、"目标"等含意。因此，"理念"的基本意义似可理解为意旨、目标与思路。"刑事诉讼法再修改的理念"，也因之可解为刑事诉讼法再修改的意图、目标以及实现这种意图和目标的具体途径。其涵盖的范围，可以包括我们通常所说的"再修改"的指导思想、价值目标、基本目的、主要思路等提法。

显然，探究法律制定或修改的理念，必须首先探究产生这种理念的特殊背景。

二、1979 年《刑事诉讼法》立法理念探微

新中国自 1949 年建国到 1979 年第一部《刑法》和第一部《刑事诉讼法》

---

* 西南政法大学教授、博士生导师。

产生前，刑事立法可谓"空白"，其间，1949 年至 1966 年这 17 年中，刑事司法的依据在实体法意义上主要是党的刑事政策（如"肃反方针政策"）和政策性法律文件（如"惩治反革命条例"），在程序法意义上主要是公、检、法三机关的内部规章；1966 年至 1976 年"文革"期间，党的机关、政府机关和司法机关全部瘫痪，刑事司法完全停顿，社会秩序全面失控，犯罪现象十分猖獗却无法得到控制和治理。整个国家从最高层领导到最低层的群众人人自危，其人身权利、财产权利随时都可能受到粗暴的侵犯且无从获得任何的救助。粉碎"四人帮"后，党中央决定"拨乱反正"，尽快结束"文革"，重建国家，并用极短的时间恢复了党的各级领导机关、各级政府机关和司法机关。但要迅速实现政治上的高度集中统一，经济上迅速恢复、发展生产，并且尽快恢复十年动乱破坏的社会秩序，的确相当艰难。党中央从"文革"的惨痛教训中总结出"必须加强社会主义法制"这一历史经验，并决定首先制定《刑法》和《刑事诉讼法》，以便重建后的司法机关不但能够迅速恢复其职能和威信，且在处理十年动乱中发生的各种犯罪案件时在实体和程序方面有所遵循，既保证迅速实现恢复秩序的目标，又可避免司法偏差伤害好人。这就是 1979 年《刑事诉讼法》立法的背景。在这种背景下，《刑事诉讼法》立法的理念，当然是以建立程序规范、有效惩罚犯罪、重塑司法权威、迅速恢复秩序为价值取向。其中又以惩罚犯罪和恢复秩序为主要目标。在这种理念下，1979 年《刑事诉讼法》自然要十分强调司法机关的职能作用，十分强调程序制度要能保证快速高效惩罚犯罪的效果。因此，1979 年《刑事诉讼法》在诉讼构造上特别强调公、检、法三机关的相互配合作用，用审问式审判程序来与全封闭的侦诉程序相配套，以保证追诉活动的顺利进行和追诉目的的顺利实现。

三、1996 年《刑事诉讼法》修正理念简析

我国自 20 世纪 80 年代初开始实行改革开放政策到 90 年代初的十来年间，经济社会发生了巨大变化，犯罪现象亦随经济发展而与日俱增，其复杂性和严重性都是空前的，1979 年《刑事诉讼法》的简陋已远不适应现实的需要，因此产生进行修改的客观要求；另一方面，由于 1979 年《刑事诉讼法》以惩罚犯罪为主要目标，职权主义色彩浓厚，程序疏漏较多，因而在保障人权方面存在显著不足。所以，1996 年《刑事诉讼法》修正案着重于改造庭审制度，将审问式审判程序改为控辩式，以加强审判的民主性和科学性；改变起诉时随案移送全部证据的做法，以阻断法官庭前形成预断的渠道，加强法官的中立性，与此相适应，让律师提前介入侦查程序和起诉程序，以增加侦诉阶段诉讼的民主性。上述修正要点表明 1996 年《刑事诉讼法》修正案的理念，可称为"实

体与程序并重"，或者"既要惩罚犯罪，又要保障人权"。

四、提出对我国《刑事诉讼法》进行再修改的理由

笔者于 2000 年率先提出对我国《刑事诉讼法》进行再修改这一命题。笔者在 2003 年出版的《21 世纪中国刑事程序改革研究》一书的序言中，陈述了提出再修改的如下理由：

1979 年，在总结新中国建国 30 年的治国经验和司法实践的基础上，我国制定了建国以来的第一部《刑事诉讼法》。当时我国社会刚刚经历了十年"文革"的剧烈动荡，开始由"大乱"走向"大治"，这部法典正是当时"拨乱反正"的产物，因而必然要求其内容和精神充分体现当时政治上强调高度集中统一，经济上要求保障迅速恢复和发展社会主义公有经济的需要，所以对刑事程序立法，自然特别看重其稳定社会秩序方面的价值与作用；同时，当时所能借鉴的立法例主要是苏俄刑事诉讼法典和我国过去 30 年中关于刑事司法的某些具体规定与习惯做法，这些资源固然适合当时的立法需要，但未免过于单薄。在这样的背景下出台的 1979 年《刑事诉讼法》，不免简单粗略，但它是新中国"从无到有"的首例刑事程序立法，对于规范我国司法机关的刑事司法行为和当事人及其他诉讼参与人的诉讼行为，起到了奠基性作用，对于当时社会由乱到治发挥了巨大影响，它在我国刑事程序法制建设史上的开创性地位和历史功绩是不可低估的。但是，上述背景也使 1979 年《刑事诉讼法》存在明显的历史局限性。为了与当时的政治、经济状况相适应，这部刑诉法特别强调公安机关、人民检察院、人民法院在侦查、起诉和审判活动中的职能作用，强调三机关的协同配合关系，强调诉讼程序惩罚犯罪的功能，因此，在程序制度设计上，对控诉权行使的程序保障规定得较为充分，对辩护权行使的程序保障规定得相对不足，对其他诉讼参与人权益的保障也关注较少，控、辩、审三者在诉讼中的相互制约和互动功能没有真正形成，明显地存在着重惩罚犯罪、轻保障人权的倾向，这种缺陷使它难以全面实现准确、及时地惩罚犯罪，充分地保障人权的任务。

20 世纪 80 年代中期以后，由于改革开放的大力推进，我国社会经济状况发生了很大变化，民主、法制建设的步伐加快，司法实践中出现了许多新的问题，现实生活对刑事程序的科学化、现代化提出了更高的要求，因而导致了 1996 年对《刑事诉讼法》的修正。

修正后的《刑事诉讼法》，较之于 1979 年《刑事诉讼法》有很大进步，主要表现在：修正案强调实体与程序并重的价值观，力图体现惩罚犯罪与保障人权相结合的理性要求，例如在法典中引进了无罪推定原则的精神，由此扩充

了犯罪嫌疑人、被告人的诉讼权利；允许律师从侦查阶段起介入诉讼，一定程度上限制了侦查行为的随意性，加强了人权保障措施；将审判权（包括定罪权）统一交由人民法院行使，增加了程序的科学性；将原来的审问式庭审制度改为辩论式庭审制度，加强了程序的民主性和法官的中立性；强化了合议庭在审判活动中的权力和作用，一定程度上解决了"先判后审"、"上判下审"问题；等等。其进步意义是应当肯定的。但是修正后的《刑事诉讼法》未能从根本上理顺刑事诉讼主体之间的法律关系，程序设计的疏漏之处亦属不少，因此在实施过程中出现了不少问题。特别引人瞩目的现象之一是，在《刑事诉讼法》修正案颁布后，与刑事司法有关的国家机关，争相出台本系统执行《刑事诉讼法》的"解释"或"规定"，而这些"解释"或"规定"均无一例外地反映了解释主体致力于对某些法律条文作超长延伸以扩张权力的倾向，对法律规定不详与疏漏之处作有利自己扩展权力的补充，这种延伸和过多地记录自己权力的解释内容，使解释文本直接成为各解释主体权力再分配的载体，且各系统在办理刑事案件过程中，工作人员往往只按本系统的权威"解释"或"规定"办事，而把法律本身弃置一旁。这就使各机关的执法行为很难统一到"修正案"的立法本意上来，从而影响刑事诉讼法的正确、统一实施，当然也就很难保证司法公正和提高诉讼效率。这个现象表明，1996年《刑事诉讼法》修正案，由于其本身的某些疏漏与不足，对于刑事司法的规范作用甚为有限，因此，难以树立应有的法律权威。同时由于1996年《刑事诉讼法》修正案重点摆在庭审制度引入对抗机制方面，着重对与此相关的程序制度作了调整，而对其他方面则关注不够，特别在证据制度、司法官责任、司法监督等方面存在明显缺陷。由此引发的另一个令人瞩目的现象，是学术界和实务界近几年来关于证据立法的大讨论，讨论中出现了要将刑事、民事、行政几部诉讼法中的证据部分抽出来合在一起制定统一证据法的主张，也出现了单独制定刑事证据法的主张。这些主张的出现表明现行的几部程序法在证据立法上相当薄弱，远不能满足实践需要。第三个引人瞩目的现象是各级人大加强个案监督（个案监督条例近年出台）。这是在审判权（包括定罪权）由法院统一行使后，对司法不公问题如何监督法律本身未能解决的一种回应，而人大的"个案监督"，不仅在法律上和理论上缺乏依据，在实践上也难以操作。上述表明，1996年《刑事诉讼法》修正案虽有进步，但存在明显不足，有进行再修正的必要性和迫切性。再从另一方面看，由于我国经济改革从20世纪90年代中期以后已大步走向市场体制，政治体制改革和司法制度改革随之逐步深入，加之我国政府1997年以来先后加入或签署了联合国《经济、社会和文化权利国际公约》、《公民权利和政治权利国际公约》等重要国际法律文件，承担了执行联合国刑事司法准则的诸多义务，我国 2002 年又加入了 WTO，国际交往与国际合作的领域空前扩展，在这种形势下，反观 1996 年《刑事诉讼法》修正案，已经很不适应我国社会政治、经济发展的需要，因此，对现行刑事程序进行再修正不仅势所必然，且已迫在眉睫。

上述认识既是笔者研究对我国《刑事诉讼法》进行再修改的动因，也是笔者研究这一课题的出发点。

五、我国《刑事诉讼法》再修改的基本理念

2004 年 6 月至 2005 年 12 月，笔者主持完成了司法部重点课题《刑事诉讼法的再修改》，出版了《中国刑事诉讼法（第二修正案）学者拟制稿及立法理由》一书，其主要内容是设计了刑事诉讼法第二修正案的建议稿，共 8 编 31 章 462 条，并对每一条的立法意旨、条文含意及渊源作了说明。在完成这项成果过程中，笔者深深感到，理念是立法的先导，立法理念在很大程度上决定立法的走向。经过充分酝酿，笔者将拟制"建议稿"的理念确定为"四个基本点"，在课题完成后的后续研究中，笔者仍坚持这些理念，继续探讨"建议稿"尚未解决的问题。兹分述如下：

（一）立足国情、适度前瞻：《刑事诉讼法》再修改的基本方针

立法应有必要的前瞻性，要能体现法制改革的方向，体现法律发展的趋势，使法律在制定之后相当一段时间内不至于滞后；同时要求立法的前瞻性必须"适度"，不能不顾国情盲目设计脱离实际的法律蓝图，因此，必须注意立法的现实可行性。这是《刑事诉讼法》再修改的基本方针。

关于"适度前瞻"，笔者认为可从两个方面来把握：

第一，必须对刑事诉讼制度改革发展的方向和趋势有正确的了解和判断。21 世纪，刑事诉讼制度的发展呈现出复杂化、多样化的新特点，已不再是"趋同"、"融合"之类的概念可以概括。其中，既有传统大陆法国家诉讼结构的突变，也有传统普通法国家诉讼理念的嬗变；既有制度性的重构，也有技术性的调整；既有继承或借鉴，也有扬弃或移植；既有人权保障程度的提高，也有控制犯罪能力的增强。在这种"复杂化"、"多样化"发展的国际背景下，如何把握我国刑事诉讼法再修改的方向，首先需要作出正确判断的是我国修改《刑事诉讼法》"究竟需要解决什么问题"。要正确回答这个问题并不容易，需对我国的国情社情有充分的了解，对立法的现实需要和未来发展有周密的考虑。

综合国际情势和国情现状考虑，笔者认为，我国《刑事诉讼法》再修改，主要应当明确以下几个"大势所趋"的改革重点：一是加强人权保障；二是

增强犯罪控制能力；三是保障司法公正；四是提高诉讼效率；五是与国际适度接轨。因此，设计程序制度时即围绕这些重点进行，如，赋予犯罪嫌疑人、被告人更多的诉讼权利，建立更为有效的被害人权利救济机制；将监听、密侦、技侦等侦查行为规范化，确立"二步式"侦查程序，赋予侦查机关更多的侦查手段，减少对侦查行为的不合理羁绊；建立有效的遏制司法权力滥用的监督制约机制；设置合理的案件分流程序；吸收国际刑事司法文献中的合理规定等。其中很多具体制度如陈述自由、暂缓起诉、辩诉协商等制度的创建，具有"从现实角度看有所超前，从发展的眼光看必须构建"的合理维度。

第二，必须保持刑事诉讼制度发展的连续性。这次对《刑事诉讼法》的再修改，是在"九六刑诉法"基础上的修改，主要解决两个问题：一是弥补"九六刑诉法"的立法空白，这意味着制度的必要创新；二是肯定和发展原来的立法成果，这意味着制度的适当延续。在长期的司法实践中，实务部门对既往立法已有相当的认同感，如果刑事诉讼法再修改时不考虑立法的延续性，而是采取"推倒重来"、"重新洗牌"的方式，司法界必将难以适应这种"跨越式"变化，新法也不可能取得预期的效果。当然这并不意味着旧有的司法习惯不可打破，但在破与立之间必须把握好分寸。意大利、俄罗斯等国的刑事司法改革实践表明，一百八十度大转弯的立法方式效果并不良好。从立法技术上说，保持刑事诉讼制度发展的连续性，意味着对现行《刑事诉讼法》中合理的规定予以保留，基本合理的规定则加以完善。再修改只是一次修法活动，而不是通过修改否定前法的活动。

关于"立足国情"，笔者认为这是《刑事诉讼法》再修改最重要的出发点，主要解决立法的现实可行性问题，可以从两个方面来把握：

第一，必须对我国的现实国情进行充分的考量，特别是对与刑事立法和刑事司法有关的各种因素要有准确把握。如政治体制改革的态势、经济发展状况、诉讼资源及分配状况、法律从业人员的数量与素质，民众的法律素养及对刑事程序立法的关注点、整个社会的人文精神和对重大法律制度变革的承受能力、幅员辽阔产生的地域差异、经济全球化对我国现实社会的影响等，都应进行充分的考察、分析和估量。只有充分了解现实国情，程序设计、制度建构才不会因超越现实而成为立法"泡沫"。特别需要指出的是，由于我国幅员辽阔，经济发展水平不一，法律人才分布不均，因此，一些原本美好的制度，如果修改《刑事诉讼法》时不对适用条件作全盘考虑而盲目加以规定，就会出现甲地可以施行而乙地无法施行的尴尬局面。例如，讯问犯罪嫌疑人时的律师在场权问题，如果规定侦查人员询问犯罪嫌疑人应当有辩护律师在场，则这条规定仅在少数律师集中的大中城市有条件实行，而在律师较少的广大的西部地区和众多的中小城市则难于实行。因此，对律师在场权的设计就必须作出审慎、周密的设计。但是，强调充分了解国情，并不等于囿于国情而在修改刑事诉讼法时止步不前。如在对待国际刑事司法准则的态度上，刑事司法的"国际标准"不一定符合我国的现实国情，但是根据国际条约必须信守的原则和从我国刑事司法制度的长远发展考虑，便不能因为某些国际准则不符合现实国情就断然拒绝，相反，正是基于现实国情，可以在吸收某些国际准则时对其进行"中国化"改造，使之较好地融入我国的刑事诉讼制度，为我国现实所用。

第二，在立法技术上必须充分考虑所设计的刑事诉讼制度的现实可行性、可接受性和可操作性。《刑事诉讼法》是一部应用性法律，修改之后应能迅即应用于司法实践，并产生良好的社会效果。这就要求立法时在技术处理上考虑前瞻性的同时，必须充分考虑所设计的程序制度，特别是新构建的制度在现实条件下是否可行，民众能否接受，司法部门能否操作。因为诉讼制度必须要有生存发展的现实土壤，如果设计的制度虽然美好，但在现实条件下无法施行，则无异于画饼充饥。笔者认为，在《刑事诉讼法》再修改中，对于现实性问题应作如下考虑：

一是对在现实条件下基本不具备可行性，民众基本不会接受或者操作难度大的诉讼制度，不能盲目借鉴或引进。例如，有学者主张《刑事诉讼法》再修改时引进陪审团制度，但我国并不具备该制度赖以生存的体制背景和法律土壤，且该制度操作难度大，诉讼成本高，诉讼效率低，即便在曾经盛行的英美法国家亦已逐渐退出历史舞台，我国自无必要拾人牙慧。俄罗斯2001年新《刑事诉讼法典》建立陪审团制度就未必是明智选择。但是，英美诉讼制度中将定罪和量刑分开的做法似可借鉴，我们可在基本保留现行审判制度的基础上，将审判分为定罪和量刑两个阶段，定罪阶段控、辩、审三方的任务主要是审查证据、确认事实，经过双方辩论，解决被告人是否有罪的问题；如果第一阶段法庭确定有罪，第二阶段控辩双方便围绕量刑发表意见，法官最后综合两阶段审理成果作出裁判。这样做虽然增加了审判程序的烦琐，但可有效减少错案，保证司法公正。

二是对在现实情况下虽不完全具备条件但有一定可行性、民众在一定程度上尚可接受、实践中在一定范围内尚可操作，并且对实现立法目的具有相当价值的诉讼制度，可在结合现实国情进行改造的基础上借鉴利用。如暂缓起诉制度、辩诉交易制度等，实务部门已经进行了一些有益的探索，说明这些制度既有一定可行性，也有制定的必要性。民众对确立这些制度最大的担心是检察官滥用权力，加剧司法腐败。因此，立法时应对暂缓起诉、辩诉交易的适用范围、程序规则等进行必要限制，并通过健全对司法权力的制约机制，减少民众对司法权滥用的担忧。

三是对重大的诉讼制度尽量作出详细、明确的规定，增强其可操作性，减少乱解释、乱操作的空间。由于成文法本身的局限性，不可能对司法实践中的所有问题都作出详细规定，司法从业人员一旦遇到法无明文规定的问题时，就可能出现任意解释或任意操作的情况；现行《刑事诉讼法》对很多重大问题规定得过于粗疏，故有权解释和无权解释的机关都出台了大量"解释"即是明证。《刑事诉讼法》再修改时应当记取这个教训，尽量减少模糊立法、粗线条立法，使实务部门处理案件时基本上都能做到于法有据，以减少乱解释、乱操作的混乱状态。

（二）保障公正，提高效率：《刑事诉讼法》再修改的价值目标

公正和效率是当今世界各国刑事司法改革普遍追求的价值目标，只不过各国基于价值取向的差异，在公正与效率的配置上各有侧重。2002 年 11 月，中国共产党第十六次全国代表大会报告指出："社会主义司法制度必须保障在全社会实现公平和正义。……完善诉讼程序，保障公民和法人的合法权益。"《刑事诉讼法》再修改就是我国在刑事司法制度方面保障全社会实现公平和正义的重大举措，也是我国刑事诉讼制度得以充分发挥保障公正、提高效率的一个历史性机遇。《刑事诉讼法》再修改要实现保障公正、提高效率的价值目标，必须处理好以下问题：

首先，必须对公正与效率之间的关系有正确的认识。在社会诸价值中，公正，或曰正义（Justice）是法律制度所要实现的最高理想和目标，也是人们用来评判一种法律制度是否具有正当性的价值标准。正如罗尔斯所说："正义是社会制度的首要价值，正像真理是思想体系的首要价值一样。"① 国家进行刑事诉讼活动行使刑罚权的目的，就是为了恢复遭到犯罪行为侵害的社会正义，因而刑事司法程序的设计和诉讼权利义务的分配都应当以保障公正为基本的价值取向。我国民众当前对司法公正问题高度关注，说明民众对司法公正的需求至为迫切，因此，《刑事诉讼法》的再修改应当加倍重视如何保障诉讼公正，维护社会正义。但任何事情都不能矫枉过正。从诉讼的角度来看，对于公正问题须有三点认识：其一，公正只能是相对的，世界上没有绝对的公正可言，法律所追求实现的只能是相对公正，或曰最大限度的公正。相对公正的评价标准可释为广大民众普遍接受或认可的公正即为公正，而这种评价标准也是随着社会发展变化而发展变化的。基于公正的相对性，我们不能奢望通过法律修改实

---

① ［美］约翰·罗尔斯著，何怀宏等译：《正义论》，中国社会科学出版社 1988 年版，第 1 页。

现完全、绝对、彻底的社会正义。换言之，就《刑事诉讼法》再修改而言，我们不能寄望于一次、两次修改就能够保障在刑事诉讼领域实现绝对的公正，立法者所能做的就是通过适当的修法活动，尽最大努力去保障在一定社会经济条件下的刑事诉讼活动的相对公正。其二，对公正的强调和尊崇并不意味着要忽视效率。效率（Efficiency）与公正一样，也是人类社会的一项重要价值目标。波斯纳甚至认为，"正义的第二种含义——也许是最普遍的含义——是效率"。① 可见，效率在某种意义上体现着公正。西方法谚"迟来的正义已是非正义"说明了这个道理。自20世纪70年代以来，刑事程序中的效率问题逐渐受到人们重视。匈牙利学者阿尔培德·欧德指出："在我们当今的时代里，几乎所有刑事司法程序改革都有两个基本目的：一是发现实施一种迅速、简便和成功的新方式和新途径，换言之，使刑事诉讼活动的进行更有效率。二是确保诉讼参与人的权利，这与公正的要求密切相连。"② 尤其在20世纪末期和进入21世纪以来，各国刑事诉讼改革的一个主要动向就是提高诉讼效率，加快案件的处理流程。因此，我国《刑事诉讼法》再修改的一个重要方面就是如何通过程序设计提高诉讼效率。其三，在公正与效率发生冲突时，应当"公正优先，兼顾效率"。公正与效率虽然可以相互兼容，但也往往发生冲突：为了保障公正，有时不得不牺牲效率；为了提高效率，有时可能在一定程度上牺牲公正。但公正与效率二者不能"等量齐观"，在价值位序上公正应当是第一位的，公正是司法活动的底线，任何诉讼制度改革如果以损害公正为代价都将得不偿失。当然，这并不排斥在某种特殊情况下公正为效率作适当让步，但这种让步或许有利于实现更大的公正，这也是强调在公正优先的同时注意兼顾效率的原因。就我国司法制度发展的基本方向来看，应当强调的是建立一套公正司法的程序机制，在此前提下来追求司法效率，或者说在构建公正程序的同时将效率要求考虑进去；而在出现价值冲突时，采用"公正优先、兼顾效率"的原则进行处理。笔者认为，这应当是我国建立现代程序法治适当的价值选择。

其次，《刑事诉讼法》再修改必须通过合理的制度设计来尽量保证公正与效率之间的衡平。保障公正与提高效率虽然是刑事诉讼法再修改希望达到的价值目标，但鉴于公正与效率之间关系复杂，要实现保障公正与提高效率的绝对衡平是不太可能的，所能做的就是通过合理的制度设计来尽可能实现二者的相对衡平。而这种尽可能实现衡平的结果，必然会在很多问题的立法上不得不从

---

① ［美］理查德·A. 波斯纳著，蒋北康译：《法律的经济分析》（上），中国大百科全书出版社1997年版，第31页。

② 转引自熊秋红：《刑事辩护论》，法律出版社1998年版，第140页。

众多方案中选择富于弹性的变通方案。例如，建立暂缓起诉制度、辩诉协商制度，无疑有利于提高诉讼效率，但也有可能在一定程度上损害实体公正，并与我国刑法规定的"罪刑法定"、"罪刑相适应"原则不相协调，同时也与《刑事诉讼法》规定的法院的定罪权、量刑权相冲突，并有可能因检察官滥用权力而最终损害司法公正。但是，我国又面临犯罪率不断上升和犯罪低龄化的困扰，以及由此带来的审判压力日益增大的困境，如果不建立审判前程序中的这些案件分流机制，大量案件积压于审判阶段，审判的质量必然降低，以致无法保证基本的公正。司法实践中出现的"刑事案件普通程序简化审"等改革举措，正是实务部门迫于案件压力，基于提高诉讼效率而不得不打的法律"擦边球"。因此，笔者认为，基于提高诉讼效率的现实需要，《刑事诉讼法》再修改应当建立暂缓起诉、辩诉协商等审前程序中的案件分流机制，减轻审判压力，推动整个刑事诉讼效率的提高；同时基本保障诉讼公正的需要，在设计上述制度的同时，建立有效防止检察官滥用权力、损害司法公正的机制，如限制适用范围、加强预审法官对暂缓起诉、辩诉协商的司法审查，赋予被害人相应的救济权利以及建立相应的司法惩戒制度等，从而尽量实现保障公正与提高效率之间的衡平。

（三）提升权利、约束权力：《刑事诉讼法》再修改的主要目的

学界较为一致的观点认为，刑事诉讼具有双重目的即惩罚犯罪、保障人权。大多数学者主张《刑事诉讼法》再修改应当实现"惩罚犯罪与保障人权并重"的目的，应当从传统的重打击、轻保护走向打击与保护并重。但是，如从立法者角度来审视，要实现惩罚犯罪与保障人权并重，在立法技术上是有相当难度的。事实上，每个国家在不同的历史时期，在特定的政治经济社会条件下，对惩罚犯罪与保障人权均有所侧重，或是惩罚犯罪力度加强，或是保障人权程度提高，要想实现两者的并重，只是一种理想或愿望。从立法的角度说，所谓实现刑事诉讼"惩罚犯罪与保障人权"的双重目的，实质上就是通过修法进一步合理配置国家的刑事司法权力和公民的个人诉讼权利，使之更好地适应我国经济社会发展的需要。鉴于现行《刑事诉讼法》存在国家权力过于扩张而公民权利过于弱化的缺陷，因此，将《刑事诉讼法》再修改的主要目的确定为提升权利、约束权力。

所谓"提升权利"，是指《刑事诉讼法》再修改时，应将权利保障提升到一个新的高度，把大力加强刑事诉讼中的人权保障作为这次修法的首要目的。相较而言，惩罚犯罪目的仍应充分重视，但从修法重点这个角度看可放到次要地位。理由是：长期以来，我国受大陆法系职权主义诉讼模式的影响，在刑事诉讼中已形成重实体、轻程序，重打击、轻保护的诉讼理念。体现在立法上特

别重视发挥公安司法机关控制犯罪、惩罚犯罪的功能，且对公安司法机关行使权力的限制较少，同时赋予犯罪嫌疑人、被告人以及其他诉讼参与人的诉讼权利则明显不足，其目的当然是为了保证公安司法机关能够通过刑事诉讼活动迅速有效地惩罚犯罪，对诉讼中保障人权的目的显然未予充分关注；体现在司法实践中，公安司法人员保障人权的意识不强，不仅尊重当事人和其他诉讼参与人诉讼权利的观念比较薄弱，即如刑讯逼供、超期羁押等侵犯人权的现象也屡禁不止，且冤假错案也时有发生。上述说明，我国刑事诉讼中人权保障程度较低应为不争的事实，因此《刑事诉讼法》再修改的当务之急无疑应当是加强人权保障。尤其在"人权入宪"以后，民众的权利意识有所增强，对刑事司法领域的人权保障问题愈益关注，因此，《刑事诉讼法》再修改将"提升权利"作为首要目的是应有之义。

对于《刑事诉讼法》再修改如何实现"提升权利"这一首要目的，笔者认为，主要应做到下列几点：首先，在理念上必须高度重视人权保障，认识上不去，立法和司法都上不去；其次，在制度设计上，对权力与权利的分配应当向权利倾斜，重点加强权利保障制度的构建。具体而言，着重加强三个方面人权保障制度的建设：一是加强犯罪嫌疑人、被告人的人权保障。现行《刑事诉讼法》对犯罪嫌疑人、被告人的人权保障程度与对国家权力行使的保障程度相比，呈现很不均衡的状态，修法时应重点加以调整。具体举措可以包括：赋予犯罪嫌疑人、被告人更多的诉讼权利，如赋予犯罪嫌疑人、被告人不受强迫自证其罪的权利、陈述自由的权利、确立完全意义的无罪推定原则等；充分发挥律师在刑事诉讼中的职能，有效保障犯罪嫌疑人、被告人获得律师帮助的权利，如赋予律师在侦查人员讯问犯罪嫌疑人时的在场权，保障律师的阅卷权、会见权、取证权等；设立严格的取证规则和非法证据排除规则，防止刑讯逼供等非法取证行为发生，建立羁押复查制度；防止超期羁押等侵犯人权的现象发生。二是加强被害人的人权保障。被害人的人权保障问题正日益受到各国的重视，也是近20年来各国刑事司法改革关注的重点之一。我国1996年《刑事诉讼法》虽将被害人地位上升为"当事人"，但其实际的权利保障问题并未得到解决。因此，《刑事诉讼法》再修改对被害人权利应予特别关注，具体措施可以包括：建立"强制起诉"制度（将被害人对不起诉决定不服由"公诉转自诉"的救济模式改为经法院审查后强制启动公诉的救济模式）；完善刑事代理制度，保障被害人获得律师帮助的权利等。三是加强对证人与其他诉讼参与人的人权保障。这是一个不可忽视的重要方面。以证人为例，现行《刑事诉讼法》规定凡是知道案件情况的人都有作证的义务，不论证人与犯罪嫌疑人、被告人是何种关系，概莫能外。以至在司法实践中，夫证妻罪、妻证夫罪、父证子罪、子证父罪等损害人伦的作证现象极为普遍，这实际上是为了有效打击犯罪而不惜牺牲证人人权的做法。此外，对于证人作证中应当享有的人身保护权、经济补偿权等也无切实的规定。因此，《刑事诉讼法》再修改应对证人及其他诉讼参与人的人权保障作出切实可行的规定。如赋予某些证人必要的拒证权，规定证人作证的经济补偿制度、保密制度、证人人身保护制度等。需要指出的是，加强人权保障不是片面强调人权至上，立法和司法都必须把握好加强人权保障的度。应当注意的是，在加强人权保障的同时，不能削弱国家打击犯罪、控制犯罪的能力，立法设计一方面要强化对公民个人权利保障的力度，同时也要强化对犯罪的追究力度，这也有利于保障社会大众免遭犯罪侵害的集体人权。从技术层面和可行性角度看，兼顾两者并不是不可能的。

所谓"约束权力"，是指《刑事诉讼法》再修改应从制度上对国家的刑事司法权力进行必要的制约，避免国家刑事司法权过于扩张和被滥用。之所以主张《刑事诉讼法》再修改应当"约束权力"，根本原因在于现行《刑事诉讼法》对公安司法权力行使的制约力度不够，制约机制不健全，呈现出明显的重权力行使、轻权利保障的状态。同时由于现行立法对司法行为的规范程度较粗，极易导致司法行为的随意性。例如，现行立法对侦查行为的行使几乎未设置任何有效的司法审查，以致虽然规定严禁以刑讯逼供等非法方法收集证据，而刑讯逼供仍屡禁不止，因为法律并未规定非法证据排除规则，以致为侦控机关滥用权力非法取证留下了余地。此外，现行立法对检察官、法官的自由裁量权同样缺乏有效的规制，以致司法运作不能有效避免冤、假、错案。这种国家权力与公民权利严重"不对称"的情况，是导致司法实践中侵犯人权现象发生的原因之一，因而在《刑事诉讼法》再修改时应对权力与权利的行使作适当的调整。

笔者认为，《刑事诉讼法》再修改要实现对刑事司法权力的必要约束，主要应做到以下几点：第一，必须通过合理的程序设计对公安司法机关的权力行使进行适当的规制。例如，超期羁押这一严重侵犯人权的现象在侦查、起诉、审判程序中都有存在，其原因主要由于现行刑事诉讼法对羁押程序的设计不合理、不完善而造成。如羁押措施不受司法审查；强制措施变更制度弹性大，容易产生随意性；对发回重审没有次数限制；对改变管辖后羁押期限的计算没有明确规定；未从制度上建立防止超期羁押的有效机制等。因此，《刑事诉讼法》再修改时要解决诸如此类的问题，就必须着重于设计合理的程序制度来进行规制，如设立羁押审查程序、建立羁押复查制度等，用"制度式防止超期羁押"来取代目前实践中的"运动式清理超期羁押"。第二，必须健全科学的证据规则。案件事实是由证据证明的事实，证据是认定案件事实的依据。现行《刑事诉讼法》规定的证据制度过于粗疏，是导致公安司法机关在证据的收集和运用上滥用权力的原因之一。反之，一旦刑事诉讼法健全了证据规则，一方面，可使公安司法机关对证据的收集、提供、采信、认定于法有据；另一方面，如果公安司法人员在证据的收集、提供、采信、认定等方面违反了法律规定，是否属于滥用权力也容易认定。因此，健全证据规则，诸如证据收集、保全、提供的规则，证明规则，非法证据排除规则等，均应作详细、明确的规定。第三，必须把握好约束权力的度。约束权力不等于压制权力，更不等于削弱权力。现代国家的一个重要职能就是对社会进行司法调控，以维系良好的社会秩序，而这必须依赖于国家权力在法律范围内有效的行使。主张约束权力主要是为了矫正目前由于规制不够而出现的权力扩张，防止权力被随意滥用，并不意味着要削弱国家打击犯罪、控制犯罪的能力。因此，《刑事诉讼法》再修改必须把握好约束权力的度。这个"度"简言之就是国家司法权力的行使应以不违法侵犯相对人的基本人权为前提，在提升权利的同时保持国家必要的打击犯罪、控制犯罪的能力，甚至对某些犯罪的打击力度还要加强，并可赋予侦查机关更多的侦查手段。例如，在一般意义上赋予犯罪嫌疑人、被告人享有不被强迫自证其罪的权利的同时，对某些严重犯罪如贪污贿赂罪、危害国家安全犯罪、危害公共安全犯罪、绑架犯罪等案件的犯罪嫌疑人、被告人则规定其负有陈述的义务；在规定非法证据排除规则时，从保障人权的需要出发，可以规定非法收集的言词证据应严格排除，而从打击犯罪的需要出发，则可规定将非法收集的物证是否排除交由法官进行裁量；对技术侦查、秘密侦查等侦查行为在刑事诉讼法修改时作明确规定，一方面是为了从立法上规范这些侦查行为，另一方面也为了便于侦查机关名正言顺地使用这些侦查行为打击犯罪。第四，必须对约束权力可能遇到的阻力有清醒的认识。《刑事诉讼法》再修改涉及侦查机关、检察机关、审判机关、执行机关的权力再分配。通过再修改，权力受到限制的机关可能会有抵触，因此，对修改后的新法进行广泛的宣传解释，使司法人员真正理解立法精神，是一项比修法更为艰巨的任务。

（四）博采众长，形成特色：构建刑事诉讼法的"中国模式"

现代程序法制的完善，应以深入的理论研究和丰富的实践经验作基础。1996 年《刑事诉讼法》修正时，我国学术界对程序理论的研究尚较敷浅，对实践经验的总结也不充分，对外国刑事司法制度的了解也较粗略，总体上说是理论准备不足。20 世纪末 21 世纪初以来，我国的诉讼理论研究有了长足进步；司法实务部门的积极探索也为刑事程序法制的完善积累了宝贵的实践经验；随着中外法律文化交流的日益频繁，我们对外国刑事司法制度有了较深入的了解。这些因素为《刑事诉讼法》再修改奠定了良好的理论的和信息的基础。因此，笔者认为，《刑事诉讼法》再修改已具备博采众长、形成特色的条件，在充分考虑国情和现实需要，适度考虑长远发展的理念下，合理吸收实践经验，适当借鉴外国经验，构建一个科学的、具有中国特色的刑事诉讼制度，是我们的迫切任务。为此，《刑事诉讼法》再修改时应注意以下几点：

第一，不能先给《刑事诉讼法》再修改设定"依葫芦画瓢"式的框框。例如部分学者主张移植英美法系的诉讼制度，或向当事人主义诉讼模式靠拢；也有学者主张可以适当吸收当事人主义诉讼模式的合理之处，但维持现有的大陆法系职权主义诉讼模式不变，甚至在某些制度的设计上加强职权主义。这种先画框框，预设目标模式的做法是很不可取的。理由有二：其一，自20世纪中后期至21世纪以来，各国普遍进行刑事司法改革，两大法系国家互有借鉴，大陆法与英美法已不再是过去那样泾渭分明，再提向哪个法系靠拢显属"落伍"。虽然两大法系的基本特征仍然存在，但两大法系刑事诉讼模式的固有缺陷亦同样存在，如职权主义诉讼模式人权保障不足、当事人主义诉讼模式打击犯罪不力等，我们都不应"靠拢"或"照搬"。其二，每一个国家都有自己的具体国情，而且国情不是一成不变，总处于不断的发展变化中，一定要套用某种诉讼模式，未必适应本国的法律土壤。只有适合自己的才是最好的。因此，《刑事诉讼法》再修改时，一定要结合我国的具体国情，根据我国的司法实践和法制建设发展需要来构建适合我国的刑事诉讼制度。在我国这样一个历史悠久、幅员辽阔、人口众多、情况复杂的国家，通过努力，一定能够成功创制具有中国刑事诉讼特色的"中国模式"。

第二，认真研究外国法律制度，合理吸收国际刑事司法准则，合理借鉴有关国家的立法经验。《刑事诉讼法》再修改必然涉及一些重大诉讼制度的改革，包括废除不合理的诉讼制度，构建新的诉讼制度等。诸如应否建立沉默权制度、司法审查制度、交叉询问制度；应否重塑检警关系、实行检警一体化；应否确立暂缓起诉制度、辩诉交易制度等，这些问题虽然学界热烈讨论过，但仁者见仁，智者见智，莫衷一是。作为立法者必须对国际刑事司法准则以及外国立法中的相关制度进行充分考察，对每一制度产生的历史背景和渊源、立法状况、实践情况、正负效应、改革动态等充分把握，才能正确权衡利弊，作出是否借鉴、如何借鉴的适当选择。如果对国外相关制度情况不了解或一知半解，在立法中盲目引进某些制度，将难避免出现东施效颦的尴尬局面；如果拒绝借鉴一切先进的、对我们改革诉讼制度有用的立法成果，只相信本国的经验，我们就会落伍于这个瞬息万变的时代。因此，许多涉及修法的敏感问题都值得我们认真研究。需要注意的是，必须重视对我国已经签署的联合国《公民权利和政治权利国际公约》、联合国《打击跨国有组织犯罪公约》、联合国

《反腐败公约》等国际公约的研究，将其中的合理规定吸收进我国《刑事诉讼法》，这是履行国际义务，与国际接轨的客观要求。在吸收外国立法经验上，尤应注意借鉴某一制度时不要只参考某个所谓代表性国家的经验，而应当是"博采众长"，参考多个国家的类似立法，结合我国国情，综合权衡后，设计出适合我国的相应制度，为我所用。

第三，必须注意吸收有关法律解释的合理内容和司法实务部门的合理做法。1996 年《刑事诉讼法》修正后不久，最高人民法院、最高人民检察院相继出台了关于《刑事诉讼法》的司法解释，公安部等机关也出台了相关解释。众多的解释反映了现行《刑事诉讼法》存在某些立法空白和可操作性不强的缺陷。这些解释中有的地方的确存在越权解释问题，但某些越权解释在内容上确有其合理之处，实际上弥补了现行《刑事诉讼法》的某些空白，有的比现行《刑事诉讼法》的规定更为合理。《刑事诉讼法》再修改时可将现有司法解释、相关行政解释中的合理内容予以吸收。例如最高人民检察院《人民检察院刑事诉讼规则》第六章第二节规定的立案前的"初查"程序，就很好地解决了立案前侦查权如何行使的问题，有利于侦查活动的积极有效开展，《刑事诉讼法》再修改就可借鉴《人民检察院刑事诉讼规则》中的此项规定，对现行《刑事诉讼法》规定的"立案、侦查"程序进行改造。此外，近年来司法实务部门推行的暂缓起诉、辩诉协商、检察引导侦查、证据开示、普通程序简易审、暂缓宣判、社区矫正等做法，尽管目前"于法无据"并存在诸多问题，但也有其合理之处，《刑事诉讼法》再修改时应当对这些做法进行认真研究，将其中的合理内容吸收进《刑事诉讼法》作出明确规定。

第四，必须进行充分的立法调研，广泛听取社会各界的建议和意见。由于《刑事诉讼法》涉及公民的财产、自由乃至生命的处分问题，因此，《刑事诉讼法》再修改无疑是一项极为重大的立法活动。"博采众长、形成特色"，包含着深入实际、充分总结实践中的创新经验。这就要求立法者走出"庙堂"，走出书斋，进行深入的调研活动，广泛听取社会各界尤其是司法实务界和普通公民的建议和意见，从而制定出一部代表大多数人利益的科学的具有中国特色的新刑事诉讼法典。

【参考文献】

1. 徐静村：《21 世纪中国刑事程序改革研究》，法律出版社 2003 年版。
2. 徐静村：《中国刑事诉讼法（第二修正案）学者拟制稿及立法理由》，法律出版社 2005 年版。

刑事诉讼法再修改的理念与原则

宋英辉　罗海敏[*]

【内容摘要】

　　《刑事诉讼法》的再修改已纳入立法规划。《刑事诉讼法》具体制度和程序的完善，需要基于一定的理念与原则来进行。本文从六个方面探讨了《刑事诉讼法》再修改的理念和原则。

　　【关键词】刑事诉讼法　修改　理念　原则

　　我国《刑事诉讼法》于1996年进行了一系列重大修改。随着社会经济不断发展，政治体制和司法体制改革不断深入，以及我国先后签署联合国有关国际条约，现行《刑事诉讼法》已越来越不适应形势发展的需要。为此，十届人大常委会五年立法规划将《刑事诉讼法》列为第一批修改的法律之一。修改《刑事诉讼法》，必须明确应当遵循什么样的理念和原则，以便实现法律修改之目标。我们认为，《刑事诉讼法》的再修改，应当处理好控制犯罪与人权保障，实体公正与程序公正，公正与效率，犯罪嫌疑人、被告人权利保障与被害人权利保障，立足国情与借鉴外国经验等关系，坚持、遵循以下理念和原则：

一、控制犯罪与人权保障的有机统一

　　刑事诉讼的历史表明，过分关注控制犯罪或者单纯追求人权保障，都会带来难以克服的弊端，甚至会出现与立法期望目标完全相反的结果。立法上过分重视控制犯罪，往往导致实践中不择手段地侦破案件和追求高效率地定罪，从而使犯罪嫌疑人、被告人的人权无法得到保障，而且会造成无辜者被定罪，真

---

　　* 宋英辉，北京师范大学刑事法律科学研究院教授、博士生导师；罗海敏，法学博士、中国政法大学诉讼法学研究院讲师。

正的罪犯得不到追究，社会秩序难以实现的后果。反之，如果片面强调人权保护，许多犯罪人因程序瑕疵而被释放，不仅被害人权利得不到保障，社会秩序得不到维护，而且还会带来私力报复等现象，由此也会导致刑事程序追求的人权保障目标难以在最终意义上得到实现。因此，在刑事诉讼制度、程序的设计上，应追求控制犯罪与人权保障的有机统一，两者兼顾，不能偏废。

在我国，以往较多关注控制犯罪，人权保障强调得不够，因此，在立法中强调充分保障人权，更有现实意义。完善犯罪嫌疑人、被告人的人权保障，应当围绕完善其防御性权利和救济性权利来进行。所谓防御性权利，是指针对可能发生的直接侵害犯罪嫌疑人、被告人基本权利的公权力滥用以及为使犯罪嫌疑人、被告人得以充分行使辩护权而设立的程序保障。犯罪嫌疑人、被告人的防御性权利包括辩护权（尤其是获得律师帮助的权利），申请法院调查和保全证据的权利，接受独立与公正的法院公开、迅速审判的权利等。救济性权利，是指法律赋予犯罪嫌疑人、被告人认为司法权运作错误对其已造成侵害的情况下要求专门机关予以纠正和赔偿损失的权利。犯罪嫌疑人、被告人享有的救济性权利包括要求解除超期羁押并立即释放的权利，申请排除非法证据的权利，对未生效裁判的上诉权、申诉权，获得刑事赔偿的权利，等等。

在人权保障中，一个重要方面就是加强对犯罪嫌疑人、被告人辩护权的保障。我国《刑事诉讼法》第11条规定，犯罪嫌疑人、被告人有权获得辩护，人民法院有义务保证被告人获得辩护。为了保证辩护权的有效行使，《刑事诉讼法》以专章形式对犯罪嫌疑人、被告人及辩护人的权利作了规定，并体现在相应的程序中。修改后的《律师法》对保障辩护权又进一步作出了完善。但是，在司法实践中，有关辩护权的规定，尤其是有关辩护律师会见权、阅卷权、调查取证权的规定，并没有很好地得到保障。从完善我国诉讼构造与人权保障机制的角度，应当修改《刑事诉讼法》的相关规定，以便与《律师法》的修改内容相衔接，为《律师法》的实施提供程序上的保障。

在强化人权保障的同时，也不能忽视对犯罪的控制。刑事诉讼的进行是以存在犯罪并应当追究为前提的，刑事诉讼能否准确、公平、及时地追究犯罪、惩罚犯罪，直接关系到公民生命、财产和其他合法权利的保障，关系到国家的安全和社会秩序的稳定。在严重、复杂的刑事案件日益猖獗，社会治安形势明显恶化的现实情况下，我国犯罪控制力度仍显不足，不能很好地满足及时、准确地发现犯罪、打击犯罪和惩罚犯罪的需要。我们认为，在提高犯罪控制能力方面，首先应当使侦查权的分配与承担的职责相适应。例如《刑事诉讼法》规定，贪污贿赂等职务犯罪由人民检察院立案侦查，对公安机关侦查活动是否合法予以监督的职责也由人民检察院承担，但与承担的上述职责不相适应的是，人民检察院的侦查手段及监督措施严重不足，由此导致检察机关在实践中难以有效履行相应的职责。因此，在《刑事诉讼法》修改过程中，有必要对检察机关拥有的侦查手段和监督措施予以强化，并适度扩大检察机关的机动侦查权，从而使检察机关的侦查权能与其承担的重要职责相适应。此外，为了提高对犯罪的控制能力，还应当确保侦查手段能够满足侦查工作的现实需要。因此，在《刑事诉讼法》修改中，应进一步完善搜查、扣押、辨认、勘验等已有的侦查手段，同时，应当对实践中客观存在，但法律和司法解释均无规定的监听、秘密录音录像、电子监控、诱惑侦查等特殊侦查手段的运用条件、程序和范围等内容予以明确。这既是控制犯罪的需要，也是从根本上减少刑讯逼供等违法取证现象，防止冤枉无辜的需要。

二、实体公正与程序公正并重

关于如何处理实体与程序之间的关系，有的学者主张实体公正优先，有的主张程序公正优先，也有的主张两者并重。我们赞成两者并重。片面追求实体公正带来的问题已有诸多学者的详尽论证。那么，能否单纯强调程序优先呢？我们认为，单纯强调程序优先，同样有难以克服的弊端。首先，刑事诉讼不能冤枉无罪的人，否则程序公正的意义就会大打折扣；其次，绝对强调程序公正，也与追求人权保障的利益相冲突。譬如，按照公正程序作出的有效裁判使人被错误定罪或者确定的刑罚畸重，如果按程序公正优先原则，只要原程序公正就不应纠正，这显然是不妥当的。

不过，我国传统上重实体、轻程序，所以，有必要更加强调程序的价值。为了实现程序价值，首先，需要进一步强化某些诉讼程序的诉讼性，充分保障犯罪嫌疑人、被告人为自己辩护和进行防御的正当权利。在我国目前的刑事诉讼程序中，除一审程序外，侦查、审查起诉、执行，甚至二审程序都存在相当程度的行政化处理色彩，缺乏对审程序的保障和程序的透明度，犯罪嫌疑人、被告人正当的程序参与权难以得到有效保障。例如，在我国逮捕程序中，没有设立在逮捕后审查是否继续羁押的程序，因而也没有对审程序及听取犯罪嫌疑人、被告人意见的程序；在一些书面审程序中，如某些二审案件、死刑复核案件中，虽然也有听取被告人意见的规定，但由于缺乏控、辩、审三方构造下的对审机制和程序公开机制，很难充分保障被告人的辩护权和其他诉讼权利的实现。同样，在强制措施变更、刑罚执行变更等程序中也存在类似的问题。为此，需要在刑事诉讼的各个环节，尤其是涉及当事人基本权利的程序上，强化程序的诉讼构造和对审性；同时，应当充分保障律师介入程序的权利，从而切实保障辩护权的有效行使。其次，实现程序价值更为重要的一个方面是，应当以程序理性和程序自治为目标，构建我国的程序性裁判机制，尤其是程序性制裁机制，通过明确程序违法的后果和制裁方式来强化程序的制约作用。我国《刑事诉讼法》及相关司法解释中只有极少数的条文涉及程序性裁判或制裁，相当多的程序规则缺少"程序性法律后果"，尤其对于公权力机关的程序性违法行为，缺少相应的程序性制裁方式。程序性裁判、制裁机制的缺失，不仅不利于犯罪嫌疑人、被告人诉讼权利的保障，也严重影响了程序法和司法权威的树立。我们认为，应当在不断健全刑事诉讼规则的基础上，进一步扩大程序性裁判和制裁的范围，增加程序性制裁的方式，确立非法证据排除、终止诉讼、诉讼行为无效等制度，以保证程序法得到严格遵守。

三、公正优先，兼顾效率

办理刑事案件之所以采取诉讼的方式，就是因为这种方式最有利于实现公正。公正是刑事诉讼的灵魂和生命。刑事诉讼中，效率是在公正得以实现的基础上才有意义的。如果公正不存在，也就无所谓效率。

当然，在总体上得以保障公正的前提下，应尽可能提高效率。这不仅是因为司法资源的有限性，同时也是因为效率在一定程度上也是公正得以实现的保障。公正如果实现得过于迟缓，就会失去其应有的意义。刑事诉讼的侦查、起诉、审判活动必须及时进行，以保障关键的证据不会随着时间的推移而受到人为的或自然的毁损甚至灭失。因此，对诉讼效率的追求，为诉讼的结果在最大限度上符合客观实际提供了必要的保障，有助于保障实体公正。此外，提高刑事诉讼程序的运行效率，也有助于强化犯罪与刑罚之间的必然因果关系，从而更好地发挥刑事司法的教育和威慑作用。

追求公正，兼顾效率这一理念，不仅仅是在具体案件上要追求，更重要的是在刑事程序的总体设计上要得到体现。为此，可以采取以下几个方面的措施：（1）对刑事诉讼中的权力行使、职责权限、权利保障、义务要求等方面规定得尽可能详尽，减少出现程序中断、程序拖延的可能性；（2）对刑事诉讼普通程序的设计应做到尽可能完备与缜密，从而保证重大、复杂的刑事案件能够得到公正的处理；（3）进一步完善刑事简易程序，使其更具操作性；（4）考虑设立其他简化审方式，例如处刑令程序、被告人认罪案件审理程序等，使被告人认罪案件和其他案件在诉讼程序上有所区别；（5）在改造审前程序的基础上强化诉讼程序的分流功能，扩大不起诉的适用范围，增设附条件的不起诉；等等。

四、犯罪嫌疑人、被告人与被害人权利保障的平衡

刑事诉讼是为了消除与缓解社会矛盾与冲突，而不是相反。刑事诉讼仅仅处理好犯罪嫌疑人、被告人的问题是不够的，还必须处理好被害人的问题。如果刑事程序忽视被害人，势必造成被害人及其他社会成员对刑事司法的不信任，降低司法机关的威信，不利于查明案情、打击犯罪；刑事被害人的要求和愿望得不到满足或拒绝其请求也会引起被害人对罪犯及社会的极大不满，甚至产生报复情绪。犯罪嫌疑人、被告人中的绝大多数是要回归社会的，而这个社会一般来说是被害人及其同情者的社会。为此，在强调犯罪嫌疑人、被告人权利保障的同时，也要充分关注被害人权利的保障。被害人的问题得不到解决或得不到很好解决，刑事诉讼的目的就难以实现。

根据现行《刑事诉讼法》的规定，被害人在公诉案件中具有当事人的诉讼地位，享有对犯罪行为进行控告、申请回避、委托代理、申请补充鉴定和重新鉴定、对不立案决定和不起诉决定申请复议、参加法庭审理等多项权利。应当说，从法律规定的层面看，我国《刑事诉讼法》在被害人保障方面已经相当完备，但是，在具体的司法实践中，在如何真正落实法律规定、如何切实保障被害人权益方面，还有很多问题需要解决。例如，被害人获得告知和参与诉讼的权利得不到保障；许多实际部门忽视或不愿意处理附带民事赔偿问题；我国尚未建立对被害人的国家补偿制度，很多因犯罪行为遭受损失的被害人由于无法得到赔偿而陷入生活困难；被害人在刑事附带民事诉讼中不能就犯罪行为导致的精神损害要求赔偿；公诉转自诉案件中被害人的诉讼权利难以得到保障；欠缺避免被害人人身和人格在诉讼中再次受到侵害的相关规定；等等。

为了进一步完善被害人权益保障，更好地实现犯罪嫌疑人、被告人与被害人间的权利保障平衡，笔者认为应该采取以下措施：（1）明确有关机关对被害人的告知义务和参与程序的保障义务，并规定相应的程序后果，明确拒绝处理民事赔偿的法律后果；（2）建立对被害人的国家补偿制度，由国家给予遭受犯罪行为侵害又得不到损害赔偿的被害人一定的补偿；（3）完善刑事附带民事诉讼，在刑事附带民事诉讼中确立精神损害赔偿；（4）通过进一步明确作出不起诉、不立案决定的条件和程序及设立法律援助制度等措施，改革"公诉转自诉"制度，提高被害人通过该制度获得权利救济的现实可能性；（5）就如何在刑事诉讼过程中维护被害人安全、名誉、人格尊严等内容作出明确、具体的规定，防止被害人在诉讼中再次受到侵害；（6）在处理犯罪嫌疑人、被告人与被害人关系方面，充分关注赔偿及其他补偿方式的运用。

为了化解矛盾，修复当事人之间的关系，实现犯罪嫌疑人、被告人与被害

人权利保障的平衡，除属于危害国家安全犯罪，具有黑社会性质组织犯罪，国家工作人员滥用职权侵犯公民权利犯罪，主观恶性较大的惯犯、累犯等情形外，应当鼓励当事人之间进行和解，以此促进社会和谐。

五、立足我国国情，借鉴外国有益经验

我国《刑事诉讼法》的修改要解决的是我国的问题，因此，必须立足我国国情。立足国情，并不是迁就以往不合理的规定或迁就实践中落后、非文明、非人道的做法。立足国情，是指考虑我国的社会发展水平和宪法体制。《刑事诉讼法》的修改必须以宪法为依据，不能与宪法相抵触。具体来说，《刑事诉讼法》的修改必须充分考虑宪法关于尊重与保障人权的规定；关于保障私人合法财产不受侵犯的规定；关于人民法院、人民检察院、公安机关职权及相互关系的规定；关于逮捕的规定；关于司法体制的规定，等等。不过，即使是在现行宪法框架下，依然存在对诸多刑事诉讼制度和程序予以完善和改进的空间。例如，在逮捕问题上，虽然不能违反《宪法》第37条关于"任何公民，非经人民检察院批准或者决定或者人民法院决定，并由公安机关执行，不受逮捕"的规定，但在现有逮捕权力配置的基础上，仍可以通过赋予被逮捕人申请司法审查的权利、完善逮捕条件等措施，来实现强化逮捕制度的人权保障机制、减少超期羁押和羁押过程中的非法取证的目的。

在立足国情的同时，要充分注重借鉴外国有益经验，尤其是外国刑事诉讼在保障辩护权，抑制刑讯逼供、超期羁押，实现程序分流，保证程序自治，关注程序价值实现等方面的有益做法。需要特别指出的是，联合国有关刑事司法准则的规定，包括不受强迫自证其罪原则、司法独立原则、公正审判的国际标准等内容，作为人类文明的共同成果，我们应当积极吸收和贯彻。此外，我国签署、批准的《联合国反腐败公约》、《联合国打击跨国有组织犯罪公约》中关于打击腐败犯罪和跨国有组织犯罪所规定的措施，也应在修改刑事诉讼法时予以借鉴。

立足国情，还要对司法实践中一些好的做法在立法上予以确定、规范和完善；对不符合《宪法》、《刑事诉讼法》基本精神的做法，在深刻反思的基础上予以明确禁止，并建立有效抑制的机制。立足国情，还应当在方法论上加强实证研究，以使修改后的法律能得到贯彻执行。

六、重点问题与全面修改相结合，注重法律的可操作性

关于《刑事诉讼法》的修改方式，学界有着不同的观点，一种观点认为，应对《刑事诉讼法》进行重点修改，有针对性地解决1996年《刑事诉讼法》

实施以来实践中存在的突出问题，例如刑讯逼供、超期羁押、侦查手段不足等。另一种观点认为，应当对《刑事诉讼法》进行全面的修改。

笔者认为，这两种观点各有道理，重点修改的方式较为实际，全面修改的方式则更为理想。在对现有诉讼结构进行大的修改还有体制障碍的情况下，重点修改的方式有利于尽快解决实践中存在的突出问题。但是，仅仅重点修改也会产生一定的问题。每个具体的制度和程序的实施，都需要其他相关制度、程序的支撑；否则，一个孤立的制度或程序，即使本身设计得十分完美，也往往因缺乏配套制度和程序而难以得到有效执行。因此，在修改《刑事诉讼法》的过程中，应当将解决重点问题与全面修改结合起来，一方面要针对实践中存在的突出问题进行修改，同时也要考虑相关制度和程序的配套。随着司法体制改革不断深入，应逐渐修改完善《刑事诉讼法》。因此，此次《刑事诉讼法》修改是一个渐进的过程。

另外，在修改《刑事诉讼法》的过程中，还应当注重诉讼程序的可操作性。从这个角度讲，刑事诉讼程序的设计越具体、越详尽，越有利于执行和操作。我国1996年《刑事诉讼法》只有225条，同世界上其他国家相比是比较少的。而且，由于我国《刑事诉讼法》立法的一个指导思想是宜粗不宜细，因而许多规定是粗线条的，缺乏实践操作性，由此也造成大量部门解释的存在。1996年《刑事诉讼法》修改后，最高人民法院、最高人民检察院、公安部等部门联合或分别制定的司法解释达1400多条，这些解释的内容虽在一定程度上弥补了《刑事诉讼法》的不足，但有些相互矛盾或与《刑事诉讼法》相抵触。因此，全面充实《刑事诉讼法》条文，也是增强《刑事诉讼法》可操作性，改变执法不统一状态的需要。

联合国人权公约与中国刑事诉讼法的修改

熊秋红 *

【内容摘要】

2008 年 10 月，第十一届全国人大常委会将《刑事诉讼法》的修改再次列入了立法规划。《刑事诉讼法》的再修改固然要考虑中国的具体国情，也要考虑实务部门在执法过程中的实际困难，但是，联合国人权公约的规定无疑应当成为刑事诉讼立法中必须予以关注的重点，应当成为公安司法机关达成共识的基础。2007 年 8 月 23 日，联合国人权事务委员会通过了关于《公民权利和政治权利国际公约》的第 32 号一般性意见，该一般性意见取代了原来的 13 号一般性意见，对公约第 14 条所规定的法庭前的平等权和公正审判权作出了详细的解释。其中与中国《刑事诉讼法》修改相关的内容主要涉及法庭前的平等、无罪推定、获知指控的权利，辩护权、被告人无不当迟延受审权、法律援助、质证权、不得强迫自证其罪的权利，未成年人司法程序、上诉权、刑事赔偿、禁止双重危险等方面。该一般性意见对于澄清在中国《刑事诉讼法》再修改过程中出现的一些意见分歧，具有重要的参考价值。中国在《刑事诉讼法》再修改过程中，应当关注联合国人权公约的最新发展，同时对于各国刑事司法的一些经验加以吸收，以使刑事诉讼立法与国际公认的刑事司法准则和国际惯例相协调。

【关键词】 联合国人权公约　一般性意见　刑事诉讼法　再修改

2003 年 10 月，第十届全国人大常委会将《刑事诉讼法》的再修改列入了立法规划。这是 1979 年《刑事诉讼法》颁布后，经过 1996 年的大规模修改后的再一次全面修改立法的活动。从学术界的立场看，这次修改《刑事诉讼法》理应在我国依法治国、建立社会主义和谐社会和科学发展观指导下，为未来的

---

* 中国社会科学院法学研究所研究员、博士生导师。

若干年内我国刑事司法政策的发展乃至国家宪政改革的推进，打下坚实的基础和确立基本的原则。《刑事诉讼法》的修改，关涉到公安机关、人民检察院、人民法院在刑事诉讼中权力的重新配置，因此，公安司法机关对于此次《刑事诉讼法》再修改活动表现出了极大的关注，并表达了各自对于刑事诉讼法修改中所涉及的一些问题的基本立场。由于最高人民法院、最高人民检察院、公安部等实务部门对于其中的一些主要问题无法达成共识，导致《刑事诉讼法》的再修改工作暂时陷入了停顿。2008 年 10 月，第十一届全国人大常委会将《刑事诉讼法》的修改再次列入了立法规划。如何看待《刑事诉讼法》修改中的意见分歧、如何确立《刑事诉讼法》再修改的基本方向、《刑事诉讼法》的再修改应着重解决哪些问题，是我们在讨论《刑事诉讼法》的修改问题时不能不予以认真考虑的问题。笔者认为，《刑事诉讼法》的再修改固然要考虑中国的具体国情，也要考虑实务部门在执法过程中的实际困难，但是，联合国人权公约的规定无疑应当成为刑事诉讼立法中必须予以关注的重点，应当成为公安司法机关达成共识的基础。

一、中国《刑事诉讼法》修改中的意见分歧

1996 年修改《刑事诉讼法》之前，在中国法学会诉讼法学研究会的年会上，公安司法机关就收容审查、免予起诉的存废、律师介入刑事诉讼的时间、自侦案件、自诉案件范围、审判方式改革等问题展开了激烈的争论。最后，立法机关在综合各方意见的基础上，作出了取消收容审查、废除免予起诉、缩小自侦案件的范围、扩大自诉案件的范围、律师在侦查阶段介入、公诉案件的庭前审查改实质性审查为程序性审查、增强庭审的对抗性、改革死刑执行方式等决定。修改后的《刑事诉讼法》实施之初，有关机关根据实际工作需要，对刑事诉讼法进行了相应的解释，形成了一系列的规范性文件，在最高人民法院、最高人民检察院、公安部所制定的规范性文件中，出现了有的解释未必符合《刑事诉讼法》的原意，甚至个别问题的解释与立法明显不符的现象。[①]《刑事诉讼法》修改中的部门立场由此显现无疑。在《刑事诉讼法》修改乃至实施的过程中，由于辩护律师不是公权力的代表，在立法活动中声音十分微弱，结果是：1996 年《刑事诉讼法》修改之前，辩护律师能够在法院看到全部案卷，修改之后反而只能看到证据目录、证人名单和主要证据复印件或者照片；在司法实践中出现了辩护律师会见难、调查取证难、阅卷难等问题。修改

---

① 参见陈光中主编：《刑事诉讼法实施问题研究》，中国法制出版社 2000 年版，"序言"第 4 页。

后的《刑事诉讼法》没有提高刑事案件的辩护率，反而导致已经极低的辩护率进一步降低，执法机关滥用权力侵犯犯罪嫌疑人权益的行为更加突出，刑事辩护律师被追究刑事责任的案件大幅度增加，导致《刑事诉讼法》刚刚修改完，就为各方所诟病。

在《刑事诉讼法》修改过程中，不同的部门从不同的立场出发，对于《刑事诉讼法》修改中所涉及的一些问题，提出不同的主张，这是一种正常的现象。但是，作为立法而言，不能不明确刑事诉讼法修改的总体方向。笔者认为，中国《刑事诉讼法》的修改必须关注联合国人权公约的要求，联合国人权公约应当成为在各方之间寻求共识的基础。《刑事诉讼法》是调整不同国家权力之间、国家权力与公民权利之间关系的基本法，在立法过程中，除了各部门充分反映其主张外，也应该有社会公众的广泛参与，尤其是专家学者应当在立法过程中发挥重要作用。从专家学者的角度看，中国《刑事诉讼法》的修改要想在各界、各部门取得共识，联合国人权公约的要求理应成为基本的尺度。

二、联合国人权公约及其最新发展

在 1996 年的《刑事诉讼法》修改中，我国学者已开始关注国际性文件中有关刑事司法的规定。如陈光中教授在 1995 年出版的《〈中华人民共和国刑事诉讼法〉修改建议稿与论证》一书中指出："我国近年来参加了一些与刑事司法有关的国际会议，有的国际会议形成的国际公约或文件得到我们的确认或者为全国人大所批准。……我国刑事诉讼法的修改应当充分注意到与我国缔结或者参加的国际条约接轨，不宜与之发生明显不协调的现象。"[①] 此后，关于联合国人权公约与刑事司法国际准则的研究蔚然成风，先后有一系列专著陆续问世。[②] 这些专著所关注的重点可以分为两个方面：其一是对《公民权利和政治权利国际公约》的研究；其二是对刑事司法国际标准的研究，这两方面的内容有所交叉。上述研究对于在中国《刑事诉讼法》修改中如何履行国际公约和遵循国际标准提供了较为具体的指导。

---

① 陈光中、严端主编：《〈中华人民共和国刑事诉讼法〉修改建议稿与论证》，中国方正出版社 1995 年版，第 89 页。

② 其中包括陈光中、[加] 丹尼尔·普瑞方廷主编：《联合国刑事司法准则与中国刑事法制》，法律出版社 1998 年版；杨宇冠：《人权法——〈公民权利和政治权利国际公约〉研究》，中国人民公安大学出版社 2003 年版；陈光中主编：《〈公民权利和政治权利国际公约〉与我国刑事诉讼》，商务印书馆 2005 年版；岳礼玲：《〈公民权利和政治权利国际公约〉与中国刑事司法》，法律出版社 2007 年版；等等。

《刑事诉讼法》再修改过程中所发生的意见分歧，使笔者认识到：我们应当对联合国人权公约的相关要求给予高度重视，与此相适应，我们应当对联合国人权公约的体系、实施机制、最新发展以及对于中国刑事诉讼立法的意义等，有更加清晰、更加明确的的了解。鉴于一些学者已对《公民权利和政治权利国际公约》和刑事司法国际标准问题作了一些基础性的研究，笔者将关注的重点放在联合国人权公约的最新发展上。

（一）联合国人权条约体系

联合国目前共有七个核心条约，分别是《经济、社会、文化权利国际公约》（简称《经社文权利公约》）、《公民权利和政治权利国际公约》（简称《公民权利和政治权利公约》）、《禁止酷刑和其他残忍、不人道或有辱人格的待遇或处罚公约》（简称《禁止酷刑公约》）、《消除对妇女一切形式歧视公约》（简称《消除对妇女歧视公约》）、《消除一切形式种族歧视国际公约》（简称《消除种族歧视公约》）、《儿童权利公约》和《保护所有移徙工人及其家庭成员权利国际公约》（简称《移徙工人权利公约》）。针对上述七个公约，联合国成立了负责监督缔约国执行情况的各委员会，称为"条约机构"，每一个条约机构是一个专家委员会，独立于其他委员会。《世界人权宣言》明确指出，所有人权都是不可分割互相联系的，应当给予每一项权利以同等的重视。所有国家都有义务推动对《宣言》中所规定的权利和自由的尊重，并在国家和国际层面上采取措施确保这些权利和自由得到普遍有效的承认和遵守。这七个人权条约详细规定了一种全面的法律框架，在此框架内，各国在条约机构的支持下履行其对于增进和保护普遍人权的承诺。① 七个条约均设立了缔约国向条约机构定期报告制度，在报告中详细说明条约条款在其本国的执行情况。条约机构审议缔约国的报告，并提出结论性意见和建议。在结论性意见中，条约机构确认缔约国所采取的积极步骤，但也指出为全面落实条约条款需要进一步努力的领域。各国被要求将结论性意见在其国内公布，以便充实关于如何推进人权落实工作的公众辩论。在上述七个公约中，《公民权利和政治权利公约》、《禁止酷刑公约》与刑事诉讼法关系密切，其他公约中也有涉及刑事司法的规定。在讨论中国刑事诉讼法的修改时，人权条约中有关刑事司法的规定，应当引起我们特别的重视。

（二）《禁止酷刑公约》下的相关义务

《禁止酷刑公约》的监督机构是禁止酷刑委员会。公约规定了一些旨在加

---

① 参见联合国人权事务高级专员办事处：《联合国人权条约体系》概况介绍第 30 号，第 1~2 页。

强保护人权和基本自由领域的义务，同时赋予禁止酷刑委员会广泛的审查和调查权力，以确保这些权力得以行之有效。此外，酷刑问题特别报告员还可请各国政府就防止酷刑和纠正酷刑出现时所产生后果而采取的立法和行政措施提供资料，他还可访问世界上某些地区，同希望会见他的政府代表进行磋商。①

2004 年，联合国任意拘留问题工作组应邀对中国进行了访问。该工作组在提交给联合国人权委员会的报告中指出：警方不经司法批准羁押犯罪嫌疑人的期限太长；公诉人的地位不符合国际要求；辩护律师在预审阶段查阅案卷的权利受到了过分的限制；检察官批准逮捕前，未听审犯罪嫌疑人，与国际标准不一致。工作组建议中国政府修订法律，以保障宪法中规定的公民的自由和权利。

2005 年，酷刑问题特别报告员诺瓦克应邀对中国进行了访问。在他的报告中，他建议中国政府对非暴力犯罪、未成年人犯罪或不严重的罪行，扩大非羁押性措施的使用；有效保证所有被羁押者有向法院质疑羁押合法性的权利；无律师在场并且法官未予确认的口供，不应作为证据采用；录音录像措施应当推广到全国；法官和检察官应当定期询问被警察羁押的人，了解他们所受待遇，如有任何疑问，应下令进行独立的体检；《刑事诉讼法》的修改应当符合《公民权利和政治权利公约》第 14 条的规定；检察官批准逮捕的权力应当移交给法院；《刑法》第 306 条应当予以废除。

作为《禁止酷刑公约》的缔约国，中国政府有义务对上述建议采取后续行动。

（三）《公民权利和政治权利国际公约》第 32 号一般性意见

2007 年 8 月 23 日，联合国人权事务委员会通过了关于《公民权利和政治权利国际公约》的第 32 号一般性意见，该一般性意见取代了原来的第 13 号一般性意见，对公约第 14 条所规定的法庭前的平等权和公正审判权作出了详细的解释。原来的第 13 号一般性意见只有 19 个段落，而新的第 32 号一般性意见一共有 65 个段落，可见内容增加之多。第 32 号一般性意见的出台，对于各国更好地把握公约第 14 条的要求，有着重要的指导意义。

具体而言，与中国刑事诉讼法修改相关的内容主要涉及以下方面：

1. 关于法庭前的平等。（1）法庭前的平等权的享有者，非仅限于缔约国公民，还包括所有缔约国领域或受缔约国司法管辖的个人，不论其有无国籍，何国国籍，身份如何，是否政治避难、难民、移民工，是否携带孩童或其他

---

① 参见联合国人权事务高级专员办事处：《禁止酷刑委员会》概况介绍第 17 号，第 7 页。

人。在某些案件中，甚至可以强迫缔约国如此行为。例如，被判死刑者就刑事审判中违法乱纪行为寻求有效的宪法审查，但无足够能力偿付法律援助费用以获得相应的救济，缔约国有义务结合公约第 2 条第 3 款规定的获得有效救济权，根据第 14 条第 1 款提供法律援助。有管辖权的、独立的和不偏不倚裁判所要求的是一个没有例外的绝对权利。（2）独立性的要求指的是法官任命的程序和资格，保证法官任期人身安全直至法定退休年龄或任期届满，此处存在提拔、调动、停职的相关条件以及司法机关实际上不受行政机关、立法机关的政治干预。缔约国应采取具体措施以保证司法独立，通过宪法或立法为任命、薪酬、任期、提拔、停职和辞退法官及对其惩戒性制裁，确立明确的程序和客观标准以保护法官裁决时不受任何形式的政治影响。司法机关和行政机关的职能及权限划分不清或后者控制、指导前者均不符合"独立裁判所"这一概念。有必要保护法官免受利益和威吓的困扰。为确保法官的独立性，法官的地位包括其职务任期、法官独立性、人身安全、充足薪酬、任职环境、退休金和退休年龄，都应由法律予以充分保证。（3）只有在法官严重渎职或不称职的情况下，才能根据宪法或法律规定的、确保客观性、无偏无倚的公正程序，将法官予以辞退。例如，在法官任期届满前，如果不能给出特殊理由或通过有效的法律保护来质询辞退决定，则行政机关此举不符合司法独立的要求。再如，行政机关未遵循法定程序而辞退被指控腐败的法官，也同样不符合该要求。

2. 关于无罪推定。无罪推定是对基本人权的保护，由检察院承担有罪责任的证明，以保证在证明刑事指控不存在合理怀疑之前，被告人被推定无罪，保证疑点作有利于被告人的解释，要求必须根据此原则对待被指控人。所有公共机关有义务避免预先判断案件结果，如禁止作出推定被告人有罪的公开言论。被告人通常在庭审时不戴手铐或被羁押在囚笼里，或被以表明其是具有人身危险性的罪犯的方式出庭。媒体应当避免不利于无罪推定的报道。而且，预审羁押时间不应被认为是否有罪及罪行轻重的标志。

3. 关于获知指控的权利。保护受刑事起诉者享有被及时、以其能理解的语言详细告知起诉性质、原因的权利，这是第 14 条规定的、刑事诉讼最基本保障中的首要保障。此保障适用于所有的刑事指控，包括那些未被羁押者，但不适用于起诉前的刑事侦查。在公约第 9 条第 2 款中，专门规定保障被告知逮捕原因的权利。"及时"告知被起诉权要求，依据国内法相关人员一经被正式提起刑事起诉或者被公众指认出就应被告知。只要起诉简要说明所依据的法律和指控主要事实，则以口头（之后由书面确认）或书面形式提起的诉讼符合第 3 分段（a）项具体要求。在缺席审判中，第 14 条第 3 款（a）项要求虽然被告人缺席，但是应采取各种应有方式告知受起诉者并通知其诉讼活动。

4. 关于辩护权。（1）被告人必须有充足时间和便利准备答辩并与自己委托的律师进行沟通。此规定是公平审判和平等适用相同诉讼手段原则的重要保障。在被告人经济困难的情况下，只有在预审和审判阶段提供免费译员才能保证被告人与律师的沟通。（2）"充足时间"的标准取决于个案的情况。如果律师合理地认为准备答辩时间不够，则他有义务要求审判延期。缔约国对辩护律师的行为不承担责任，除非律师的行为对法官来说是或应该已经是明显的不符合司法利益。合理的延期请求应当被批准，尤其是被告人被控犯有严重刑事罪行而需要额外的时间以为答辩作准备。（3）"充足的便利"必须包括查阅文书和其他证据的权利，包括查阅检察官准备提交法庭的不利于或有利于被告人的所有材料。有利于被告人的证据应当被理解为不仅包括证明无罪的材料也包括其他可能有利于其辩护的其他材料（例如，表明非自愿的供认）。在主张证据的收集违反公约第7条时，该证据的相关收集情况必须可供判断该主张是否成立。如果被告人不能使用诉讼中的语言，而由熟悉该语言的律师代理，则要充分保证与案卷有关的材料可供律师查阅。（4）与律师沟通权要求被告人有及时会见律师权。律师应能够私下会见委托人并在充分确保通信秘密的情况下与被告人通信。而且，律师应当能够根据公认的，不受任何限制、影响、压力或不当干涉的职业道德标准向受刑事起诉者提供咨询、进行代理。

5. 关于被告人无不当迟延受审权。该权利不仅意在避免个人过长地处于命运不确定的状态，如果是在审理期间羁押，则应确保剥夺其自由不超过具体案件所必要的时间，而且这也是为了实现司法利益。必须根据每个个案判断合理性，主要是根据案件的复杂性、被告人的行为以及行政和司法机关的处理方式进行判断。在被告人被法庭拒绝保释的情况下，应尽可能及时对其审判。此保障不仅与对被告人正式起诉时间和应开始审理的时间有关，而且也与上诉终审判决的时间有关。各个阶段，无论初审或上诉必须"无不当"迟延地进行。

6. 关于法律援助。（1）无律师的自行辩护权不是绝对的。在特定案件审理中，司法利益要求不依被告人的意志而指定律师，尤其是被告人实质上、不断地干扰正当审判活动，或面对严重指控却不能维护其自身利益，或有必要保护易受伤害的证人若受其提问时不再遭受更多的痛苦或威胁。然而，对被告人自行辩护意志的限制必须客观、慎重，且不能超过维护司法利益的必要。因此，国内法律应当避免对刑事诉讼中没有律师帮助的自行辩护权的绝对限制。（2）在决定是否出于"司法利益的需要"指定律师时，罪行的严重性正如上诉阶段的客观胜诉率一样至关重要。在涉及死刑案件中，公认的是在诉讼各个阶段律师必须有效地帮助被告人。有管辖权的机构基于此规定指定的律师必须有效地代理被告人事务。与个人聘请律师的情形不同，只要对法官来说指定律师的行为不符合司法利益显而易见，这些明显不当的或不称职的行为，如死刑案件中未经协商撤销上诉或缺席此类案件的听审会，将使有关缔约国承担违反第 14 条第 3 款（d）项的责任。如果法庭或其他相关机构阻碍指定律师有效履行其职责，也是对此规定的违反。

7. 关于质证权。作为平等诉讼手段原则的适用，质证权的保障对确保被告人、律师的有效辩护非常重要，从而保证被告人依法享有同等的强迫证人出庭、对检察官可提供的证人进行询问或交叉质证权。但是，此保障并未提供给被告人或其律师请求证人出庭的无限制性的权利，而只是提供在诉讼过程中对不利于其证人进行质询的机会。在这些限制范围内，以及对使用违反第 7 条获得的自白、口供和其他证据的限制，主要由缔约国国内立法机构确定证据的可采性和法庭对其评定。

8. 关于不得强迫自证其罪的权利。对此保障的理解应是，被告人在没有任何来自侦查机关为获得有罪口供而施加的直接或间接的、生理的或不当的心理压力。更有理由的是，不能允许为逼取口供而出现违反公约第 7 条规定对待被告人的情形。国内法必须保证违反公约第 7 条获得的自白或口供被排除于证据之外，除非此类材料被用来证明存在该条禁止的酷刑或其他待遇，并且在这种情况下，缔约国承担证明被告人出于自由意志供述的责任。

9. 关于未成年人司法程序。未成年人至少应享有公约第 14 条规定的、与成年人同样的保障和保护。此外，还需要特别保护。尤其在刑事诉讼中，未成年人应当被直接告知所起诉的罪行，且如果合适，可通过其父母或法定监护人告知；应当为其准备答辩和出庭提供适当的帮助；除非被认为不符合其最大利益，尤其是出于对其年龄或处境的考虑，否则应当尽快在律师、其他适当帮助人和其父母或法定监护人在场时，通过公开听审进行审讯。应当尽可能避免对其在审前和审判期间的羁押。缔约国应当采取措施建立适当的未成年人刑事司法制度，以保证未成年人受到与其年龄相应的对待。有必要设定未成年人不受刑事审判的最低责任年龄，且此年龄应当考虑到他们生理、心理的不成熟性。只要合适，尤其是在鼓励被起诉实施刑法禁止性行为的未成年人重返社会时，非刑事诉讼措施如犯罪者和受害人间和解、会见犯罪者家属、提供咨询或社区帮助或教育性课程，只要符合公约要求或其他相关人权标准的，应当予以考虑。

10. 关于上诉权。上诉权保障不局限于严重的罪行。第 14 条第 5 款不要求缔约国规定上诉程序。但是，国内法对此规定被解释为如果国内法进一步规定上诉程序，则被定罪的个人必须能有效地据此提起上诉。第 14 条第 5 款不适用于确定法律上诉权利和义务的程序或其他不能构成刑事上诉程序的程序，如宪法性请求。不仅如果初审法庭判决为最终判决，而且对由较低级法庭判定无罪后，根据国内法不能由较高级法庭复审的案件，上诉法庭或终审法庭确定为有罪的，均违反第 14 条第 5 款。缔约国最高法庭作为初审且唯一审理法庭，较高级法庭的无复审权并不因其审理而被否定；相反这种体制不符合公约，除非有关缔约国对此作出保留。第 14 条第 5 款规定较高级法庭对定罪和判决的复审权，赋予缔约国对证据和法律的充分性、定罪和量刑、诉讼中对案件性质应有的考量进行实体性复审的义务。根据公约，只对定罪形式或法律而不考虑具体事实的复审并不充分。然而，第 14 条第 5 款并不要求全部重审或审讯，只要裁判所的复审能考虑案件的具体事实。因此，如较高级的初审法庭详细地复核对已被定罪者的起诉，考虑审判时和上诉时提交的证据，找出充分的有罪证据来证实对具体案件的有罪裁定，这种情形并不违反公约。在死刑案件中上诉权尤其重要。对经济困难的被定罪者，法庭复审其死刑判决时拒绝提供法律援助，不仅违反第 14 条第 3 款（d）项，同时也违反第 14 条第 5 款，因为在上述情形里，拒绝提供上诉的法律援助将实际上阻碍较高级初审法庭对定罪和判决的有效复审。如果被告人未被告知其律师不打算向法庭提交辩护状，从而剥夺其为上诉阶段表达个人意见而更换代理人的机会，这亦是剥夺其对定罪的复审请求权。

11. 关于刑事赔偿。终审判决认定构成刑事犯罪并已承受对该罪刑罚的个人，如果对其定罪已被推翻的，或基于新的或新发现的事实确定存在误判而对其免罪的，则应当依法对其进行赔偿。缔约国有必要立法以确保此规定要求的赔偿能被实际并在一定合理期间内支付。如果完全或部分由于被告人的原因未及时公布此类事实材料，则不适用此保障；缔约国对此种情况承担举证责任。而且，如果上诉中宣告定罪无效但不存在误判情形的，例如在尚未作出终审判决前，或出于人道主义或无条件而赦免，或出于公正考虑，则不能给予此类赔偿。

12. 关于禁止双重危险。此规定禁止由同一法庭或以同一罪名由另一法庭对已被定罪或被宣告无罪者进行审判，例如，在平民法庭被定罪者不能以同一罪名被军事法庭或特别法庭再审。第 14 条第 7 款并不禁止对缺席审判的被定罪者请求再审的情形，但适用于第二次定罪。对军队中由于宗教或道德原因拒绝遵守新命令者的重复处罚，如果此后其拒绝均基于坚持同样的宗教或道德原因，则相当于处罚同一罪行。如果较高级法庭宣告原定罪无效并决定重审，则第 14 条第 7 款的禁止不存在争议。而且，该条款并不禁止特殊情况下重新进行刑事审判，如发现在作出无罪判决时无法收集或知晓的证据。此保障仅适用于刑事罪行，而对不属于公约第 14 条含义中刑事制裁的惩戒性措施则不适用。

而且，此保障并不保证与两个或更多缔约国国内司法管辖权有关的禁止双重受罚原则。然而对此理解不能阻碍缔约国对依据国际公约实现同一罪行再审的回避。

中国政府已于 1998 年 10 月签署了《公民权利和政治权利国际公约》，现正待全国人大常委会批准。2005 年 10 月中国政府颁布的第一份《中国的民主政治建设》白皮书第七部分"尊重和保障人权"中明确指出，对于《公民权利和政治权利国际公约》，"目前，中国有关部门正在加紧研究和准备，一旦条件成熟，国务院将提请全国人大常委会审议批约问题"。① 由此可以想见，批准《公民权利和政治权利国际公约》只是时间问题。在刑事诉讼法的再修改中，进一步体现公约的要求将是立法修改的重要议题。

（四）人权理事会与中国

2006 年 3 月，联合国大会通过决议设立人权理事会，取代了原来的人权委员会。其原因在于：人权委员会完成任务的能力已跟不上新的需要，并因其会议的政治化和工作的选择性而受到影响，一个新的人权理事会有助于克服与委员会有关的一些日益严重的问题，包括观念问题和实质问题，并得以对联合国政府间机制处理人权问题的实效进行彻底的重新评估。人权理事会是联合国大会的下属机构，人权委员会则归联合国经济和社会理事会管辖。2007 年 6 月 19 日，人权理事会通过了关于建章立制的一揽子方案。该方案确立了定期普遍审议机制，即世界各国，无论是发展中国家还是发达国家，每隔四年都接受一次人权状况审议。此外，还确立了人权特别机制、专家咨询机制以及理事会议程和议事规则等。对中国的首次审议预计在奥运会之后的 2009 年 4 月进行。中国是人权理事会的 47 个成员国之一，理应在促进和保护人权方面发挥积极作用。联合国人权机构的改革，客观上要求中国在履行联合国人权条约所规定的义务方面，采取更具实效性的行动。

三、面向未来的中国《刑事诉讼法》再修改

中国改革开放政策实施三十多年来，随着社会主义市场经济体制的建立和发展，社会生活的方方面面都发生着深刻而复杂的变化。刑事诉讼法的再修改发生在特定的时空背景之下。从国际背景来看，主要是经济全球化、人权普遍化、法律世界化所带来的影响。中美人权对话、中欧人权对话，中国签署联合国《公民权利和政治权利国际公约》和批准《经济、社会和文化权利国际公

---

① 陈光中主编：《〈公民权利和政治权利国际公约〉与我国刑事诉讼》，商务印书馆2005 年版，第 1 页。

约》，都是这一背景下深刻变化的反映。从国内背景来看，则与市场经济的发展以及依法治国、建立社会主义法治国家的目标相关。市场经济首先要求承认公民个人的人格主体性，这是市场经济建立的基石。相应地，在刑事诉讼中保障公民的权利，尤其是保障犯罪嫌疑人、被告人在内的所有诉讼参与者的权利，将他们作为诉讼的主体看待，应当成为刑事司法制度改革的核心内容。在此背景下，《刑事诉讼法》的再修改不能不关注联合国人权公约的相关要求。

联合国任意拘留问题工作组以及酷刑问题特别报告员在针对中国的特别报告中，对中国应当如何加强酷刑的预防提出了一系列具体、明确的建议，而联合国人权事务委员会新通过的关于《公民权利和政治权利国际公约》第 32 号一般性意见，对公约第 14 条的规定作了较过去的第 13 号一般性意见更为全面、细致的解释。上述信息对于澄清在《刑事诉讼法》再修改过程中出现的一些意见分歧，无疑具有重要的参考价值。择其要者，作如下分析：

其一，关于司法独立原则。中国现行《刑事诉讼法》确立了司法机关依法独立行使职权原则，但实践中司法独立原则并未得到充分的保障。第 32 号一般性意见以较大的篇幅详细列举了保障司法独立的一系列措施，包括法官任命的程序和资格、司法机关和行政机关明确的职能及权限划分、辞退法官的特别程序等，对于我国在刑事司法体制改革中加强对司法独立原则的保障具有指导意义。

其二，关于无罪推定原则。1996 年修改后的《刑事诉讼法》规定了"未经人民法院依法判决，对任何人都不得确定有罪"原则，体现了无罪推定原则的精神，对于保障公民权利，尤其是犯罪嫌疑人、被告人权利发挥了重要作用，但无罪推定作为一项诉讼原则，尚需通过《刑事诉讼法》再修改加以明确肯定。第 32 号一般性意见阐释了无罪推定原则的具体体现，新增的内容包括公共机构避免预断判决结果的义务、被告人出庭时的"去标签化"待遇、消除羁押带来的负面影响等，这些阐释对于我们在《刑事诉讼法》中确立并有效贯彻无罪推定原则，具有启发意义。

其三，关于刑事强制措施。刑事强制措施涉及对犯罪嫌疑人、被告人人身自由的限制，审前羁押中极易发生严重侵害被指控人权利的现象。关于任意拘留和酷刑问题的特别报告建议中国扩大非羁押性措施的使用，缩短警方拘留后的羁押期限，采用讯问时律师在场、录音录像措施，加强法官和检察官对羁押场所的访问，赋予被羁押者要求就羁押的合法性进行司法审查的权利，等等，这些建议提供了较为完整的刑事强制措施改革方案。

其四，关于辩护与法律援助。辩护难是中国刑事司法实践中的突出问题。加强对犯罪嫌疑人、被告人辩护权的保障，应当成为《刑事诉讼法》再修改的重点之一。第 32 号一般性意见要求缔约国保障被告人有充足的时间和便利准备答辩并与自己委托的律师进行沟通，其具体措施包括赋予律师要求延期审判的权利，律师有权查阅控方掌握的所有材料，应保障被告人及时、秘密地会见律师，死刑案件中法律援助应贯穿诉讼的各个阶段等，这些措施旨在通过律师的作用确保犯罪嫌疑人、被告人的诉讼权利得以实现。2007 年 10 月修改的《律师法》在辩护律师的阅卷权、会见权、收集证据权等方面，相对于现行《刑事诉讼法》，扩展了辩护律师的权利，《刑事诉讼法》的再修改应对此予以肯定，并参照第 32 号一般性意见的要求，进一步加强对犯罪嫌疑人、被告人辩护权的保障。

其五，关于不得强迫自证其罪的权利。针对现行《刑事诉讼法》第 93 条所规定的犯罪嫌疑人的"如实回答"义务，不少学者主张废除，并代之以赋予受刑事指控者不得强迫自证其罪的权利，以保障其供述的自愿性。第 32 号一般性意见解释了"强迫"的含义，即它是指"直接或间接的、生理的或不当的心理压力"，并要求排除以强迫的方式获取的口供，证明被告人出于自由意志供述的责任在控诉方。第 32 号一般性意见明确了不得强迫自证其罪原则的具体内涵，有利于中国在确立不得强迫自证其罪原则时予以吸收。

其六，关于未成年人司法程序。在刑事司法中，未成年人的特别保护一直受到中国立法和司法实务部门的重视。在宽严相济的刑事政策之下，中国司法机关进行了对未成年人适用暂缓起诉、刑事和解等制度的尝试。这些措施的采用与第 32 号一般性意见的要求相一致，即鼓励通过"非刑事诉讼措施"，以利于实施刑法禁止性行为的未成年人重返社会。在中国《刑事诉讼法》再修改时，可以考虑通过立法对实践中的一些做法予以肯定。

其七，关于禁止双重危险原则。中国刑事诉讼强调有错必纠，不论这种错误是什么原因造成的，也不论这种错误的性质是什么，这种做法与《公民权利和政治权利国际公约》第 14 条关于禁止双重危险原则的要求相背离。在《刑事诉讼法》再修改时，应当确立禁止双重危险原则，即纠正错误只能在特定情况下可以允许；并且，一般说来，纠正的只能是结果有利于被告人的错误，或者，在严格限制的条件下，对某些基于刑事犯罪而导致的错误，才可予以纠正。第 32 号一般性意见明确了禁止双重危险原则的具体要求。中国在修改《刑事诉讼法》时，应该根据这些具体要求对刑事再审程序作相应的改造，以保障刑事判决的稳定性，避免对被告人反复进行刑事追究，防止司法机关滥用诉讼权力。

总之，鉴于中国已批准《反酷刑公约》、已签署《公民权利和政治权利国际公约》等联合国人权条约，鉴于中国已成为联合国人权理事会的成员国并面临着对人权状况的普遍定期审议，中国在《刑事诉讼法》再修改过程中，应当注意兑现我们的国际承诺，同时对各国刑事司法的一些经验加以吸收，以使刑事诉讼立法与国际公认的刑事司法准则和国际惯例相接轨，既提升本国的刑事司法人权保障水平，又缓解在对外交往中所承受的国际压力，从而实现国家内政与外交的良性互动。

我国刑事诉讼理念问题及其解决探讨

庄春英*

【内容摘要】

刑事诉讼理念是确立刑事诉讼目的和价值的基础。我国刑事诉讼法修改讨论中遇到的所有问题都或多或少与刑事诉讼理念有关。我国刑事诉讼程序中存在严重的国家本位理念，有关刑事诉讼的目的和价值观也是国家本位理念的反映。在刑事诉讼目的上，本文的主要观点是，控制犯罪是警察、检察机关的目的，刑事诉讼的目的是保障人权，不能把追诉机构的目的等同于刑事诉讼程序的目的。我国刑事诉讼中的重实体、轻程序现象，审前羁押场所的设定和刑事裁决的执行以及律师辩护权难以充分行使等都与国家本位理念和控制犯罪为主要目标的理念有关。在分析问题基础上，提出了建立审前程序的司法审查制度、嫌疑人保障制度、程序性制裁规则，改革审前羁押场所和刑事裁决执行制度，加强律师辩护权保障等建议。

【关键词】 理念　国家本位　目的

刑事诉讼理念是确立刑事诉讼目的和价值的基础。我国《刑事诉讼法》修改讨论中遇到的所有问题都或多或少与刑事诉讼理念有关。现行《刑事诉讼法》存在的若干问题，法学界普遍认为应修改程序，其深层原因都和理念有关。在关于《刑事诉讼法》修改的讨论中，各种影响修法的难点、阻力、理由，其深层次的原因也与理念有关。如果不能从根本上转变刑事诉讼立法理念，只是对某些具体程序作技术性修改，那么，现行刑事诉讼制度中的所有问题都不能从根本上解决。我国刑事诉讼立法中国家本位和"重实体、轻程序"等观念直接导致犯罪嫌疑人、被告人权利保护的缺失，这种缺失的原因和表现形式之一是律师辩护难的普遍存在。本文主要探讨我国刑事诉讼程序中存在的

＊ 司法部司法研究所研究员。

各种与刑事诉讼理念有关的问题，并试图寻找到解决这些问题的方案。

一、我国现行刑事诉讼立法基本理念中存在的问题

（一）我国现行刑事诉讼立法中存在严重的国家本位观念

在对国家法律本质的认识上，我国长期以来通行的说法是"法律是统治阶级意志的产物，是由国家制定或认可的、并由国家强制力保障实施的规范性文件的总和"。社会主义民主与法制成为国家政治文明建设的中心任务后，我国《刑事诉讼法》注意把保障无罪的人不受刑事追究作为立法的目的，表现了一定的民主性和科学性。但仍然没有摆脱国家本位思想的桎梏。《刑事诉讼法》第 1 条规定该法的目的是"为了保证刑法的正确实施，惩罚犯罪，保护人民，保障国家安全和社会公共安全，维护社会主义社会秩序"。此条规定把刑事诉讼法当做保证刑法实施的手段和工具，忽略了程序法本身的内在价值。第 7 条"人民法院、人民检察院和公安机关进行刑事诉讼，应当分工负责，互相配合，互相制约"的规定，表明了国家权力本位的理念。总之，《刑事诉讼法》第一编总则关于《刑事诉讼法》的指导思想、目的和任务等规定包含了浓重的"国家本位"、"为民做主"的思想观念。在这样的思想指导下，才有了第 14 条"人民法院、人民检察院和公安机关应当保障诉讼参与人依法享有的诉讼权利"的规定。社会权力和个人权利的"保障"不应来源于其直接的对立面，而应是法律保障。该条规定设定了法院、检察院和公安机关的主体地位，是"为民做主"的思想观念的反映。

（二）我国关于刑事诉讼目的和价值的观念反映了国家本位倾向

"刑事诉讼的目的，是指国家制定刑事诉讼法、进行刑事诉讼活动所期望达到的目标，是立法者根据社会主流价值观的需要并基于对刑事诉讼固有属性的认识预先设计的关于刑事诉讼结果的理想模式。"[1] 刑事诉讼的目的确定体现了一国的立法宗旨，在这个问题上，刑事诉讼法学界主要存在以下几种观点：第一种观点是犯罪控制论。认为刑事诉讼目的是"正确有效地揭露犯罪、惩罚犯罪。"[2] 第二种观点是惩罚犯罪与保障人权并重论。持此种观点的学者中，有的认为刑事诉讼目的是"实现国家惩罚权与保障人权的统一"。[3] 有的

---

① 陈光中：《刑事诉讼法学》，中国人民公安大学出版社 2004 年版，第 75 页。

② 陈光中：《刑事诉讼法学》，中国政法大学出版社 1990 年版。

③ 陈光中、宋英辉：《我国刑事诉讼目的审判结构之探讨》，载《政法论坛》1994 年第 1 期。

认为刑事诉讼的目的是"惩罚犯罪与保障人权的统一"。① 第三种观点是自由和安全论。认为刑事诉讼目的是"自由和安全"并重。② 第四种观点把刑事诉讼目的分为根本目的和直接目的，"刑事诉讼的根本目的在于维护国家的宪法体制和社会秩序。直接目的表现为两个方面：一方面，国家通过诉讼活动，要在准确、及时查明案件事实真相的基础上对构成犯罪的人正确适用刑法，实现国家刑罚权；另一方面，国家在进行刑事诉讼活动的过程中保障诉讼参与人的合法权益不受侵犯，特别是保障与案件有直接利害关系的犯罪嫌疑人、被告人和被害人的诉讼权利得到充分的行使，即实现惩罚犯罪与保障人权的统一"。③

　　这些观点虽然侧重点不同，也力图将刑事诉讼目的从单纯的国家本位中解脱出来，但并没有全面揭示刑事诉讼应有的目的。所谓"控制犯罪"和"保障人权"只是国家刑事追诉机构所追求的目标。这一点我国已有学者提出质疑。"简单地将'控制犯罪'与'保障人权'，甚至将'实体真实'与'正当程序'等相互矛盾的说法并列在一起，固然有助于人们从过去那种赤裸裸的国家暴力镇压和行政治罪等刑事诉讼观念中解脱出来，却无法为人们提供一种有关刑事诉讼性质和目的的完整解释。事实上，所谓的'控制犯罪'——当然还可以有其他一系列的说法——不过属于国家刑事追诉机构通过刑事诉讼所要达到的目标，但是，正如民事诉讼中原告所要获得的胜诉的目标一样，它怎么可以成为整个刑事诉讼所要达到的目标呢？"④ 笔者的观点是，"控制犯罪"是检警机关的任务和目标，而保障人权是整个刑事诉讼的任务和目标。如果没有刑事诉讼法，一样可以控制犯罪，那种没有任何约束的国家权力可能于打击犯罪更加有力。刑事诉讼法的主要目标就是防止、限制这种国家权力滥用，所以说，刑事诉讼的最终目的是保障人权。

　　"刑事诉讼价值是指刑事诉讼立法及实施能够满足国家、社会及其一般成员的特定需要而对国家、社会及其一般成员所具有的效用及意义。"⑤ 刑事诉讼价值包括公正、秩序、效益等，其源于刑事诉讼的内在属性和国家、社会及一般成员对刑事诉讼的需要。公正在刑事诉讼中居于核心地位，它包括实体公

---

① 李心鉴：《刑事诉讼构造论》，中国政法大学出版社1992年版，第53页。
② 徐静村：《刑事诉讼法学》（上），法律出版社1997年版，第53页。
③ 王振河、孔红波：《论刑事诉讼的价值与目的》，载《刑事诉讼法修改问题与前瞻——中国法学会刑事诉讼法学研究会2007年卷》，北京大学出版社2008年版，第117页。
④ 陈瑞华：《问题与主义之间——刑事诉讼基本问题研究》，中国人民大学出版社2003年版，第362页。
⑤ 陈光中：《刑事诉讼法学》，中国人民公安大学出版社2004年版，第80~81页。

正价值和程序公正价值两个方面。"对刑事诉讼秩序价值的追求意味着对抑制犯罪行为、保持社会和平与稳定的期望。同时，还要防止社会暴力冲突和政府及其官员滥用权力对社会成员造成的威胁。刑事诉讼效益价值要求加速刑事程序的运作效率，降低诉讼成本，减少案件积压和司法拖延等现象，以达到诉讼经济的目的。"① 关于刑事诉讼价值定位在理论上存在的不同说法，主要有两种：一种是工具价值优先兼顾自身价值论。该观点首先确认刑事诉讼活动是一种发现事实真相，正确适用实体法律的认识活动。② 该观点认为诉讼程序是实现实体正义的最终手段，在此基础上，承认诉讼法具有独立于实体法的本身价值，即诉讼活动自身的公正与否所体现出的一个国家司法制度的公正性程度。另一种是内在价值与外在价值为主、经济效益性价值次之的价值层次论。所谓的内在价值是指刑事诉讼法本身所具有的公正性、民主性、人道性、合理性和效益性的优秀品质。外在价值是指刑事诉讼法价值具有满足刑事诉讼主体的合理需要，实现刑事诉讼目的的效用或意义。其经济效益性价值包括社会效益和经济效益两个方面。其中社会效益是指通过刑事诉讼能够准确地惩罚犯罪，有效地保障人权，使社会公众能够产生对社会以及自身利益的安全感。经济效益就是以尽可能少的诉讼成本的投入，取得尽可能多的诉讼效果。之所以如此，是"因为如果诉讼不经济，影响诉讼公正的因素就会增多，诉讼的公正就难以保障"。③ 刑事诉讼价值中的公正、秩序、效益等内容，以及各种价值论，反映的仍然是以国家和社会为核心的价值追求，个人权利在其中仍居于从属地位。

（三）我国刑事诉讼法中存在严重的重实体、轻程序观念

主要表现在以下几个方面：首先，我国刑事司法权的适用主要体现在实体性裁判上面。警察、检察官所实施的涉及限制公民基本权益和自由的诉讼行为，几乎都无法纳入法院司法审查和司法裁判的范围，也因此不能受到司法权的制约和控制。"法院对警察权、检察权司法审查和司法裁判机制的缺乏；则直接导致审判前阶段缺少中立的裁判者，受国家追诉者难以有效地行使诉权，也难以获得法院公平听审或听证的机会。在此情况下，嫌疑人无法在法律范围

---

① 王振河、孔红波：《论刑事诉讼的价值与目的》，载《刑事诉讼法修改问题与前瞻——中国法学会刑事诉讼法学研究会 2007 年卷》，北京大学出版社 2008 年版，第 117 页。

② 陈光中、王万芳：《论诉讼法与实体法的关系——兼论诉讼法的价值》，载《诉讼法论丛》第 6 期，法律出版社 1998 年版。

③ 陈建军：《评析刑事诉讼法的价值取向及其实现的可能性》，载《求索》1998 年第 5 期。

内'为权利而斗争',其受到非法侵犯的权利无法获得及时的司法救济,警察权、检察权的滥用也得不到有效的遏制。"[1] 其次,我国刑事司法中对违反程序的行为主要是实体性制裁而没有程序性制裁。要说明程序性制裁的独特价值,还应深入地探讨实体性法律后果何以无法有效地制裁程序性违法的问题。事实上,无论是国家赔偿、追究刑事责任还是实施行政惩戒,这些实体性制裁措施都有一个共同的特征:它们只针对那些构成实体性违法的程序性违法行为,而对一般的程序性违法行为根本无法发挥抑制作用。也就是说,程序性违法行为只有在恰巧符合实体性违法之构成要件的情况下,才可以受到实体性制裁。我国学者对这个问题早有论述。"实际上,这里存在着一个至为明显的道理,如果诉讼程序的被遵守,只是依靠刑事实体法后果或行政后果等,那往往会是无效的。因为许多违反诉讼程序的行为,并不一定会引起刑事实体法后果或行政法后果,甚至不会引起民事法律后果。在这种情况下,若没有程序性法律后果,出现了违反诉讼程序的行为,法律将无可奈何。并且,即使该行为引起了刑事法律后果或行政、民事法律后果,如果没有程序性法律后果,也将会出现令人不可思议的结果。"[2] 在绝大多数情况下,刑事诉讼中的程序性违法根本不可能构成犯罪、民事侵权或者行政违法。以刑讯逼供为例,根据《国家赔偿法》的有关规定,刑讯逼供只有在"造成公民身体伤害或者死亡的",才属于国家赔偿的适用范围。这就使国家赔偿与追究侦查人员的刑事责任几乎都仅仅适用于"造成严重后果的刑讯逼供行为",而对绝大多数普通的刑讯逼供行为根本无法发挥制裁作用。刑事制裁和行政制裁也一样,只有在刑讯逼供行为造成人身伤亡的严重后果,或者最终造成了冤假错案,才会追究侦查人员刑事责任和行政责任。"这些实体性制裁措施只能适用于那些造成人身伤亡、冤假错案等严重的程序性违法行为,并取决于公安机关、检察机关所承受的职业压力、主观认识、人事关系等一系列复杂的因素,从而具有明显的偶然性和不确定性。经验表明,对于绝大多数一般的刑讯逼供行为而言,这些实体性制裁措施不可能有效地遏制刑事诉讼中的程序性违法行为。它们无论是在制裁程序性违法还是在提供权力救济方面,都具有明显的局限性和不可靠性。"[3] 再次,我国刑事程序以查明"事实真相"为首要目标,其他制度设计都是为实

---

[1]　陈瑞华:《问题与主义之间——刑事诉讼基本问题研究》,中国人民大学出版社2003年版,第35页。

[2]　王敏远:《论违反刑事诉讼程序的程序性后果》,载《中国法学》1994年第3期。

[3]　陈瑞华:《问题与主义之间——刑事诉讼基本问题研究》,中国人民大学出版社2003年版,第113页。

现这一目标服务的。我国刑事程序中的"以事实为根据，以法律为准绳"的原则要求刑事诉讼以"查明真相"为目标。在立法界人士看来，"这是我国长期以来刑事诉讼的一条重要经验，是正确惩罚犯罪，防止错案，保障无罪的人不受刑事追究的重要原则。是否犯罪，罪重、罪轻，要以事实为根据"。① 保障犯罪嫌疑人、被告人的诉讼权利成为实现"客观真实"的手段。对于这一点，立法决策者也从认识论的视角，给出了解释："为什么要强调保障被告人的诉讼权利，因为被告人处于被控的地位，保障他们的诉讼权利，可以更好地查明事实，正确执行法律，防止错案。在'文革'中，林彪、'四人帮'不允许申辩，出了许多错案。1979 年制定刑事诉讼法时，充分总结了'文革'的教训。彭真同志说，我们要总结'文革'的教训，在法中作出规定，以防止再发生类似事情。所以，这是刑事诉讼的一条重要原则。"② 连保障被告人的诉讼权利都被解释为发现真相、防止错案的手段，只要发现了事实真相，其过程中存在的违反程序现象当然就可以忽略了。

（四）我国未决羁押场所的设定和刑事裁判执行制度也以追求控制犯罪为主要目标

未决羁押场所问题在法学界曾经广泛讨论过，取得的共识也是显而易见的。由于羁押场所直接涉及负责限制公民人身自由的法律主体问题，也与嫌疑人、被告人"究竟控制在谁手里"这一敏感问题相关，在对嫌疑人采取强制措施一定时间后，应由检警之外的第三方控制。"假如在整个刑事诉讼过程中，尤其是在审判前的侦查阶段，嫌疑人、被告人始终被羁押在警察控制的看守所或拘留所中，那么，不论羁押的决定是哪个机构作出的，他们都很难摆脱侦查的工具、刑事诉讼的手段等命运。因为那些受到检警机构控制的嫌疑人，轻则无法与辩护律师会见、通信，重则受到警察、检察官的威胁、利诱、欺骗甚至刑讯。可以说，羁押场所一旦由检警机构所控制，那么，不仅嫌疑人的辩护权、沉默权、律师到场权无法行使，甚至就连其健康权、隐私权和人身安全也无法获得保障。几乎审判前阶段可能发生的所有侵犯人权的行为，都与羁押场所设置的不当有着千丝万缕的联系。"③ 将犯罪嫌疑人、被告人关押在警察

---

① 顾昂然：《新中国的诉讼、仲裁和国家赔偿制度》，法律出版社 1996 年版，第 7 页。

② 顾昂然：《新中国的诉讼、仲裁和国家赔偿制度》，法律出版社 1996 年版，第 7 页。

③ 陈瑞华：《问题与主义之间——刑事诉讼基本问题研究》，中国人民大学出版社 2003 年版，第 183 页。

控制的看守所中，理由无非是方便侦查人员办案，反映的还是以控制犯罪为目标的理念。

对生效裁判的执行具有行政权的属性，而不具有司法权的性质，这是法学界的共识。然而，按照我国现行的刑事制度，法院至今仍然直接负有对部分有罪裁决的执行权。根据现行《刑事诉讼法》的规定，法院拥有自行执行死刑的权力。死刑无论是在刑场还是羁押场所执行，也无论是采用枪决还是注射的方法执行，一律都要由法院负责进行，并由专门审判人员指挥执行过程和对罪犯验明正身。不仅如此，生效判决所涉及的罚金刑和没收财产刑，也要由法院亲自前去执行。法院因此还拥有强制罪犯缴纳罚金的权力。法院这种自行执行死刑、罚金刑和没收财产刑的制度，其实与民事诉讼中的执行制度一样，都属于自行裁判、自行执行的司法方式。而法院一旦亲自对生效判决从事执行活动，则司法裁判的公正性以及法院公正裁判者的形象，都将受到消极的影响。而这种制度设计的理由，也不外乎有利于方便、快捷地结束刑事程序，其核心理念还是以控制犯罪为主要目标。

（五）律师辩护权难以充分行使也与刑事诉讼以控制犯罪为主要目标的理念有关

修改后的《律师法》加强了对律师辩护权的保护，但实践中执行情况却不容乐观。据笔者了解，许多地方都以各种理由和方式不执行律师法的规定，其理由除了以刑事诉讼法为根据外，还是国家权力本位观念在发挥作用。国家权力本位、个人义务本位的思维定式影响着人们的言行，对被告人权利的忽视使得人们对源自于被告人权利的律师的权利也极不重视。人们不仅不会尊重辩护律师的诉讼权利，而且在其与惩罚犯罪的需要发生冲突的情况下，还会对其加以剥夺。辩护律师在执业过程中受到的来自于公安机关、检察机关的种种刁难、限制甚至迫害更是制度移植和传统法律文化突出的反映。除了人们观念方面的原因外，辩护权难以充分行使还在于立法规定的不充分和不合理。我国《刑事诉讼法》中辩护律师的很多诉讼权利没有相应的保障措施。

二、与转变理念有关的完善我国刑事诉讼制度的建议

（一）确立对审判前的刑事诉讼活动进行司法审查的制度

改变现行公、检、法三机关之间的"分工负责、互相配合、互相制约"的关系，确立以司法审判为中心的刑事诉讼格局。刑事审判前的诉讼活动应该有法官的参与，建立司法授权和司法审查机制，司法机构就追诉活动的合法性进行程序性裁判。公安和检察机关对公民实施的调查活动需取得法官的批准，包括搜查、扣押等在内的专门调查措施，以及实施逮捕、拘留、取保候审、监

视居住、拘传等强制措施，都需要外部司法机构的授权和审查，建立司法权对警察权、检察权的控制机制。无论是遭受不当羁押的嫌疑人，还是受到不公正搜查、扣押的公民，都有权直接向中立司法机构提出诉讼请求，法院应受理这种请求，并就此举行司法裁判。

（二）以人权保障为刑事诉讼主要目的，建立健全犯罪嫌疑人、被告人保障的各种制度

以沉默权为例。如果能够确立人权保障是刑事诉讼的主要目标，就要确立沉默权规则。沉默权规则可以最大限度地防止嫌疑人、被告人在受到强迫的情况下自证其罪，使其在刑事诉讼的各个阶段都能拥有一个坚硬的法律屏障，避免承担国家追诉机构任意赋予的无理义务。这一规则与合理的口供规则、非法证据排除规则、羁押性讯问时律师在场规则一起，足以有效地发挥减少刑讯逼供的效用。

（三）转变重实体、轻程序观念，确立程序性制裁规则

程序性制裁的基本原理就在于通过剥夺程序性违法者通过违法所得的不正当利益，来促使其不得不遵守法律所规定的诉讼程序。这种对违法所得利益的剥夺是以宣告行为无效、证据无效甚至裁决无效的方式来进行的。[①] 这种通过让程序性违法者承受实体上不利后果的制裁方式，可以有效地消除警察、检察官、法官的继续违法动机，促使所有警察、检察官、法官以此为戒，不得不遵守法律所规定的诉讼程序。因此，与实体性制裁方式相比，程序性制裁对于程序性违法具有更为明显的特殊预防效果，也足以发挥更好的一般预防之功能。程序性制裁还有一个为实体性制裁所不具有的特殊优势，它所针对的都是法律所禁止的程序性违法行为，它在适用中要比实体性制裁更少受到偶然和不确定因素的影响。无论刑讯逼供、非法搜查和扣押、非法窃听等违法行为是否造成了严重后果，只要这种程序性违法的成立得到证明，法院就可以立即对其适用排除规则。因此，如果说程序正义属于"看得见的正义"的话，那么，程序性制裁就可以被称为"看得见的制裁"。因为它在制裁程序性违法方面具有更为明显的透明度和可预测性。[②] 这种程序性制裁规则与沉默权规则等一起可以构成对违反程序行为的最大程度的限制。

---

① 陈瑞华：《问题与主义之间——刑事诉讼基本问题研究》，中国人民大学出版社2003年版，第113页。

② 陈瑞华：《问题与主义之间——刑事诉讼基本问题研究》，中国人民大学出版社2003年版，第113页。

　（四）改革现行未决羁押和刑事裁判执行制度，建立司法行政机关羁押和执行裁决的制度

　　未决羁押的场所与嫌疑人、被告人的权利保障息息相关。鉴于此，几乎所有西方国家都对羁押场所的设置作出了明确的法律限制。一般情况下，在司法官员就羁押问题举行司法审查之前，嫌疑人被羁押在警察控制的拘留所里；而在法官经过审查作出羁押决定之后，被告人则通常被羁押在监狱或其他不由警察、检察官控制的监禁场所里。这样，与逮捕和羁押的分离相适应，检警机构决定的监禁与司法机构决定的羁押，就分别在不同的场所来执行。其中，后一种羁押场所往往是在司法机构的监督下，由各国司法行政机构来加以管理和控制的。① 英国在警察向治安法院提出起诉后，羁押不再由警察或皇家检察署负责，而毫无例外地由法院作出裁决。对被告人的羁押场所也不再是警察局，而是其他限制人身自由的场所。具体而言，如果被告人年满 21 岁，羁押场所是监狱；如果被告人年龄在 17 岁至 20 岁之间，羁押场所为拘留中心或者监狱；如果被告人不满 17 岁，他将被羁押在看护中心（the care of a local authority），例外情况下，也可以羁押在拘留中心或监狱。这些监狱、拘留中心、看护中心都不由警察机构、皇家检察署控制，而由专门的司法行政机构来加以管理。② 而在警察提出起诉之前，被逮捕的嫌疑人在各警察局内设的拘留室中。但为了防止警察权的滥用，避免嫌疑人的权利受到任意侵害，英国法律将警察的侦查权与羁押权进行了分离，负责侦查的警察拥有逮捕、讯问、收集证据等权力，但对被羁押的嫌疑人的控制和管理掌握在两种特殊的警察官员手里，他们是"羁押官"（custody officer, or custody sergeant）和审查官（review officer）。羁押官、审查官都不介入警察的侦查活动，也不对侦查的成功负有责任，因此他们能够对案件保持相对中立和超然的态度。③ 日本未决羁押的场所是监狱，也就是由日本法务省在全国设置的专门用来关押未决犯的拘置所。由于这种拘置所由法务省设置和管理，因而能够独立于司法警察机构，防止司法警察利用其羁押被告人的权利而滥用侦查权。不过，日本监狱法也允许在特殊情况下适用警察署下属的警察拘留所来代替监狱，也就是所谓的"替代监狱"制度。④ 由

―――――――――

　　① 陈瑞华：《问题与主义之间——刑事诉讼基本问题研究》，中国人民大学出版社 2003 年版，第 183 页。

　　② See John Sprack, Criminal Procedure, pp. 8～29.

　　③ See John Hatchard and others, Comparative Criminal Procedure, pp. 192～194.

　　④ 陈瑞华：《问题与主义之间——刑事诉讼基本问题研究》，中国人民大学出版社 2003 年版，第 113 页。

此可见，在嫌疑人的羁押场所问题上，西方国家并没有在立法上确立一个整齐划一的模式，甚至一些国家还存在不少问题。不过，将逮捕后的监禁场所置于警察的控制之下，而在司法官员作出正式羁押决定之后，使监禁场所置于司法行政机构的管理之下，也就是使警察的拘留所与监狱在功能上相分离，这对于防止羁押权的滥用，减少刑讯逼供，确保被告人不受妨碍地行使防御权，都不失为一项有效的保障措施。

同样，对生效裁决的执行显然是行政权而非司法权，应由专门的司法行政机关加以行使，包括对被告人的拘禁刑、罚金刑、没收财产刑、死刑等的执行。

（五）加强对辩护律师执业权利和诉讼地位的保障，废除《刑事诉讼法》和《刑法》中专门针对律师犯罪的规定

与《律师法》的相关规定相协调，强化辩护律师的会见权、阅卷权和调查取证权，加强对律师人身权的保护，这里不再赘述。笔者强调的是应删除《刑事诉讼法》第38条和《刑法》第306条专门针对辩护律师而规定的妨碍证据方面的犯罪，因为这显然是不合理的。首先，这一规定是显失公平的。法律对辩护人威胁、引诱证人违背事实改变证言或者作伪证的规定可以构成犯罪，而对侦查人员、检察人员威胁、引诱证人改变证言或者作伪证如何处理却没有规定，这种立法造成控辩双方的不对等，而且无形中还助长了侦查、检察人员违法取证的风气。其次，这一规定增加了辩护律师的执业风险。出于辩护职责的需要，辩护律师往往会对证人进行说服、教育，希望从证人处所得的证据能与检察机关获取的有所不同。可是，一旦真出现证人改变证言的情况，辩护律师因对证人进行过说服、教育就面临被指控的危险。因此，这一歧视性规定的存在让辩护律师调查取证的执业风险无处不在。

总之，我国《刑事诉讼法》修改讨论中的各种问题，实践中遇到的各种阻力、困难，包括各种反对修改的理由、借口，都与刑事诉讼理念有关。只有树立了正确的理念，而且是只要树立了正确的理念，刑事诉讼过程中的问题就不难解决。随着时间的推移和法制的进步，我国刑事诉讼制度会越来越科学、健全。

刑事附带民事诉讼的迷与返

——浅探刑事附带民事诉讼制度的价值回归与完善

饶朝生[*]

【内容摘要】

对刑事附带民事诉讼制度，我国《刑事诉讼法》第 77 条、第 78 条用两个条款作了规定，实务中对刑事附带民事诉讼所遇到的问题和来自一线的情况表明，我国刑事附带民事诉讼制度存在价值回归与完善的需要。

一、刑事附带民事诉讼制度存在的现实价值

刑事附带民事诉讼制度具有以下现实价值：有利于提高整体诉讼效率和效益，节约司法资源，有利于当事人节省参讼成本；有利于查明被告人侵权行为事实，避免法院在两个诉讼中重复审理同样的侵权事实，可使对两者处理更为协调一致，适用法律正确；有助于树立和维护司法权威；有利于改变被害人在刑事司法的从属地位，治疗被害人被犯罪损害的心理挫伤；有利于提高社会满意度；设立了被害人与被告人相互了解和解的法律平台，对一些过失性的犯罪、未成年人的犯罪、熟人之间的轻微犯罪，不因被告人犯罪刑罚双方永结冤仇，减少刑罚副作用，作为量刑情节予以考虑，有利于提高犯罪人回归社会率。

二、倾听当事人的呼声和审判实务一线情况

当事人希望在刑事诉讼中彻底解决其因犯罪行为所遭受的损失。如希望在法院追究被告人罪责同时，对被告人施加一定的压力，以便较容易取得赔偿；不少被害人与被告人案发前并不认识，故可藉被告人未送监狱之时，通过法院

---

* 广州市南沙区人民法院刑庭庭长。

有效地找到被告人；提起刑事附带民事诉讼可免交诉讼费等。但刑事附带民事诉讼的当事人，由于与犯罪的被告人相比，其在诉讼中地位相对优越，通常都有盲目乐观倾向，期望值较高而证据准备不足。社会期待过高的原因之一，是受文学作品和媒体的渲染甚至神化，使人们对司法形成了依赖心理，将对公平社会的期待、对现实权利的渴求、对正义力量的希望，全部寄托在司法机关和法官身上。当司法难以达到最高境界时，就会令司法机关和司法人员陷入尴尬。

位于一线的刑事法官，面临的是要完成与审理单纯普通刑事案比多成倍或更多的工作量，但可用的法定时间却比民事案件少 4 至 5 倍多，而工作量仅按审结一件案件来看待，体现在报送统计数字与没有附带民事诉讼的案件一样算。而审限则比单纯普通民事案短得多：如果在适用简易程序刑事案，法定的审限只有 20 天（其间经过的双休日节假日不扣除），而简易程序审理的民事案则有 90 天审限，这是普通刑事案件的四倍多；如果在普通程序刑事案只有 30 天审限，一般只能延长 15 天，共 45 天，刑事部分经省法院批准可延长 30 天，附带民事部分经经本院院长批准可延长 60 天，加起来合法的极限共 135 天；相比之下，普通程序民事案则有 180 天审限，经本院院长批准可合法延长半年后，经上级法院批准还可延长 1 年，合法经延长的审限共达 2 年。这是普通刑事案件的 5 倍多。

位于一线的刑事法官面临的第二层问题是，由于法院内部分工，民事实体和程序业务往往是其弱项。就法院内部而言，中级法院的民事审判的分工也趋于日益精细，这与设定附带民事诉讼制度的二十多年前已不可同日而语。目前民事审判业务，已分为人身继承非合同债务、合同、知识产权、房地产、涉外等五个民事业务庭来审理。相当多的民事法官对另一领域的民事业务都未必精通，而一线刑事法官面对日益庞杂的民事关系类型纠纷感到力不从心就更不足为怪了。

加上审理一宗刑事案件同时审理附带民事诉讼案件仍按一件案报送统计，对可用法定时间成数倍减少，而工作付出成倍增多才可完成的这项工作的一线刑事法官而言，在工作计量减半制度上激励机制长期缺失情况下，以至具体实操承担者大都感到此项工作，事倍功半而负担不小。由于制度性的时间资源紧缺，可用法定工作时间有限，工作不可能过细，而被误认为业务素质不够工作不认真责任感不强而被投诉风险却不少。

另外，法院自定标准理想化对此也加大了一线法官压力。在附带民事审判领域，在司法为民，人民满意的口号下，审理附带民事诉讼的法官也希望冲突具体的当事人能双赢。但客观上不可能作到对所有案件的处理都双赢。当一方未能达到其诉求时，就很难让败诉方或不完全胜诉的当事人满意起来。于是不理想的情况就在所难免。

在我国社会进入快速增长时期，司法资源的增长与司法消费的增长的不同步，形成司法能力受到客观有限条件的制约，司法功能受司法投入不足的影响，司法效能和社会公信度就会下降。目前我国法院刑事案一般仅占全院案件10%上下，故法院在辅助人员安排上，出于对刑庭的被告人大多在监所由法警传唤等特点，一般配备到刑庭的辅助人员会少于民庭。如果附带民事诉讼则由刑庭法官送达，如果被害人是未成年人，依法需要通知其监护人法定代理人和法律援助人员社会调查员等，那么，参讼主体就会由只有一名被告人增加3倍以上，在辅助人员相对不足的情况下，这就使刑庭法官在实务操作上雪上加霜，穷于应付许多刑事诉讼所少遇到的业务，诸如送达（送达往往占1/3以上的工作量），明晰具体诉讼权利义务风险事项、联系法律援助、指导被害人举证，整理甄别其所举证据、演算赔偿项目、联系评估鉴定事项等繁杂的事务上。

实施的效果上，刑事附带民事诉讼未能普遍取得提高诉讼效率的预想效果；诉讼中在押的被告人由于失去自由缺乏社会资讯基本没有反举证能力；法院通过调解使被害人先行得到部分赔付，并将赔付情况作为量刑情节予以考虑，容易使人感到钱可换刑的味道；而调解过程中法院不可避免的主动干预积极"主持正义"，又容易失去居中角色和公正形象。诉讼后被告人大多无充分的赔偿能力；刑事附带民事判决的大多执行到位率不高。

三、刑事附带民事诉讼制度完善的迫切需要

我国刑事附带民事诉讼制度已历时二十余年，有关规定与当前社会发展现状和司法实践的适应相比较，已经相对滞后。现存的刑事附带民事诉讼制度存在的问题，归纳起来大致有如下几点：

（一）立法上的问题

1. 刑事附带民事诉讼提起的时限不科学。

按照我国《刑事诉讼法》第77条规定，被害人由于被告人的犯罪行为而遭受物质损失的，在刑事诉讼过程中，有权提起附带民事诉讼。"在刑事诉讼过程中"，包括了审限的最后一天。如果被害人到了审限届满前少于10天才提起附带民事诉讼，那么就等于在被告人法定答辩期还没有完结时，法院就要安排开庭并且要当庭宣判才能不超审限；如果到最后一天才提起附带民事诉讼，就意味着法院要在法定审限外的时间里"违法"审理其提起的民事诉求。这样，为了合法地完成审判，导致法院为了审理附带民事诉讼案件而从刑事诉

讼中"借"时间的现象，即本来刑事诉讼可以很快审结，但为了能够在审限内审结民事诉讼，而暂时不审结刑事案件，致使被告人未决羁押期限被拖长。

2. 现存的审限规定不清晰。

《刑事诉讼法》第 168 条明确规定，人民法院审理公诉案件，应当在受理后 1 个月以内宣判，至迟不能超过 1 个半月。如有本法第 126 条规定情形之一的，经省、自治区、直辖市高级人民法院批准或者决定，可以再延长 1 个月。据此可见刑事附带民事案件的刑事诉讼审理期限也应该遵循《刑事诉讼法》的规定。

依据 2000 年 9 月 14 日最高人民法院《关于严格执行案件审理期限制度的若干规定》（以下简称《若干规定》）第 1 条的规定，附带民事诉讼的案件的审理期限，经本院院长批准可以延长两个月。由于附带民事诉讼的案件实际地附带在公诉案件中，故该《若干规定》实际规定了基层法院自行决定对刑事公诉案件延长审理期限，基层院通过高级人民法院批准可以延 1 个月审理期限，不通过高级人民法院就可以自行决定延长两个月的规定，显然违反了上位法的规定，与《刑事诉讼法》相抵触。

3. 现存的审限规定不协调。

现存的刑事附带民事诉讼审限有互相冲突的规定。最高人民法院在 1998 年 6 月 29 日的最高人民法院审判委员会第 989 次会议上通过了《关于执行〈中华人民共和国刑事诉讼法〉若干问题的解释》（以下简称《解释》）第 100 条规定："人民法院审理附带民事诉讼案件，除适用刑法、刑事诉讼法外，还应当适用民法通则、民事诉讼法有关规定。"按此《解释》计算，刑事附带民事诉讼审限应与民事案件一致。但上述《若干规定》第 1 条显然否定了刑事附带民事诉讼审限与民事案件一致的上述规定。两者之间是 45 天与 180 天或 105 天与 360 天的区别。后者并无废止前者的文字内容。实际上目前两个规定都分别有法院在适用。这需要予以明晰。

4. 现存的审限与民事证据规则不相容。

刑事附带民事诉讼在本质上属于民事诉讼，但现存的审限只有 20 天经省法院和本院院长批准共可延长至 135 天，而按民事证据规则，第一轮的举证就有 30 天举证的权利期限，如果发起诉讼后发现新的共同侵权致害责任人需要追加或被害人的继承人等主体需要通知其参加诉讼，或者还要进行各种鉴定，如被告人对其所举证据有异议，其所委托的律师提出重新鉴定等申请有充分理由的，出现再举证再答辩的情形，在审判期限消耗完前可能也难以完成上述诉讼事务。

（二）两种诉讼的价值取向不容易协调

1. 两种诉讼的规律、原则及具体制度各有自身向度。刑事诉讼和民事诉讼的诉讼目的、价值不相同，两种诉讼的规律、原则及具体制度大相径庭。刑事诉讼是公权诉讼，其目的主要在于惩罚犯罪、保护人权；民事诉讼主要是为了维护公民、法人、单位的经济财产权益，它与国家的宪政秩序并没有直接的联系。两种诉讼的性质、目的、价值的不同，决定了两种诉讼在程序、制度设计上的不同，也必然会导致就同一行为的审理会有"矛盾"判决的出现。这个矛盾的判决也是一个合法的判决，因为审理这一行为所依据的法律不同，评价的标准不同，判决的结果自然也会不同。人为地为防止矛盾判决而在刑事诉讼中附带提起民事诉讼，违背了诉讼的内在规律。

如刑事与民事部分节奏的不同步，使一并审理难度较大。表现在两种诉讼在证据收集上的不同步。侦查、起诉机关行使的是公权力，理论上只能收集与刑事诉讼有关的证据，民事部分证据应该由被害人自己收集，只有在刑事诉讼同时可以作为民事证据的情况下不需要被害人自己收集。证据收集的不同步可能导致民事部分拖延整个诉讼的情况。公民有权获得及时、公正的审判，尤其在我国目前审前羁押普遍适用的情况下，及时审判更有现实意义。为了避免迟来的正义，当刑事证据齐备时，理应及早开庭审理和判决。即使刑、民部分同时审理，如果民事部分十分复杂，也会出现刑事部分先判决的情况。

2. 附带民事诉讼不能全部解决民事赔偿责任。由于刑事责任主体有限（比如我国《刑法》规定不满 14 周岁的人及精神病人不承担刑事责任，但根据《民法通则》第 133 条规定不满 14 周岁的人和精神病人仍然应当承担民事赔偿责任）、赔偿范围有限（比如精神损害赔偿在附带民事诉讼中不予支持、间接损失利益不予赔偿）和赔偿方式有限等原因，附带民事诉讼不能全部解决当事人的民事赔偿责任，而需另行提起民事诉讼的方式维护自己的合法权益。

3. 附带民事诉讼与刑事诉讼同时进行，往往会因附带民事诉讼而增长被告人未决羁押期限。司法实践中往往会出现刑事案件即将审结而当事人提起了附带民事诉讼的情况，此时，为了审理附带民事诉讼，刑事诉讼的审理期限被动地被拉长；另外，由于附带民事诉讼的审理期限较短（一般民事案件的审理期限为 6 个月，另外还可以延长 6 个月，而刑事附带民事诉讼，即使当事人在刑事诉讼之始就提起附带民事诉讼，按照刑事诉讼法有关审限的规定，在正常情况下，刑事附带民事诉讼的审限也只有 4 个半月，即刑事的两个半月加上附带民事诉讼延长的两个月），这势必导致为了审理附带民事诉讼案件而从刑事诉讼中"借"时间的现象，即本来刑事诉讼可以很快审结，但为能在审限内审结民事诉讼而暂时不审结刑事案件，致使被告人未决羁押期限被拖长。

（三）当事人实体权利有受这一制度损害的可能

1. 对刑事被告人不公平，所提高的效率，可能是牺牲诉讼的公正性为代价的。刑事附带民事诉讼可能影响刑事案件的公正判决。司法实践中，附带民事诉讼被告人的赔偿行为，往往成为量刑考量的参考，形成了刑事责任和民事责任相互'吸收'的现象。被告人或其家属愿意赔偿损失，被认为被告人有悔罪表现，在量刑时将减轻或从轻处罚。这对那些经济能力差的刑事被告人来讲是一种不公平。

2. 刑事被害人不公平，所提高的效率，可能是牺牲诉讼的公正性为代价的。现存的审限不能满足被害人充分举证需要。而要完成上述一系列的民事诉讼证据的收集，需要跑乡村街镇政府、公安机关、公正机关或民政机关和服务单位，需要花去不少时间。举证不充分，保护就可能不充分。因此刑事附带民事诉讼制度存在局限性，这种制度安排比较倾斜于诉讼效率，对被害人来说是不够公平的。

3. 对刑事被害人的亲属不公平，所提高的效率，可能是以牺牲诉讼的公正性为代价的。刑事附带民事诉讼不利于充分保护附带民事诉讼原告人合法权益。刑事诉讼法将附带民事诉讼原告人的范围不仅仅限定于被害人，还包括已死亡被害人的直系亲属、无行为能力或者限制行为能力被害人的法定代理人。但在司法实践中，有许多不属于被害人直系亲属的人为被害人支付了办理丧事相关费用，在这种情况下，由于诉讼主体的限制，这些人无法主张自己的合法权利，这对他们是不合理也是不公正的。

按照现行法律和司法解释的规定，承担刑事附带民事诉讼中赔偿责任的义务人，还包括其他共同致害人等。这些人与刑事案件的判决无关，而刑事诉讼审限极短，被害人诉讼能力偏低等原因，其诉请得到支持的几率非常小。

4. 目前该制度规定只赔偿物质损失，对被害人精神损失不受理，显然违反了法律的公平原则和法治的人文精神。刑事附带民事诉讼中的精神损害赔偿依法不予支持。实践中，刑事案件被害人遭受的精神损害一般都比民事侵权造成的损害程度深，如毁人容貌的故意伤害、强奸、侮辱、诽谤等犯罪所造成的物质损失，相对比对被害人造成的精神损失轻微得多。只赔偿物质损失，而对被害人的巨大精神损失视而不见，显然违反了法律的公平原则和法治的人文精神。

5. 因刑事优先，被附带的民事实体权益容易被忽略。程序在刑事附带民事诉讼中，受"先刑后民"的制约，民事诉讼程序和地位不独立，过分依赖刑事诉讼的程序和结果，对在犯罪事实没有依法确认前，民事责任和民事赔偿问题易被搁置。在犯罪嫌疑人、被告人逃逸或下落不明的情况下便会造成案件悬而未决的现象，使受害人得不到及时赔偿。加之在刑事诉讼程序中，除对犯罪所得之外一般不对被告人的其他财产采取强制或保全措施，待刑事程序结束，财产极可能已转移或隐匿，受害人损害赔偿便无法实现。

有的附带民事诉讼中被害人较多，有的被害人受损后与被告人情绪对立，需刑事法官耗费大量时间精力做工作。然而法官受刑事案件审限制约，精力大多投入审理为主的刑事案上，不能用民事那样多的时间对案件充分的调查研究。这对被害人而言有失公平。

6. 不利于保护被告人的合法权益。在刑事案件中，被害人加入公诉方，使控辩双方力量严重失衡，侵犯了被告人的人权。附带民事诉讼的被告就是刑事案件的被告人，这往往使法官在潜意识容易倾向于被害人，在庭审中不能认真耐心地倾听被告的辩解，对被告要求往往予以简单拒绝。部分法官出于职业习惯，不愿意或者不善于调解，下意识采取以刑罚替代赔偿的方法解决民事赔偿问题，无形中加重了被告人的刑事责任。刑事附带民事诉讼同时进行时，由于刑事责任尚未最终确定，此时被告人出于减轻刑事罪责的欲求，往往宁愿放弃可以主张的民事权利，不利于被告人合法权利的保护。

另外，当事人往往将法院作为交涉的实质对象，这使调解已失去其本来的意义，且被告人为了赔付数额的多少与法院讨价还价，这种在民事案件常的现象出现在刑事诉讼中，就比较尴尬，而同时使被告人赔偿在多大程度上可以体现其对犯罪的悔悟，也颇值疑问。一些人将法院的司法最终裁决权理解为司法最高裁决权，向法院提出一些不属于法院管辖的诉求，如提出精神赔偿请求等属于尚未在刑事附带刑事诉讼中开放诉讼的领域，在说服无效下法院依法驳回，被视为司法无能。

四、附带性是刑事附带民事诉讼的内在价值

（一）时代发展了，需要重新审视刑事附带民事诉讼制度的初衷和承载极限

设计刑事附带民事制度提高诉讼效率的初衷，在实际运作中并未得到体现，主要是现实对这一制度的过度适用，尽管根据现行刑事附带民事诉讼受案范围的规定，附带刑事诉讼提起的民事诉讼多是一些定型化的案件，但是随着社会、经济的日益发展，附带民事案件也出现了一些较为复杂的问题。社会主义市场经济的不断发展，各种民事关系日益复杂，对侵权行为的理论研究日益深入，有关民事侵权方面的法律和规定正以惊人的速度迅速膨胀。目前的侵权

行为法已经成为一个内涵非常丰富，外延及其广泛的独立的民事法律部门。比如被害人在家中被杀，家属状告小区物业公司的问题。在民事诉讼程序立法方面，其发展的速度和程度也丝毫不亚于实体法，其程序的复杂程度和专业程度与《刑事诉讼法》不相上下，在有些方面甚至比《刑事诉讼法》更为超前，比如关于民事诉讼早在2001年就已经制定的相关的证据规则，对当事人举证责任、人民法院调查收集证据、举证时限与证据交换、质证、证据的审核认定等作出了较为详细而完善的规定，其中有些规定具有划时代的创新意义；比如明确规定民事诉讼的证明要求是法律真实，对共同危险行为致人损害以及医疗行为引起的侵权诉讼确立了举证责任倒置规则，规定了证据的举证时限，对新证据作出了科学的界定，确立了非法证据的排除规则和民事诉讼高度盖然性占优势的证明标准等，而我们的刑事诉讼证据规则至今尚未成型。在处理此等相对复杂的附带民事案件时，由于法院内部刑民分开多年，各自职责明确，与刑事业务往往是民事法官的弱项或盲项一样，民事业务往往成了刑事法官的弱项，邀请民事法官共同组成合议庭进行刑事附带民事诉讼审理，成了解决的常用办法。也正是基于此，一些法院通常将刑事部分与附带民事部分分开审理。分开审理虽然保证了刑事审判的效率，但是刑事附带民事诉讼制度的设计初衷便是合二为一以提高效率，分开审理若成为常态则此项制度的意义大打折扣，甚至已经背离此项制度的价值所在。

（二）时代发展了，需要重新评估实施刑事附带民事诉讼制度的实际困难和出路

许多民事实务工作中形成的惯例和潜规则，这些专业知识和惯例只有通过在实践中不断的摸索、积累、再学习才能逐步领会。比如公平责任原则是过错责任原则、无过错责任原则之外的另一项重要的归责原则，所谓的公平原则是指损害双方的当事人对损害结果的发生都没有过错，但如果受害人的损失得不到补偿又显失公平的情况下，由人民法院根据具体情况和公平的观念，要求当事人分担损害后果。要正确适用公平原则，在长期的民事审判工作中形成的公平观念就非常重要，然而由于工作面的局限性，对于刑事法官而言，即使是受过系统基础法律培训的法官，由于缺乏获取这种观念的途径和工作经历，要一下子接受这种观念存在困难。即使是一个长期从事刑事审判的法官，更难拥有较为完整的民事审判理念。从事刑事审判时间越长，越难适应民事审判的套路，在审理附带民事诉讼案件时处处感到不易把握，因此，本能的在心理上对其产生一种排斥感，责任心不够或者任务重案件多压力大的时候或只能对此附带地应付了事。

与此同时，刑事案件数量日益上升和案件难度日益增加。提起附带民事诉

讼的案量越来越多。且当前附带民事诉讼请求的项目和数额也大幅上升，由过去的单一几项几千元、几万元，到现在的十多项几十项金额达数十万元甚至上百万元。赔偿计算方法也日益复杂，涉及的社会关系也更加广泛。在这种情况下，刑事附带民事诉讼制度对刑事审判工作的主要方面产生的负面影响，已经开始逐步显现，如附带民事诉讼已经成为刑事审判工作的沉重负担，案件刑事部分审判后，附带民事部分长时间审结不了，矛盾激化案件增多，由于强调和解，被误以为以钱买刑的现象有所抬头等等。情况表明，这一制度如不明确其定位，将不堪重负，失去其存在的优势价值。这里要有正确认识司法权力局限性的问题。

司法权力是公共权力的一种，与行政权、立法权一样，存在固有的边界，是有限的。从社会纠纷解决机制的大框架下来审视司法，是国家最为正统的解决方式，但它不是无限的，因此不是万能的。司法权力依照宪法，它受到其他权力和权利的制约，在社会各种监督下运行，不是至高无上的。法律规范的边界和疆域限制，也使司法的作用有限。从精神上看，相对于人们对公平正义的无限追求的理想，从司法发挥作用的机制来看，司法的功能也显得有限。从物质条件上看，诉讼成本和保障制度方面，人们利用司法获得公正要付出较高昂的代价，而我国目前在国家配套制度和设施上的保障还不够完善。

（三）附带性是刑事附带民事诉讼制度存在的内在价值

刑事附带民事诉讼制度的设定，是其与生俱来的特有附带性、顺带性、顺便性。这表现在其是"乘着刑事诉讼快车，装着民事诉讼货"，一起到达刑事诉讼或晚 60 天到达终点站。

关键词是"附"、"顺"、"便"，若民事部分的问题比刑事部分更大、更多、更难，就失去了附带顺带顺便性，也就失去其设定的初始宗旨。就如一名要乘别人顺路车的人，带的货物，比搭乘他的司机还要多；要求的舒适度比搭乘他的司机还要高；要求走的路比搭乘他的司机还要远或还要烂。

在《刑事诉讼法》设定的制度安排上可以看到，该制度致力于在解决受刑事犯罪行为侵害的被害人在刑事诉讼中，追究被告人的刑事犯罪责任同时形成的民事赔偿责任问题。

因此，该制度首先是依附于刑事诉讼的。一方面，是犯罪行为，同时又是民事侵权行为，被告人侵害国家公权保护的公共法益外，也侵害了法律保护的私权法益，造成了两个法律后果；另一方面，附带民事诉讼的提起，需以刑事诉讼的存在为前提。其次，附带民事诉讼从属于刑事诉讼。其一，附带民事诉讼产生于刑事诉讼；其二，附带民事诉讼要由刑事诉讼同一的合议庭来审理；其三，一般来说附带的民事诉讼后于所附带的刑事诉讼完成。因此，附带民事诉讼的附带性质是明显的。

刑事附带民事诉讼中刑事部分诉讼和民事部分诉讼，由于分别属于不同的法律关系，故可以分开审理。虽然一般要求先审刑事部分，后审理民事部分，而不应将两种不同诉讼混合在一起审理。但是不能把刑事附带民事诉讼混同性绝对化了。实际操作上，也有先作民事和解，再完成刑事诉讼的。这在许多交通肇事等过失性犯罪的案件中并不少见。

五、刑事附带民事诉讼制度完善的初浅设想

认识和尊重刑事附带民事诉讼与生俱来的特有规律，克服"附而难带，带而难动"的怪圈，对刑事附带民事诉讼制度不能采取"一刀切"的态度，要么立即取消，将其视为刑事案件的负担去之而后快；要么视其为便民的万能工具，将过大的职能赋予其担负，使其不堪重负而失众望，结果损害司法权威。

为此，应对每个准备提起刑事附带民事诉讼的被害人或其家属说明这种类型诉讼的风险，使之事先懂得其拟上的是便车不是专车，乘坐便车虽较快捷，但在诉讼待遇（如举证期限，审判期间很短）上会有所欠佳；使应当和能够搭上刑事诉讼便车的民事诉讼，都能按时或适时上车；搭上才知道不适合这部快车的，可以自行请求下车或由法院请其下车并保障其换乘民事诉讼这躺较稳当而略慢的专车；不适合上的就直接乘民事诉讼这躺专车。总的来说，对某些比较简单的、能够及时清结的附带民事诉讼，可以由刑事法官继续通过刑事附带民事诉讼的方式进行审理，而对于其他因犯罪行为产生的民事赔偿问题应当通过独立的民事诉讼途径加以解决。

另外，媒体和舆论等宣传部门，要引导社会公众要善待刑事附带民事诉讼制度。从严要求而不苛求，既批评又支持，多点理解少些误解。社会舆论要理性报道。正面宣传相关的刑事附带民事诉讼制度、司法文化知识常识，揭示其司法的职能和现阶段的局限性，引导公众善待司法。不要过度报道司法的权威性，不要刻意美化和神化司法，使公众盲目依赖司法；也不要偏激责备个别非主流的丑恶现象，以偏概全误导公众，致使使公众从期待变成失望，赞美变成唾骂。

作为司法机关要审慎自处，务实进取。面对困难应有清醒认识和健康心理，振奋精神泰然处之。本身要找准司法权在国家生活中定位，树立正确的荣誉观，不应为博取世俗好感而传播自我拔高信息，不宜向社会作不切实际或超越宪法和法律的承诺。要认识到理想化的社会预期和司法效能有限性这一长期存在的矛盾，虽可以舒缓却不能彻底消除，司法是在这种矛盾中存在和发展

的。司法机关尤其是法官，不能因此困顿并成为我们前进的障碍和思想包袱，而应将这些矛盾造成的压力转化为动力，练好内功，在提高大局政治意识的同时，要有忧患意识，强化责任感搞好职业化建设，争创一流的司法服务业绩，决不能辜负党和人民的期望。

国家对法院与社会存在的冲突的正常性和正当性，须有正确的认同和进行适当的引导。在制度上、物质上提供各种相关的社会资源支持法官的职业化建设。使法院对与社会冲突的回应，有一个精神上和权威性的基础。从而使社会上"以点代面"为特征的负面评价的影响减至较弱的状况。

笔者认为，目前可在如下几个方面对刑事附带民事诉讼制度进行完善。

1. 重新设定刑事附带民事诉讼案件的范围。

对附带民事案件进行繁简分流，区别对待。对案情简单，适宜通过附带民事诉讼的，则将其纳入刑事附带民事诉讼渠道；如果案情复杂，不适宜通过附带民事诉讼的案件，则应限制被害人的选择权，告知其提起民事诉讼或者将案件转交民庭处理。

一般民事侵权损害赔偿归责原则通常根据不同的情况来确定适用过错责任原则、无过错责任原则和公平责任原则，而附带民事诉讼中损害赔偿的归责原则通常认为由刑事前提决定只能适用过错责任原则。因此，民事责任人的主观状态是从属于刑事主观状态的，而任何刑事责任的确定，行为人都具有主观上的罪过，由此也决定了附带民事赔偿责任人主观上必须具有过错，没有主观过错的民事赔偿，是不能发生在附带民事诉讼中的，因此将适用无过错责任和公平责任的案件均排斥在附带民事诉讼之外。在适用法律上，附带民事诉讼适用的赔偿原则、赔偿项目、计算标准、给付时间都与民法上不尽相同，实践中往往出现这样的情形：用单纯的民事诉讼解决一般民事侵权纠纷，尚能使受到侵害的民事权益得以有效恢复，而通过刑事附带民事诉讼解决一个犯罪行为导致的民事侵权责任时，却未必能够达到民事救济的目的。对刑事附带民事诉讼制度的局限性应有足够估计。

判断案情复杂和简单的标准一般看以下几点：是否存在刑事被告人以外的应当对被害人承担民事责任的其他单位和个人；是否属于特殊领域的侵权行为，是否属于严格过错责任或无过错责任，是否涉及举证责任的倒置等情形；能否及时甚至即时自行一次性举证，是否需要委托调查、审计鉴定、采取证据保全、财产保全、先予执行、公告送达缺席审判等方式的。被害人或其近亲属是否提起精神损害赔偿。诉讼中是否出现提出管辖异议，需要变更诉讼请求，申请再举证或反举证，提出新的证据等有可能延长诉讼时间的事项。

刑事诉讼中一同解决民事赔偿，必须同时满足以下几个条件：（1）案情简单，事实清楚；（2）双方当事人对赔偿数额基本无争议；（3）刑事被告人与负赔偿责任人是同一的，没有其他应对受害人负民事赔偿责任的当事人；（4）赔偿数额较小；（5）有明确的法律依据。

2. 限制刑事附带民事诉讼提起的时限。

刑事附带民事诉讼提起的适时性，是附带于刑事的民事诉讼特别需要注意的一个问题。刑事诉讼开始于公安侦查阶段，目前《刑事诉讼法》第77条规定被害人可提出赔偿主张附带民事诉讼的时间在"刑事诉讼过程中"。最高人民法院《关于执行刑事诉讼法若干问题的解释》第89条和第90条规定提起附带民事诉讼的时间可在侦查、预审、审查起诉阶段至刑事案件第一审宣判以前。如前文所言，如果在刑事案件第一审宣告以前几天才提起的话，实际上受理的法院就面临延期或在审限外违法或为了完成后来的附带民事诉讼而延长刑事诉讼期限向刑事审限借时间等问题。所以，应规定最迟的提起时限为：简易程序审理的刑事案件，应在法院通知日起后3天内提起；普通程序审理的刑事案件，应在法院通知日起后10天内提起。

3. 赋予被害人自主选择诉讼类型的权利。

赋予当事人程序选择权。确定刑事与民事诉讼发生交叉时民事诉讼的独立地位，规定凡因犯罪行为所引起的民事赔偿请求，既可以在刑事诉讼中附带提出，也可以单独提起民事诉讼，不论刑事案件是否已经立案。总之，应树立民事诉讼不必然为刑事诉讼所附带的观念，是否以附带方式一并解决刑事责任和民事责任，给机会让当事人自主选择。

4. 制定适应刑事附带民事诉讼特定的举证和调解时限。

从立法中明确规定刑事附带民事诉讼特定的举证和调解期限，或将调解的时间在审限中扣除，或适当延长刑事附带民事诉讼案件的审理期限，以解决举证和调解时间不足问题。前提是在押被告人要明示愿意被关押与举证和调解期限相等或更长的时日。

5. 给予法院在附带民事审判中变换审理程序的裁决权。

法院有权审查是否满足以下条件，以决定是否作为附带民事诉讼进行合并审理：（1）纯财产性犯罪，不牵涉其他争议；（2）犯罪行为已经并且只造成了物质损失；（3）这种损失需要并且能够被恢复；（4）双方对赔偿数额和赔偿能力没有争议。

6. 减缓免除被害人缴交因犯罪受害案件的诉讼费。

建议直接规定或由国家财政补贴的办法，让因案件复杂或不适宜在刑事诉讼中同时审理的民事赔偿类案件被害人予以减缓免的待遇，使之不因不能或不宜附带于刑事诉讼的民事赔偿类案件的被害人享受与刑事附带民事诉讼的被害人同等的权利。

7. 建立为被害人和被告人提供法律援助的制度。

对于诉讼能力偏低的被害人和在押的被告人，司法机关应当向其询问是否需要法律援助，在其表示需要而又确实无经济能力雇请律师或委托到亲友参诉的情况下，应为其提供相关资料，让其获得法律援助，感受到国家司法文明的温暖。

8. 建立被害人司法救助制度。

目前南方城市刑事案件的被告人中，身份不明的约占 20% – 30%，外来人口约占 80% 以上，对因被告人确无赔偿能力或无法查明其赔偿能力的案件，在刑事附带民事诉讼中，对承诺愿意终止赔偿诉求的被害人予以适当救助，使其不至于失去生活基本条件，从而减少社会新的不稳定因素。从一个侧面体现国家体制亲民性和辅助刑事附带民事诉讼制度的贯彻。

刑事诉讼法完善之社会学思考

谢建社　陈小茗*

【内容摘要】

社会事实是法律的核心，刑事诉讼法同样尊重社会事实，应对社会变迁。当中国社会急剧转型的关键时刻，当中国社会客观事实发生变化之时，《刑事诉讼法》也必须依此修订和完善，使之与国情相符合，适应社会发展的需要。因此，我们有必要透过社会急剧转型、社会结构调整、刑事诉讼法的结构与社会功能分析，思考《刑事诉讼法》修改与完善的现实意义。

【关键词】刑事诉讼法　修改与完善　社会事实　社会学思考

社会事实是法律的核心，刑事诉讼法同样尊重社会事实，应对社会变迁。因此，当中国社会急剧转型的关键时刻，当中国社会客观事实发生变化之时，刑事诉讼法也必须依此修订和完善，使之与国情相符合，适应社会发展的需要。

唯物辩证法告诉我们，任何事物与事物之间以及事物的内部各要素之间都存在着一种不可分割的联系，它们彼此之间相互作用、相互影响、相互制约。宇宙间的事物总是处于不断变化发展中，这种变化导致事物与事物之间、事物内部之间的各种联系也在不断地变化，一种事物的发展要么推动另一事物的发展，要么阻碍另一事物的发展。法是社会力量对比状况的表征，社会力量的对比状况不仅决定着法的产生，还牵引着法律变革。依照客观需要来创制法律、修改已不能符合发生变化的社会事实，促进与保障社会稳定地向前发展，否则会对社会稳定造成威胁，公共秩序带来混乱，从而阻碍社会发展甚至引起社会倒退。这就充分说明《刑事诉讼法》修改和完善很有必要。

---

* 谢建社，广州大学人权研究中心教授；陈小茗，广州大学法学院研究生。

一、《刑事诉讼法》结构的社会学分析

我国现行《刑事诉讼法》的主要内容包括刑事诉讼的任务、基本原则与制度，公、检、法机关在刑事诉讼中的职权和相互关系，当事人及其他诉讼参与人的权利、义务以及如何进行刑事诉讼的具体程序等。该法实施以来，在惩罚犯罪维持社会稳定、社会秩序、维护社会正义上作出了很大的贡献，在人权保障方面也发挥了一定的作用。然而，在改革开放不断深入的情境下，我国社会飞速发展，经济迅猛提高，各种体制发生了变化，不同的社会群体、集团、阶层与个人对社会利益追求在不断地提升。因此，进入刑事司法视野的社会矛盾也越来越多、越来越复杂化，而刑事司法资源的增长，无论是人力、物力还是财力，都具有明显的滞后性。①

当今世界人权问题受到普遍关注，《刑事诉讼法》的修改和完善被视为人权保障在司法改革中的一个重要表现。我国改革开放以来，市场经济体系逐步构建，对外交往更为密切，我国政府 1997 年来先后签署加入了联合国《经济、社会和文化权利国际公约》、《公民权利和政治权利国际公约》等条约。尤其是 2002 年我国加入 WTO 以后，国际交往与国际合作的领域空前扩展，这就要求司法体制必须与世界接轨。一些国际条约中所规定的无罪推定、沉默权、非法证据排除等原则在我国现行《刑事诉讼法》中还没能得到体现。从履行国际法义务的角度看，再次修改《刑事诉讼法》也是一种必然。② 从履行《刑事诉讼法》的特殊目的来看，我国《刑事诉讼法》中一些规定已经不适合我国当前的情况，其中一些法律结构也不尽科学与合理，所设定的行为模式及法律后果已经不能满足《刑事诉讼法》所要追求的法律效果。

（一）行为模式构成与法律后果

法律是由国家制定认可的社会规范，具有指引、评价、预测、教育、救济、惩罚的作用，法通过规定人们在法律上的权利和义务以及违反法律规范所应该承担的责任来调整、规范人们的行为，也就是法律上的行为模式和法律后果，使社会能有条不紊地运行，《刑事诉讼法》也不例外。同时，《刑事诉讼法》是一部程序法，其目的是保证刑法的实施，保护公民的权利，保护社会安全和社会秩序，它不仅规定了当事人在法律上的权利和义务，也规定了司法

---

① 罗欣：《以科学发展观为指导科学构建刑事诉讼制度》，载《检察日报》2008 年 10 月 11 日。

② 柯葛壮等：《刑事诉讼法再修改的必要性和原则》，载 http://www.fatianxia.com/paper/14862, 2007 年 8 月 6 日访问。

人员在法律上所应有的权力和所应尽的职责。由于社会制度的完善，经济体制的发展，人类文明的进步，世界各国对人权保护越来越重视，对比起其他国家的法律以及我国所签订的一些公约，在这方面我国的刑事诉讼法还有较大的距离。就我国现行《刑事诉讼法》来看，关于保护犯罪嫌疑人权利的规定是不够完全的，例如我国法律没有规定犯罪嫌疑人在侦查人员讯问时有保持沉默的权利。对侦查人员的提问，犯罪嫌疑人应当如实回答。① 据广州大学人权研究中心的一项调查，实践中大多数律师都不太愿意办理刑事案件，其原因为46.24%的律师因为律师会见、取证和阅卷受到限制，37.01%的律师因为对刑事诉讼中的执业风险存在担心，46.84%的律师认为在刑事诉讼中所起的作用有限而影响其办理刑事案件的积极性。② 广州大学人权研究中心的问卷调查进一步印证了该观点，在"律师在刑事诉讼中的作用"问题中，高达66.51%的警察、71.44%的检察官和68.27%的法官认为律师的对案件的作用仅为一般；甚至有10.38%的警察、13.13%的检察官认为律师在刑事诉讼中基本没有什么作用。③ 可见，现行《刑事诉讼法》在客观上已经难以满足社会的需要，已经不符合我国的国情。

由于人们的行为总要导致一定的法律后果，《刑事诉讼法》的目的不仅在于惩罚犯罪，而且还要保护公民的权利，公民违反了《刑事诉讼法》的规定时要承担一定的法律后果，例如经合法传唤，当事人无正当理由而拒不到庭的，法院可以作出缺席判决。司法机关的权力应该由法律明文规定，没有法律明确授权的，当司法人员违反了《刑事诉讼法》的相关规定侵犯了当事人的合法权利，违反了法律规定的程序时，也要承担相应的法律后果，我国《刑事诉讼法》都有相关的规定，但是并不完整。例如，证人是否应当出庭作证，如果"应当"，证人出庭作证就是证人的法定义务，那么当证人违反了此项义务时，要承担什么样的责任呢？法律没有明确的规定。

（二）法律效果

法律效果是一部法律的生命，法的实现是法的实施与法的实效相结合，它要求该部法律在现实中发挥作用，指导人们按照该法律的设定的模式来安排自己的行为，使之符合法律所要追求、所要维持的社会秩序。另外，一部法律要

---

① 程荣斌：《刑事诉讼法》，中国人民大学出版社1999年版，第280页。

② 中国刑事诉讼法修订与人权保护项目课题组编：《刑事诉讼中若干权利问题立法建议与论证》，中国民主法制出版社2007年版，第108页。

③ 中国刑事诉讼法修订与人权保护项目课题组编：《刑事诉讼中若干权利问题立法建议与论证》，中国民主法制出版社2007年版，第96页。

得以实施必须在效力层次上没有冲突，还要具有普遍适用性。但是，社会的发展和变化，使得社会事实与社会关系越来越复杂化，现行《刑事诉讼法》的滞后使得其未能达到立法者在立法时所希望产生的法律效果，未能达到人们心中所期望的效果。人们期望当其成为弱者时，法律能够起作用保护其所应该享有的权利。一方面，受害者希望侵权者会受到法律的追究，承担其犯法所应当承受的后果，希望被破坏的社会安全和受到威胁的社会稳定能够在法律的调整下得以恢复；另一方面，此时作为弱者的犯罪嫌疑人希望法律能保护其此时所应当享有的最基本权利，受到法律公平的对待。我国《刑事诉讼法》的目的不仅仅是惩罚犯罪，它还保护公民的权利，这也是人们所期望的。虽然《刑事诉讼法》实施以来，在这方面取得了一定的成就，但是人们期望随着社会文明进步与社会发展，《刑事诉讼法》的某些规定以及《刑事诉讼法》中本来就存在的缺陷适时得到修改与完善。只有不断完善《刑事诉讼法》，才能解决新时势下的各种社会矛盾。

二、《刑事诉讼法》的修改与完善要以发挥其社会功能为宗旨

党的"十七大"将科学发展观写进了党的章程，这是我们党的历史上又一个新的里程碑。科学发展观的核心是以人为本，人不是抽象的而是具体的，从法的角度上说，这里的人主要是需要法律保护的人，需要权利维护的人。中国的改革进入关键时期，需要突破的是社会改革，因此法律在社会建设中面临新的挑战与机遇，刑事诉法的修改与完善应以其独特的社会功能为宗旨。

（一）维护社会秩序功能

社会建设事业的良好发展需要有一个和谐的社会环境，这就需要法律来保障、维持这个良好的社会环境。我国《刑事诉讼法》第 1 条就申明自己的立场，《刑事诉讼法》的制定是为了保证《刑法》的正确实施，惩罚犯罪，保护人民，保障国家安全和社会公共安全，维护社会主义社会秩序。

社会的存在与运行，都需要建立正常的社会秩序。没有正常良好的社会秩序，社会将失去合理的结构，社会关系将陷入紊乱状态。于是，社会生产和生活难以正常进行，社会结构难以良性运行和协调发展，人们之间的交互作用就难以稳定和持久。社会秩序主要表现为三个方面：（1）一定的社会结构的相对稳定，也即所有社会成员都被纳入一定社会关系的体系，每一个人都被置于一种确定的社会地位，各成员及各种社会地位之间的关系都被社会明确规定。（2）各种社会规范得到正常的遵守和维护。（3）把无序和冲突控制在一定的范围之内。社会是一个大舞台，给每个人都安排了一定的角色，即社会赋予每一个人一定的社会地位、权利、义务和行为模式。于是，每个人都必须按照一

定的角色努力塑造自己，使自己与社会相适应。因此，在一般的情况下，人们追求的是社会秩序稳定与社会和谐，而不愿意看到社会冲突与对立。但是有些时候，人们的角色表演并不能达到社会的要求，或者其行为与自身扮演的另外的角色相冲突，或者与社会其他角色在行为上发生冲突。因此，冲突无时不在，冲突无处不有。现在的问题是如何把冲突控制在一定的范围之内，也是一种社会秩序。① 《刑事诉讼法》要维护正常的社会生活秩序，它不仅应当明确规定当事人的权利和义务，而且要以权利本位、以人为本为指导思想，明确规定人们在法律上合理的应有的权利，合理的应尽的义务。《刑事诉讼法》要维护正常的社会秩序，保障刑法的正确实施，要求明确规定司法机关在办案时应当依法按照刑事诉讼法所规定的程序进行，要求司法机关在依法定程序办案时行使的权力是由法律明确规定可以行使的，而且不能超越法律所赋予的权力，以保障当事人的合法权利不受侵犯。

（二）维护社会正义功能

社会秩序解决的仅仅是社会自身存在和发展的外部环境问题，社会秩序产生、存在和维持是否具有社会合理性，社会正义或社会公正则为判断社会秩序合理性的标准。博登海默认为："正义有着一张普洛透斯似的脸，变幻无常、随时可呈不同形状具有极不相同的面貌。"② 人们所站的立场不同、考虑的角度不同，对正义有不同的认定。柏拉图认为："各尽其职就是正义"，乌尔比安认为："正义就是给每个人以应有权利的稳定的永恒的意义"，凯尔森认为："正义是一种主观的价值判断。"③ 在这个概念上，学者们有着不同的理解，从社会学角度来看，正义是指公平、公正、公道。正义是法源之一，更是法的追求与归宿。

维护社会正义是刑事诉讼法应有的社会功能。对于受害者而言，要求法律对于侵害者进行惩罚，追究侵害者的法律责任，恢复其被破坏的权利，其中必有一个公道，给予其精神上的安慰和心理上的平衡；对于侵害他人权利者，要求法律保护其最基本的权利，给予公平、公正的审理，要求法律对于他的惩罚与其行为所应当承受的责任相当，也就是罪责相当。对于无辜者（没有实施犯罪被嫌疑者）要求法律保障其权利，查明真相，还其清白。及时、准确、正当、合理地惩罚犯罪，实现社会公正、维护社会正义是刑事诉讼法的根本目的之一。法应当有追求，实现正义，维护正义也是刑事诉讼的追求，《刑事诉

---

① 《马克思主义百科要览》，载 http://myy.cass.cn/file/2005122213360.html。
② 张文显主编：《法理学》，高等教育出版社 1999 年版，第 409 页。
③ 正义，baike.baidu.com/view/9243.htm 31K 2008 - 9 - 21。

讼法》的完善是实现正义、维护社会正义的保障。

（三）维护社会安全功能

社会安全是一种社会良性运行的保障状态，是社会发展不可或缺的条件，维护社会安全，重在依法治国。社会安全只有通过良好的法律手段才有保证。

处于转型中的我国社会，更加注重保障社会安全、控制犯罪，刑事诉讼程序就是通过保障国家刑罚权的准确、公平、及时的实现，达到控制犯罪的目的，这样，《刑事诉讼法》就充分体现出真正的社会价值。可见，《刑事诉讼法》的完善能更好地维护社会安全，为社会发展创造更为合适、更为美好的环境。然而，当今的《刑事诉讼法》在实践操作中发现许多的不足，通过不断地探索，发现问题再进行修改与完善，解决问题、解决矛盾，使之更加符合社会需要，以保障社会处于一种良性运行的状态。

（四）维护社会整合功能

社会是由一定的经济基础和上层建筑构成的整体，在这个整体中包含着各种各样的社会关系，在某种意义上说，社会就是人与人之间关系的总和。社会关系既是社会构成的最基本要素，也是理解中国社会深层次运行机制与矛盾问题的关键。因此，社会关系的整合是社会正常运行的重要条件，对于正在经历急剧转型与高速发展的当代中国社会来说，有效整合社会关系，促进社会各种力量良性互动就显得更为重要。① 所谓社会整合，就是通过多种方式，在保证社会各阶级、阶层、集团和群体利益的基础上，以社会公正、公平为准绳，使各个部分组合起来，构成一个利益共同体。通过完善各种法律制度维护社会整合，很关键的一点，就是要以公平、正义为准则，加强法制化建设和制度化建设，形成新的经济社会生活规则，规范社会生活秩序，引导整个社会良性运行。②

社会急剧转型的中国，既是经济高速发展的黄金时期，也是各种社会矛盾的凸显时期，我国以改革开放为动力的社会转型涉及社会结构的转换、社会体制的转轨、社会利益的重新调整、价值观念的嬗变，这种全方位的社会变迁不可避免地会造成社会矛盾与冲突的增加和激化。分析近些年来中国社会所发生的社会冲突，我们可以发现，这些冲突有一个值得注意的特征就是，这些冲突越来越多的是因利益诉求而起，于是犯罪现象时有发生，而且犯罪程度越来越

① 杨肖光：《社会关系整合理论与和谐社会建设的思考》，载 www. lnskl. gov. cn/Article/UploadFiles/，2008 年 2 月 18 日访问。

② 《浅谈社会整合能力建设》，载 www. xfc. gov. cn/Html/llck/2007－2/22/18_ 17_ 20K，2008 年 8 月 9 日访问。

复杂化和尖锐化。法律的目的是尽一切力量，将犯罪率降到最低，尽最大努力保护公民权利，保障人权。因此说，社会整合与《刑法》、《刑事诉讼法》之间存在着一种互动关系，一部完善的《刑法》和一部完善的《刑事诉讼法》能促进社会整合，良好的社会整合状态使得这两部法律的实施变得更为方便可行。

当然，《刑事诉讼法》的修改或完善，关联到法的方方面面，牵一发而动全身。素有"小宪法"之称的《刑事诉讼法》更是涉及公民权利保护特别是人权保障的实现。在全球化背景下，一些国家，特别是一些发展中国家进行了以市场为取向的法律发展与改革运动，以此推动民主、法治与人权的不断发展。我国《刑事诉讼法》的立法目的应当包含着预防、打击、消灭犯罪和保障公民的基本权利，以便维护整个社会稳定和谐的基本内容。预防、打击、消灭犯罪与实现《宪法》规定的公民的基本权利是不可分割的两个方面，体现着公权利与私权利适度分配与保障的价值取向。基于我国的历史传统与当时的社会背景而制定的《刑事诉讼法》，随着时代的进步和生产力的迅猛发展，必然产生不适应的状况。但是，因为各种条件的限制，修改后的《刑法》显然未达到"重诸文而后世法"的效果，仍有继续研究使之完善的必要。如何使得《刑事诉讼法》更加合理、更加科学、更加完善，是理论与实践双层面探讨的问题，这是社会建设与发展的需要，是构建和谐社会的需要，是注重人权的需要，更是法律完善与执行的需要。

【参考文献】

1. 程虎等：《法律与全球化语境下的我国刑事法修改——兼评公法全球化理论》，载www. studa. net/xingfa/060925/17324425. html 38K，2008 年 3 月 31 日访问。

2. 朱景文：《公法的全球化》，载《公法评论》1999 年第 1 期。

3. 《马克思恩格斯全集》，人民出版社 1985 年版，第 70~71 页。

4. 赵秉志：《新刑法全书》，中国人民公安大学出版社 1997 年版。

5. 陈光中等：《中华人民共和国刑事诉讼法修改建议稿与论证》，中国方正出版社1999 年版。

6. 郎胜：《关于修改刑事诉讼法的决定释义》，中国法制出版社 1996 年版。

从规范统一的上诉期探讨杜绝
歧视性法律的途径

【内容摘要】

目前，在我国现行的诉讼法律制度中，三部诉讼法的上诉期规定是不统一的。对于更短的刑事诉讼上诉期，很多人的解读是：督促刑事被告人尽快上诉，以缩短在押的刑期。笔者对此有不同的看法，认为上诉期不统一的规定涉嫌存在歧视性法律。歧视性法律不但对一个国家法律的统一性、平等公正性都构成了破坏，而且还是普遍侵犯公民权利合法化的依据。因此，探索杜绝歧视性法律产生的途径有着重要的意义。

【关键词】 上诉期　歧视性法律　平等性　程序权利

在我国，三部诉讼法的上诉期不统一，从来没有被质疑过为什么，是否合适。笔者在教学的思考中感觉到同为诉讼，而上诉期的规定却不同，似乎有些不太妥当，于是不断向业内人士请教，可没有人能解开笔者心里的这个结，只好成文求教于更多的业内专家。

一、上诉期的不统一的规定涉嫌歧视性法律

随着现代法治理念的启蒙和推广，权利平等的观念开始深入民众的意识，学界也有许多的专家开始质疑和挑战歧视性的法律。但是笔者在公开的资料和信息中，还没有发现有学者思考三部诉讼法的上诉期不统一是否涉嫌属于歧视性法律的问题。

（一）上诉期不同涉嫌违反公民权利平等的宪法原则

笔者对上诉期不统一涉嫌歧视和违宪的质疑，绝不是过于清闲的文人的"多事"。引起笔者注意这个问题的因素有这样几个方面：首先，实践中发现

---

* 广东工业大学文法学院法律系主任，副教授。

刑事诉讼中更短的上诉期对犯罪嫌疑人不太有利（人身自由的丧失，需要更多的时间来处理上诉这一程序权利）；其次，看到其他学者对我国历史上曾经出现的"严打"中，只有 3 天的上诉期的做法有些批评的文章（1983 年的"严打"中，全国人大常委会曾经作出将几类重要犯罪的上诉期限改为 3 天的决定），既然 3 天为太短，那么多少天为合适？最后，查询到了 1950 年 10 月 31 日最高人民法院华东分院关于刑民案件上诉期限一律定为 10 日的一则通令："一、查本院未成立前，各地关于刑事民事案件上诉期限之规定，多不一致，有 10 日、15 日、20 日 3 种。兹为求得统一起见，业经本院呈奉最高人民法院批准，刑事民事案件的上诉期限，一律定为 10 日。二、希即遵照执行并转发所属遵照执行！"[1] 为什么历史上曾经统一过的上诉期，后来又变得不同了呢？

确保公民权利的平等是一项重要的宪法原则，这种平等性不仅体现在公民的实体权利上，同样体现在公民的程序权利上。"如果说宪政制度在现代社会着陆的时候，宪政制度是以对公民实体性权利的规定为重心，那么随着宪政制度的当代转型，面对国家权力的扩张和个人主义的危机，公民程序性权利作为公民权利不可分割的内容以及重要性日渐凸现。"[2] 在我们这样一个有着重实体、轻程序传统的国家，用心维护公民程序权利的平等性显得尤其重要，这甚至可以成为判断公民权利保护是否真正平等的尺杆和标志。尤其在注重保护人权的今天，思考这个问题有着特别重要的现实意义，人权保护要体现在细节处，尤其要体现在程序设置的细节中。程序公正是实体公正的重要保证。事实上，没有程序上的公正，很难做到实体上的公正。而没有程序上和实体上的公正，也就谈不上司法公正。

当今，对公民诉讼权利的保障已成为一种国际趋势。但一直没有人质疑刑事诉讼的上诉期更短是否有违宪法规定的公民权利的平等和公平原则。也许是因为上诉期被分别设置于刑、民、行三类完全不同的法律制度中，不那么容易让人把它们联系对比起来思考。也许是长期的冷战思维让我们已经习惯了阶级斗争式的思维惯性，也不那么容易让人把它们与涉嫌侵犯公民的平等权联系起来思考。

（二）刑事诉讼的上诉期更短不利于保护犯罪嫌疑人的实体权利

在现代宪政体制下，公民基本权利不仅包括实体性权利，而且包括程序性权利。上诉期作为刑事程序权利，它是维护犯罪嫌疑人人身、自由等基本实体

---

① 《最高人民法院华东分院关于刑民案件上诉期限一律定为 10 日的通令》，载"新浪法治"网页。

② 董茂云等：《宪政视野下的司法公正》，吉林人民出版社 2003 年版，第 156 页。

权利的重要保障，如果该程序权利得不到保护，或保护得不够，那么，犯罪嫌疑人的实体性宪法权利也将无从实现保护。

实体权利与程序权利的联系主要表现在：实体权利是程序权利产生的前提和基础，不享有实体权利也就谈不上程序权利；程序权利是为保障实体权利的实现而设定的，通过行使程序权利避免和减少对实体权利的侵害，避免和减少纠纷的产生，使受到侵害的实体权利得到及时有效的救济，使侵害行为承担应负的法律责任，使纠纷得以及时解决，使处于不确定状态的实体权利得以确定。程序权利和实体权利从逻辑上构成权利的完整体系，缺一不可。①

从常识我们可以知道，刑事犯罪嫌疑人在被刑事拘留后就基本上失去了人身自由。正因为刑事主体的自由度受到了严格控制，才应该给予刑事被告人更长的上诉期。合适时间的上诉期是保护犯罪嫌疑人实体权利的前提和保障，他们在看守所里受到严格的管理和控制，连与家人正常的通信都不那么自由了，更别说能与家人和辩护律师对有可能决定其自由和命运的上诉权利是否运用和行使进行及时的、方便的讨论。决定上诉前，这些环节是必经的：思考是否需要上诉；写信给家人进行商量；信件寄出的检查能否及时；家人帮助去挑选上诉辩护律师；上诉辩护律师接受委托后要安排时间会见被告人了解案情；等等。这其中的每一个环节都需要一定的时间来处理，更何况这里的环节还常常会受到公休日的影响。因此，笔者认为，当前法律中对刑事诉讼的上诉期更短的制度设置是不合情理的，是不合适的，不利于保护犯罪嫌疑人的实体权利。

对于更短的刑事诉讼上诉期，很多人的解读是：督促刑事被告人尽快上诉，以缩短在押的刑期。笔者则认为缩短在押的刑期，应该从审限上做文章，而不是设置更短的上诉期。上诉期的时间规定是刑事犯罪嫌疑人与民事和行政当事人在诉讼中的享有同等平等权的重要体现，不同的上诉期限显现了权利的不平等状态，权利不平等的法律规定就是一种歧视性法律。

二、歧视性法律隐藏着刑讯逼供的合法性根据

如果没有很强的现代法治理念，歧视性法律一般是不太容易被发现的。歧视性法律出现后，会带来一些不良的后果，会让一些违反法治理念的手段和措施，在合法的法律外衣下得以心安理得的实施，比如刑讯逼供。刑讯逼供一直是人们痛恨的制造冤假错案的罪魁祸首，为什么刑讯逼供在我国会屡禁不止？歧视性法律与刑讯逼供屡禁不止之间有什么关联？

---

①　郭日君：《论程序权利》，载《郑州大学学报（哲学社会科学版）》2000年第6期。

（一）歧视性法律是刑讯逼供产生的温床和土壤

在三部诉讼法的上诉期规定中，刑事诉讼的上诉期更短，隐含着这样一种暗示："坏人"的权利应该比"好人"少一点；"好人"、"坏人"应该区别对待。毫无疑问，这是一种歧视，而且是制度性的歧视。尽管这种暗示一直是笔者心中的一个疑问，但我国刑事法律制度中长期采用的不成文的"有罪推定"的先入为主的做法就是一种最好的印证。

采用刑讯逼供的警察或司法人员，他们的思维和做法一定受到了这种暗示的影响：你被刑事拘留或抓捕，就说明你有问题，你有问题就说明你不是"好人"，对不是"好人"的人采取一些特别的手段，为什么不可以呢？由这样的思维逻辑，我们可以推论，歧视性法律是刑讯逼供产生的温床和土壤。著名的"孙志刚案件"中的当事人应该就是被这样的思维逻辑葬送的。

在国际的刑事法律制度的交流中，我们已经知晓，不仅犯罪嫌疑人有人权，罪犯都有人权，而且其人权也应该受到保护，对其保护的程度还是考察一个国家人权保护状况的重要指标。以这样的角度来思考这些问题，在以阶级斗争为纲的年代是不可想象的。今天我们可以这样来思考问题，可以这样对权力侵犯权利保持一种警惕，无疑是中国的一个巨大的进步。

（二）歧视性法律使刑讯逼供呈隐性合法化

首先，歧视性法律凸显了歧视合法化的思维惯性。这种思维惯性使严禁刑讯逼供的权利平等理念难以扎根于民众之中。如果歧视可以合法存在，权利就可以区别对待，就自然可以采用更强制的手段对待不同于"好人"的"坏人"。我们可以从媒体报道的民众对待窃贼的"往死里打"的态度，感受到这种歧视性思维惯性的作用和影响。

其次，歧视性法律使采用刑讯逼供的手段呈隐性合法化的状态。这里表述的呈隐性合法化的状态，指的是一种全民的和全社会的对刑讯逼供的纵容和放纵。比如人们普遍接纳"好人"、"坏人"可以区别对待的习惯做法；对"坏人"采取的行动过分点也认为是很正常的。这种对刑讯逼供的纵容和放纵的思维惯性，如果在掌有刑事侦查权的司法和行政机构那里也成为了一种惯性，那是非常可怕的，这也就是可以采用刑讯逼供的一种隐含的合法性动因。

三、造成歧视性法律产生的主要根源

歧视性法律的存在已经给现实造成了极坏的后果，要杜绝它的产生和再生，应该明了其产生的根源，这样才能达到根、本同治的效果。

（一）封建的身份等级观念的影响和法的平等理念在历史上的缺失

传统的封建的身份和等级观念的影响，是造成身份不平等的历史原因。中国自古以来就是一个身份世袭的社会，"好人"中都要分三、六、九等，更何况"好人"与"坏人"之间了,"好人"与"坏人"之间的权利不平等在讲究身份和等级的国家里是必然的。犯罪嫌疑人在被法庭判决其有罪之前,推定其无罪的"无罪推定"原则,是现代法治中的重要原则。按照这一原则,还没有被判决为有罪的犯罪嫌疑人仍然是"好人"的一分子,其上诉期的权利规定更加不应该成为另类。

等级的分明必然带来权利的不平等,而权利的不平等则歧视必然存在。法律走过从"有罪推定"到"无罪推定",从"疑罪从轻"到"疑罪从无"的路程,回归和保护的是人人生来无罪的平等人权,这包括了平等的实体权利和平等的程序权利。

商品经济是产生平等的土壤和环境,商品经济的缺位必然带来平等理念的缺位。因为我国商品经济发展的先天不良,由此带来法的平等理念在我国历史上的缺位则是必然的。商品经济的成熟发展带来的不仅仅是平等理念启蒙,同时会产生对封建等级身份观念的强烈冲击。缺乏商品经济带来的这种平等理念冲击的社会,等级仍然存在,歧视的存在就在所难免了。我国税制的改革过程就是一个非常典型的"从身份到平等"的过程。

(二) 普遍缺乏对公权侵犯私权的警觉传统

中国社会受其文化的影响,"各人自扫门前雪,不管他人瓦上霜",只要被侵犯的不是自己的权利和利益,就可以侥幸地认为事不关己,高高挂起。现实中,我们看到和听到太多被侵权时、求救时遭遇冷漠而让人寒心的新闻和故事。这种不能对法律的公平性与个人的安全性进行联系思考的传统,自然对公权侵犯私权难以产生和保持警觉。

"国王(家)的权力到我的鼻尖为止","国王(家)的权力不能超越我的篱笆",[1]"我的破房子,风可进,雨可进,国王不能进",[2] 这些在西方流行的、表达民众对公权力保持警惕的名句,在国人听来至今仍然新鲜。

对公权力始终保持警惕,是防范歧视性法律、政策出台的重要条件。需要在民间培育这样的理念:法律、权力或政策对一个人的不公平,将构成对所有人的威胁。在防范公权对私权的侵犯中,个人与他人之间始终是一种"唇齿相依"和"唇亡齿寒"的关系,这与"各人自扫门前雪,不管他人瓦上霜"

---

① 王怡:《惩治非法拘禁关键要有民权神圣观念》,载《南方都市报》2003 年 12 月 8 日。

② 英国首相威廉·皮特:即使是最穷的人,在他的寒舍里也敢于对抗国王的权威。风可以吹进这所房子,雨可以打进这所房子,房子甚至会在风雨中飘摇,但是国王不能踏进这所房子,他的千军万马也不敢踏进这间门槛已经破损了的破房子。载 http://house. focus. cn/msgview/1047/60913780. html。

是相冲突的。

（三）　存在重实体、轻程序的价值理念

我国因为封建的历史过长，形成了一种重实体、轻程序的传统价值理念。程序成为了实现实体和服务实体的工具，程序失去了其独立的价值。在这样的氛围中，忽略的不仅仅是程序的正义价值，公民的程序化权利则尤其被忽略。从权利的角度来讲，公民的实体权利需要程序权利来保障。法律面前一律平等，应该包含有公民平等地享受法律赋予的权利以及通过法律程序实现权利及获得权利救济的内容。①

"相对于政府的保障责任而言，唯一可以从平等性和穷尽性来保障法律上人权的实然性的只有诉权……诉权是现代法治社会中的第一制度性人权。"②随着历史的发展，"诉讼权这一保障公民生命权、平等权、自由权、安全权、财产权等基本人权的程序权利本身成为了公民的基本人权"。③ 诉权是当事人获得司法救济，实现权利的前提和基础。上诉权是诉权的体现和延伸。对上诉权的保障，是司法公正的应有之义。上诉制度是司法体与形的取舍。④

四、杜绝歧视性法律产生的途径

法律是由立法机关制定的，而立法权对公民私权的侵犯往往是通过颁布歧视性法律来实现的。歧视性法律的出现，应该并非立法者的本意，正因为并非立法者本意，出现了歧视性法律才更觉得可怕。为了维护宪法的平等理念，需要探索杜绝歧视性法律产生的途径。

（一）　杜绝歧视性法律需要从立法源头做起

在思考权力与权利的关系中，我们目前更多地关注的是警惕行政权对私权的侵犯，对立法权也可能存在侵犯私权的情况的思考和警惕还不够。如果说行政权构成对公民私权的侵犯的话，那么被侵犯的也仅仅是具体行政行为中的行政相对人，但如果立法权构成对公民私权的侵犯的话，那么被侵犯的将是全体公民的普遍正当权利。从最近震惊社会的"郭京毅案"，就可以发现立法权如果出了问题，将带来的是怎样的灾难。但是"郭京毅们"是一种有意识的主

---

① 吴华：《论行政诉讼类型的理论基础和宪法基础》，载 http：//www. findalawyer. cn/lawyers/article/print_ article. php？ articleID = 17。

② 莫纪宏：《论人权的司法救济》，载《法商研究：中南财经政法大学学报》2000 年第 5 期。

③ 吴华：《论行政诉讼类型的理论基础和宪法基础》，载 http：//www. findalawyer. cn/lawyers/article/print_ article. php？ articleID = 17。

④ 齐树洁：《诉权的现代转型与民事上诉权之保障》，载《河南省政法管理干部学院学报》2005 年第 6 期。

动的犯罪，这是可以通过制度预防的，而理念中带有瑕疵的立法者造成法律的不公平则具有普遍性，那是没有办法预防的。

因此，杜绝有可能让刑讯逼供隐性合法化的歧视性法律需要从立法源头上抓起。我们常见的立法失误，多半发生在由相关利益集团来制定的相关领域的法律之中，比如《治安管理处罚条例》最早是交由公安部去制定的，这样就必然会在条例中发生权力与权利难以平衡的漏洞。如果属于归全国人大制定的基本法，发生了歧视性的法律内容，这将是一件更为危险的事情。因为这时再出现权力与权利的不平衡、歧视性的内容，已经不再是利益集团的利益驱使，而是一种习惯性的思维定式，而且是专家的思维定式，这让侵权产生于不经意之中了。

（二）立法主体的宪法理念是防止产生歧视性法律的重要保证

要从立法源头上杜绝歧视性法律的产生，立法主体是否具有较高的立法素质是至关重要的。笔者认为较高的立法素质应该体现在以下几个方面：

首先，要具有严谨的和到位的宪法理念。宪法的本质理念就是：保护公民私权，防止政府滥用公权。宪法是一国法律体系中的母法，是所有法律立法的依据，所有的法律都应该贯穿宪法"保护私权，制约公权"的理念。尤其在保护人权已经在宪法中得以明示的情况下，在下位法中绝对不允许有直接或间接侵犯人权的内容存在。

其次，对行政权和司法权可能侵蚀立法权保持高度的警惕。行政权和司法权在"保护私权，制约公权"的宪法理念下，都是应该受到控制的权力，而制约行政权和司法权本身就是法律的重要内容。如果不能在制度设置中来保证立法权的独立和纯净，那在制定制约行政权和司法权的法律时，就将难以在法律内容上对行政权和司法权有到位的制约，尤其要坚守利益集团在相关立法中的回避制度。立法权的独立和纯净如果出现漏洞，将对公民权利构成普遍的侵权威胁。

再次，对公民的程序权利给予足够的关注。一般来说，社会大众更关注的是法律中赋予公民的实体权利，而立法主体不能停留在这一般的水平上，更应该对公民的程序权利给予更多的关注。民刑诉讼中上诉期不同的法律规定就是忽略公民程序权利的典型体现。特别值得提出的是，三部诉讼法都不属于先由利益集团起草的法律，而是由全国人大专门的专家学者起草的基本法。高水平的法律专家和学者对公民的程序权利形成了不平等的条款，这才是值得我们特别警觉的。

最后，注重保护处于劣势和弱势的少数人的权利。劣势指的是类似犯罪嫌疑人、刑事被告人的人群，弱势则指的是处于社会底层的贫困、残疾的人群。在今天，保劣势和弱势的少数人的权利，已经成为了衡量一个国家法治化程度的重要指标。我国是一个更注重社会和公共利益的国家，长期以来，多少公民私权利被人打着为了社会和公共利益的旗号侵犯着。在义务本位向权利本位转移的今天，公民的私权利才开始真正得到重视和受到保护。但是在公民的私权利开始得到重视和保护的今天，人们也是更关注大多数的权利保护，而对处于劣势和弱势的少数人的权利的保护还是远远不够的。现实中，劣势和弱势群体的权利不是被忽视，就是被减少。笔者认为，刑事诉讼上诉期短于民事诉讼的法律规定，就是一种明显的削减劣势群体权利的体现。

综上所述，三部诉讼法上诉期不统一的规定，属于一种不太显眼的歧视性法律，而歧视性法律是我国刑讯逼供屡禁不止的温床和土壤，立法主体要从立法源头拒绝歧视性法律的产生，对处于劣势和弱势的少数人给予平等的实体权利和程序权利，以真实地维护宪法的平等性原则。

"和谐社会"的创建与刑事司法理念的解放

——以杨佳袭警案为例

左德起[*]

【内容摘要】

在我国改革开放 30 年后，经济发展与社会进步达到或接近"小康社会"之时，党中央提出的创建"和谐社会"的发展理念，赢得了举国上下的欢迎乃至世界范围的认同。细致分析"和谐社会"的创建，首先，要求我们必须解放思想，从杨佳袭警案我们可以发现，在实际司法操作中，警察权力的监督乏力，导致警权与民权的矛盾成为社会的新型矛盾集中地。而对于此类矛盾行政/司法处理机制的功能缺失，使得矛盾得不到及时有效的解决，由此产生的矛盾激化，要求我们必须根据"和谐社会"的原则方针改变原有思想理念，真正从大局出发，树立"民主法治"的社会理念；其次，从"和谐社会"的理念要求中，无论是"民主法治"、"公平正义"，还是"诚信友爱"、"充满活力"乃至于"安定有序"、"人与自然和谐相处"，都与刑事诉讼司法理念的解放密不可分。一个重要的内容就是，刑事司法是否既能够达到对犯罪危害的有效控制又能够使得包括犯罪嫌疑人在内的社会人权免受侵犯；最后，如何创建"和谐社会"下的刑事司法理念，就要根据社会发展和国际化、市场化的公共服务提供与保障理念来改革我国长久以来"僵化"、"专横"的刑事司法理念，探索出一套适合中国特色"和谐社会"下的刑事司法体制。

【关键词】 和谐社会　刑事司法　思想解放　程序正义　警权　民权

在改革开放 30 年后，我国经济、社会水平取得了长足进步，社会结构发生了深刻变化。社会成员随着国际化程度和信息化、网络化的推进日益多元

---

* 深圳大学法学院副教授、法学博士、硕士研究生导师。

化、复杂化，公民意识和法治意识日益深入人心。社会利益多元化带来社会矛盾的新型化，在这种社会发展与转型过程中，各种社会矛盾的激化表现给我们的社会带来震惊，也给我们解放思想、改革现状带来巨大的压力和动力。杨佳袭警案①就是发生在近期的一个具有典型意义的现实案例。

一、杨佳袭警案的争议

2008 年 7 月 1 日，杨佳在上海闸北袭警，剥夺了 6 名警员的生命。血案震惊全国，其影响已远远超越了一个刑事案件的范畴。经上海市第二中级人民法院一审，判处杨佳死刑；杨佳不服，上诉至上海市高级人民法院，上海市高级人民法院二审维持原判。传统上保护社会安全的人民警察被歹徒闯入公安局后残暴杀害，社会舆论应当齐声赞叹警察、谴责歹徒，要求将歹徒尽快正法。可我们看到的、听到的却是社会舆论从平面媒体到网络信息中对于警察和法官的质疑、斥责和民众对杨佳的同情，掩卷长思，社会大众和我们的"主流"意识发生如此大的偏差，乃至背离，我们不得不反思我们的社会以及我们现行的刑事司法体制出现了什么问题？此案中，争执焦点就司法体制划分，可分为公安警察行为滥权和法院审判程序不公两部分质疑以及多名警察被一名非专业训练的凶徒杀伤，动摇了大众对警察的传统信赖。

杨佳袭警案发生之前，涉案警察履行职责是否滥用权力，从而引发惨案发生，主要从警察盘查杨佳是否合理以及警察是否在盘查过程中殴打杨佳、督察

---

① 2007 年 10 月 5 日晚，被告人杨佳在沪骑一辆无牌照自行车而受到上海市公安局闸北分局（以下简称"闸北公安分局"）芷江西路派出所（以下简称"派出所"）巡逻民警的询问和盘查。之后，杨佳向公安机关投诉并提出赔偿精神损失费人民币 1 万元等要求。闸北公安分局派员疏导劝解。杨佳因要求未被接受，而决意对闸北公安分局民警行凶报复。

2008 年 6 月 26 日，杨佳来沪后购买了"鹰达"牌单刃刀（刀全长 29 厘米，其中刀刃长 17 厘米）、催泪喷射器、防毒面具、汽油、铁锤、手套等犯罪工具。

同年 7 月 1 日上午 9 时 40 分许，杨佳携带上述犯罪工具，至本市天目中路 578 号闸北公安分局办公大楼门前，投掷装有汽油的啤酒瓶引起燃烧，并趁保安员灭火之际，杨佳头戴防毒面具闯入闸北公安分局办公大楼。在闸北公安分局办公大楼底层大厅等处，杨佳先用刀砍击保安员顾建明头部，继而持刀分别猛刺正在工作且赤手空拳、毫无防备的民警方福新、倪景荣、张义阶、张建平的头、颈、胸腹等要害部位，致四名民警当场受伤倒地。之后，杨佳沿消防楼梯自九楼至十一楼途中，又持刀先后猛刺、猛砍赤手空拳且猝不及防的民警徐维亚、王凌云、李坷的头、胸腹等要害部位，致徐维亚、李坷当场受伤倒地，并致王凌云受伤。杨佳继续冲上 21 楼后，又持刀刺伤正在等候电梯的民警吴钰骅，并闯入2113 室行凶，致民警李伟受伤，被在场民警林玮等人当场捕获。

——引自"沪二检刑诉（2008）123 号起诉书"

处理杨佳投诉时是否得当、杨佳向公安机关投诉并提出赔偿精神损失费人民币1 万元要求是否合理这样三个焦点问题。

（一）警察盘查杨佳是否合理以及警察是否在盘查过程中殴打杨佳

"2007 年 10 月 5 日晚，被告人杨佳在沪骑一辆无牌照自行车而受到上海市公安局闸北分局（以下简称'闸北公安分局'）派出所（以下简称'派出所'）巡逻民警询问和盘查。"① 杨佳的辩护人提出民警对杨佳的盘查缺乏法律依据，且不能排除杨佳在接受盘查的过程中遭公安人员殴打的可能性。

留置盘问权是警察法赋予人民警察的一种现场处置权，是人民警察为维护社会治安秩序，对不特定的具有违法犯罪嫌疑的人员经当场盘问、检查后，发现有法定的情形，将其留在公安机关继续盘查的一种行政强制措施。在本案中，警察盘查骑无牌照自行车的杨佳是有法律依据的。

对于警察是否在盘查过程中殴打杨佳，是案件的起因焦点。"辩护人提出，不能排除公安人员在盘查杨佳时，对杨实施殴打的意见，没有证据支持。"② 法庭的判决认定杨佳作为被告方未提出有力证据支持这一主张。在本案中，杨佳被带回芷江西路派出所后，先是在有录像监视的公共区域接受盘查，其主张自己所骑自行车系租用而来，警察只需按照"租车单"进行调查，即可案情明了。而不至于发展到其后杨佳和民警高铁军发生肢体冲突后被带到"所内的工作区域"。③ 这明显存在警察工作方法失当，使得杨佳情绪失控与警察之间冲突升级。在杨佳坚持己见，与警察产生情绪对抗的情况下，将其带入"所内工作区域"后，偏执傲慢却又孤身一人的杨佳在与多名同样情绪化的警察相面对时，受到警察训斥后，加强对抗，再次发生肢体冲突，从而受到警察殴打的情况，一般常识，使得我们对此都会有一个基本肯定的推断。但到底这样的推断是要谁来举证？这其中，存在一个证明责任的转移问题，所谓证明责任的转移是指在特殊案件中或特别情况下，原本由控方承担的举证责任转移给辩方承担，或者相反。在本案中，杨佳被带到派出所后，接受盘问，警察所运用的"留置审查权"是法律赋予公安机关及其工作人员对违法犯罪涉嫌人员的准强制措施。杨佳是处于暂时被剥夺自由的强制审查对象，在此前提下，一定要杨佳提供相关证据证明其盘查的合法性，以及遭受警察殴打的情况，是强人所难。在这种特别情况下，就产生了证明责任的转移，应当由派出所及其当事警察证明自己的行为合法性。强求当时处于弱势被动状态下的杨佳对警察殴打事实举证，明显是对杨佳不公。要知道"麻旦旦"处女嫖娼案和 2003 年 4

---

① 引自"沪二法刑初字第 99 号判决书"。
② 引自"沪二法刑初字第 99 号判决书"。
③ 引自"沪二法刑初字第 99 号判决书"。

月 12 日陕西渭南发生的"少女戴手铐"案件①都是在留置审查中发生的警察滥权事件。

（二）督察处理杨佳投诉时是否得当

在 2007 年 10 月 5 日当晚杨佳接受警察薛耀盘查不久，就"开始拨打'114'查询上海市公安局督察队电话，我告诉了他我的警号，将闸北公安分局督察队电话告诉他。他拨打了督察队电话，投诉我限制他的人身自由，并对我的身份表示怀疑"。②杨佳的投诉使得闸北分局督查队警察吴钰骅赶到派出所，而吴钰骅如何处理杨佳投诉，为何杨佳不去报复其认为殴打他的派出所的警察，而要报复吴钰骅，相关证据材料却付之阙如。在案件发生后，相关部门都对此三缄其口。把这个警队自律的行为"自动吞食"，让警队自律的这项制度"完全蒸发"，在信息封锁后形成的疑虑之中，无形中加重了社会公众对公安机关的不信任感。

（三）杨佳向公安机关投诉并提出赔偿精神损失费人民币 1 万元要求是否合理

杨佳向公安机关投诉，是宪法和法律赋予公民的基本权利。其投诉亦获得公安机关的回应。但这种回应是由派出所派出干警周英、顾海奇先后于 2007年 10 月中旬和 2008 年 3 月间③两次赴北京向杨佳及其母亲进行解释、疏导工作。投诉实际上是已有矛盾在矛盾双方之间难以解决，向有权解决矛盾问题的上级单位要求解决的请求。而在我国的现实生活中，投诉以后，上级单位受理投诉后，层层转发至事发单位处理，实际上又回到原有的矛盾双方，形成久拖不决，矛盾搁置，难免激化，杨佳从投诉发展为行凶残杀，就是这种恶性循环的信访体制造成的一个典型恶果。

至于杨佳的 1 万元赔偿要求是否合理？派出所派出干警周英赴京对杨佳及其母亲"提出支付给杨佳 300 元钱补偿他的长途电话费"④是否已经仁至义尽？补偿与赔偿、300 元与 10000 元之间的争议，因为缺乏公正独立的裁判者，制度缺失、事实未定，深入下去亦是无谓之争。

在司法审判过程中，引起巨大争议的核心问题，不是实体刑罚应否是死

---

①　参见阎超、计宏忠：《督察部门对留直措施实施现场督察的难点参考》，载《铁道警官高等专科学校学报》2003 年第 4 期。

②　引自"沪二法刑初字第 99 号判决书"，"证人薛耀证言"部分。

③　引自"沪二法刑初字第 99 号判决书"，"证人陈洪彬证言"部分。

④　引自"沪二法刑初字第 99 号判决书"，"证人陈洪彬证言"部分。

刑，而是诉讼程序不公的问题。杨佳袭警案不同于佘祥林、聂树斌等重大冤假错案之处，也正在于此。其错误不在实体法律的判决，而在于诉讼过程中的证据材料的取得、证人出庭以及精神状态鉴定问题的公正处理。

1. 证人出庭问题

在庭审中，"被告人杨佳以辩护人申请传唤薛耀、陈银桥、吴钰骅等证人出庭作证未获法庭准许，诉讼程序有失公正为由，拒绝回答法庭审理中的讯问和发问；对控辩双方宣读或出示的证据不发表意见，也没有为自己作辩护。"[①]这个问题构成了此案公正与否的争议焦点。

对于杨佳是否在派出所警察"工作区域内"被打，是确定杨佳杀人动机的重要证据事实，而查证此项事实需要有当时在场的证人出庭作证，这本是合乎情理，符合法律的：我国法律对于证人庭前陈述的运用制定了相应的规则。[②]

根据法律规定，法庭应当依被告人及其辩护人申请传唤薛耀、陈银桥、吴

---

① 引自"沪二法刑初字第 99 号判决书"。

② 《刑事诉讼法》第 148 条规定："凡是知道案件情况的人，都有作证的义务。"

第 157 条规定："公诉人、辩护人应当向法庭出示物证，让当事人辨认，对未到庭的证人的证言笔录、鉴定人的鉴定结论、勘验笔录和其他作为证据的文书，应当当庭宣读。审判人员应当听取公诉人、当事人和辩护人、诉讼代理人的意见。"

最高人民法院《关于执行〈中华人民共和国刑事诉讼法〉若干问题的解释》第 58 条规定："对于出庭作证的证人，必须在法庭上经过公诉人、被害人和被告人、辩护人等双方询问、质证，其证言经过审查确实的，才能作为定案的根据；未出庭证人的证言宣读后经当庭查证属实的，可以作为定案的根据。"

第 139 条规定："控辩双方要求证人出庭作证，向法庭出示物证、书证、视听资料等证据，应当向审判长说明拟证明的事实，审判长同意的，即传唤证人或者准许出示证据；审判长认为与案件无关或者明显重复、不必要的证据，可以不予准许。"

第 141 条规定："证人应当出庭作证。符合下列情形，经人民法院准许的，证人可以不出庭作证：（一）未成年人；（二）庭审期间身患严重疾病或者行动极为不便的；（三）其证言对案件的审判不起直接决定作用的；（四）有其他原因的。"

钰骅、高铁军等证人出庭作证，以查明事实。因为薛耀、① 陈银桥②的证言都只提到自己没打杨佳，而没有提到其他人有没有殴打杨佳。吴钰骅③只提到被杨佳刺伤及抓获的经过，没有提到2007年10月5日晚间其作为督察接到杨佳投诉后到派出所的事实经过。而杨佳庭上"沉默"，有包括薛耀、陈银桥多份证人证言提到和杨佳直接发生肢体冲突的高铁军的证言却在判决书中"只字不提"，整个判决书中多处可见的事实线索，法官本应传唤上述证人到庭，却到此突然"失声"，使得证人证言支离破碎，对于杨佳作案的动机缺乏公正判断。不仅杨佳，包括看到法院判决书的人都会觉得此案审判程序不公，难以服众。

2. 证据材料的取得问题

在案件审理中，杨佳的辩护人提出"参与部分侦查工作的闸北公安分局的侦查人员，与本案被害人是同事，没有依照刑事诉讼法第28条之规定进行回避，因此，所收集的证人证言不能作为定案的证据"。④ 杨佳辩护人提出的回避请求，是因为杨佳涉案杀死的都是闸北公安分局的警察，大家平日都是

---

① "在我回到芷江西路派出所时，看见民警高铁军在对该男子做解释工作，该男子说高铁军向他吐唾沫，并冲到派出所门口，高铁军就去拦他，他抓住高铁军的手。后来我和陈银桥、高铁军将该男子架进里面的工作区域，让他坐在椅子上，并由陈银桥、高铁军继续做解释工作。"

"我除了将该男子架进派出所的工作区域之外，没有接触过该男子。我肯定没有动手打过该男子。"

——引自"沪二法刑初字第99号判决书"，"证人薛耀证言"部分。

② "到了派出所后，我和高铁军向该男青年做解释工作，告知民警依法可以盘查他自行车来源，他突然说高铁军用唾沫吐他脸，并说有口臭。后来该男青年说他要走了，就朝派出所门口走去，高铁军拦他，他一下子扳高铁军手指。我看见他打民警就与高铁军等人将该男青年架进派出所内工作区域，让他坐下。我又向他做解释教育工作。几分钟后，我将该男青年交值班民警处理，我就离开到街面巡逻了。"

——引自"沪二法刑初字第99号判决书"，"证人陈银桥证言"部分。

③ 被害人吴钰骅（闸北公安分局警务督察支队民警）2008年7月2日陈述称："2008年7月1日9时30分至10时之间，我准备外出工作，到电梯间时，看见在2112室门口有一个人，头戴防毒面具，穿淡色衣服，我就问了他一句'你在干什么？'，那个人就突然向我猛扑过来，右手横握刺刀刺我右胸部。我赶紧后退，他转身朝2112室跑去。我回到自己的办公室告诉同事自己被刺了，并打电话给分局的指挥中心。不久，那个蒙面的人持刀推门而入并行凶。我的同事就拿起椅子将他围住，最后将他制服。"

——引自"沪二法刑初字第99号判决书"，"证人吴钰骅证言"部分。

④ 引自"沪二法刑初字第99号判决书"。

"战友"。即便以往并不熟识，"同一条战壕的战友"被杀，亦会"同仇敌忾"，此本人之常情。而这种"常情"带到经办此案侦查工作中，"可能影响公正处理案件"。

对于应当回避，却没有回避所取得的证据是否可以作为定案依据，依法，裁判权归于法官，法官可以根据证据的具体情况行使权力。判决书认定"经查，本案发生后，由上海市公安局立案并负责侦查，闸北公安分局侦查人员虽参与收集相关证人证言，但没有证据证明上述侦查人员和本案有利害关系或者其他关系，可能影响公正处理案件的事实存在"。① 法官如此论述，不论证据内容，而直说没有证据证明闸北公安分局的警察与本案有利害关系，显然是有悖事实情理，简单粗暴。说理不通，自然让人感觉审判不公。

3. 精神状态鉴定问题

在本案中，对于精神状态司法鉴定问题，实际上由于证人出庭问题没有解决，加重了逻辑上悖论的存在：杨佳即便被警察殴打，如此不计后果地报复杀人，人性何在？是否精神有病？而如果警察根本没打杨佳，那杨佳为何如此凶残地行凶杀人？这是人们普遍会产生的疑问。

因为《刑事诉讼法》第120条规定：对精神病的医学鉴定，由省级人民政府指定的医院进行。而且应当在法庭上经过公诉人、被害人和被告人、辩护人双方讯问、质证，经过查实以后，才能作为定案的依据。人们自然想到对于有精神病疑问的犯罪嫌疑人、被告人都应当作精神鉴定。其实，对于精神病的司法鉴定经常会在刑事诉讼中被提起，特别是在重大疑难的刑事案件中，犯罪嫌疑人、被告人希望以此逃脱法律的严惩。但归根结底，鉴定结论都只是一份由"专家意见"构成的证据，应当当庭宣读，是否有效要经过质证、辩论。审判人员应当听取公诉人、当事人和辩护人、诉讼代理人的意见。但在本案的判决中，对于这样一个重大问题，判决只提到"鉴定结论具有法律效力，且与本案的其他证据互相印证，应予采信"。没有充分论述该鉴定结论的可采性，显得说理不足。

4. 大众对于警察的信赖动摇问题

对于本案中，杨佳这样一个未受过专业训练的社会普通青年进入公安警察最为集中的公安局内，从门口冲到21楼，连杀6名警察，那我们人民警察的"大练兵"练的是什么？"人民卫士"连自己都保护不了吗？此问一出，社会大众不自觉地感到警察的自我保护能力值得怀疑。

在我国历来的宣传中，"有困难找警察"，多是对于警察"神兵天降"、

_____

① 引自"沪二法刑初字第99号判决书"。

"智勇双全"的褒奖，而忽视了对警察社会安全保护能力的有限性的理性认识。从统计数据来看，近几年，我国公安机关的刑事立案总量徘徊在 450 万起上下，破案数约在 200 万起左右，扣除立案不实因素，实际破案率约在 30%。① 即便是对于人命关天的案件，我们在"命案必破"的口号下，2005年命案的侦破率达到 89.6%。② 警察不是万能的。未来一个时期，由于处在特定的社会转型期，可以预见，违法及刑事犯罪高发势头在短期内仍难根本扭转。在此背景下，我们既不能盲目否定警察的社会价值，又要注意到警察的能力是有限的，警察的权力是可能被滥用的，因此，我们既要肯定警察权的存在，又要对其理性限制，有效监督。③

二、杨佳袭警案的启示

"一叶知秋"，杨佳袭警案给我们带来诸多的思考和启示，笔者认为创建和谐社会，以和谐社会的视角来看，最为紧迫的启示主要是：规范警权，保护民权；司法公正严明，树立法律权威。

启示一：规范警权，保护民权。

不仅杨佳袭警案，还有贵州瓮安事件等多起恶性事件，都是由于警察滥权酿成大案。在我国公有制为基础，国家主义至上的意识形态被社会公认。国家权力的实现有很多是依靠警察权力的威慑乃至直接介入实现的。也就在这种国家权力的绝对化过程中形成了警察权力的绝对化，对于警察权力，特别是涉及公共安全与秩序维护的方面，形成了警察权力的绝对化，民权难以对抗，司法权难以制约。各级政府在面对行政纠纷或者难以解决的民事纠纷，都会要求公安机关派出警察参与执行，乃至直接要求警察予以强制弹压。因此，公安机关相对于司法机关在国家政治权力体系中的地位也就日益"崇高"，公安机关的

---

① 《刑事案件破案率约30%，公安部部署刑警大练兵》，载《检察日报》2005 年 6 月 11 日第 1 版。

② 《我国公安机关命案破案率达到 89.6%》，载《法制日报》2006 年 5 月 17 日第 2 版。

③ 根据公安部公布的数字，我国实际破案率大约在 30%，与西方发达国家相比，虽不算高，但也不低。资料显示，日本 2004 年的破案率为 23.6%，法国 2003 年的破案率为 28.8%，意大利 2002 年的破案率为 27.52%。在命案的侦破上，2005 年我国破案率达到 89.6%，已经接近日、德、韩等国，超过英、法、加、美等国。从破案数来看，近年来也是节节上升，2000 年为 164 万余起，2002 年为 184 万余起，2004 年为 200 万余起，2006 年为 221 万余起，2007 年为 240.9 万余起。（以上公安机关破案数，均引自《公安研究》刊登的历年《全国公安机关刑事案件分类统计表》。）

主要负责人往往担任同级党委的常委，而同级司法机关包括法院和检察院的首长却只能望其项背，在如此的结构中，对于警察权力的监督很难落到实处，只能流于法律形式。而民众的权利意识却在不断增长，对于这种警察以粗暴干预个人权力的行为，日益产生权利与权力的对抗性，杨佳的案件就是其中的代表。在民主法治社会中，警察必须要严格按照法律的规定，合理履行职权。警察滥用权利，会更深层地破坏"诚信友爱"、"安定有序"的社会和谐。社会秩序的维护离不开警察，但警察更要严格遵守社会秩序，不得滥权枉为。从杨佳袭警案中，我们可以看到，这对于警察既是规范要求，更是一种深层次的保护。

　　启示二：司法公正严明，树立法律权威。

　　杨佳案件中程序不公现象不只是个案，它反映出当前审判程序中司法不公的诸多问题。如证人出庭问题，全国三大诉讼中90%的案件是不出庭的，只是宣读证人证言。比如上海，刑事案件证人出庭率为5%左右。① 这是一个长期存在于审判实践中，却没有得到解决的弊端。在实践中，侦查部门和公诉部门都不想让证人出庭，因为证人出庭容易"乱证"甚至"翻证"，那就会承担事实不清补充侦查甚至败诉的可能，既麻烦又增加风险；而审判人员也不严格执行证人出庭的程序，因为公诉人提交法庭的证人证言之后，要传唤证人出庭，会增加很多证据内容的采信判断，既要增加询问、辩论程序，又要延长庭审时间，还会增加采信难度，因此在我国的司法实践中，证人出庭难的问题，长久得不到解决是由于公、检、法人员的认识"统一"，与人方便，大家方便！不改变这种现状陋习，就难以保证司法的公正严明。

　　刑事诉讼的直接目的包括控制犯罪（或曰实现刑罚权）和保障人权两方面。② 刑事审判不仅是对于犯罪分子的惩罚，还涉及对于无罪者的保护以及对包括被告人本人在内社会大众的法律宣传、教育，树立和增强法律的权威。因此，对于司法活动必须注意严格执行法律的规定，还要注意程序透明、说理透彻，让被告人真诚服判，让社会公众通过司法审判活动，感受法律的严肃公众，从而促进"和谐社会"的民主法治进程。

三、刑事司法理念的解放

　　从杨佳袭警案的上述总结，我们不难看出，我国现行的司法制度在实践中

---

① 参见陈光中：《关于刑事证据立法的若干问题》，载《南京大学法学评论》2000年春季号。

② 参见宋英辉：《刑事诉讼目的论》，中国人民公安大学出版社1995年版，第82页。

存在着诸多问题。要解决这些现实问题，创建和谐社会，我们就要依照胡锦涛同志提出的和谐社会理念，按照科学发展观的指引，解放思想、改革创新。具体到刑事司法领域，笔者认为必须首先从刑事司法理念的解放入手，树立以人为本、司法公正的刑事司法理念。

以人为本的刑事司法理念，就是要按照和谐社会民主法治的理念，尊重对待包括犯罪嫌疑人、被告人在内的所有刑事司法活动的当事人和参与人。以人为本的人本主义思想在资产阶级革命时期得以产生，刑讯逼供被取消，公开的酷刑被废止，犯罪嫌疑人和被告人获得无罪推定的待遇、辩护权被重新确立，刑事司法权力也从专制滥用发展到受法律制约。① 马克思后来肯定了资产阶级人本主义哲学中的合理因素，他在《关于林木盗窃法的辩论》中阐述道：

国家对于被告享有某种权利，因为国家对于这个人是以国家的身份出现的，因此，就直接产生了国家的义务，即以国家的身份并按照国家的方式来对待罪犯。国家不仅有按照既符合自己的理性、自己的普遍性和自己的尊严，也适合于被告公民的权利、生活条件和财产的方式来行事的手段，国家义不容辞的义务就是拥有这些手段并加以运用。②

在我国，传统文化富含着深厚的人文底蕴和人道精神，尊崇人的价值和尊严，充溢着对人的苦痛和幸福的普遍而深切的关怀，但中国漫长的历史暴露出的却是保护人的价值和尊严的制度与规则的匮乏和缺失。③ 新中国成立后，由于长期革命斗争经验积累下的"无产阶级专政"思想指导下的刑事司法理念，"对待敌人要像秋风扫落叶一样残酷无情"，这种理念延续到刑事司法实践中，刑事犯罪的犯罪嫌疑人、被告人就成为了侵害国家、人民利益的"敌人"，我们对待他们公平、正义不仅多余，还是立场问题，因为"对敌人的仁慈，就是对自己的残忍"。因此，在创建和谐社会的今天，我们刑事司法理念的解放，首先就是要破除以往的"阶级斗争"的残酷无情，树立以人为本的现代理念。保护包括犯罪嫌疑人、被告人在内所有公民的合法权益，严格约束刑事司法权力依法行使，不被滥用，只有如此，才可以实现民主法治、诚信友爱的社会和谐。

司法公正包括实体公正与程序公正两个方面。长期以来，我国刑事司法理

---

① 参见王圣扬：《控辩平衡原理与我国刑事诉讼法再修改》，载《诉讼法理论与实践》2006 年卷，北京大学出版社 2006 年版。

② 《马克思恩格斯全集》第 8 卷，人民出版社 1995 年版，第 578～579 页。

③ 参见徐显明：《国际人权法教程》（第一卷），中国政法大学出版社 2002 年版，"序言一"。

论和实践存在着重实体、轻程序的错误观念，立法上也明确规定《刑事诉讼法》的基本价值在于"保障刑法的正确实施"，这种"程序工具观"忽视了程序本身的内在价值，显然是不可取的。① 通过前面的论证数据可以看出，犯罪行为在实际发生后，我们的侦查机关并非能够进行全部追查，进行追查的部分也只能破案30%左右，这其中必然存在着失误和盲点。这是以往传统研究中缺乏科学发展观的指引，形成的误区。我们能够认识到失误与盲点的存在，就应该理性地去预防对于犯罪进行追究行为中失误和追查人员（包括侦查人员、检察人员、审判人员）的失误、错误乃至于为完成任务，谋求立功受奖制造冤假错案。因此，创建"和谐社会"的公平正义，就必须在科学发展观的指引下，真正树立司法公正理念，科学地面对我们的刑事司法能力，严格依法进行各种刑事司法活动。

---

① 参见樊崇义等：《刑事诉讼法修改专题研究报告》，中国人民公安大学出版社2004年版，第1~2页。

也谈刑事诉讼法任务的修改

蔡国芹[*]

【内容摘要】

我国现行《刑事诉讼法》"任务"的规定，是对前苏联刑事诉讼法立法模式的借鉴，反映着 20 世纪 70 年代末期的社会政治要求。虽然冠称"任务"，却更具刑事诉讼目的之性质。其内容"重打击、轻保护，重实体、轻程序"的倾向和规范功能的虚置，使得"任务"规定的修改显得非常必要。如果在现有条文的基础上进行改良，可能与其他条文的规定交叉重复，或者再次沦为"装饰性"的政治口号。因此，将其中的可取内容充实到总则的其他条文中而不设"任务"的规定，不失为一种可供选择的修改方案。

【关键词】刑事诉讼法　任务　修改

近几年来，刑事诉讼法学界围绕着《刑事诉讼法》的修改，展开了广泛的理论研讨。其中，也有学者针对"总则"中刑事诉讼法"任务"的规定进行了理论反思，并就其不合理之处作了剖析。细读已经公开发表的学术观点，笔者发现，学者们主要是就"任务"应如何反映刑事诉讼法的价值取向提出了一些真知灼见，而关于"任务"的修改建议则是局限在"任务"规范本身进行改良。笔者以为，作为刑事诉讼法规范的一部分，"任务"的设定既要考虑具体条文的逻辑结构、规范功能等立法技术要求，更要注意与总则中其他内容规定的协调，以使整个刑事诉讼立法更能反映社会政治、经济的发展形势，符合刑事诉讼规律。唯有在宏观把握的基础上进行微观考量，针对我国刑事诉讼法任务修改的理论探讨才更具参考价值。

一、刑事诉讼法任务的立法历程回溯

我国现行《刑事诉讼法》第 2 条规定："中华人民共和国刑事诉讼法的任

＊（广东）嘉应学院政法系副教授，上海交通大学法学院博士研究生。

务，是保证准确、及时地查明犯罪事实，正确应用法律，惩罚犯罪分子，保障无罪的人不受刑事追究，教育公民自觉遵守法律，积极同犯罪行为作斗争，以维护社会主义法制，保护公民的人身权利、财产权利、民主权利和其他权利，保障社会主义建设事业的顺利进行。"若作纵向考察，该条文规定的内容实质为历史继承和经验借鉴的产物。中华人民共和国第一部《刑事诉讼法》即1979 年《刑事诉讼法》，是以 1963 年由中央政法小组主持完成的《中华人民共和国刑事诉讼法草案（初稿）》（以下简称《草案（初稿）》）为蓝本，在总结正反两方面经验的基础上修正成《刑事诉讼法草案》，并于 1979 年 7 月 1 日由全国人大二次会议正式通过为法律的。1979 年《刑事诉讼法》第 2 条规定："中华人民共和国刑事诉讼法的任务，是保证准确、及时地查明犯罪事实，正确应用法律，惩罚犯罪分子，保障无罪的人不受刑事追究，教育公民自觉遵守法律，积极同犯罪行为作斗争，以维护社会主义法制，保护公民的人身权利、民主权利和其他权利，保障社会主义革命和社会主义建设事业的顺利进行。"1996 年 3 月修改《刑事诉讼法》时，"任务"的内容未发生根本变化，只是增加了"财产权利"和删除了"社会主义革命"等词句。虽然笔者难以考证1963 年的《草案（初稿）》是否也有"任务"内容的规定，但有一点是可以肯定的，我国当时的立法多数是以前苏联的相应法律为参照的，可以想象刑事诉讼的立法也不例外。而前苏联刑事诉讼法规定的"任务"是，"迅速和完全揭发犯罪，揭露犯罪人并保证正确适用法律、以便使每一个犯罪的人都受到公正的惩罚，而不使任何一个无罪的人被追究刑事责任和被判处刑罚。刑事诉讼应当有助于巩固社会主义法制，预防和根除犯罪，保护社会利益及公民的权利和自由，教育公民认真遵守苏联宪法和苏联法律，尊重社会主义共同生活的规则"。现行《俄罗斯联邦刑事诉讼法典》（于 1995 年 6 月 3 日颁布实施，1995年 11 月修订与补充）虽然对前苏联的《刑事诉讼法》进行了修正，但其第 2条关于刑事诉讼的任务却只有个别字句的变化。①受前苏联法律传统的影响，在《刑事诉讼法典》中规定"任务"，几乎成了社会主义国家刑事诉讼法的共性，而在西方国家的刑事诉讼法典中则难觅"任务"的踪迹。由于前苏联的立法是处在强化阶级斗争意识的年代，其法律服务于"镇压阶级敌人"的强烈意识形态烙印颇深，法律的工具主义色彩也较为浓厚。在崇拜的基础上学习和借鉴，我国的刑事诉讼立法自然深受其影响。至少是"任务"内容的规定，在大意上与前苏联刑事诉讼法基本类同。

---

　　① 参见苏方道、徐鹤喃、白俊华译：《俄罗斯联邦刑事诉讼法典》，中国政法大学出版社 1999 年版，第 2 页。

一定的法律总是一个时期或一个时代的产物，（法律）任务的设定也同样如此。①我国在 1979 年制定《刑事诉讼法》时，"十年动乱"结束不久。虽然十一届三中全会的召开，使国家的社会发展开始步入正道，但"拨乱反正"的各项工作并没有彻底结束，尤其是思想意识形态的转变往往需经历一个过程。尽管"以阶级斗争为纲"的时代已成过去，但为了营造经济建设的社会安定环境，强调"惩罚犯罪"自然胜于对犯罪人的"人权保障"，这也是当时的社会政治背景所决定的。但在近 20 年后的今天，我国的社会、经济和政治环境发生了巨大变化，国际刑事诉讼准则也广为国人认可，受当时立法指导思想而设定刑事诉讼法的"任务"规定显然已经不合时宜。因此，重新审视刑事诉讼法"任务"的规定，是社会政治、经济形势发展的必然。

二、刑事诉讼法任务的法理属性判断

在法理上，如何界定刑事诉讼法的"任务"？所谓刑事诉讼法的任务是指"规定国家制定和实施刑事诉讼法所希望达到比较具体的或总体目标"。②按照《现代汉语词典》的解释，"任务"含义为指定担任的工作；指定担负的责任。③其对应的英文表述是 assignment；mission；task 或 job。学者认为，法典中的所谓"任务"主要是指立法者为该法律能够起到某种作用或为达到至少趋近某一目的、目标所设定的应当有所作为的抽象或具体的事项。就语义而言，任务是一种人们对实际效果的期望和预设，是在主观可能作为的范围之内主体应作为的指令，强调的是某种人为结构或行为人必须作为的事项。④一般说来，"任务"，不论是短期、中期还是长期，其本义都是指一主体对另一主体提出的比较具体的行为要求，而且对承担者完成"任务"与否有着可供操作的量化标准。

关于刑事诉讼的"总体要求"，另一个相近的概念就是刑事诉讼目的。目的是指"想要达到的地点或境地；想要得到的结果"。⑤刑事诉讼目的是指国家

---

① 张卫平：《现行〈民事诉讼法〉任务的构成及修正》，载《法学》2006 年第 5 期。

② 陈光中、陈永生、陈学权：《中国刑事诉讼法第一编第一章"任务和基本原则"修改建议稿和理由》，载陈光中主编：《诉讼法论丛》（第 11 卷），法律出版社 2006 年版。

③ 中国社会科学院语言研究所词典编辑室：《现代汉语词典》（第 5 版），商务印书馆 2005 年版，第 1151 页。

④ 张卫平：《现行〈民事诉讼法〉任务的构成及修正》，载《法学》2006 年第 5 期。

⑤ 中国社会科学院语言研究所词典编辑室：《现代汉语词典》（第 5 版），商务印书馆 2005 年版，第 971 页。

进行刑事诉讼所要预期达到的理想目标。①刑事诉讼的目的起着统摄刑事诉讼各个阶段的作用，规范着各个诉讼参与者的刑事诉讼行为。② 有学者认为，刑事诉讼目的是一个较为宽泛的表述方法，本身包含了三个概念：一是指刑事诉讼活动的目的；二是指刑事诉讼法的目的；三是指刑事诉讼程序的目的。③就刑事诉讼法的目的而论，其含义有三：一为实体事实之正确性；二为诉讼程序之合法性；三为维护法和平而对被告为有罪之判决。④虽然"目的"和"任务"都是一种主观对客观的目标要求，但"任务"通常被认为是通过努力是可以完成的一种计划，而目的则更偏重于理想化的价值追求。所以，目的是从宏观角度着眼，构建了刑事诉讼法的使命，任务则从微观角度构建了具体完成的事项。

作为一项法律任务，其内容往往应当是一些刚性要求，不仅具有指令性和实然性，而且具有较强的约束力。刑事诉讼程序随着个案的发生而反复展开。那么，究竟是一个案件算做一项具体任务还是指所有刑事案件的诉讼程序必须完成的事项呢？鉴于法律适用的普遍性，《刑事诉讼法》不可能对个案提出具体办案要求，只能就程序运行的总体目标提出大概目标。法典中第 2 条规定的内容，其实质是一种具有应然性的立法愿望。由于这种愿望实现与否并没有具体的责任约束，充其量是一种宽泛的政治道德指引，因而很难说是一项具体的法律任务。其高度概括的评价性表述，虽然冠称以"任务"，但在法理上却反映着立法者对实施《刑事诉讼法》的理想化目的要求。与其说是"任务"，不如说是"目的"。

三、刑事诉讼法任务的逻辑结构分析

时下，课堂使用的教科书往往把《刑事诉讼法》第 2 条规定的"任务"分成几个层次进行分析。其中，"三层次"分析法认为："保证准确、及时地查明犯罪事实，正确应用法律，惩罚犯罪分子，保障无罪的人不受刑事追究"，是刑事诉讼法的直接任务。认为整个刑事诉讼过程是围绕着这一具体中心任务而展开；"教育公民自觉遵守法律，积极同犯罪行为作斗争"，是刑事诉讼法的重要任务。认为我国公安司法机关及其人员在刑事诉讼活动中均承担

①　樊崇义：《刑事诉讼法》，法律出版社 2004 年版，第 30 页。

②　李长城：《刑事诉讼目的新论》，载《中国刑事法杂志》2006 年第 1 期。

③　陈卫东：《刑事诉讼法》，中国人民大学出版社 2004 年版，第 34 页。

④　[德] 克劳思·罗科信著，吴丽琪译：《刑事诉讼法》（第 24 版），法律出版社 2003 年版，第 4 ~ 5 页。

教育的职能，通过揭露犯罪、证实犯罪、惩罚犯罪与保障无辜的诉讼活动以及主动参与法制宣传活动，自觉地对公民进行法制教育，使其了解法律的内容，培养守法的意识，培养人们与犯罪作斗争的责任感和勇气，从而起到预防犯罪的作用等；而"维护社会主义法制，保护公民人身权利、财产权利、民主权利和其他权利，保障社会主义建设事业的顺利进行"，则是刑事诉讼法的根本任务。刑事诉讼法正是通过保证刑罚权的行使，惩罚破坏社会主义法律秩序的犯罪行为，以使社会主义法制的尊严得到维护。[①] "二层次"分析法的观点则认为，"保证准确、及时地查明犯罪事实，正确应用法律，惩罚犯罪分子，保障无罪的人不受刑事追究，教育公民自觉遵守法律，积极同犯罪行为作斗争"，是我国刑事诉讼法的具体任务；"维护社会主义法制，保护公民的人身权利、财产权利、民主权利和其他权利，保障社会主义建设事业的顺利进行"，则是其根本任务。[②]

　　从以上的层次分解论证来看，不论是"三分法"还是"二分法"，学者们都认为我国《刑事诉讼法》对所谓"任务"的规定并不是"并列"关系，而是一种"递进"关系。从"直接任务"到"重要任务"，再到"根本任务"，或者说从"具体任务"到"根本任务"，反映出立法者对法律实施者从"具体到一般"的主观期望。"查明犯罪事实，正确应用法律，惩罚犯罪分子，保障无罪的人不受刑事追究"是对刑事诉讼行为的规范性要求，属于"应为"的范畴，有某种指令性色彩；而"教育公民自觉遵守法律，积极同犯罪行为作斗争，维护社会主义法制，保护公民的人身权利、财产权利、民主权利和其他权利，保障社会主义建设事业的顺利进行"，则是刑事办案正确时可能起到的实际效果，或者说是一种间接作用。特别是"维护社会主义法制，保护公民的人身权利、财产权利、民主权利和其他权利，保障社会主义建设事业的顺利进行"的表述，它更多的是反映了国家现行的所有法律应该具有的"终极目的"。在这个含义上讲，任务、目的和要求之间已经没有特别明显的区别了。从需要、应当完成的事项来讲是一种任务，从立法者所希望该法律规范所达至的效用角度而言，是目的，也是一种基本要求。[③] 再从另一角度分析，"保证准确、及时地查明犯罪事实"，是属于程序性的"任务"规定，而"正确应用法律，惩罚犯罪分子，保障无罪的人不受刑事追究，保护公民的人身权利、民主权利和其他权利"，则属于实体性的"任务"规定。这样一来，

---

① 　陈光中：《刑事诉讼法》，北京大学出版社 2002 年版，第 18 ~ 20 页。

② 　龙宗智、杨建广：《刑事诉讼法》，高等教育出版社 2003 年版，第 32 ~ 35 页。

③ 　张卫平：《现行〈民事诉讼法〉任务的构成及修正》，载《法学》2006 年第 5 期。

《刑事诉讼法》对"任务"的规定基本上是程序与实体不分了。

四、刑事诉讼法任务的规范功能反思

根据法理学原理，法律是一种普遍的社会行为规范，它的指引作用主要是指规范性指引。法律在发挥其规范性指引作用，调整人们的行为时，规定人们可以这样行为、应该这样行为或不应该这样行为的尺度。具体分为授权性规范和义务性规范。其中，义务性规范是通过规定法律义务，要求人们作出或抑制一定行为，并且规定如果违反这种法律义务所应当承担的某种否定性的法律后果。①同理，刑事诉讼法的任务也是一种法律义务，应该具有相应的规范约束力。而且作为一项明确的法律任务，它应该是具有某种强制力。也即是，只要任务的设置合理，承担任务的人若没有完成，则应当负相应的法律责任。反过来，如果设定的任务因不切实际而不可能完成，这样的义务设定也就不具有规范意义。

那么，刑事诉讼法任务的规范功能究竟如何体现呢？由于刑事诉讼法本身不是生命主体而不具有自我实施的能力，因而不可能把《刑事诉讼法》确定为任务的承担主体。其中的任务只能由具体实施《刑事诉讼法》的主体承担。虽然刑事诉讼程序是各诉讼法律关系主体共同参与运行的结果，但从"任务"的内容来看，此任务却不是所有诉讼参与人的共同任务，而是下达给行使国家权力的公、检、法机关的。

首先，"查明犯罪事实，正确应用法律，惩罚犯罪分子，保障无罪的人不受刑事追究"的行文，其实质是对刑罚权行使的基本要求。其中，"查明犯罪事实"是承担控诉职能的警检机关为履行举证责任而必须达到的法律效果；"正确应用法律"，则是人民法院裁判案件时的基本要求；"惩罚犯罪分子"则更是国家权力的垄断职能。作为当事人的犯罪嫌疑人、被告人只是以行使辩护权的方式来捍卫其合法权益，他/她既没有条件也没有义务去查明自己涉嫌的犯罪事实来达到惩罚自己的目的。尽管被害人参加刑事诉讼时承担的是控诉职能，但他/她不论是在公诉案件中还是自诉案件中均不可能行使国家强制力来达到"惩罚犯罪分子"的目的。诸如证人、鉴定人和翻译人员等其他诉讼参与人，则更是为了履行协助查明案情的义务而参加诉讼。同样，"保障无罪的人不受刑事追究"，也只能是针对行使国家追诉权和刑罚权的权力机关的要求。

其次，"教育公民自觉遵守法律，积极同犯罪行为作斗争"的规定，并不

---

① 李步云：《法理学》，经济科学出版社 2000 年版，第 94～95 页。

具有直接约束刑事诉讼行为的规范效果。教育功能是所有法律的规范作用之一。法律的教育作用表现在于通过法律的实施，法律规范对人们今后的行为发生直接或间接的诱导影响。其作用方式有二：一是反面教育，即通过对违法行为实施制裁，对包括违法者本人在内的一般人均起到警示和警戒的作用；二是正面教育，即通过对合法行为加以保护、赞许或奖励，对一般人的行为起到表率、示范作用。《刑事诉讼法》第 2 条所指的"教育"显然是指反面教育。希望通过揭露犯罪、证实犯罪、惩罚犯罪的具体案例来教育犯罪者本人及其他社会成员。在刑事诉讼中，侦查、起诉和审判人员主要是围绕着被追诉人的犯罪事实和刑事责任问题而履行各自职责，不可能进行专门的法制宣传教育工作，即使有也是附带的或者说是服务于办案需要的，如说服犯罪嫌疑人主动交代犯罪事实、配合侦查取证等。如果是对案外人进行教育，则完全是取决于刑事案件的处理效果。在过去，不少人认为，公开审判本身就是一种以案说法的生动具体的法制教育过程。其实这是对公开审判制度价值的误解。公开审判过程的本意是让司法行为接受社会监督和防止司法恣意、专横，是满足公众对司法知情和实现诉讼民主的需要，教育作用只是其中的附带效果。因此，实行公开审判并不是对"教育公民自觉遵守法律，积极同犯罪行为作斗争"法律任务的具体落实。如果教育的对象是犯罪嫌疑人、被告人本人，他/她也不可能"积极同自己的犯罪行为作斗争"。再者，假如法制教育真是一项具有强制意义的法律任务，当犯罪嫌疑人、被告人是外国人或无国籍人时，该如何让其受到应有的法制教育？根据《刑法》规定，法人和其他组织也可以成为犯罪主体，是否也应该接受必要的法制教育？其实，法制教育作为案件处理的诱导效果，它无法直接以任务的形式来具体规范约束办案机关或诉讼当事人的诉讼行为。

最后，"维护社会主义法制，保护公民的人身权利、财产权利、民主权利和其他权利，保障社会主义建设事业的顺利进行"，只是对社会主义法制一般要求的重复，对刑事诉讼不具有应然的操作性。"权利是建造法律的基本材料"，①所有法律都应以保护权利为己任，"保护公民的人身权利、财产权利、民主权利和其他权利"的重任也并非《刑事诉讼法》能独自胜任。刑事诉讼解决的只是涉嫌犯罪的事实和法律责任问题，案件的公正处理自然达到保障权利的目的。"维护社会主义法制"和"保障社会主义建设事业的顺利进行"，则更像是一项伟大且神圣的政治任务。与其说是约束性的法律规范，倒不如说是政治性号召。作为上层建筑的组成部分，《刑事诉讼法》所负载的政治和经济服务功能，只能是实施效果的间接反映。否则，法律的公正性会因为履行政

---

① ［美］弗里德曼：《法律制度》，中国政法大学出版社 1994 年版，第 226 页。

治义务而变得荡然无存。

另外，"任务"中具有一定宏观指引意义的内容被"任务化"不仅缺乏必要的强制性保障，而且其规范目标的设定也值得进一步商榷。"查明犯罪事实，正确应用法律，惩罚犯罪分子，保障无罪的人不受刑事追究"的规定，彰显了《刑事诉讼法》的工具价值但却弱化了其内在的独立价值。在现代刑事诉讼理论看来，《刑事诉讼法》不仅是一部犯罪惩罚法，更是一部人权保障法，它不仅赋予司法机关追究、惩罚犯罪所必须装备的职权，而且还赋予犯罪嫌疑人、被告人借以自保的权利。如果只把保证国家权力的有效运行作为《刑事诉讼法》的任务，犯罪嫌疑人、被告人的程序主体地位就很难得到保障，"以权利制约权力"的目标更无从谈起。而且，惩罚犯罪与保障人权是一个问题的两个方面。即使是犯罪分子，也应享有基本的人权。赋予并保障犯罪嫌疑人、被告人的抗争权力滥用的程序权利，不仅是诉讼公正的基本前提，也是"保障无罪的人不受刑事追究"的制度条件。

五、修改《刑事诉讼法》任务的学界建言

针对《刑事诉讼法》中"任务"规定的不完善问题，曾有学者提出过自己的见解。据笔者掌握的资料，最早质疑《刑事诉讼法》第 2 条中"任务"内容的是陈浩铨先生。陈先生于 2002 年在其《对我国刑事诉讼法第 2 条的意见》一文中认为"任务"的两项内容不合理。第一，将"教育公民自觉遵守法律"作为《刑事诉讼法》的一项任务，既不够贴切，也不够准确。理由有：刑事诉讼之所以能使群众引以为戒、或增强预防犯罪意识，只是刑事诉讼活动所起的教育作用。公开审判是司法民主的具体形式，并非教育旁听群众，而是接受人民群众的监督。目的是为了提高办案质量、防止审判人员徇私舞弊和实际贯彻辩护、回避、合议等制度。同时，人民作为国家的主人，司法活动应该接受人民监督，而不是反过来教育人民自觉遵守法律。况且，世界各国的刑事诉讼法均无"教育公民自觉遵守法律"的规定。第二，"保障无罪的人不受刑事追究"带有一定情绪色彩。认为"惩罚犯罪分子"与"保障无罪的人不受刑事追究"并非等级相称。《刑事诉讼法》保障的应该是包括被害人、辩护人和证人等在内的全部刑事诉讼参与人。其结论是：删去"教育公民自觉遵守法律"；将"保障无罪的人不受刑事追究"改为"保障诉讼参与人合法权利。"①

2005 年，吴啟铮先生在其《刑事诉讼法任务刍议——对我国〈刑事诉讼

---

① 参见陈浩铨：《对我国刑事诉讼法第 2 条的意见》，载《法治论丛》第 5 期。

法〉第 2 条的反思与重构》一文中也探讨刑事诉讼法的"任务"问题。吴先生认为,我国刑事诉讼法的"任务"蕴涵了保障人权的精神,但仍然存在着几方面的不足:强调惩罚犯罪优先于保障人权,没有合理协调两者的关系;保障对象的狭隘,缺乏对普通公民、其他诉讼参与人、诸多当事人和有罪的人的保障;缺乏对诉讼权利的保障,所保障的只是实体权利,而非程序法中的诉讼权利。另外,"将教育公民守法、同犯罪作斗争、维护法制、保障建设等庞杂的内容规定为刑诉法的任务是值得商榷的"。所以,我国刑事诉讼法的任务应该是:依照诉讼程序,保障每一个公民的基本人权、当事人和其他诉讼参与人的诉讼权利,保障无罪的人不被定罪、有罪的人获得公正判决的同时,准确、及时地查明案件事实,正确适用法律,维护公共利益。①

2006 年 9 月,陈光中教授等人在中国《刑事诉讼法》修改建议稿中,就《刑事诉讼法》的"任务"提出了修改建议:"中华人民共和国刑事诉讼法的任务,是保证刑事诉讼的公正进行,保证准确、及时地查明犯罪事实,正确应用法律,公平地惩罚犯罪分子,保障无罪的人不受刑事追究,对公民进行法律教育,以维护社会主义法制,保障国家安全和社会公共安全,保护个人和单位的合法权利,促进社会和谐,保障社会主义建设事业的顺利进行。"其修改的理由是:宗旨与任务是不同的。宗旨是从宏观上概括刑事诉讼法的立法目的,而任务是规定国家制定和实施刑事诉讼法所希望达到的比较具体的或总体的目标,将两者分开规定比较合理。而且,我国《刑法》有对"任务"的规定,在《刑法》任务没有删除的情况,直接删除刑事诉讼法的"任务"规定,会导致《刑法》与《刑事诉讼法》的规定不协调。②

2006 年 11 月 6 日,在中国政法大学举行的德恒程序论坛系列讲座上,陈光中教授以"刑事诉讼法再修改的若干问题"为题的讲座报告中再次分析了刑事诉讼法的"任务"问题。陈教授指出,《刑事诉讼法》"任务"的规定,反映出"重实体,轻程序;重打击犯罪,轻保障人权"的失衡的目的倾向。同样,"教育公民自觉遵守法律,积极同犯罪行为作斗争"却没有说教育公民如果政府侵犯自己的权利,如何拿起法律的武器同政府的违法行为进行斗争,因而"太片面化"。据此,陈教授认为,今后对《刑事诉讼法》的任务进行修

---

① 参见吴启铮:《刑事诉讼法任务刍议——对我国〈刑事诉讼法〉第 2 条的反思与重构》,载《甘肃政法成人教育学院学报》2005 年第 3 期。

② 陈光中、陈永生、陈学权:《中国刑事诉讼法第一编第一章"任务和基本原则"修改建议稿和理由》,载陈光中主编:《诉讼法论丛》(第 11 卷),法律出版社 2006 年版,第 14~15 页。

改时，应该"把宪法里面尊重和保障人权的精神贯彻到刑事诉讼法里来"，并主张把"惩治犯罪、保障人权，保证刑事诉讼公正"等内容写入《刑事诉讼法》的任务。①

从以上关于刑事诉讼法"任务"的修改建议来看，学者们主要是针对"任务"内容中"重实体、轻程序；重打击、轻保护；概念范围不周全、表述不准确以及个别规定不协调"等立法价值和技术问题，提出了建设性的修改方案，这对我们重新审视刑事诉讼法的"任务"，无疑是非常有益的启迪。

六、《刑事诉讼法》任务规定的应然走向

对《刑事诉讼法》的"任务"进行修改，似乎已成共识，但该如何修改则还可进一步研讨。笔者认同前述学者们对我国《刑事诉讼法》"任务"不合理规定之评析，但不赞成在现有内容基础上进行修正。理由如下：首先，作为国家权力的公、检、法机关在刑事诉讼中处于主导地位，《刑事诉讼法》只有规范其权力运行的界限，根本无须以"任务"的形式来保障追诉权和刑罚权的行使。否则，必然导致"重权力、轻权利"的本末倒置现象；其次，"惩罚犯罪与保障人权并重"是属于刑事诉讼目的的范畴，完全可以在第1条的"宗旨"中加以明确而不必再次重复；其三，落实"保障无罪的人不受刑事追究"的要求，可以在"无罪推定原则"中予以细化；其四，"保护当事人权利"的内容，则可以通过"保障当事人诉讼权利原则"和当事人在程序的权利内容及其救济程序中加以完善；其五，法制教育和维护社会秩序等内容，属于刑事司法的间接效果，根本不宜出现在总则的内容中；其六，如果以《刑法》的"任务"规定之存在，作为《刑事诉讼法》"任务"设定的理由，无疑是"重实体、轻程序"的强调；最后，不论内容如何，作为一项法律任务时，其规定就应该具有约束力。如果"任务"只是一句"装饰性"的政治口号却不具有规范价值，自然因虚设而显得多余。

基于以上分析，笔者建议，我国今后的《刑事诉讼法》以不设"任务"为宜，现行规定中的可取内容可以在总则的其他条文中予以充实和体现。

---

① 参见陈光中：《刑事诉讼法再修改的若干问题》，载 http://ysnde.blog.163.com/blog/static/2121560020074155164319/，2007 年 9 月 18 日访问。

专题二

羁押合法性与权利告知

刑事案件"延长羁押期限"问题研究

廖荣辉[*]

【内容摘要】

我国现行的延长羁押制度对于成功地展开刑事追诉活动，防止嫌疑人、被告人逃避侦查和审判，避免其毁灭证据、串供甚至威胁证人、被害人等，都是卓有成效的；在不断的延长羁押过程中，嫌疑人、被告人也丧失了再犯新罪、自杀以及危害社会的能力。但作为一种沉重的代价，延长羁押制度法治化水平也确实是不高的，无论是延长羁押法定、程序保障、比例性等实体性原则，还是权力监督、司法救济等程序性原则，都没能在我国延长羁押制度中得以确立。本文拟通过分析延长羁押制度存在的问题，有针对性地提出改革、完善现行延长羁押制度的具体对策。

【关键词】 刑事案件　羁押　延长

在中国刑事诉讼中，法定的强制措施共有五种，其中与羁押有关的强制措施主要是刑事拘留和逮捕。

无论是刑事拘留的期限，还是逮捕后的羁押期限，尽管在法律中有明确的限制，但都存在着一系列延长的情况。当前，作为我国羁押制度重要组成部分的延长羁押制度存在较突出的问题，成为制约人权建设、诉讼效率、社会公平的重要障碍。

＊ 广州市人民检察院副检察长，全国首批检察业务专家，中国政法大学博士研究生。

一、刑事案件延长羁押期限的现状和问题

（一）拘留期限的延长存在的问题

《刑事诉讼法》第 69 条①规定了刑事拘留的基本期限、延长期限及理由。基本期限为 3 日，延长拘留期限的情况有两种：一是"特殊情况下"可延长 1 至 4 日；二是"对于流窜作案、多次作案、结伙作案的重大嫌疑分子"，可延长至 30 日。但司法实践中，拘留期限的延长存在相当多的问题。

1. 侦查机关（部门）对呈捕的犯罪嫌疑人延长拘留期限的比率相当高，几乎"每拘必延"

从立法的原意看，我国《刑事诉讼法》是把 3 日的拘留期限作为常态，对延长 1 至 4 日的要求也不严格，而对 30 日的拘留期限则作了严格的规定。但据统计，② 2007 年第一季度广州市人民检察院受理的审查（决定）逮捕案件中，采取了刑事拘留措施的有 446 人，其中未延长拘留期限的 10 人，占全部被拘留人数的 2.24%；延长至 7 日的为 37 人，占全部被拘留人数的 8.3%；延长至 30 日的为 399 人，占全部被拘留人数的 89.46%。从以上数据可以看出，在办理刑事案件过程中，延长拘留期限几乎成了必经程序，不办理延长反而成了例外。

2. 公安机关对延长拘留期限的理由未予严格执行

（1）"多次作案"、"结伙作案"适用不当。

根据《公安机关办理刑事案件程序规定》第 110 条的解释，"多次作案"是指 3 次以上作案。但在办案实践中，有许多作案次数为两次或一次的也以"多次作案"为拘留延长理由的，显然是失当的。

关于"结伙作案"的含义，根据《公安机关办理刑事案件程序规定》第 110 条的规定，是指二人以上共同作案。但在实践中，有一些问题值得思考，比如，在一起收购赃物案件中，犯罪嫌疑人单独实施的收购赃物行为，却被认定为"结伙作案"并被延长拘留期限至 30 日。其中原因，到底是认为收赃者和盗窃者是结伙作案的逻辑，还是因为收赃者的问题查清有赖于盗窃行为的查清从而一起延长拘留期限，就不得而知了。

---

① 公安机关对被拘留的人，认为需要逮捕的，应当在拘留后的 3 日以内，提请人民检察院审查批准。在特殊情况下，提请审查批准的时间可以延长 1 日至 4 日。对于流窜作案、多次作案、结伙作案的重大嫌疑分子，提请审查批准的时间可以延长至 30 日。

② 根据广州市人民检察院侦查监督办案系统数据、收发案登记及批捕监督卷资料统计。

（2）"流窜作案"的适用存在泛化倾向，户籍地对延长拘留期限有较大影响。

部分侦查人员认为，外省籍犯罪嫌疑人在本地作案即"流窜作案"。《公安机关办理刑事案件程序规定》第110条规定，"流窜作案"是指跨市、县管辖范围连续作案，或者在居住地作案后逃跑到外市、县继续作案。可见"流窜作案"是指两个以上市、县均实施有犯罪行为。

3. 延长拘留期限的监督制约机制不健全

（1）内部制约机制流于形式。

学者认为，"羁押权不能有某一机关单独集中行使，权利的过分集中而无制约必然会导致权利的滥施"。① 延长拘留期限审批采取了内部审批的方式，在司法实践中，这种审批往往流于形式。

（2）外部监督、救济机制缺位。

延长拘留期限决定的内部性导致的监督力度的阙如，能否通过外部监督、救济予以弥补呢？

首先，直到侦查机关（部门）提请（移送）审查逮捕，外部机关检察机关（或审查逮捕部门）才介入并知情，并出现外部（外部门）监督的可能，而此时，延长后的拘留期限已基本被用完。② 也就是说，外部监督根本不可能阻止延长拘留期限肯定被执行的结果。

其次，能否通过嫌疑人的权利救济去对抗不正确的拘留期限的延长呢？我们注意到，延长拘留期限后，侦查机关（部门）会发出《延长拘留期限通知书》，而这份文件的收件人是已经在看守所内羁押的犯罪嫌疑人。嫌疑人的人身自由尚受控制，他的救济途径更是少之又少。可见，在延长拘留期限上，嫌疑人除了享有了一个知情权外，其异议权、救济权名存实亡。

（二）捕后羁押期限的延长存在的问题

在我国的法律语境内，"逮捕"的必然后果是"羁押"，如果要改变"羁押"的状态，必须要撤销逮捕，或者将逮捕这种强制措施予以变更。同拘留的羁押只能在侦查阶段实施不同，逮捕造成的羁押往往涵盖几个办案环节，包括侦查阶段的羁押、起诉阶段的羁押和审判阶段的羁押。当前，逮捕后羁押期

---

① 陈卫东、陆而启：《羁押启动权与决定权配置的比较分析》，载《法学》2004年第11期。

② 实践中，也存在检察机关（审查逮捕部门）在案件呈捕（移送审查逮捕）前提前介入侦查的情况。但此类案件，往往案情重大、复杂，取证困难，社会影响大，一般符合延长拘留的条件。

限的延长存在以下几个问题：

1. 逮捕后的羁押期限具有较强的不确定性

一般情况下，逮捕后的侦查羁押期限不得超过两个月。但是，《刑事诉讼法》第124条、第126条、第127条又规定在几种情形下可以分别延长1个月、2个月和2个月。除了这三种情形以外，《刑事诉讼法》还确立了三项特别的规则，① 进一步增加了捕后侦查羁押期限的不确定性。

审查起诉阶段，人民检察院又可对案件进行两次的退查，每次的补充侦查时间是1个月，而补充侦查后的重新审查起诉时间又至少为1个月，这对于犯罪嫌疑人又意味着可能延长4个月的羁押。

在审判阶段，第一审程序规定了一次延长审理期限、一种重新计算审理期限的情形；② 第二审程序中，改变管辖、补充侦查、发回重审案件都要重新计算审理期限。再者，案件在办案机关之间、上下级法院之间移送时间不计入办案期限，审判阶段到底要羁押犯罪嫌疑人多长时间，几乎是个"谜题"。

2. 检察机关对侦查羁押期限的延长审查限于程序审查

在提请审批延长羁押期限时侦查机关（部门）提请的材料中，最有实质价值的就是作为提请延长羁押期限理由说明的单独材料，该材料概括了基本案情，对高度概括的延长羁押理由"案情复杂，取证困难"等予以较详细的说明。这份材料是侦查机关（部门）出具的，他们希望通过延长羁押期限争取办案时间、缓解办案压力，难免会有倾向性；而检察机关对实际情况并不知情，最后只得批准。据统计，③ 2006年度，广州市区县级侦查机关（部门）共提请审批第一次延长羁押期限998人、第二次延长羁押期限292人、第三次延长羁押期限71人，其中，不予批准延长的寥寥无几。从这样一个数据，就不难想象延长羁押期限的审查状态：下级检察机关程序性地审查一下材料是否

---

① 根据《刑事诉讼法》第128条的规定，在侦查期间"发现嫌疑人另有重要罪行的"，公安机关可以不经检察机关批准，而自行决定"自发现之日起重新计算羁押期限"。《刑事诉讼法》第128条还规定，"犯罪嫌疑人不讲真实姓名、住址，身份不明的"，羁押期限自查清其身份之日起计算。根据《刑事诉讼法》第125条的规定，"因为特殊原因，在较长时间内不宜交付审判的特别重大复杂的案件"，由最高人民检察院报请全国人大常委会批准延长羁押期限。

② 根据《刑事诉讼法》第168条的规定，"人民法院审理公诉案件，应当在受理后一个月以内宣判，至迟不得超过一个半月。有本法第一百二十六条规定情形之一的，经省、自治区、直辖市高级人民法院批准或者决定，可以再延长一个月。人民法院改变管辖的案件，从改变后的人民法院收到案件之日起计算审理期限"。

③ 根据广州市人民检察院的统计。

齐备,延长羁押理由是否"面上过得去",就提出同意延长的意见;上级检察机关再程序性地审查一下,即作出了同意延长的意见。

3. 延长羁押期限已偏离了制度设计的初衷

刑诉法立法者确立了基本的侦查羁押期限,又设计了延长羁押制度,意在使大部分案件在基本侦查羁押期限内侦查终结的同时,保证小部分案情复杂、取证困难的重大、疑难案件能够有充足的办案时间。但现实情况是怎么样呢?2006 年,广州市基层检察机关共批准(决定)逮捕 18148 人,而该年度经过第一次延长羁押期限的有 998 人,比例为 5. 50%。① 而且这个比例在各个区是有着明显的差异,案件越多的区,比例越高,案件越少的区,比例越低。比如,案件较少的增城市(2006 年批准、决定逮捕 1395 人),这个比例为0. 57%;而案件较多的天河区(2006 年批准、决定逮捕 2308 人),比例为13. 63%。从以上数据对比可以看出,延长羁押期限,已经成为侦查机关(部门)争取办案时间,缓解办案压力的"有效"措施。

4. 延长羁押期限的标准较难把握

一个严格的延长羁押期限,应当同时满足这两个条件:一是"什么样的案件",指"案情复杂、取证困难"、"重大的犯罪集团案件"以及"交通十分不便的边远地区重大复杂案件"等;二是适用情形,指的是"期限届满不能侦查终结"。然而,首先,司法实践中对于什么是"交通十分不便"、什么是"案情复杂"较难把握;而"取证困难"更几乎被理解为"取证未能",至于"未能"的原因是什么,是否存在消极侦查,却往往不去深究,统统归结为"困难"。其次,某些案件的证据已经灭失,或取得的可能性很小,再延长羁押是否有意义?再者,"期限"尚未"届满",离羁押期限届满还有半个月甚至更长的时间,侦查机关(部门)就迫不及待地来延长羁押,难道他们是预计到十来天的侦查不会取得进展?

5. 重新计算羁押期限制度设计存在问题

根据《刑事诉讼法》第 128 条的规定,在侦查期间"发现嫌疑人另有重要罪行的"侦查机关可以自行决定"自发现之日起重新计算羁押期限"。这就意味着侦查机关只要发现嫌疑人犯有两项以上罪行的,都可以在羁押期限满 7个月之前,反复重新计算羁押期限。这无疑等于将一部分逮捕的决定权授权给侦查机关(部门)行使。

《刑事诉讼法》第 128 条还规定,"犯罪嫌疑人不讲真实姓名、住址,身份

---

① 根据广州市人民检察院的统计。

不明的"，羁押期限自查清其身份之日起计算。① 但是，假如侦查人员确实已经了解了嫌疑人的"真实身份"，而又故意装做不了解，那么谁来监督呢？

6. 审查起诉、审判阶段羁押期限与办案期限合一

案件进入审查起诉和审判阶段以后，刑事诉讼法就没有任何有关羁押期限的规定，羁押期限几乎完全依附于各诉讼阶段的"办案期限"。而且，对嫌疑人的羁押期限不仅随着诉讼活动的顺向运转而延长，而且还会随着诉讼活动的逆向运行而继续延长。②

7. 羁押期限的比例性原则未真正确立

羁押期限的比例性原则，实质是罪刑相适应的法治原则在有罪判决生效前的延伸，其精髓是将羁押的幅度、期限控制在与涉嫌犯罪的严重程度以及嫌疑人、被告人可能被科处的刑罚相适应的范畴内，并与指控罪行的严重性和可能判处的刑罚的幅度相适应。然而，在我国，羁押在任何一个诉讼阶段都不存在一个相对稳定的"最高羁押期限"，使得羁押带有"上不封顶"的性质；而且，不论行为人涉嫌实施犯罪的轻重，逮捕后的羁押期间一律为 2 个月，并且可以不断地延长。实践中，一个可能被判处 3 年有期徒刑的犯罪嫌疑人与一个可能被判处 15 年甚至无期徒刑的犯罪嫌疑人，在有罪判决生效前的羁押期限可能完全相同。

8. 羁押期限延长的救济机制缺位

"有权利就应当有救济"，然而在羁押期限延长的救济上，我国《刑事诉讼法》显然是缺位的。

（1）羁押期限延长告知制度缺位。

《刑事诉讼法》中，没有司法机关应当告知犯罪嫌疑人羁押期限的规定，更没有告知羁押期限延长的规定，这使得案件当事人、其他诉讼参加人的知情权得不到保障。尤其是犯罪嫌疑人，其对自己的还要等待多长时间才能进入下一环节，还要在看守所被羁押多长时间没有知情渠道，不但是对其正当知情权利的损害，还会使其对法律的严肃性、公正性产生怀疑。

（2）羁押期限延长事后救济制度缺位。

我国《刑事诉讼法》虽然规定犯罪嫌疑人、被告人及其法定代理人、近亲属或者犯罪嫌疑人、被告人委托的律师及其他辩护人对公安司法机关采取强

---

① 这种情况较多出现在公安机关立案侦查的案件中，人民检察院直接受理的案件的侦查过程中很少出现这种情况。

② 换言之，不论诉讼活动继续进行还是暂时中止，抑或是从审判、审查起诉阶段分别倒退回审查起诉、侦查阶段，对嫌疑人、被告人的羁押都会自动地加以顺延。

制措施超过法定期限的，有权要求解除强制措施，但这种救济缺乏完整性，既没有规定有权解除机关解除或变更强制措施的时间期限，也没有规定不服不改变羁押性强制措施决定的复议程序及申诉权利。另外，对申请结果的反馈告知也付之阙如，申请之后往往如石沉大海，没有回应。

而且，作为特殊的司法救济机制的行政诉讼制度，也没能把公安机关、安全机关、检察机关作出的羁押期限延长方面的决定纳入应诉范围。

二、对策与建议

（一）延长羁押期限应当确立的几个基本原则

1. 法定原则

这是使延长羁押制度建立在法治原则上的基本要求。具体地说，就是延长羁押的理由、必要性、期限、授权、审查、救济、防御等一系列环节上，都要有法律的明文规定，并严格依法延长羁押期限。

2. 比例性原则

主要包括三个基本要求：一是目的性要求，即延长羁押的适用不得背离其法定的理由，应做到目的与方法的平衡。二是必要性要求，即在有几种替代性措施均可以达到同一目的情况下，要求选择适用最有利于嫌疑人、被告人的措施，以延长羁押为例外。三是适当性要求，即要求将延长羁押的期限控制在与涉嫌犯罪的严重程度以及嫌疑人、被告人可能被科处的刑罚相适应的范畴内。

3. 检察监督原则

即由法定的法律监督机关检察机关通过审查延长羁押的实质性要件，决定是否同意延长羁押期限，尤其应当把重新计算羁押期限纳入检察机关的监督范围，由检察机关决定是否应该重新计算羁押期限。

4. 司法救济原则

法律应当赋予所有受到被延长羁押的嫌疑人、被告人充分的程序性救济的权利，赋予他们就羁押及羁押延长的合法性问题提出异议的权利和通道，并通过一定程序给予审查并处理。

（二）完善刑事案件延长羁押制度的具体对策

1. 完善延长拘留期限制度

（1）适当延长普通拘留期限。

延长拘留期限的比例高的原因之一是 3 天的普通拘留期限实在不够用。例如，一个普通的现场抓获的抢夺案件呈捕前应当有现场移交、做讯问笔录、询问笔录、辨认笔录、现场勘查、鉴定、撰写法律文书等十余个办案环节，而且，其中有些环节较花费时间，比如领导审批环节、讯问环节、① 文书制作环节、鉴定环节等。走完上述环节，3 天的普通拘留期限已然很紧张了，但经办人手上往往不止一个案件，而且，并非上班的时间均能办案，开会、业务学习、案件讨论以及其他事务性工作也会占去一定的时间。这就不难解释为什么几乎所有的拘留都会被延长了。

对普通拘留期限的限定应当考虑以上因素，限定的期限应既能保证大部分案件能在期限内达到提请批准逮捕的要求，又能最大限度地保障犯罪嫌疑人被羁押最短的时间和避免侦查人员的办案惰性。至于具体期限，笔者认为 7 天至 10 天为宜。

（2）取消延长拘留期限 1 至 4 日的规定。

首先，延长拘留期限 1 至 4 日没有一个确定的条件和理由，笼统为"特殊情况下"，这样的规定实际上不具有实际操作性；其次，在普通拘留期限适当延长后，延长 1 至 4 日的规定也没有了存在的必要。这样既保证侦查机关（部门）拘留后有足够的侦查取证时间，又可以维护司法统一，保证执法的严肃性。

（3）适当缩减延长拘留期限至 30 日的幅度。

客观上讲，"流窜作案"、"多次作案"、"结伙作案"也的确花费较多的侦查精力和较长的侦查时间。但另一方面，只要查实其中一宗已构成犯罪的，即可提请批准逮捕，捕后还有 2 个月的侦查时间。再者，随着侦查中的高科技含量的增加，侦查手段不断进步，侦查人员的素质和取证水平有所提高，侦查时间也应相应缩短。

（4）严格审查延长拘留期限理由。

对于什么是"流窜作案"、"多次作案"、"结伙作案"，《公安机关办理刑事案件程序规定》给予了明确的解释，关键是在司法实践中严格执行。同时，有几个理解问题应当明确：

"多次作案"是否要求每一次作案均构成犯罪？笔者认为，对于盗窃罪、抢夺罪等犯罪数额可以累加的犯罪，不要求每次作案都单独构成犯罪，只要总数额达到犯罪起刑点即可认定为"多次作案"，并可援引此理由延长拘留期限。因为作为总体犯罪中的组成事实，必须予以查清，因此也必将耗费较多的侦查时间。对于同一个嫌疑人多次作案分别触犯不同罪名的，则要求每次作案

---

① 一般看守所都设在比较偏远的地区，路程上要花费较多时间；审讯时既要与犯罪嫌疑人斗智斗勇突破犯罪嫌疑人的口供，还要制作讯问笔录；有些案件还要聘请外语、手语、地方语翻译。

均单独构成犯罪。比如，犯罪嫌疑人有了两宗盗窃事实，已构成盗窃罪，又交代了其有一宗抢夺事实，但数额明显未达抢夺罪的起刑点，则不能认定为"多次作案"。

"结伙作案"的作案人在触犯罪名上是否需一致？笔者认为，首先，共同犯罪可能出现同案罪名不一致的情况，因此，结伙作案的作案人在罪名不要求一致。比如，甲乙二人预谋入室盗窃，甲负责在外望风，乙入屋实施盗窃时被主人发现遂以暴力抗拒，那么甲构成盗窃罪，而乙则构成抢劫罪。其次，"结伙作案"虽不要求作案人在罪名上一致，但必须参与了同一次犯罪行为。比如，涉嫌收购赃物罪的嫌疑人并没有参与盗窃行为，不应认定其与盗窃嫌疑人"结伙作案"。又如，涉嫌包庇罪的犯罪嫌疑人并没有参与被包庇者的犯罪，因此也不能认定"结伙作案"。

2. 把可能科处的刑罚也作为延长羁押的条件之一

从立法上确定羁押的最长期限，有利于从根本上消除羁押期限的不确定性，但为避免羁押期限的"一刀切"，我们不主张给所有羁押定一个绝对的最长羁押期限。既然侦查困难的情形已经作为延长羁押期限的理由，不妨把可能科处的刑罚也作为延长羁押的条件之一。实际上，《刑事诉讼法》中已有了这样的操作。《刑事诉讼法》第127条规定，"对犯罪嫌疑人可能判处十年有期徒刑以上刑罚，依照本法第一百二十六条规定延长期限届满，仍不能侦查终结的，经省、自治区、直辖市人民检察院批准或者决定，可以再延长二个月"。这条规定中，把"可能判处十年有期徒刑以上刑罚"作为前提条件。笔者建议，把"可能判处三年有期徒刑以上刑罚"作为延长羁押期限的起点要求，并写入《刑事诉讼法》第124条。《刑事诉讼法》第124条相应修改为："对犯罪嫌疑人逮捕后的侦查羁押期限不得超过二个月。对犯罪嫌疑人可能判处三年有期徒刑以上刑罚，案情复杂、期限届满不能终结的案件，可以经上一级人民检察院批准延长一个月。"

3. 取消重新计算羁押期限，把"发现另有重要罪行"、"犯罪嫌疑人不讲真实姓名、住址，身份不明"作为延长羁押期限的情形之一

重新计算侦查羁押期限制度与延长羁押期限制度在法律性质、法律效果上并无不同，而刑诉法却规定了两种不同的程序，这样的设置没有必要。而且，重新计算侦查羁押期限的审批权在于侦查机关内部，缺乏监督。

"犯罪嫌疑人不讲真实姓名、住址，身份不明的"，羁押期限自查清其身份之日起计算的规定，也把羁押期限起算点不确定化。法律虽规定"不得停止案件侦查"，但有没有停止侦查却很难监督，且极容易滋生消极侦查。考虑到"犯罪嫌疑人不讲真实姓名、住址，身份不明"客观上也会给侦查增加一

定的难度，可把"犯罪嫌疑人不讲真实姓名、住址，身份不明"作为延长侦查羁押期限的理由之一。

4. 细化、规范延长羁押期限的理由和报送材料的规定

在实践中，已经有检察机关在做这方面的努力。例如，重庆市检察院第一分院通过规范延长羁押期限案件报送材料，突出审查延长羁押期限理由；细化刑诉法规定的"案情复杂"为五种情形；明确三种情形不批准延长羁押期限严把延长侦查羁押期限关的做法，被《检察日报》报道。① 笔者认为，还可以要求侦查机关（部门）在提请延长羁押期限时，除对新出现的侦查困难情况予以说明外，对检察机关（审查逮捕部门）批准（决定）逮捕时发出的《提供法庭审判所需证据材料意见书》等材料内列出的需补充侦查的各项，分别说明进展情况，未取得进展的要说明理由。

5. 建立羁押期限告知制度

建议从立法上明确规定办案机关应及时将羁押期限、审查起诉期限、法院审理期限及其延长情况告知当事人和相关司法机关，告知方式采用书面方式，告知时间可定为 3 日或 5 日。

6. 改革审批体制，建立审查救济机制

根据我国的司法体制，笔者建议对延长羁押的批准和救济机制作如下修改：

（1）延长羁押期限的批准由检察机关对的两级审批、三级审批，修改为由作出批准（决定）逮捕决定的检察机关批准，并向上级检察机关备案。

（2）上级检察机关承担对延长羁押期限的申诉和异议的审查回复。对于已经经司法机关作出延长羁押决定的，被羁押人及其法定代理人、近亲属或者其辩护人应当有权针对该决定向上一级司法机关进行申诉，请求上一级司法机关对该延长羁押的合法性、比例性进行司法审查，并作出最终裁决。

这样修改有以下优点：

其一，提高了延长羁押审批机关的责任意识。现行法律规定，把延长羁押的最终审批权交给了上级检察机关，本级检察机关出于还有上级检察机关把关和负责的想法，往往予以形式审查即提出同意延长羁押期限的意见；而真正有

_____

① 《重庆：严把延长侦查羁押期限关》，载《检察日报》2006 年 6 月 16 日。"案情复杂"的五种情形为："涉案犯罪嫌疑人在 3 人以上或同案犯在逃的共同犯罪；1 名犯罪嫌疑人涉嫌多起犯罪或多个罪名；案件定形争议大，在适用法律上确有疑难，需要协调；取证涉及的种类多或需要境外取证；与其他重大要案牵连，且影响重大的要案处理，重大要案尚未侦查终结。"

审批权的上级检察机关,因为不了解批捕时的细节事实和证据情况,往往会同意其下级检察机关的意见。而笔者提出的这种做法避免了"多头负责,到头来谁也不负责"情况的出现,责任清晰,羁押审批机关的责任意识自然也就加强了。有学者也认识到,"完善延押制度……不应侧重于具有审批权的检察机关对报延机关的控制,而应侧重与报延机关同级的检察机关对报延机关的控制"。①

其二,提高了延长羁押的审批质量。批准(决定)逮捕的检察机关对延长羁押期限的案情和证据情况有更全面的了解,对案件是否的确存在一系列侦查、取证困难在判断上更具优势。而且,由于不用多极审批,经办人可以从容、细致地分析案情和证据情况,进行实质审查。

其三,有利于开展侦查活动监督,有效减少消极侦查的出现。责任意识的增强,时间上的充裕,审查上的细致,给开展侦查活动监督创造了良好条件,从而有效减少了公安机关消极侦查,并以笼统理由搪塞检察机关的情况。

其四,有利于节约时间和司法资源。公安机关需要延长羁押期限的,应在羁押期限届满前7日向检察机关提出,这一规定是考虑到多级审批需要一定的时间。而实践中,由于市级检察院与省级检察院相隔较远,往往在途时间需要更长,往往要求公安机关提前10天至半月就提出。公安机关在这么长的时间内,还可以做大量的侦查工作,但这个时间,往往因为已提出了延长羁押,而被荒废了。笔者提出的这种做法很好地解决了这个问题。

其五,有利于开展延长羁押期限救济。由于上级检察机关未参与延长羁押期限的审批,其在对延长羁押期限的申诉和异议审查和回复时,更具有中立性,同时也更有说服力。而且,由于不像之前那样嫌疑人的羁押期限已经临近届满,没有了急于作出批准还是不批准的顾虑,上级检察机关可以更深入细致地进行审查和监督,从而更高质量更客观地作出对申诉和异议审查和回复。

结　　语

本文尚存在不少缺憾,比如,在办案期限与羁押期限的分离上,在通过缩减办案期限缩短羁押期限上,研究者尚未找到成熟的、可行的解决方案。但值得欣慰的是,不仅是理论界,实践界也越来越关注此问题,并且已经开始制

---

①　孙继春:《完善延长侦查羁押期限制度》,载《中国检察论坛》2006年第5期。

定、实施有效的局部改革措施。① 我们相信，通过不断的理论研究和实践探索，延长羁押期限制度会不断得到完善，更有效地保障人权、彰显效率与公平。

---

① 例如，江苏省、重庆市等地检察院 2006 年之前就已试行轻型案件快速处理机制，2006 年，广州市人民检察院与广州市公安局、广州市中级人民法院会签了《轻微刑事案件快速处理机制规定（试行）》，2007 年 3 月 2 日，最高人民检察院以司法解释的形式，公布了《最高人民检察院关于依法快速办理轻微刑事案件的意见》，轻型案件快速处理，已经成为办案期限、羁押期限改革的重要突破口。

附条件逮捕的正当性底限

彭海青[*]

【内容摘要】

附条件逮捕与现行《刑事诉讼法》中规定的逮捕制度相比，在适用范围、证明标准、备案以及补充侦查等方面都有其特殊性。在理念上，附条件逮捕偏向于惩罚犯罪与诉讼效率。附条件逮捕的正当性底限是基本公正与基本人权，为固守这一底限，对于附条件逮捕应从严格限制适用案件范围、建立听证程序、建立定期复查制度、设立救济机制、提供国家赔偿等方面予以规范。

【关键词】 附条件逮捕　正当性　理念偏向　底限

"附条件逮捕"最早见于 2005 年 5 月 11 日召开的全国检察机关第二次侦查监督工作会议上的有关文件中。最高人民检察院于 2006 年 8 月 17 日颁布了《人民检察院审查逮捕质量标准（试行）》，其中第 4 条对附条件逮捕的有关内容作了规定。附条件逮捕被认为是"检察机关审查批捕工作的一项制度创新，对于准确适用逮捕措施，强化对侦查活动的监督制约，对于打击犯罪，保障人权，维护社会稳定和公平正义，具有重要意义"。[①] 国外立法中尚未见附条件逮捕的立法例，附条件逮捕应属我国检察机关的首创。像直接生发于司法实践中的其他制度探索一样，附条件逮捕必然迎合了司法实践中的某些需求，因而其功利价值自不待言。然而，学者的思维不能停留在对其功利价值的认知以及制度探索的表象繁荣上，而应以理性的眼光冷静地洞察与透析附条件逮捕的本质及其所潜隐的忧患，进行学理性反思。笔者试以本文对附条件逮捕的正当性底限问题进行思考，与学界商榷。

---

* 中国法学会法律信息部（研究中心）研究人员，中国社会科学院法学研究所博士后，副教授。

① 《"附条件逮捕是审查批捕工作的制度创新"——访最高人民检察院副检察长朱孝清》，载《法制日报》2008 年 8 月 31 日。

一、附条件逮捕的特殊性

我国检察机关在实践中所适用的附条件逮捕与现行《刑事诉讼法》中所规定的逮捕制度相比，在适用范围、证明标准、备案以及补充侦查等方面都有其特殊性。这些特殊性具体表现在如下方面：

1. 适用案件范围狭窄。《刑事诉讼法》并未对适用逮捕的案件性质有明确的限定性规定。《人民检察院审查逮捕质量标准（试行）》第 4 条规定的附条件逮捕则仅适用于重大案件的犯罪嫌疑人。可见，附条件逮捕所适用的案件范围比普通逮捕要窄。

2. 证明标准降低。《刑事诉讼法》第 60 条规定的逮捕的证明标准是"有证据证明发生了犯罪事实"。《人民检察院审查逮捕质量标准（试行）》第 4 条规定的附条件逮捕的证明标准是"逮捕证据有所欠缺但已基本构成犯罪"，其内涵是"证据离定罪的要求虽然有欠缺，但已很接近，或者说'八九不离十'了"。[①] 这一证明标准的确立是建立在对《刑事诉讼法》所规定的逮捕证明标准作如下解释基础之上的：《刑事诉讼法》规定的"有证据证明有犯罪事实"可分为"已构成犯罪"与"尚未构成犯罪"两种情形。对于后者，可适用附条件逮捕。因而附条件逮捕中的"附条件"，不是《刑事诉讼法》规定的逮捕条件之外再附加什么条件，设立附条件逮捕的目的是为了正确贯彻执行《刑事诉讼法》关于逮捕条件的规定，准确适用逮捕措施。[②] 可见，依据这种解释，附条件逮捕并未降低《刑事诉讼法》所规定的逮捕的证明标准。[③]

然而，在笔者看来，《刑事诉讼法》规定的"有证据证明发生了犯罪事实"仅指已经构成了犯罪的情形，而不包括尚未构成犯罪的情形，因而附条件逮捕的证明标准比《刑事诉讼法》规定的证明标准要低。这是因为，根据我国《刑事诉讼法》第 60 条的规定，同时满足证据条件、刑罚条件和必要性条件，才能对犯罪嫌疑人、被告人适用逮捕，因而对逮捕的证据条件内涵的理解应当结合刑罚条件，而不能仅就证据条件的规定随意揣摩立法意图。《刑事诉讼法》所规定的逮捕的刑罚条件是"可能判处徒刑以上刑罚"。既然逮捕需

---

①　《"附条件逮捕是审查批捕工作的制度创新"——访最高人民检察院副检察长朱孝清》，载《法制日报》2008 年 8 月 31 日。

②　《"附条件逮捕是审查批捕工作的制度创新"——访最高人民检察院副检察长朱孝清》，载《法制日报》2008 年 8 月 31 日。

③　相同观点还见于《附条件逮捕的新工作制度低调运行 3 年后加速推进》，载《法制日报》2008 年 8 月 31 日。

要满足"可能判处徒刑以上刑罚"的刑罚条件，逮捕的证据条件当然仅指已经构成犯罪的情形，而不包括可能构成犯罪的情形。此外，从取保候审和监视居住的条件方面考虑，也可以得出相同的结论。逮捕是剥夺人身自由的强制措施，而取保候审与监视居住都是限制人身自由的强制措施，在强制程度上低于逮捕。这是没有争议的。根据《刑事诉讼法》第51条的规定，取保候审与监视居住都是适用可能判处管制、拘役或者独立适用附加刑的犯罪嫌疑人和被告人。可见，取保候审与监视居住适用于已经构成犯罪的犯罪嫌疑人和被告人。这就排除了作为更严厉的强制措施的逮捕的适用条件，还存在"可能构成犯罪"情形的可能性。

3. 要求上一级检察机关备案。现行《刑事诉讼法》中未有检察机关批准逮捕决定应当报上一级人民检察院备案的规定。根据《人民检察院审查逮捕质量标准（试行）》第4条第2款的规定，对于附条件逮捕，在批准逮捕后3日内报上一级人民检察院备案。

4. 要求补充侦查。根据现行《刑事诉讼法》第68条的规定，对于不批准逮捕的，有补充侦查的规定，而对于批准逮捕的，未有补充侦查的规定。1998年最高人民法院、最高人民检察院、公安部、国家安全部、司法部、全国人大常委会法制工作委员会《关于刑事诉讼法实施中若干问题的规定》第27条规定："人民检察院审查公安机关提请批准逮捕的案件，应当作出批准或者不批准逮捕的决定，对报请批准逮捕的案件不另行侦查。"这一规定实际上取消了审查逮捕阶段的补充侦查。而根据《人民检察院审查逮捕质量标准（试行）》第4条的规定，补充侦查是附条件逮捕的条件之一。

附条件逮捕不同于《刑事诉讼法》所规定的逮捕的上述特殊性表明，附条件逮捕制度是一项突破了现行《刑事诉讼法》规定的实践探索，其在本质上是检察机关审查批捕自由裁量权的扩张，使得检察机关在"捕"与"不捕"之间具有更大的自主选择空间。为确保这种扩大了的权力的正当性，检察机关也采取了《刑事诉讼法》上的逮捕所没有的正当性保障措施，即上级备案与补充侦查。然而，笔者认为，仅有这两项措施难以有效确保附条件逮捕之诉讼理念偏向不逾越正当性底限。

二、附条件逮捕的理念偏向与正当性底限

附条件逮捕是有其理念偏向的，这种偏向主要体现在诉讼价值目标与诉讼目的两个方面。

在诉讼价值目标方面，偏向效率，忽视公正。公正优先，兼顾效率是现代刑事诉讼价值观的基本观点。附条件逮捕是偏向诉讼效率而忽视公正的。诉讼

效率是诉讼中所投入的司法资源（包括人力、财力、设备等）与所取得的成果的比例。降低诉讼成本，加速诉讼运作是诉讼效率的基本要求。附条件逮捕对于尚未达到法定逮捕标准的犯罪嫌疑人，不待证据条件具备，就先执行逮捕，这种"求快"意识体现了对诉讼效率的追求。诉讼公正包括实体公正与程序公正两方面内涵。通说认为，实体公正，即结果公正，指案件实体的结局处理所体现的公正。刑事案件的实体公正，其具体要求主要是：（1）据以定罪量刑的犯罪事实必须准确无误地认定，做到证据确实充分，或者达到法定的证明标准。（2）正确适用刑法，准确认定犯罪嫌疑人、被告人是否有罪及其罪名。（3）认定犯罪嫌疑人、被告人有罪或罪重在事实上法律上发生疑问的，应当从有利于被追诉人方面作出处理。（4）按照罪刑相适应原则，依法适度判定刑罚。（5）对于错误处理的案件，特别是无罪错作有罪处理的案件，依法采取救济方法及时纠正、及时补偿。程序公正，指诉讼程序方面体现的公正。刑事案件的程序公正，其具体要求主要是：（1）严格遵守刑事诉讼法的规定。（2）认真保障当事人和其他诉讼参与人、特别是犯罪嫌疑人、被告人和被害人的诉讼权利。（3）严禁刑讯逼供和以其他非法手段取证。（4）真正实现司法机关依法独立行使职权。（5）前审批程序尽量透明，审判程序的公开。（6）在审判程序中，控辩双方平等对抗，法庭居中裁判。（7）按法定期限办案、结案。① 一方面，由于附条件逮捕尚未达到法定逮捕标准，并且其在认定犯罪嫌疑人、被告人有罪或罪重在事实上、法律上发生疑问时，并未从有利于被追诉人方面作出处理，而是作出不利于被追诉人的处理——先行逮捕犯罪嫌疑人，再进行补充侦查；附条件逮捕没有有效的救济途径；即使逮捕后，发现错捕，也不予赔偿。因而很难言其符合实体公正的要求。另一方面，在附条件逮捕中，其逮捕程序的透明度不高，被逮捕人及其辩护人的诉讼参与权并未得到有效的规范性保障，在程序上也很难说是公正的。

在诉讼目的方面，偏向惩罚犯罪，忽视保障人权，特别是忽视被逮捕人的人权。虽然刑事诉讼程序的开启是对犯罪现象的回应，惩罚犯罪是刑事诉讼的首要目的，但随着世界人权保障运动的发展，人们意识到刑事诉讼的人权保障之难。尽管实践部门普遍认为，附条件逮捕对于惩罚犯罪与保障人权都具有积极意义，附条件逮捕能够实现惩罚犯罪与保障人权的统一。② 但笔者认为，附

---

① 陈光中主编：《刑事诉讼法》，北京大学出版社、高等教育出版社 2005 年版，第 12 页。

② 参见《"附条件逮捕是审查批捕工作的制度创新"——访最高人民检察院副检察长朱孝清》，载《法制日报》2008 年 8 月 31 日。

条件逮捕在惩罚犯罪方面的偏向性是明显的。因为，一方面，附条件逮捕降低了逮捕的证明标准，使得侦查人员能够及早控制犯罪嫌疑人，意在防止犯罪嫌疑人或者被告人串供、毁灭或者伪造证据、自杀、逃跑或继续犯罪，以便于全面收集证据、查明案情、证实犯罪，从而保证侦查、起诉活动的顺利进行，打击犯罪、维护社会秩序。另一方面，附条件逮捕虽然降低了证明标准，但除需向上一级检察机关备案这种检察系统内部监督机制，以及补充侦查这一后续措施之外，并未比现行《刑事诉讼法》中的逮捕增加更多的对被逮捕人权利的保障机制，显示出附条件逮捕人权保障方面的欠缺。

虽然在刑事诉讼中，各种价值目标与诉讼目的之完全均衡只是理想状态，在具体诉讼阶段、具体制度、程序适用中的理念偏向是难以避免的。但是，这种偏向应当控制在合理的限度内，也即应当有个正当性底限，才不至于有失偏颇。为此，笔者认为，附条件逮捕在诉讼价值目标与诉讼目的设定方面，应当固守正当性底限。这一正当性底限的标准应当是不损害基本公正与基本人权。笔者认为，附条件逮捕不应当突破以下几项底限：

其一，例外性。附条件逮捕的适用应当作为例外情形。这样能够将附条件逮捕这种"非法"逮捕现象所可能带来的恶害控制在尽量小的范围内。

其二，参与性。被逮捕人及其律师能够参与到附条件逮捕的程序中去，充分表达意见，有效影响附条件逮捕决定的形成与羁押的持续时间。这样能够保证附条件逮捕程序的公正性，实现被逮捕人的诉讼参与权。

其三，救济性。被逮捕人及其律师对于附条件逮捕决定不服的，有权提出救济请求，并获得公正处理。这样能够保证错误的逮捕决定有机会得以纠正，从而能够维护被逮捕人的合法权益。

其四，赔偿性。被错误附条件逮捕的人，至少有权依据《国家赔偿法》的规定获得赔偿。这样能够保障被逮捕人的人身自由权受到非法侵害后，能够通过金钱方面的赔偿而得以慰藉。

三、附条件逮捕正当性底限的制度保障

诚如在检察工作一线已经有适用附条件逮捕经历的某些检察人员所表露出的忧虑，"这项从正式提出已经试行三年多的制度为什么一直比较低调，主要是对附条件逮捕案件把握的标准比一般案件低，而总感觉不踏实，而现在这一制度之所以'浮出水面'，是到了不得不规范的时候了。各地做法不一，掌握

标准不一，还出现了扩大化适用的倾向，必须进行讨论、研究，以便进一步完善"。① 笔者认为，为确保附条件逮捕不逾越其正当性底线，保证其最低限度的学理可接受性，附条件逮捕在制度方面，亟待从以下几个方面进行规范。

（一）严格限制案件范围

最高人民检察院于 2006 年 8 月 17 日颁布的《人民检察院审查逮捕质量标准（试行）》规定，附条件逮捕适用于重大案件的犯罪嫌疑人。至于何谓"重大案件"，则没有明确界定，各地方实践部门把握标准不同，学界也有不同理解。由于没有统一的适用标准，目前实践中对附条件逮捕有扩大适用的倾向。②

笔者认为，为严格限制附条件逮捕的适用案件范围，应当从罪名、刑期、社会影响性三个方面为附条件逮捕设定三重限制。关于罪名，为保证附条件逮捕的例外性，应当限于针对国家与社会的不特定多数人的严重犯罪。北京市人民检察院二分院所把握的此类案件包括：危害国家安全犯罪、恐怖犯罪、有组织犯罪、走私犯罪、毒品犯罪、严重暴力犯罪、涉众型犯罪、贪污贿赂犯罪、渎职侵权犯罪和其他有重大影响的犯罪。③ 笔者认为，前九类案件是符合"不特定多数人的严重犯罪"的标准的，但不赞成其关于"其他有重大影响的犯罪"的兜底性规定，因为这样使得附条件逮捕的罪名范围具有不确定性，从而导致附条件逮捕适用范围的扩大。关于刑期，理论界与实务界有不同主张，如认为重大案件的刑期标准为"可能判处十年以上有期徒刑"、④ "三年以上有期徒刑"、"三年以上有期徒刑、无期徒刑和死刑"⑤ 等。笔者认为，应当将案件范围限定在无期徒刑与死刑案件，才符合"重大案件"的要求，也能

---

① 刘金林：《附条件逮捕：人权保障背景下的探索》，载《检察日报》2008 年 9 月 5 日。

② 比如 2007 年北京市海淀区人民检察院作出有条件逮捕决定的案件涉及二十余个罪名，其中故意伤害罪、盗窃罪、诈骗罪占到 55.71%，这些案件中多数并不符合"重大"这一条件。参见刘捷扬等：《海淀院有条件逮捕制度的运行现状及完善建议》，载《海淀检察工作简报》2008 年第 31 期。

③ 刘金林：《附条件逮捕：人权保障背景下的探索》，载《检察日报》2008 年 9 月 5 日。

④ 窦秀英、郭小锋：《附条件逮捕制度的法理与规则》，载北京市人民检察院法律政策研究室：《调研与交流》附条件逮捕专刊（一），2008 年 9 月 17 日。

⑤ 刘金林：《附条件逮捕：人权保障背景下的探索》，载《检察日报》2008 年 9 月 5 日。

够确保其适用的例外性。① 关于社会影响性，应当将"在本辖区内有重大影响"作为判断依据，比如重庆渝北区检察院《附条件逮捕实施办法》中对于"重大案件"的理解就有"本地有重大影响，群众反映强烈"的规定。

（二）建立附条件逮捕的听证程序

《刑事诉讼法》所规定的逮捕程序中，仅有关于必须在逮捕后的 24 小时以内讯问被逮捕人的规定，由于犯罪嫌疑人、被告人及其辩护人在逮捕决定作出前没有发言权，逮捕仅由职权机关决定，导致实践中逮捕率高、错捕率高。笔者认为，为确保附条件逮捕的最低限度的基本公正，维护被逮捕人的基本人权，应当设立附条件逮捕听证程序。

"听证"，一般是指在国家机关作出决定之前，给有利害关系人提供发表意见的机会，对特定事项进行质证、辩驳的程序。传统上，听证程序多见于行政程序法中。但从"听证"本义上，其适用不应囿于行政程序法范畴。听证程序作为一项程序制度溯源于古老的"自然公正原则"，它包括两个最基本的程序规则：（1）任何人或团体在行使权力可能使别人受到不利影响时，必须听取对方的意见，每一个人都有为自己辩护和防卫的权利。（2）任何人或团体不能做自己案件的法官。在由以上理念支持的听证程序中，实际上存在一个类似诉讼的"三方结构"，听证主持人居中，国家机关与当事人各居一方，国家机关提出作出处理决定的事实和法律意见，当事人对此行使与国家机关决定权相抗衡的申辩权。由于主持人与案件无利害关系，处于一种超然状态，避免了作出处理决定时，只注重己方调查结果，忽视对方意见的偏向性结果的形成。在这一过程中，作为当事人一切程序性权利逻辑起点的参与权首先得到实现，继而，质证权、抗辩权成为其发展的必然逻辑结果也得以实现，在这种公开、主持人中立、当事人双方权力（利）对等的环境中，促进了程序正义与实体正义的有机结合。附条件逮捕中的"听证"是指，人民检察院在作出批准逮捕决定以前，应当通知侦查人员、犯罪嫌疑人及其辩护人到场，由其陈述各自的意见、理由和根据。人民检察院自接到公安机关提请批准逮捕书后的 24 小时以内，应当作出批准逮捕或者不批准逮捕的决定。

（三）建立定期复查制度

在我国，由于侦查手段落后，物质装备不足，实践中，侦控机关往往将逮

---

① 比如最高人民法院《关于处理自首和立功具体应用法律若干问题的解释》第 7 条第 2 款明确规定："前款所称'重大犯罪'、'重大案件'、'重大犯罪嫌疑人'的标准，一般是指犯罪嫌疑人、被告人可能被判处无期徒刑以上刑罚或者案件在本省、自治区、直辖市或者全国范围内有较大影响等情形。"

捕作为进一步侦查的手段，"以捕代侦"现象屡见不鲜，侦控权膨胀，刑讯逼供、超期羁押等侵犯被追诉人人权现象屡禁不绝，严重侵犯了犯罪嫌疑人、被告人的合法权利。为防止这些现象在附条件逮捕中重现，建议建立定期复查制度。人民检察院每次批准或者决定逮捕的羁押期限最长为1个月。公安机关或者人民检察院认为需要延长羁押期限的，应当提请人民检察院批捕部门重新审查。重新审查程序中，应当通知侦查人员、犯罪嫌疑人及其辩护人到场，由其陈述各自的意见、理由和根据。

（四）设立救济机制

《刑事诉讼法》对于被逮捕人不服人民检察院附条件逮捕决定的，未规定明确的救济途径。《人民检察院审查逮捕质量标准（试行）》对附条件逮捕也未设立特殊的救济机制，影响了对其合法权益的维护。笔者认为，应当设立如下双重救济机制：

1. 被逮捕人及其法定代理人或者近亲属不服人民检察院逮捕决定的，可以向上一级人民检察院申诉。上一级人民检察院应当听取被逮捕人及其法定代理人、辩护人的意见，必要时可以通知证人出庭作证，并在10日以内作出处理决定。

2. 被逮捕人及其法定代理人或者近亲属对上一级人民检察院申诉决定不服的，可以向同级人民法院申请，要求人民法院审查，由其对逮捕的合法性进行审查后，作出裁定。

设立上述双重救济机制的理由是，附条件逮捕既然已经在上一级检察机关备案，那么上一级检察机关对附条件逮捕的基本情况是有所了解的，纠错活动首先在检察系统内部进行比较有效率。但是，由于检察机关实行垂直领导的组织体系，上下级检察机关之间是领导与被领导的关系，这种业务上的不独立性有时会影响决定的公正性，所以当被逮捕人及其法定代理人或者近亲属对上一级检察机关的决定不服时，才可以使中立的法院介入，作出最终的裁判。这种检察机关与法院双重救济机制的设立能够兼顾诉讼公正与效率。

（五）提供国家赔偿

《国家赔偿法》的颁布与施行，旨在保障公民、法人和其他组织的合法权益，促进国家机关依法行使职权。而在目前附条件逮捕的实践中，对犯罪嫌疑人适用附条件逮捕后，若在侦查羁押期限届满时，仍未能收集到定罪所必需的充足的证据的，撤销批准逮捕决定后，批准逮捕的检察机关并不需要承担赔偿义务。据此有观点认为，"按照目前《刑事诉讼法》的规定，采取逮捕措施后，只有发现采取措施不当的，才应当撤销或者变更，而采取撤销或者变更逮捕的情况就意味着办了错案，从而牵扯到工作考核与刑事赔偿问题，这就造成了司法实践中往往'捕得了、放不了'的问题。附条件逮捕出台的重要原因就是目前《国家赔偿法》的规定造成'捕得了、放不了'的现象，而附条件逮捕就可以很好地解决这个问题"。① 然而，笔者认为，这种做法不妥。因为这样做看似简单地解决了司法实践中"捕得了、放不了"的问题，但却遗留下了更严重的问题，那就是被逮捕人尽管可以被释放，但却无法获得国家赔偿，其被国家机关侵犯的合法权益难以得到维护。其暗含的逻辑是，附条件逮捕本来就是没有达到逮捕条件的"八九不离十"状态，既然允许附条件逮捕，当然即使发现不符合逮捕条件也不予赔偿。笔者认为，国家赔偿制度确立的直接目的在于对受到国家权力非法侵害的人给予赔偿，以维护其合法权益，这样，客观上存在遭受损害的事实应当是给予国家赔偿的逻辑前提。因而附条件逮捕以牺牲被逮捕人的基本人权与基本公正为代价，规避国家赔偿责任的做法不足取。

---

① 参见刘金林：《附条件逮捕：人权保障背景下的探索》，载《检察日报》2008 年 9 月 5 日。

关于逮捕制度的立法缺陷及完善

杜国强　姜德安*

【内容摘要】

现行《刑事诉讼法》关于逮捕制度的规定较为混乱，主要表现在由拘留变更为逮捕以及逮捕与取保候审、监视居住的相互变更之中，建议在司法实践中正确掌握逮捕条件，贯彻慎捕的刑事政策；同时强化人民监督员制度建设，加强对职务犯罪嫌疑人不服逮捕决定的审查；在立法上进一步明确逮捕条件的证明标准和修改错捕赔偿的条件以及完善职务犯罪逮捕的执行程序。

【关键词】逮捕　拘留　取保候审　监视居住　完善

根据我国《刑事诉讼法》的规定，逮捕是对犯罪嫌疑人、被告人的人身自由予以较长时间剥夺的强制措施，也是一种最严厉的强制措施。司法实践中，逮捕制度对于保障刑事诉讼活动的顺利进行起到了非常重要的作用，但是由于立法上固有的一些缺陷，影响了逮捕制度功能的充分发挥，以下笔者对这一问题进行探讨，并就其完善略述浅见。

一、关于逮捕制度的立法缺陷分析

（一）由拘留变更为逮捕的条件限定不符合逮捕的立法本意

《刑事诉讼法》第65条、第133条均规定，拘留后"对需要逮捕而证据不足的，可以取保候审或者监视居住"。这一规定是对1979年《刑事诉讼法》第44条的照搬。然而，1979年《刑事诉讼法》关于逮捕条件的规定是"主要犯罪事实已经查清"，现行《刑事诉讼法》的规定是"有证据证明有犯罪事实"。"主要犯罪事实已经查清"当然需要"证据充足"，而"有证据证明有

---

* 杜国强，广州市人民检察院研究室副主任，法学博士、博士后，副研究员；姜德安，广州市人民检察院助理检察员，法律硕士。

犯罪事实"，则明显是放宽了逮捕的条件，即将已经获得的证据的条件放宽，而此时还限定拘留变更为逮捕的条件是"证据充足"，则违背了《刑事诉讼法》修订时放宽逮捕条件的立法初衷。

有学者认为，《刑事诉讼法》第 65 条中的"证据不足"不可能是立法的疏忽，而是有别于旧《刑事诉讼法》逮捕条件的"证据充分"的，"是相对于逮捕条件而言，而不是相对于'事实清楚，证据确实、充分'而言。它是指证据离逮捕条件要求的程度还不充足，证据证明犯罪事实的证明力还不充足，而不能理解为'证据要充分'"。① 笔者认为，证据的充足就是证据的充分，只不过"充足"侧重证据的数量，"充分"侧重证据的证明程度，"充足"也是相对于证明需要而言，不存在证据充足而又不充分的情况。另外，旧的《刑事诉讼法》要求拘留的前提条件是"罪该逮捕"，所以才在拘留之后强制规定需要逮捕的情形。其实，拘留后应采用何种强制措施，应视案件具体条件而定，绝非拘留后就应该转为逮捕，逮捕不成就改为取保候审和监视居住，在拘留不再以"罪该逮捕"者为对象的新的法律中就更不能这样规定。事实上，新、旧《刑事诉讼法》在这一规定中均存在明显失误，"需要逮捕"是根据一定的证据又以逮捕的三个条件来衡量后作出的判断，不应该是在认为符合逮捕三个条件中的某一个或某两个就作出结论为需要逮捕，"需要逮捕"与"应当逮捕"是一个含义，立法在确定需要逮捕后又认为其中还存在证据不足情况，本身就是矛盾的，照搬旧的不合理的法律条文，不仅是对逮捕条件应具有的确定性的破坏，也会误导司法人员掌握旧的逮捕条件，从而破坏逮捕条件修改的立法意图。

（二）由应当逮捕变通为取保候审、监视居住的规定存在问题

《刑事诉讼法》第 60 条第 2 款规定："对应当逮捕的犯罪嫌疑人、被告人，如果患有严重疾病，或者是正在怀孕、哺乳自己婴儿的妇女，可以采用取保候审或者监视居住的办法。"《刑事诉讼法》第 74 条规定："犯罪嫌疑人、被告人被羁押的案件，不能在本法规定的侦查羁押、审查起诉、一审、二审期限内办结，需经继续查证、审理的，对犯罪嫌疑人、被告人可以取保候审或者监视居住。"关于逮捕的条件，《刑事诉讼法》第 60 条第 1 款已作出了明确的规定，在逮捕的三个条件中，最核心的条件应是人身危险性大，即"有逮捕必要"，而"有证据证明有犯罪事实"和"可能判处徒刑以上刑罚"则是基础性条件，也可以说是服从性条件，即这两个条件是为确认第三个条件服务的。因为实施了可能判处徒刑以上刑罚之罪的犯罪嫌疑人，被告人不一定就有较大

---

① 朱孝清：《关于逮捕的几个问题》，载《法学研究》1998 年第 2 期。

的人身危险性，而有羁押必要的人身危险性较大的犯罪嫌疑人、被告人，一般都可能实施对社会危害较大的犯罪——可能判处徒刑以上刑罚的犯罪。因为一个人人身危险性的大小必然决定着实施犯罪的严重程度，尽管我们所指的人身社会危险性是实施了犯罪行为之后继续威胁社会的状态，但它与犯罪之前、犯罪之时是不可分割的一个人；而犯罪严重程度并不当然说明人身危险性大小，如突发的义愤犯罪，可能危害结果严重，但行为人的人身危险性在实施犯罪前后都可能极小，至于"有证据证明有犯罪事实"，则又是服务于"可能判处徒刑以上刑罚"的条件，因为可能判处徒刑以上刑罚是依据一定的犯罪事实，并以法律的标准衡量出来的，可见，逮捕的关键性标准是犯罪嫌疑人、被告人人身危险性大，然而，《刑事诉讼法》第60条第2款在明确规定"应当逮捕"的前提下，对患有严重疾病，或者是正在怀孕、哺乳自己婴儿的妇女又规定可以适用取保候审或者监视居住的办法，这一矛盾极易给执法者造成一种误解：尽管是应当逮捕的犯罪嫌疑人、被告人，只要其患有严重疾病或者是正在怀孕、哺乳自己婴儿的妇女，均"应当"采用取保候审、监视居住的办法，否则，法律的这一特殊规定就失去了存在的意义。但我们没有根据认为凡是患有严重疾病或者是正在怀孕、哺乳自己婴儿的犯罪嫌疑人、被告人都没有关押的必要。所以，《刑事诉讼法》第60条第2款的规定与第1款明显冲突，且违背立法关于逮捕适用的宗旨，只能给司法实践带来混乱。

　　《刑事诉讼法》第74条的规定也存在不严格掌握逮捕条件的问题。在规定的侦查羁押、审查起诉、一审、二审期限内不能办结案件的，不但不能说明犯罪嫌疑人、被告人由于较长时间的逮捕，社会危险性变小而不必羁押，相反，只能说明案情复杂，犯罪嫌疑人、被告人给社会造成的危害大，给国家带来的诉讼负担沉重。法律在此种情况下允许司法机关将必须逮捕的犯罪嫌疑人、被告人采取取保候审、监视居住的强制措施，是对社会危险的一种放纵，也是对逮捕条件随意否定的一种极不严肃的表现。逮捕后案件不能在常规期限内办结的，应有特殊的程序延长期限。为了保证延长期限适应各种案件情况的需要，应不明确规定时间，可参照《刑事诉讼法》第125条的规定。如果采用第74条的处理方法，不仅使法律关于逮捕的条件多样化，改变逮捕的立法初衷，更使逮捕这种强制措施的作用不能正常发挥作用，将犯罪人新的危险留给社会。另外，它也容易使人误认为《刑事诉讼法》关于审查起诉、一审、二审的期限仅仅是就犯罪嫌疑人、被告人被逮捕的情形而言。事实上，全国人民代表大会常务委员会《关于修改〈中华人民共和国刑事诉讼法〉的决定》第110条已明确废止全国人民代表大会常务委员会《关于刑事案件办案期限的补充规定》，其中关于审查起诉、一审、二审期限以被告人被羁押为前提的规定也当然失效，新的《刑事诉讼法》又没有类似规定。这样，我们可以肯定审查起诉、一审、二审的法定期限为任何情况下的法定期限。而第74条的规定，恰恰是允许在取保候审、监视居住条件下的超期办案，即依照第74条的规定，犯罪嫌疑人、被告人被逮捕的，审查起诉、一审、二审一个月或一个半月后，就可以将逮捕改为取保候审、监视居住，期限也就可以延长12个月或6个月。可见，第74条的规定，不仅背离了《刑事诉讼法》确立逮捕的立法目的，也与《刑事诉讼法》关于审查起诉、一审、二审的办案期限规定明显冲突。

（三）由取保候审、监视居住变更为逮捕的法定条件存在问题

《刑事诉讼法》第56条第2款规定："被取保候审的犯罪嫌疑人、被告人违反前款规定，已交纳保证金的，没收保证金，并且区别情形，责令犯罪嫌疑人、被告人具结悔过、重新交纳保证金、提出保证人或者监视居住、予以逮捕。"第57条第2款规定："被监视居住的犯罪嫌疑人、被告人违反前款规定，情节严重的，予以逮捕。"可见，被取保候审、监视居住的犯罪嫌疑人如果违反在取保候审或监视居住期间的法定义务，情节严重的，可以逮捕。那么，是否以上情形就都符合逮捕的条件呢？

《刑事诉讼法》第51条明确了可能被取保候审、监视居住的两种情形：一是可能判处管制、拘役或者独立适用附加刑的；二是可能判处有期徒刑以上刑罚，采取取保候审、监视居住不致发生社会危害性的。如果是第二种情形，可以认为违反取保候审、监视居住期间应遵守的法定义务情节严重就符合了"有逮捕必要"的条件，从而具备了逮捕的三个必要条件，此时变更为逮捕顺理成章。但如果是第一种情形下的违反法定义务情节严重，仍然不符合逮捕的条件，因为逮捕的一个基础条件是"可能判处徒刑以上刑罚"。对于"可能判处管制、拘役或独立适用附加刑的"，不会因为违反取保候审、监视居住期间的义务而使原来所犯罪行的性质改变，新的违法只能说明其犯罪后的人身危险性较大。然而，绝非只要犯罪后人身危险性大就可以逮捕，立法之所以以"可能判处徒刑以上刑罚"为逮捕的一个必要条件，是因为逮捕是较长时间关押的措施，而可能判处管制或独立适用附加刑的，是刑法认为其罪行没有严重到需要用剥夺人身自由的方式来惩罚的程度，如果在诉讼过程中使用了逮捕的方法，就会给犯罪人带来过度的负担，更使刑罚的执行处于不公正状态，因为管制是限制人身自由的刑罚，附加刑都不涉及人身自由。《刑事诉讼法》禁止对可能判处管制和独立适用附加刑的犯罪嫌疑人、被告人逮捕，是与《刑法》的规定相协调的，对犯罪嫌疑人、被告人来说也是公平的。至于可能判处拘役的犯罪嫌疑人、被告人，《刑事诉讼法》不允许在诉讼中对其适用逮捕，是因

为刑法关于拘役的刑期的规定一般为 1 个月以上 6 个月以下，数罪并罚最高不超过 1 年。而《刑事诉讼法》规定的侦查羁押期限、审查起诉、一审、二审期限，一般案件就已超过 6 个月，特殊案件经批准还可以再延长。如果允许对可能判处拘役的犯罪嫌疑人、被告人适用逮捕，极可能导致被判处拘役的罪犯，判决前实际被关押的时间已经长于刑期的情形，依照法理就会发生国家赔偿。所以，《刑事诉讼法》为了保证整个法律体系内在的协调性、科学性，规定禁止对可能判处拘役的犯罪嫌疑人、被告人适用逮捕。笔者认为，《刑事诉讼法》关于违反取保候审、监视居住法定义务，情节严重转为逮捕决定的规定，应明确限定为《刑事诉讼法》第 51 条所指的第二种情形，即符合《刑事诉讼法》第 60 条第 1 款所规定的逮捕条件的，才能转为逮捕。

有人认为，《刑事诉讼法》第 56 条第 2 款和第 57 条第 2 款有特别用意，目的在于规定一种"特殊逮捕"，即在《刑事诉讼法》第 60 条第 1 款规定之外，增设另一种逮捕，这种特殊逮捕改变了普通逮捕的性质，使逮捕具有一定的惩罚性。论者认为："规定特殊逮捕条件，不仅对已经违反法定义务者是一种威慑，它有助于促进被取保候审、监视居住者严格遵守有关规定，老老实实接受审查，有效实现取保候审、监视居住功能，从而有助于扩大取保候审、监视居住的适用，减少逮捕的适用。"①　这种观点认为逮捕可以存在多种条件下的适用，即逮捕条件应多样化，同时还认为逮捕应该发挥惩罚的作用。笔者认为，这是对逮捕性质的歪曲。

一切刑事强制措施都以保障诉讼的顺利进行为目的。在刑事诉讼中被采取强制措施的人，最后被决定不起诉、判决宣告无罪或裁定终止审理等情况并不少见。本不该追究刑事责任者被采取强制措施不能认为是根本性错误。因为随着刑事诉讼过程的发展对案件的认识会发生变化。为了保障不受到意外事件的干扰，对犯罪嫌疑人、被告人加以控制是十分必要的。刑事诉讼中的强制措施不以对象在诉讼中新的违法犯罪活动为必要条件，根据犯罪性质及案件其他情况综合判断，只要认为其具有干扰诉讼顺利进行的可能就可以采用。实际上，《刑事诉讼法》并未忽略对妨害诉讼行为的惩罚，如《刑事诉讼法》第 161 条就规定了罚款、拘留等措施，第 56 条规定了没收保证金等。逮捕这种较长时间关押的措施只能是刑事强制措施，性质不能多样化，条件应该具有确定性和统一性，不应该存在"特殊逮捕"，被认为是"特殊逮捕"的法定情形必须予以取消。只有这样，才能保证《刑事诉讼法》自身的公正性和整个法律体系的内在协调性与科学性。

---

① 朱孝清：《关于逮捕的几个问题》，载《法学研究》1998 年第 2 期。

二、完善逮捕措施的建议

（一）正确掌握逮捕条件，贯彻慎捕的刑事政策

实施逮捕的直接目的是保全证据和保证犯罪嫌疑人按时出庭，保障刑事诉讼的顺利进行。由于犯罪嫌疑人的非犯罪人地位，逮捕后的羁押并不具有实体刑罚的性质，因而这种措施的采取必须受到限制，应贯彻最低限度及必要性原则，在保证刑事诉讼顺利进行的前提下尽量减少羁押，不断完善各种非羁押措施，其中最重要的就是建立羁押分流制度，适时变更强制措施的种类，变羁押为取保候审等。① 当前执法中要畅通逮捕措施变更为取保候审的渠道，适度减少因逮捕而增加的不必要的羁押人数。因为现行《刑事诉讼法》对逮捕条件放宽了，逮捕条件的放宽，势必增加被逮捕的犯罪嫌疑人，增加羁押场所的压力和国家负担。在一定时期内，被逮捕而羁押的犯罪嫌疑人可能增加。为此，刑事诉讼法对取保候审进行了调整，与此同时，拘留时限略加延长。建立这种配套、分流的强制措施制度，既可以缓解逮捕条件降低可能产生的羁押压力，又能确保公安、司法机关顺利进行刑事诉讼。同时，检察机关在审查批捕的实践中，要坚持我国历来倡导的少捕的刑事政策，严格依照逮捕的三个法定条件，该捕则捕，正确适用逮捕措施；采取逮捕措施时证据等发生变化，则尽可能使用取保候审等其他非羁押措施。

（二）进一步明确逮捕条件的证明标准和修改错捕赔偿的条件

逮捕条件中的证明标准，应当明确界定为："有已经查证属实的证据证明犯罪嫌疑人已经实施了犯罪或者有实施犯罪的重大嫌疑。"为了实现放宽逮捕的立法意图，有必要对错捕赔偿的条件进一步研究，以保证逮捕条件与错捕赔偿条件的协调一致。有关机关应当在解释中明确规定，检察机关依照刑事诉讼法规定的逮捕条件批捕的，即使后来出现了证据不足撤销案件或者不起诉的情况，也不承担错捕的刑事赔偿条件。同时，应对"逮捕必要性"② 或逮捕条件修改为"可能判处3年以上有期徒刑的"，修改错捕赔偿的条件，缩小错捕赔偿的范围。

---

① 参见樊崇义主编：《刑事诉讼法修改专题研究报告》，中国人民公安大学出版社2004年版，第325页。

② 参见白泉民、高景峰：《如何掌握"逮捕必要性"》，载《检察日报》2004年2月13日第3版。

（三）强化人民监督员制度建设，加强对职务犯罪嫌疑人不服逮捕决定的审查

我国检察机关自侦案件的逮捕由检察院自己决定的，程序上缺少了外部监督。因此，为了实现程序公正，有学者认为该问题可以考虑引入侦查法官司法审查制度。所谓侦查法官，是决定在侦查阶段，对犯罪嫌疑人的羁押与对公民基本权利的进行强制处分的法官。事实上，目前在我国构建逮捕的司法审查制度，既无现存的法律依据，又无相关的司法体制基础。为了更好地解决检察机关自侦案件适用逮捕的程序公正问题，目前比较切实可行的方法是加强人民监督员制度建设。《刑事诉讼法》虽然没有规定人民监督员制度，但是人民监督员制度是近年来检察机关为了解决自侦、公诉案件的程序公正问题而建立的制度，具有可操作性，犯罪嫌疑人不服逮捕决定的案件是人民监督员监督的三类案件之一。根据最高人民检察院《关于实行人民监督员制度的规定（试行）》第18条的规定，"案件承办人在对被逮捕的犯罪嫌疑人第一次讯问时，应当将《逮捕羁押期限及权利义务告知书》交犯罪嫌疑人，同时告知其如不服逮捕决定可以要求重新审查。犯罪嫌疑人不服逮捕决定的，应当自告知之日起五日内向承办案件部门提出，并附申辩理由。承办案件部门应当立即将犯罪嫌疑人的意见转发侦查监督部门。侦查监督部门应当另行指定承办人员审查并在三日内提出审查意见。维持原逮捕决定的，侦查监督部门应当及时将书面意见和相关材料移送人民监督员办公室，并做好接受监督的准备"。第25条规定，"检察长或者检察委员会应当分别根据职责权限，对人民监督员的表决意见和有关检察业务部门的意见进行审查，必要时可以听取人民监督员和有关检察业务部门的意见。审查后同意人民监督员表决意见的，有关检察业务部门应当执行；检察长不同意人民监督员表决意见的，应当提请检察委员会讨论；检察委员会不同意人民监督员表决意见的，应当依法作出决定"。可见，人民监督员制度是目前比较切实可行的制度，当以后条件成熟后可考虑引进司法审查制度。

（四）完善职务犯罪逮捕的执行程序

根据《刑事诉讼法》的规定，职务犯罪的逮捕由公安机关执行。由于没有具体而明确的执行程序导致在实践中有检察机关自行执行逮捕的情况，因此，建议立法完善公安机关执行逮捕检察机关自侦案件犯罪嫌疑人的具体机构和程序；同时为了确保办案过程中程序的合法性，维护犯罪嫌疑人的合法权益，笔者建议，完善逮捕和不捕执行程序还应完善以下几个方面：（1）对于《刑事诉讼法》第68条中"立即"的含义，应在《刑事诉讼法》第九章其他规定中作出明确的规定。（2）将《刑事诉讼法》第68条中"并且将执行情况

及时通知人民检察院"修改为"并且将执行回执在宣布逮捕 24 小时内送达作出批准逮捕的人民检察院或负责司法审查的人民法院"。(3) 对侦查机关不执行逮捕、不执行不批捕、不按照程序通知人民检察院(人民法院)或人民检察院向侦查机关发出《纠正违法通知书》后侦查机关不纠正的,应在法律中规定相应的责任。

此外,明确对异地逮捕犯罪嫌疑人的程序规定。随着现代社会人口流动性的大大增强,实践中跨地区作案的现象经常发生,刑事诉讼中也就经常出现异地逮捕犯罪嫌疑人的问题。检察机关查办的自侦案件中有一部分行贿案件也经常涉及外地。为此,应通过立法或者司法解释对异地逮捕犯罪嫌疑人的程序及其监督措施进行明确规定。

揭开附条件逮捕的面纱

陈亚平　郭明文[*]

【内容摘要】

附条件逮捕是近 3 年来检察机关对逮捕制度的秘密探索，是在某些重大犯罪案件中对不够逮捕标准的犯罪嫌疑人予以逮捕，降低了逮捕的条件，是游离于逮捕制度之外的创设，不利于《刑事诉讼法》的统一实施，不利于人权保障的完善。

【关键词】逮捕　附条件逮捕　羁押　人权保障

逮捕是一个标准的法律术语，是指国家专门机关在刑事诉讼中针对犯罪嫌疑人、被告人采取的限制人身自由的强制措施。近段时间以来，《法制日报》和《检察日报》刊登了关于"附条件逮捕"的报道：8 月 29 日至 30 日，由北京市人民检察院、中国社会科学院法学所和北京市人民检察院第二分院主办的"逮捕制度的深化与发展专题研讨会"在京召开。研讨会的主题就是所谓"名字没起好而引发诸多争议"的附条件逮捕制度。[①] 虽然"附条件逮捕"已经在部分检察机关实验了 3 年多之久，但被新闻媒体公开报道还是第一次。"附条件逮捕"作为新生事物，引起了学界和实务界的广泛关注。附条件逮捕的具体内涵还不为人所完全知晓，其与逮捕有何不同？其是制度内的创新还是制度外的创设？……这些问题都需予以厘清和探讨。

---

* 陈亚平，华南农业大学人文与法学学院副院长，副教授；郭明文，华南农业大学人文与法学学院讲师，法学博士。

① 刘金林：《附条件逮捕：人权保障背景下的探索》，载《检察日报》2008 年 9 月 5 日。

一、附条件逮捕的由来——检察机关实践中的摸索

（一）附条件逮捕的含义

据《法制日报》报道，一项在全国悄然试行 3 年的逮捕工作新制度正被加速推进，这项名为附条件逮捕的制度如若成形，必将促进检察工作更加深入地贯彻宽严相济刑事司法政策和充分实现刑事诉讼法惩治犯罪、保障人权的价值目标。北京市检察院二分院副检察长苗生明介绍，这项制度完整的名称应该是附条件逮捕定期审查制度。它并不是逮捕制度的创新，更不是对法律规定的突破，而是一种工作机制和工作措施的创新。① 何谓"附条件逮捕"，附条件逮捕是指对于证据有所欠缺但已基本构成犯罪、认为经过进一步侦查能够取到定罪所必需的证据、确有逮捕必要的重大案件的犯罪嫌疑人批准逮捕，如侦查后仍未能取到定罪所必需的充足证据，则及时撤销批准逮捕决定的一项强制措施适用制度。这可以说是实务界对附条件逮捕作出的具有代表性的界定。北京市人民检察院第二分院课题组起草的《关于准确适用重大案件附条件逮捕加强定期审查工作的意见（试行）》建议稿中对"附条件逮捕"的具体内涵作了详细的解释，即"附条件逮捕是指对于本规定所列举的确有逮捕必要的重大案件的犯罪嫌疑人，已经查证属实的证据能够证明有犯罪事实，但定罪证据尚未达到确实、充分程度，认为经过进一步侦查能够取到定罪所必需的证据的，检察机关在向侦查机关提出继续侦查意见，列明需要查明的事实和需要补充收集、核实的证据的情况下，可以批准逮捕，但应当对侦查机关继续侦查情况和羁押的必要性进行定期审查。对于侦查羁押期限届满时，仍未能达到检察机关继续侦查取证要求的，或者经审查后认为没有继续羁押必要的，应当及时撤销逮捕决定"。②

（二）附条件逮捕所附的"条件"

"附条件逮捕"所应附的条件有哪些呢？最高人民检察院副检察长朱孝清认为，这些条件包括：第一，案件事实证据已基本构成犯罪。所谓"基本构成犯罪"，就是证据离定罪的要求虽然有欠缺，但已很接近，"八九不离十"；第二，根据现有事实、证据分析，案件在批捕后经过进一步侦查，能够取得定罪所必需的证据；第三，必须是有逮捕必要的重大有影响案件。这三个条件，实际上是刑诉法规定的逮捕三条件在证据尚未构成犯罪的案件上的具体化，其

---

① 《寻求惩罚犯罪与保障人权的平衡点》，载《法制日报》2008 年 8 月 31 日第 1 版。

② 刘金林：《附条件逮捕：人权保障背景下的探索》，载《检察日报》2008 年 9 月 5 日。

中第一个条件，是逮捕第一个条件"有证据证明有犯罪事实"的具体化；第二个条件，既是逮捕的题中应有之义，也是逮捕第二个条件的必然要求；第三个条件，则是逮捕第二、第三个条件的具体化。①

（三）附条件逮捕的价值与需要完善之处

参与这项实践的检察机关对于这项已经低调运行了3年多的附条件逮捕赞赏有加，认为其具有如下价值：其一，实行附条件逮捕可促进惩罚犯罪与保障人权的平衡。北京市检察院二分院副检察长苗生明认为："在附条件逮捕实施之前，对于重大犯罪案件基本上都予以批捕。但如果遇到案件证据仍无法完善，则要等到不起诉或者宣判无罪时才能释放犯罪嫌疑人；而适用附条件逮捕之后，对那些补充侦查后仍不能达到证据要求的案件，当即撤捕，减少了羁押，保障了人权。"其二，附条件逮捕的实施从总体上降低了逮捕羁押率。北京是较早实施附条件逮捕制度的，如今已历三载。据统计，北京市检察机关实行附条件逮捕后，批捕率由2003年的89.4%下降到了2007年的82.9%，不批捕率则由2003年的3%上升到了2007年的5.5%，而2006年不批捕率更是达到了12.2%，捕后作无罪处理的案件比率在2007年则只占到1.15%，逮捕人数明显减少。② 其三，附条件逮捕的实施有利于检察机关加强对侦查活动的监督和检警合力的形成。北京市公安局法制办杨进认为，附条件逮捕试行后确实提高了侦查、起诉效率。③ 最高人民检察院副检察长朱孝清认为，附条件逮捕制度体现了检察机关对侦查活动的监督和对取证的引导，也体现了检察机关对侦查机关的配合与制约，从而实现检察机关对侦查工作配合支持与监督制约的统一。

此外，最高人民检察院副检察长朱孝清也指出了附条件逮捕存在一些需要进一步完善的问题，比如，附条件逮捕的案件范围如何掌握；检察机关批捕后如何督促公安机关侦查并及时掌握进展情况，如何会同公安机关建立相关的工作机制和制度；检察机关的侦查监督部门如何与公诉部门建立衔接机制，使公诉部门做好附条件逮捕案件的审查起诉工作；对附条件逮捕案件如何考核，使之避免成为规避批捕工作考核的一个渠道；等等。④

---

① 《附条件逮捕是审查批捕工作的制度创新》，载《法制日报》2008年8月31日第2版。

② 《寻求惩罚犯罪与保障人权的平衡点》，载《法制日报》2008年8月31日第1版。

③ 刘金林：《附条件逮捕：人权保障背景下的探索》，载《检察日报》2008年9月5日。

④ 《附条件逮捕是审查批捕工作的制度创新》，载《法制日报》2008年8月31日第2版。

二、西方法治国家视野中的逮捕——强制到案的措施

附条件逮捕的出现引发了我们对逮捕制度本身的再度探究。逮捕在我国和西方两大法系国家刑事诉讼中的含义相差甚远。在英美法系国家，逮捕可分为通常情况下的有证逮捕和紧急情况下的无证逮捕，对于前者，警察获得法官批准逮捕令的先决条件是有合理的根据（probable cause），其知道了犯罪嫌疑人怀疑的犯罪行为并且已经找到了怀疑所需的证据。所谓合理的根据，就是指一个具有正常人依据事实或证据相信某人正在实施或者已经实施了犯罪行为抑或将要实施犯罪行为。在英国，对于被逮捕的嫌疑人，在起诉前警察可将其羁押的时间为不超过 24 个小时，经警督以上官员的批准，可以再延长 12 个小时，如果获得治安法院的批准，继续羁押的时间可以延长到 96 小时。① 根据美国《联邦刑事诉讼规则》第 5 条的规定，无论是有证逮捕还是无证逮捕，执行逮捕后都必须将被逮捕人毫不迟延地带至联邦治安法官处，即初次到庭，大多数州要求被逮捕者在逮捕后很短时间内就被带到法官或其他指定法院官员（比如司法官或法院特派员）面前；有些州用制定法规定时间期限，如明尼苏达州规定被逮捕者在 36 小时之内必须被带到法官面前，其他一些州则通过判例法规定时间。逮捕并初次到庭后除了赋予嫌疑人一定的权利或提供一定的资助外，对嫌疑人的强制措施主要是决定是否羁押或者予以保释。② 由此可见，英美法系中的"逮捕"（arrest），一般是指为了指控一个人犯了罪而将他置于警察或司法羁押状态下的行为，就其在刑事程序上的含义而言，包含了我国刑事诉讼中的拘留、逮捕、扭送和《警察法》规定的留置盘查以及行政拘留所涵盖的强制到案的内涵，但并没有我国的拘留、逮捕所附带的长时间羁押甚至处罚性的效果。③

在法国刑事诉讼中，逮捕有三种类型：其一，在初步侦查程序中，除非嫌疑人主动到警察面前提供有关情况，否则经察可以向检察官报告后由后者签署命令强制嫌疑人到场。其二，在现场抓获且可能被判处监禁刑的案件中，任何人都有权逮捕犯罪嫌疑人并将其带至离案发现场最近的警察局官员面前。其

---

① 宋英辉、孙长永、刘新魁等：《外国刑事诉讼法》，法律出版社 2006 年版，第 108 页。

② 陈卫东主编：《保释制度与取保候审》，中国检察出版社 2003 年版，第 664～665 页。

③ 孙长永：《侦查程序与人权——比较法考察》，中国方正出版社 2000 年版，第 74～75 页。

三，在预审程序中，对于没有逃跑的犯罪嫌疑人或已经逃跑的犯罪嫌疑人，侦查法官有权签发强制到案令（mandat d'amener）或强制逮捕令（mandat d'arret）将其逮捕。① 自 21 世纪以来，法国加强了对犯罪嫌疑人、被告人人权的保护，2000 年 6 月 15 日修改《刑事诉讼法典》第 63 条，规定"如果存在一个或多个合乎情理的理由怀疑其已经实施或试图实施犯罪行为，出于调查的需要，司法警官可以对任何人采取拘留措施，并应当在拘留一开始就通知大审法院检察长"。"对被拘留的人羁押不得超过 24 小时，经大审法院检察长书面批准，可以将拘留时间最多延长 24 个小时"。② 法国刑事诉讼对逮捕和羁押采取了相互分离的制度设计，逮捕后的羁押受到了严格的限制，如法国《刑事诉讼法典》第 137 条规定，除了出于审判的需要或者安全需要，任何被审查人均应予以释放，并给予司法管制，或者作为例外……予以临时羁押。该法典第 143 - 1 条进一步明确了先行羁押的条件，"除本法第 137 条规定内阁的情况，只有具备下述列举的情况之一时，才能决定采取或延长先行羁押措施；（1）被审查人可能被判处重罪刑罚；（2）被审查人可能被判处轻罪刑罚，期间为 3 年或 3 年以上有期徒刑，在被审查人故意逃避应履行的司法监督义务的情况下，根据本法典第 141 - 2 条的规定，同样可以作出先行羁押决定"。③ 德国《刑事诉讼法》第 127 条规定了逮捕需具备的条件，在德国刑事诉讼中，逮捕又被称为暂时逮捕（Vorfuhrung），其目的是为了使检察院或警方能够启动侦查。在德国，警察逮捕犯罪嫌疑人的条件是，存在逃跑或毁灭证据的危险（《刑事诉讼法》第 112 条、第 127 条第 2 款）；公民逮捕犯罪嫌疑人的条件是，某人正在实施犯罪或者正在被追捕，为了防止其逃跑或者确认身份而有必要进行逮捕。④ 具体而言，逮捕适用于以下情形：其一，司法官员（检察官或者法官）对于没有遵守传票到司法官员处的嫌疑人可以逮捕令将其逮捕。其二，对于那些正在实施犯罪或刚实施完犯罪即被发现的人，任何人包括公民都可对其实施无证逮捕，但是必须将其迅速带至法官或其他拥有司法权力的官员面前。如果无证逮捕的主体是警察，后者须于 48 小时之内将被逮捕者带到司

---

① Criminal Procedure Systems in the European Community, Chapter 4 - France（by Prot. Jean. Pradel），Christine Van Den Wyngaert ed.，Butterworths，1993，pp. 120 ~ 121.

② 宋英辉、孙长永、刘新魁等：《外国刑事诉讼法》，法律出版社 2006 年版，第 279 页。

③ 宋英辉、孙长永、刘新魁等：《外国刑事诉讼法》，法律出版社 2006 年版，第 282 页。

④ ［德］托马斯·魏根特著，岳礼玲、温小洁译：《德国刑事诉讼程序》，中国政法大学出版社 2004 年版，第 93 页。

法官员面前。① 在这段时间之内，警察对被逮捕者进行讯问，被逮捕者可能参与辨认程序或者被搜查身体或住宅，此后，检察官或法官也会对被逮捕者进行讯问，侦查结束后，法官可以决定释放被逮捕者或者签发命令羁押被逮捕者。②

综上，无论是英美法系国家还是大陆法系国家，逮捕仅仅是一种迫使犯罪嫌疑人到案或者预防其逃跑、毁灭证据的强制措施，其与我国刑事诉讼中的拘留较为接近。在这些国家的刑事诉讼中，适用逮捕的实体要件条件大致为：警察或检察官等侦查人员有证据怀疑犯罪嫌疑人已经实施犯罪或正在实施犯罪抑或将要实施犯罪，而不以被逮捕者极可能有罪为前提；在程序要件层面，逮捕的实施需由侦查人员向法官或检察官申请逮捕令状为前提，无证逮捕则为例外；虽然无证逮捕有不断扩大的趋势，但是有证逮捕为原则无证逮捕为例外的基本面仍是这些国家在运用逮捕时的主要部分。此外，对于逮捕后侦查机关有权留置犯罪嫌疑人的时间较短，并且受到严格的限制。在这些国家的刑事诉讼中，逮捕只能短时间内剥夺嫌疑人的人身自由，短则 12 个小时，最长也不得超过 96 个小时；逮捕并不是羁押的前置措施，羁押也并非逮捕的逻辑延伸，也就是说，逮捕与羁押是相互分离的，两者之间没有必然的逻辑联系。逮捕只是强制犯罪嫌疑人、被告人到案与短时间剥夺自由的刑事强制措施，被逮捕者是否有罪并非侦查人员、司法官员在是否采取逮捕时考虑的主要因素。正因为上述原因，这些国家的刑事诉讼中没有"错误逮捕"的概念，那些对被判无罪的犯罪嫌疑人被告人实施逮捕的侦查人员或司法官员也不会因为"错误逮捕"而受到追究。

三、附条件逮捕辨析——游离于逮捕制度之外的创设

据检察机关的观点，批准逮捕在司法运作中存在一个实践标准，而这个实践标准严于刑事诉讼法规定的逮捕标准，附条件逮捕的标准低于实践标准而仍然符合法定标准；附条件逮捕并不是逮捕制度的创新，更不是对法律规定的突破，而是一种工作机制和工作措施的创新；③ 它是在逮捕制度框架内对逮捕的

---

① Criminal Procedure Systems in the European Community, Chapter 5 – Germany (by Prot. Hans – Heiner Kuhne.), Christine Van Den Wyngaert ed. , Butterworths, 1993, p. 150.

② European Criminal Procedure, Chapter5—the German System (by Rodolphe Juy – Birmann, Revised by Jorg Biermann), Mireille Delmas – Marty and J. R. Spencer ed. , Cambridge, 2002, p. 335.

③ 《寻求惩罚犯罪与保障人权的平衡点》，载《法制日报》2008 年 8 月 31 日第 1 版。

细分和灵活运用，因此，附条件逮捕是合法的。然而"附条件逮捕"本身并非标准的法律术语，其只是某些检察机关在实践过程中创造出来的一个新词，它究竟是统摄于逮捕制度之内的"创新"，还是游离于逮捕制度之外的新的创设？附条件逮捕能否真正降低长期备受诟病的高羁押率和减少普遍存在的超期羁押现象？这些都是必须厘清的问题。

对于附条件逮捕是否降低了逮捕的条件，学界存在"肯定说"和"否定说"两种相反的观点。中国政法大学陈光中教授则认为，目前不附条件的逮捕实质上要求的是"证据确实、充分"的标准，超过了法定标准，而附条件逮捕则基本符合逮捕的法定条件。西南政法大学教授高维俭认为，附条件逮捕同样遵循《刑事诉讼法》中"有证据证明有犯罪事实"的逮捕原则，"批捕尺度"不但不逾矩，更是对《刑事诉讼法》规定的批捕条件的回归。因为现行的司法实践中，对批捕条件的把握远远比《刑事诉讼法》中要求的严格，这种附条件的适当放宽，其实是对《刑事诉讼法》要求的回归。中国社会科学院法学研究所教授冀祥德认为，附条件逮捕定位于审查逮捕案件的分流，它不是降低逮捕标准，而是分层次适用逮捕标准。北京大学法学院教授汪建成则有条件地肯定了附条件逮捕，他认为，从目前附条件逮捕的实践和有关规定来看，附条件逮捕案件并没有降低刑事诉讼法规定的逮捕标准，他也提出了赞同肯定说的三项条件：一是这些案件原先是否应该批准逮捕；二是批准逮捕后是否有撤销的；三是羁押率是否上升。与此相反，中国人民大学教授陈卫东认为："附条件逮捕是降低了逮捕标准，不符合法律规定，不符合'可捕可不捕的不捕'的刑事司法政策。"中国政法大学教授樊崇义则认为，附条件逮捕要有底限，即六机关规定的具体逮捕标准，而且这个名称（附条件逮捕）是否属于刑事诉讼法学的名词范畴还需要理论支撑。①

要对这个问题作出正确回答则必须弄清逮捕的条件，我国《刑事诉讼法》对刑事强制措施包括逮捕作出了明确的规定，我国《刑事诉讼法》第60条规定："对有证据证明有犯罪事实，可能判处徒刑以上刑罚的犯罪嫌疑人、被告人，采取取保候审、监视居住等方法，尚不足以防止发生社会危险性，而有逮捕必要的，应即依法逮捕。"这一规定明确了逮捕的三个条件：（1）有证据证明有犯罪事实；（2）犯罪嫌疑人可能判处徒刑以上刑罚；（3）采取取保候审、监视居住等方法，尚不足以防止发生社会危险性，而有逮捕必要。最高人民法院、最高人民检察院、公安部、国家安全部、司法部、全国人大常委会法制工

---

① 刘金林：《附条件逮捕：人权保障背景下的探索》，载《检察日报》2008年9月5日。

作委员会《关于刑事诉讼法实施中若干问题的规定》（以下简称《六机关规定》）对"有证据证明有犯罪事实"作了进一步解释，第26条规定，修改后的《刑事诉讼法》将原《刑事诉讼法》关于逮捕条件中"主要犯罪事实已经查清"的规定修改为"有证据证明有犯罪事实"。其中"有证据证明有犯罪事实"，是指同时具备下列情形：（一）有证据证明发生了犯罪事实；（二）有证据证明犯罪事实是犯罪嫌疑人实施的；（三）证明犯罪嫌疑人实施犯罪行为的证据已有查证属实的。犯罪事实可以是犯罪嫌疑人实施的数个犯罪行为中的一个。最高人民检察院副检察长朱孝清认为，"有证据证明有犯罪事实"与"有证据证明构成犯罪"并不能画等号；以案件是否已经构成犯罪为标准，将"有证据证明有犯罪事实"的案件分为"已构成犯罪"与"尚未构成犯罪"两种情形。[①] 笔者不同意朱孝清副检察长的看法，因为"有证据证明有犯罪事实"的意思是现有证据证明犯罪嫌疑人实施了犯罪行为，该犯罪行为构成犯罪，其与"有证据证明构成犯罪"的内涵是一致的；将"有证据证明有犯罪事实"的案件分为"已构成犯罪"与"尚未构成犯罪"两种情形也缺乏法律依据且无实际意义。依照我国《刑事诉讼法》和《六机关规定》的上述规定，从犯罪构成的角度分析逮捕的实质要件是有证据证明犯罪嫌疑人实施了犯罪行为，虽然犯罪嫌疑人实施的犯罪行为构成犯罪，但并不意味着其一定有罪；从刑罚上看，如果在审判中被判有罪，其有可能被判处有期徒刑；从人身危险性层面看，犯罪嫌疑人的人身危险性并非取保候审或监视居住所能减小或遏制，所以必须采取逮捕。

据前文所述，附条件逮捕所附的第一个条件是"案件事实证据已基本构成犯罪"，其意即已收集到的案件证据只能表明犯罪行为至多是很接近定罪或基本构成犯罪，但尚未达到定罪的要求。按照朱孝清副检察长的说法，所谓"基本构成犯罪"，就是证据离定罪的要求虽然有欠缺，但已很接近，"八九不离十"。[②] 而逮捕的第一个条件则是"有证据证明有犯罪事实"，即依据已经收集到的案件证据，犯罪行为已构成犯罪，但并不等于犯罪嫌疑人、被告人有罪。由是观之，附条件逮捕在犯罪构成要件方面的要求没有逮捕那么严格，没有达到刑事诉讼法对逮捕规定的标准。而且所谓"基本构成犯罪"是个主观性很强的表述，缺乏客观的认定标准，是个很难把握的模糊条件，什么叫做

---

① 《附条件逮捕是审查批捕工作的制度创新》，载《法制日报》2008年8月31日第2版。

② 《附条件逮捕是审查批捕工作的制度创新》，载《法制日报》2008年8月31日第2版。

"八九不离十"，在司法实践中如何具体认定这个"八九不离十"？众所周知，在司法实践中，不同的审查批捕人员对逮捕中的"有证据证明有犯罪事实"的理解都不尽相同，引起许多争议，才会有《六机关规定》对"有证据证明有犯罪事实"作出进一步的解释，但仍然无法统一实务人员的认识。那么，对"基本构成犯罪"这个更加模糊表述的理解和在实践中的把握就更难以有确定的标准了，是否"八九不离十"或者"基本构成犯罪"只能取决于审查批捕人员的心情和喜好了。如此，审查批捕人员在适用附条件逮捕时的自由裁量权也就基本处于无法控制的状态。附条件逮捕所附的第二个条件是根据现有事实、证据分析，案件在批捕后经过进一步侦查，能够取得定罪所必需的证据。这无疑表明，对犯罪嫌疑人适用附条件逮捕时，侦查机关没有收集到足够的定罪证据，而是期待在逮捕嫌疑人之后再进一步收集定罪所需的证据，通俗地说就是"先抓人后取证"，附条件逮捕的实质目的不在于防止犯罪嫌疑人逃避刑事诉讼或干扰证人抑或降低其社会危险性等，而在于通过逮捕、控制嫌疑人获得口供进而依据口供去获得定罪所需要的其他人证和物证，这显然与刑事诉讼规定的逮捕目的大相径庭。附条件逮捕所附的第三个条件是此种逮捕适用于有逮捕必要的重大有影响案件。有的检察机关认为以下几类案件属于重大有影响案件：即危害国家安全犯罪、恐怖犯罪、有组织犯罪、走私犯罪、毒品犯罪、严重暴力犯罪、涉众型犯罪、贪污贿赂犯罪、渎职侵权犯罪和其他有重大影响的犯罪。[①] 在笔者看来，越是重大的犯罪案件，在逮捕的条件设定上应当越严格，而不是相反，因为我国的逮捕与前述国家的逮捕性质迥异，后者仅为迫使犯罪嫌疑人、被告人到案的刑事强制措施；然而，在我国刑事诉讼中，逮捕即意味着羁押，而且是长时间的羁押甚至是超期羁押。根据我国《刑事诉讼法》的规定，对于一般的犯罪嫌疑人被刑事拘留之后被批捕之前的羁押期限可长达 14 天，如果是流窜作案、多次作案、结伙作案的犯罪嫌疑人，羁押期限则可达 37 天。在司法实践中，往往不分是否流窜犯、是否多次或结伙作案，一律用足上限规定，拘留至 30 日，这几乎成了惯例；而拘留 3 日的，反而成了特殊现象。[②] 犯罪嫌疑人、被告人被逮捕后的羁押期限短则 2 个月，最长可达 7 个月。随着刑事案件进入审查起诉阶段和庭审阶段，被告人被继续羁押。我国的羁押期限还随着审判的开始而自然延伸，即审多久押多久，如果案

---

① 刘金林：《附条件逮捕：人权保障背景下的探索》，载《检察日报》2008 年 9 月 5 日。

② 柯葛壮、杜文俊：《论认罪案件处理程序之简易化》，载《政治与法律》2003 年第 2 期。

件审判不顺利，被告人的羁押期限可能就无期限限制可言。由此观之，在我国，逮捕名为刑事强制措施，实为一个公民由自由人的身份转变为罪犯和接受无法预期的剥夺人身自由的开始。

综上显而易见，附条件逮捕降低了逮捕的标准，其价值也仅在于检察机关试图通过"附条件逮捕"的适用来破解我国刑事诉讼中"捕得了、放不了"的恒久难题，但情况并不如北京市人民检察院二分院副检察长苗生明所说的那么乐观，该分院的数据至多只是个个案，尚不能断定附条件逮捕的推广适用会带来同样的效果。相反，笔者认为，附条件逮捕的出台和适用导致了逮捕标准的进一步模糊，扩大了审查批捕部门的自由裁量权，使审查批捕的恣意性增加，甚至变相地改变了设定逮捕的宗旨。鉴于逮捕是刑事司法程序中最严厉的强制措施，因此，法律对逮捕的适用限定了较为严厉的条件。但由于审查和批准逮捕的权限是配置在同时作为控方的检察机关手中，为确保案件的顺利侦破以便于随之而来的审查起诉，检察机关通常更乐于"配合"侦查部门放宽逮捕的条件。正是在这样的制度设计下，使得"可捕可不捕的，捕"成了法定逮捕制度之外的一大"潜规则"。为遏制这一潜规则，最高人民检察院数度发文，提出"可捕可不捕的，不捕"这一明确的政策要求。最新的例证出现在最高人民检察院于 2006 年发布的《关于在检察工作中贯彻宽严相济刑事司法政策的若干意见》中，相关表达也变成了"可捕可不捕的坚决不捕"。语义的不断加强事实上反证了实践中滥用逮捕权的存在。"附条件逮捕"实则是在高检院关于"坚决不捕"的硬性要求，与司法实践中的"捕了省事"之间寻求平衡。如报道中所介绍的那样，"在法律框架下，只要基本构成犯罪，即使证据尚不充分，即可附条件逮捕，这实则还是'先捕了再说'"。而根据《刑事诉讼法》的规定，"证据尚不充分"，就不能证明"有犯罪事实"，更不能断定嫌疑人"可能判处徒刑以上刑罚"，因而理应"坚决不捕"才对。从严格依法的角度看"附条件逮捕"，非但不能"减少羁押，保障人权"，反会"增加羁押，侵犯人权"。所谓悄然运行已 3 年的制度一样未能跳出"控方思维"这一如来神掌。"附条件逮捕"的实践意义其实仅仅在于"补充侦查后仍不能达到证据要求的案件，当即撤捕"。这种勇于认错和纠偏的务实选择，较之司法实践中常有的"错了也不撤"，"将错捕进行到底"，已属"有所进步"了。①

---

① 王琳：《控方思维："附条件逮捕"的如来神掌》，载 http://qzone.qq.com/blog/604657 - 1220395914，2008 年 9 月 5 日访问。

结　语

　　按照目前《刑事诉讼法》的规定，采取逮捕措施后，只有发现采取措施不当的，才应当撤销或者变更，而采取撤销或者变更逮捕的情况就意味着办了错案，而牵扯到工作考核与刑事赔偿问题，这就造成了司法实践中往往"捕得了、放不了"。① "捕得了、放不了"被视为催生附条件逮捕的重要因素，而据上文分析，附条件逮捕并非降低羁押率的良策。在我国刑事诉讼中，高羁押率、超期羁押甚至羁押无期一直备受诟病。如何破解羁押困局成为学界和实务界多年研究的课题，并提出了诸多具有真知灼见的建议或对策，这些建议在一定程度上缓解了羁押面临的困境，但破解羁押困局的良策似乎难于找寻，但这并不能阻止我们继续寻求破解之法的努力。在笔者看来，要解决我国羁押率高、超期羁押严重的难题至少须做到以下几个方面：其一，对我国拘留、逮捕制度作出重大革新。基本方向是废除拘留制度，借鉴西方国家逮捕制度的合理成分，将逮捕制度设计成迫使犯罪嫌疑人、被告人到案的刑事强制措施，使其与羁押相分离；逮捕的决定权在审前由检察机关行使，庭审阶段由法院行使。侦查机关在实施逮捕后只能短时间地剥夺犯罪嫌疑人、被告人人身自由。其二，设置预审法官，对羁押制度进行大幅度改革。在法院内设置预审法官，由其对取保候审、羁押的适用、羁押的延长、履行司法审查之职，使羁押始终在司法权的监控之下，以达到降低羁押率、保障人权的目的。其三，革除羁押期限附属办案期限的法律规定和司法实践。对必须羁押的案件设定合理的羁押期限，以羁押期限为办案的期限，促使案件在羁押期限内完结。只有这样，才有可能降低羁押率、缩短羁押期限，进而实现打击犯罪与保障人权相对平衡的诉讼目的。

---

　　① 刘金林：《附条件逮捕：人权保障背景下的探索》，载《检察日报》2008 年 9 月 5 日。

未成年被指控人权利告知程序研究

杨建广　唐　琪[*]

【内容摘要】

本文从告知形式、告知内容、告知程度、监督机制等方面对未成年被指控人权利告知程序立法现状和司法现状进行考察，并针对现状考察发现的问题进行原因分析，最后提出了若干完善未成年被指控人权利告知程序的建议。

【关键词】未成年被指控人　权利告知　告知内容　告知程度　监督机制

权利告知程序是刑事诉讼中必不可少的程序，是通过司法机关履行告知职责，确保被指控人充分、有效地行使诉讼权利，推进诉讼进程，从而实现程序正义、人权保障以及程序参与等价值的程序。因此，权利告知程序多年来受到学界的关注。一般认为，我国的权利告知程序主要存在以下缺陷：第一，对告知程序的规定过于原则。现行法律对告知程序没有作出详尽明确的规定，告知范围、告知方式、告知程度等方面的实践操作随意性较大。第二，告知义务履行方式过于简单，告知行为可有可无或纯粹走形式，一些特殊的被指控人的诉讼权利得不到法律保障。第三，缺乏救济措施和保障制度。现行法律仅对少数诉讼权利设定了不告知的后果，如回避权；对违反权利告知程序的人员缺乏惩戒条款，违反与否均不产生任何法律后果，使得法律条款缺少"刚性"保障。

作为特殊的被指控人，与成年被指控人相比，未成年被指控人的诉讼权利更易受到侵犯，也更需要法律为其提供一个保障性强的权利告知程序。以下仅对未成年被指控人权利告知程序的立法现状和司法现状进行考察和分析，进而提出一些建议。

---

* 杨建广，中山大学法学院教授；唐琪，中山大学法学院研究生。

一、未成年被指控人权利告知程序现状考察

确立诉讼权利的目的在于提升权利主体的法律地位，权利主体所享有的诉讼权利越充分，越有保障，其诉讼地位就越高。另一方面，这种法律地位是通过权利主体的有效主张来体现的。与此相应，一个架构合理的权利告知程序使被指控人能够获知自己在即将开始的诉讼程序中享有哪些权利并如何行使该等权利，充分保护了被指控人意志自由和人格尊严。在此当中，告知形式、告知内容、告知程度、监督程序和救济程序是构建被指控人权利告知程序的不可或缺的因素。

（一）未成年被指控人权利告知程序立法现状

现行法律法规及有关司法解释对未成年被指控人权利告知程序的设定主要体现在以下几个方面。

1. 告知形式

根据最高人民法院、最高人民检察院、公安部、司法部《关于在部分地区就加强和规范刑事诉讼法律援助工作进行试点的通知》（2003 年）第 3 条第 3 款，告知可以采取口头或者书面方式。口头告知的，应当记明笔录，由被告知人签名；书面告知的，应当将送达回执入卷。

2. 告知内容

侦查机关的告知内容包括：（1）诉讼权利的告知。根据《人民检察院办理未成年人刑事案件的规定》（2007 年）第 10 条的规定，人民检察院讯问未成年被指控人，应当告知其依法享有的诉讼权利，告知其如实供述案件事实的法律规定和意义。（2）获得律师帮助权的告知。根据《公安机关办理刑事案件规定》（1998 年）第 36 条、第 37 条的规定，公安机关在对犯罪嫌疑人依法进行第一次讯问后或者采取强制措施之日起，应当告知犯罪嫌疑人有权聘请律师，如果因涉及国家秘密不予批准聘请律师时，侦查机关必须说明理由。（3）申请法律援助的告知。最高人民法院、最高人民检察院、公安部、司法部《关于在部分地区就加强和规范刑事诉讼法律援助工作进行试点的通知》（2003 年）第 3 条第 1 款规定，公安机关、人民检察院立案侦查的刑事案件，在第一次讯问后，或者采取强制措施之日起，应当告知其如果经济困难，有申请法律援助的权利。对于涉及国家秘密的案件，应当告知其申请法律援助必须经侦查机关批准。（4）鉴定结论的告知。《刑事诉讼法》第 121 条规定，侦查机关应当将用做证据的鉴定结论告知包括未成年被指控人在内的犯罪嫌疑人、被害人。

公诉机关的告知内容包括：（1）申请法律援助的告知。《人民检察院办理

未成年人刑事案件的规定》（2007 年）第 15 条规定，未成年被指控人及其法定代理人因经济困难等原因没有聘请律师的，人民检察院应当告知其可以申请法律援助。（2）鉴定结论的告知。《人民检察院刑事诉讼规则》（1999 年）第 205 条规定，用做证据的鉴定结论，人民检察院办案部门应当告知犯罪嫌疑人、被害人；被害人死亡或者没有诉讼行为能力的，应当告知其法定代理人、近亲属或诉讼代理人。（3）不起诉决定的告知。《人民检察院办理未成年人刑事案件的规定》（2007 年）第 22 条规定，不起诉决定书应当送达被不起诉的未成年人及其法定代理人，并告知其依法享有的权利。

审判机关的告知内容包括：（1）罪名的告知。根据《最高人民法院关于审理未成年人刑事案件的若干规定》（2000 年）第 17 条的规定，送达起诉书副本时，人民法院应当告知被指控的罪行和有关法律条款。（2）委托辩护人的告知。根据《刑事诉讼法》第 151 条的规定，人民法院决定开庭审判后，如果被告人没有委托辩护人，应当告知被告人有权委托辩护人，或者在必要的时候指定承担法律援助义务的律师为其提供辩护。（3）诉讼程序及诉讼权利的告知。根据《最高人民法院关于审理未成年人刑事案件的若干规定》（2000 年）第 17 条的规定，送达起诉书副本时，应当告知其诉讼的程序及有关的诉讼权利、义务，告知其在开庭审判中应当注意的有关事项。根据《刑事诉讼法》第 154 条的规定，开庭的时候，审判长应当告知未成年被指控人有权申请回避、提出证据、申请证人到庭、申请调取新证据、申请重新鉴定、自行辩护、在法庭辩论终结后作最后的陈述。

3. 告知程度

最高人民法院《关于审理未成年人刑事案件的若干规定》（2000 年）第 17 条规定，人民法院向未成年被告人送达起诉书副本时，应当向其讲明被指控的罪行和有关法律条款；并告知诉讼的程序及有关的诉讼权利、义务，消除未成年被告人的紧张情绪。

最高人民法院《关于印发〈关于落实 23 项司法为民具体措施的指导意见〉的通知》（2003 年）第 18 条规定，开庭审理前，必须就开庭程序等事项向未成年被告人作详细介绍。

4. 对告知程序的监督

根据《人民检察院办理未成年人刑事案件的规定》（2007 年）第 37 条的规定，法庭未告知未成年被指控人及其法定代理人依法享有的申请回避、辩护、提出新证据、申请重新鉴定或者勘验、最后陈述、提出上诉等诉讼权利的，公诉人应当在休庭后及时向本院检察长报告，由人民检察院向人民法院提出纠正意见。

（二）未成年被指控人权利告知程序司法现状

近年来，国内一些检察机关在办理未成年人犯罪案件过程中，对未成年被指控人实行特别告知制度。所谓"特别"包括两个方面：一是在告知方式上，设定专门的未成年人权利告知书；二是在告知内容上，增加了与未成年人有关的法律规定。例如，关于未成年人犯罪、自首、立功等法定从轻、减轻情节的法律规定，以及检察机关在办理未成年人案件过程中的特别要求等。下面以海珠区人民检察院为对象，对司法实践中未成年被指控人权利告知程序的实际运行状况进行考察。

1. 告知形式及内容

既包括书面告知，也包括口头告知。书面告知采取告知书的方式，其基本格式是："根据《中华人民共和国刑事诉讼法》的规定，现告知你有权……"具体涉及的权利包括委托辩护人、回避、通知法定代理人到场、不起诉申诉、变更强制措施等诉讼权利。

除此之外，承办案件的检察官还会口头告知未成年被指控人涉嫌罪名与可能判处的刑罚，告知案件的办案流程、强制措施种类和作用，告知审判程序等。

2. 告知程度

无论是书面告知还是口头告知，检察官都会向未成年被指控人解释所告知内容的法律意义。例如，告知委托辩护人的权利时，检察官首先会说明辩护人的作用，哪些人可以作为辩护人；其次会告知不委托辩护人的后果——法院在开庭时为其指定辩护人，并且解释指定辩护人与委托辩护人的区别。又如，告知涉嫌罪名与可能判处的刑罚时，检察官会向未成年被指控人解释具体罪名的含义，告知法定和酌定的量刑情节。对于一些在审查起诉阶段改变被指控人犯罪行为定性的案件，还会告知变更的依据和理由。同时，各种解释均以未成年被指控人能够理解的语言来进行。

3. 对告知程序的监督机制

书面告知由负责送达告知书的检察官专门负责，每份告知书的送达都在电脑系统的审限程序中留下记录，以保证所有的告知书均能在期限内送达。

（三）对未成年被指控人权利告知程序现状的分析

第一，从未成年被指控人权利告知程序的立法现状来看，一般权利告知程序的立法规定为学者诟病之处，依然见于未成年被指控人的权利告知程序。一是告知形式不明确。是以口头形式告知，还是以书面形式告知，我国现行刑事法律几乎没有涉及。上文所列举的告知形式的规定也仅在司法机关告知被指控人申请法律援助权利时适用。二是告知内容的局限性。在侦查阶段和审查起诉阶段，权利告知程序中最重视的罪名与理由的告知内容没有涉及。三是监督机制和救济程序的缺失。立法仅规定了司法机关工作人员有义务告知未成年被指控人享有上述权利，以及在审判阶段检察机关对法院告知义务的监督职责，对侦查阶段、审查起诉阶段中司法人员违反权利告知程序的法律后果则未有明确，更没有给予被指控人程序性救济权。

较之于成年被指控人的权利告知程序的阙如，未成年被指控人权利告知程序的立法现状有其可取之处，尤其是在告知程度方面。最高人民法院《关于审理未成年人刑事案件的若干规定》、最高人民法院《关于印发〈关于落实23项司法为民具体措施的指导意见〉的通知》等司法解释对未成年被指控人权利告知的程度作出了规定，要求法院讲明被指控的罪行和有关法律条款，详细介绍有关诉讼权利。这表明立法者考虑到了未成年被指控人在知识层面、逻辑思维等方面普遍弱于成年被指控人，需要司法机关在履行告知义务的过程中，对他们进行详细告知，确保他们的诉讼权利不受侵犯。并且，这也在一定程度上表明了立法者明白告知程度的确定是实现"有效告知"的重要因素之一，而"有效告知"是实现权利告知程序的法理价值的关键，因而对于权利告知程序改革的推进是有利的。但是，上述关于告知程度的规定过于简单，没有对"讲明"或者"详细介绍"的形式与标准作出规定，条文的弹性过大，实践中往往会依赖于实际办案的司法人员的"个人理解"来执行，缺乏保障性。而且，有关告知程度的规定仅适用于审判阶段；而在保护未成年被指控人诉讼权利更为迫切的侦查阶段以及审查起诉阶段，被指控人只能简要了解所享有的一些权利，无法获得与行使权利有关的具体情况、权利如何实现等内容。

第二，从未成年被指控人权利告知程序的司法现状来看，在告知形式方面，海珠区人民检察院运用了"书面告知"加"口头告知"的混合模式。对于法律规定必须告知的内容采取书面告知的形式，法律未规定必须告知的内容则采取口头告知。在告知内容方面，检察官能够就涉嫌罪名、办案流程等法律未规定必须告知的内容告知被指控人，这无疑是实践中的一个进步，有利于确保未成年被指控人的知悉权。在告知程度方面，检察官根据未成年被指控人的身心特点，以恰当的方式，对所告知内容进行详细解释，不但有助于未成年被指控人有效行使其诉讼权利，同时也是对未成年被指控人的一种感化，有助于减低再犯率。

首先，这种书面告知也并不涉及对告知内容的解释，仅仅是告知被指控人"你有某项权利"；至于向未成年被指控人解释具体诉讼权利的工作则交由承办案件的检察官负责。如此一来，告知书不仅难以发挥书面形式特有的"白纸黑字"、清晰明确的优势，反而依赖于因人而异的口头解释，导致书面告知有流于形式的倾向。其次，检察官所告知的非法律规定必须告知的内容中，有一部分实质上应该是由律师来告诉未成年被指控人的。侦查阶段和审查起诉阶段律师角色的缺位，迫使检察官越位补充这个空白，一旦检察官选择不告知这些内容，被指控人诉讼权利的保障就面临危机。最后，这种权利告知程序缺乏有效的监督机制。虽然作出了一些尝试，所有书面告知书由非案件经办人的检察官专人负责，并通过电脑的审限程序来约束，但这毕竟是一个内部流程，并非外部的规制，更没有任何程序上的后果。显然，这对于一个目的在于保障被指控人诉讼权利的程序来说，是远远不够的。

通过上述分析可以发现，我国未成年被指控人权利告知程序在立法上存在着明显的不足：法条内容简单粗略，对告知的权利范围、告知程度、监督机制等的规定过于单薄；权利救济途径不畅，容易使得被指控人的告知权利落空。这种立法上的先天不足，对司法实践中权利告知程序的运行产生了不良影响。

二、未成年被指控人权利告知程序缺失的原因分析

任何一种法律程序，均不能脱离其所处的法治环境而单独存在。未成年被指控人权利告知程序的缺失原因，也应置于我国刑事司法诉讼体制的大环境中进行分析。

（一）宜粗不宜细的立法诟病尚未治愈

我国现行《刑事诉讼法》许多内容过于原则，需要执行这部法典的国家专门机关依法再各自制定了数百条更为详细的解释、规则和规定，这些解释、规则和规定皆以"条"、"款"的面目出现，试图起到"法典"的作用。但是，事实上最高人民法院、最高人民检察院、公安部等制定的这些规定在告知程序上仍不够细致，不够具体。

以侦查及侦查监督为例，《刑事诉讼法》为行使侦查权的机关配置了三类侦查权：专门调查权、刑事强制措施权和程序启转权，[①]内容涉及讯问犯罪嫌疑人、询问证人、勘验、检查、搜查、扣押、鉴定、通缉、拘传、取保候审、监视居住、拘留、逮捕、立案、侦查终结等。从应然角度讲，侦查机关对未成年被指控人的权利告知职责的履行，检察机关对权利告知职责履行情况的监督，应当从立案侦查到侦查终结，甚至提起公诉前的退回补充侦查阶段所有的权利告知活动的合法性进行监督。但法律缺乏对侦查机关违法的制裁规定，对检察机关对侦查机关权利告知职责履行情况的监督的范围和途径，仅限定在审

---

① 王荣彪、卢雪勇：《从权力对称性看侦查监督职能的完善》，载《人民检察》2007年第19期。

查逮捕、审查起诉时。这些原则性的规定不仅对权利告知监督的范围规定不够明确，而且对于实现权利告知监督的方式、程序，以及有何强制性的措施保障监督的实现等，也没有具体规定，致使侦查阶段的权利告知程序的缺少法律保障。

（二）权利告知程序尚未引起相关司法机关的重视

在刑事诉讼程序这条"流水线"上，侦查机关、公诉机关和审判机关对保障未成年被指控人的程序性权利的必要性认识不足，纠错不力，必然引起权利告知程序的被忽略。

首先是从立案后到审查逮捕阶段。根据法律的规定，公安机关发现犯罪事实或者犯罪嫌疑人后，即自行进行初步调查或审查工作，经县级以上公安机关负责人批准，即可立案进行侦查，并采取相应的强制性侦查措施，包括带有一定强制性手段的专门性侦查工作和对物的强制性措施，以及对人采取的拘传、拘留强制措施，这些侦查行为直接作用的对象是犯罪嫌疑人的人身、财产或者隐私等其他权利，但法律及司法解释却没有相应的保障侦查对象诉讼权利受侵犯的救济措施。检察机关对此也没有有效的途径对侦查活动的合法性与否进行同步的监督。对于从立案后到审查逮捕阶段的侦查活动的权利告知程序是否依法进行，未成年被指控人的权利保障程度如何，往往只能等到下一"诉讼阶段"时，再回过头来予以审查与监督。然而，即便是事后发现了侦查机关确实没有履行告知职责，法律上也找不到制裁违法不告知未成年被指控人诉讼权利的规定，致使该项权利实际流于形式。

其次是从审查逮捕后到审查起诉阶段。审查逮捕和审查起诉是人民检察院对侦查活动进行监督的两种途径，通过在侦查过程中和侦查终结后对案件侦查实体与程序内容的审查，发现问题，纠正违法。从线型诉讼结构上分析，这种监督途径明显具有滞后性与不连续性，虽然对于逮捕后的延长羁押期限，仍需要经人民检察院批准，但并不再如提请审查逮捕时一样，需要移送案件的侦查卷宗，只是在提请审批的文书中简要说明案情与法律依据，因此，相关的诉讼活动可以说是在完全没有被指控人参与下所进行的活动，带有较强的行政审批式的特点，且显得配合有余，监督不足。

（三）司法活动的秘密性致使权利救济渠道不畅

司法活动的性质决定了其大部分工作都是独立、秘密进行的。从司法机关内部来分析，对于公安机关立案侦查的案件，由于没有确立有关立案信息通报制度，人民检察院没有有效的途径及时了解公安机关履行权利告知职责的情况，检察机关通常要等到公安机关开展侦查工作，甚至拘留犯罪嫌疑人1个月后，呈请审查逮捕犯罪嫌疑人时，才能通过审查已经形成的案卷材料、讯问犯罪嫌疑人、复核证据等方式，对公安机关在此之前采取的一系列搜查、扣押、辨认等专门的调查活动，以及采取的拘传、拘留强制措施是否合法进行监督。对于人民检察院的审查起诉活动，虽然辩护律师依法有代为申诉、控告的权利，但却没有保障其了解审查起诉中程序性活动的机制。实践中，检察人员在这一阶段依法当面听取辩护人意见的情况极少，互相之间也没有建立有效的意见交流制度。因此，审查起诉中一旦发生侵权行为，也只能进行事后的监督与纠正。这种制度设置本身就不能及时发现并杜绝违法现象的发生，缺少事先的预防和事中的控制机制。对于法院而言，除了开庭审理活动是公开的，其他审理过程也都是秘密的，不仅当事人、辩护人难以了解审判人员履行权利告知职责情况，即使是检察机关也难以掌握。最后，对于未成年被指控人而言，由于其权利意识薄弱，尤其是被羁押者的惊慌失措，往往不懂得或不敢对侦查、检察、审判人员的不履行告知职责的行为提出异议，也不懂得或不敢向法定代理人、辩护人反映情况。显然，在现有的司法运行机制下，权利救济渠道并不畅通。

（四）缺乏强硬有力的监督手段和执法环境

1. 国家机关的监督乏力。作为法律监督机关的检察机关发现公安机关侦查活动违法，依法一般可以通过以下途径进行纠正：一是口头纠正；二是向公安机关发《纠正违法通知书》。由于公安机关与人民检察院是相互平行、独立的国家机关，无论是在机构组织上，还是在侦查业务方面，公安人员都不受检察机关领导，检察机关对侦查机关活动是否履行告知职责进行的监督，实际上只是一种建议或通知型的，检察机关提出纠正违法意见后，一旦公安机关或公安人员不认同或不予理睬，可以将其束之高阁，而检察机关没有相应的硬性措施来督促公安机关执行其所提出的意见，或对不予理睬的行为给予相应的惩戒。同样，虽然法律也赋予了检察机关对法院审判实施监督，但由于检察人员一般只在庭审阶段才能参与法庭的审判活动，发现审判过程违法的机会极少，因此对这种细微的告知程序的监督基本上无法实现。

2. 执法环境不良。虽然我国公民的权利意识日益加强，但对如权利告知等一些程序性权利的认知程度尚不充分。因此，即使国家机关在一定程度上已经为公民行使权利提供了机会和救济渠道，人们尤其是未成年人仍然会因为不懂得如何行使权利而错失机会。结果，被侵权人不愿意主张权利，侵权行为无人知晓，违法行为持续蔓延且难以制止和纠正的现象成为常态。在这种环境下，权利告知程序显然是没有保障的。

三、完善未成年被指控人权利告知程序的相关建议

从 1996 年《刑事诉讼法》修订至今已过去 12 年。这 12 年当中，随着社会的发展，人们的法律观念已经发生了很大变化，越来越多的人关注权利保障和程序正义，对权利告知的认识和需求也随之日益增加。为此，应该尽快修改相关法律，完善未成年被指控人权利告知程序的相关规定。

（一）告知应该采用书面形式

书面告知比口头告知更具规范性和可操作性，口头告知不便监督，容易使告知程序流于形式，无法真正有效地保障被指控人的诉讼权利，因此，告知形式应统一为书面告知，并且应该制作专门的《未成年被指控人权利告知书》。

（二）告知内容应该力求完整

将所有的诉讼权利毫无保留地一次性告知，是对未成年被指控人的最好的保障。确实，这是权利告知程序所应达至的最理想状态。但是，在中国现有的法治水平下，对权利告知程序的改革是难以一蹴而就的。在未能实现最理想状态之前，应当首先考虑将被指控人最需知悉的内容纳入权利告知程序。这其中，除了现有立法所规定的必须告知被指控人的诉讼权利外，至少还应增设以下两项：一是告知拘捕理由。拘捕时应告知未成年被指控人拘捕的事实理由，还应该告知拘捕的法律依据。二是告知涉嫌罪名及理由。如果在诉讼过程中涉嫌罪名及理由发生变更的，还应告知变更的结果及变更理由。

另外，考虑到未成年被指控人诉讼权利的特殊性以及他们的理解能力有限，对未成年被指控人的权利告知，不仅告知内容务求详细，而且告知的用词也要通俗易懂。

（三）告知效果应可测评

对未成年被指控人，不仅要告知其有什么权利，而且要告知其权利行使的途径、方式、期限及适用法律的依据等。这样才不仅能确保未成年被指控人被告知后，可以通过一定的程序和步骤，向有关机关或部门主张，真正实现其诉讼权利，而且便于事后对相关机关告知职责履行的效果进行测评。例如，切实保障法律援助律师的适时介入，不仅能给予未成年被指控人法律上的帮助，而且在实际上也可以制约司法机关的不当的诉讼行为，从而保障未成年被指控人诉讼权利的实现。因此，法律应规定公安机关在对未成年被指控人进行留置盘问时即应告知被指控人享有通过公安机关申请法律援助的权利。一旦申请法律援助成功，援助律师将在侦查机关第一次讯问未成年被指控人时参与讯问。具

体条文内容可以参照《广东省未成年人保护条例》（2008 年）① 第 44 条，规定公安机关、人民检察院、人民法院办理未成年人案件，应当依法及时告知其本人或者其监护人有权聘请律师和申请法律援助的途径、程序。对于无法联系其监护人或者没有聘请律师的未成年犯罪嫌疑人，侦查机关在进行第一次讯问或者采取强制措施之日起 3 日内，应当通知当地法律援助机构为其提供法律援助。类似这样的规定，会使测评标准更具操作性。

（四）完善包括救济程序在内的告知监督机制

针对违反权利告知程序的诉讼行为，国外司法实践中通常采取的措施是排除非法证据、宣告诉讼行为无效和宣告撤销起诉。例如，美国联邦最高法院在米兰达诉亚利桑那州一案的裁决中规定，违反米兰达规则所获得的供述，不得作为指控犯罪的证据使用。又如，法国《刑事诉讼法典》第 171 条规定，违背刑事诉讼法典或者其他刑事诉讼条款规定的任何与行使辩护权等刑事诉讼程序有关的实质性诉讼行为，如果危害与诉讼有关的当事人利益，该诉讼行为无效。依照法国学者的解释，"不尊重《刑事诉讼法典》第 116 条所指权利……也会引起无效"。② 即负有告知义务的机关因不履行告知义务而侵犯或剥夺了被指控人的知情权的，所进行的诉讼行为无效。这些措施，一方面，可以使被指控人在较短的时间内得到补救的机会；另一方面，对于有违法倾向的司法人员能够起到及时遏制与制约的作用。这些都是值得借鉴的。

此外，还应赋予未成年被指控人实施对应的救济行为的权利，例如申诉权、提起诉讼权，并且规定行使救济权利的具体程序。

结　语

我国未成年被指控人权利告知程序的设立，体现了国家在司法方面对未成年人的特殊保护。然而，目前来看未成年被指控人权利告知程序仍然存在很多不尽如人意之处。立法上，有关告知形式、告知内容、告知程度、监督机制等权利告知程序的重要组成部分的规定显得粗浅简单，使未成年被指控人的诉讼权利得不到切实有效的保障。虽然，我们欣喜地看到，司法机关正在对如何完善未成年被指控人权利告知程序进行探索，并取得了一定成效，但这是建立在现有法律框架之下的，难以有根本性突破。因此，要完善我国未成年被指控人权利告知程序，必须结合我国司法实践的经验，合理有效地吸纳、借鉴国际规

---

① 该条例于 2008 年 11 月 28 日颁布，2009 年 1 月 1 日起实施。

② ［法］卡斯东·斯特法尼等著，罗结珍译：《法国刑事诉讼法精义》（下），中国政法大学出版社 1998 年版，第 663 页。

则及域外的先进经验，在立法上明确具体的权利保护范围和权利保护措施，从而真正实现程序正义和人权保障，推动我国法治的发展。

【参考文献】

1. 黄立：《中国刑事诉讼法修改建议及实证研究》，人民出版社 2007 年版。

2. ［法］卡斯东·斯特法尼等著，罗结珍译：《法国刑事诉讼法精义》（下），中国政法大学出版社 1998 年版。

3. 严本道、谢佑：《侦查程序中犯罪嫌疑人权利告知制度的构建——以知悉权利和行使权利为中心》，载《湖北社会科学》2007 年第 9 期。

4. 周欣、李亚强：《侦查阶段告知义务体系的完善》，载《中国公安大学学报》2006 年第 5 期。

5. 毛建平、曾军、段明学：《刑事诉讼告知义务初探》，载《西南政法大学学报》2006 年第 2 期。

6. 刘湘梅：《刑事诉讼中的告知规则研究——以犯罪嫌疑人为视角》，载《广西民族学院学报》2006 年第 1 期。

刑事强制措施中的同意因素研究

李 明[*]

刑事强制措施中的同意，是指在刑事诉讼中，当事人对执法部门采取可能侵犯自己权利的强制措施时，自愿接受执法部门行为的一种意思表示。目前学界对强制措施中同意问题的探讨大多局限于搜查中的同意，但实际上，每一种强制措施都存在当事人同意的问题。本文拟在分析当事人同意的法理基础上，对强制性措施中同意的共性问题进行分析，包括同意的范围、同意的法律效果、同意的自愿性判断及其保障以及瑕疵同意的表现及处理等问题。

一、同意的法理基础

关于同意刑事强制措施合法化的法理基础有以下三种观点：一是"权利抛弃说"，该理论认为当事人的同意是对自身权利的放弃，无论是国家机关还是个人针对这些被抛弃的权利采取措施都是正当的。这种理论的基本前提是认为公民的基本权利是一种私权利，公民对自己的权利有最大的处分权，放弃权利是公民的自由。一些国家在实务中也承认"权利抛弃说"，以此肯认同意强制措施的合法性。如美国最高法院在判例中就多次引用此理论，其认为《美国第四宪法修正案》规定人民有不受不合理搜查扣押的权利，但当被告同意搜查时，就等于抛弃不受不合理搜查扣押的权利。二是"同意无伤害说"，该说认为国家公权力的行使之所以要受到限制，是因为公权力会侵犯公民基本权利从而给公民造成伤害，如果公民自愿同意，就不会对公民造成伤害，执法机关所采取的强制措施就自然取得了合法性。三是"规范政府说"，该说认为政府执法部门并不能因当事人的同意，就当然取得采取强制措施的合法性。同意强制措施首先应关注政府自身行为的规范性，然后才能考虑当事人的同意因素，个人同意不能免除国家权力自我约束的义务，国家执法部门应当谨守法定

　＊ 法学博士，广州大学法学院副教授。本文受国家社科基金项目资助（09BFX076），广东省哲学社会科学规划课题《秘密侦查行为研究》的阶段性成果。批准号：07YG01。

程序及法定职责，不能因当事人同意而滥用权力。如今，美、日学界及实务界在同意强制措施中均采用"规范政府说"，主要从执法者的角度来寻找同意强制措施的法理根据。

在三种学说中，"权利抛弃说"与"同意无伤害说"只注重从个人权利的角度来思考其合法性，而忽视了同意强制措施可能给社会秩序或公共利益带来伤害，没有考虑到公权力自身的规范性，因而有其局限性。而"规范政府说"认为在个人权利与国家权力的博弈中，个人始终居于弱势地位，个人的同意与不同意在很多时候没有选择，而强调了对国家权力的自我约束，要求对政府行为进行规范，把同意强制措施的合法性的判断置于政府权力行使的规范性上，符合法治国家公权力行使应谨慎克制的基本精神，因而比较具有说服力。只有国家公权力受到法律约束，并具有自我规范的良好秉性，才能既使公民自愿性同意受到尊重，又避免国家权力以公民同意为名而滥用。

第三人同意强制措施的法理基础存在两种观点：其一是"风险承担"论，它认为当被告自愿与他人共同使用财产时或共同分享交流信息时，已承担其他人可能会同意警察搜查该财产或向警察披露该信息的风险。美国最高法院在第三人同意搜查中采用了此理论，而在有关监听的判例中所确认的误信规则或危险推定原则（Assumption of Risk Test）与"风险承担"论原理相同。① 其二是自主权论。该主张认为第三人有自主作出决定的权利，有权决定是否要与警方合作。当警察请求第三人同意采取强制措施时，第三人有权利决定他想要帮助警方，或他想要维持自己与被告间的关系，对此，第三人有自由选择之权。②

这两种理论对解释实践中第三人同意强制措施的合法性都有不足。"风险承担论"对"表见同意"情况下警察执法的合法性无法作出有效解释，表见同意，即警察合理相信第三人有权利同意警察采取强制措施，但实际上他没有权利同意，在这种情况下，显然不能要求当事人承担相应的风险。此外，"风险承担论"为人所批评的是它假设人与人之间的交往要想到他人可能会出卖自己，而不是基于信任、和谐和亲密关系的共享与分担，因此，有悖常理与人情。第二种观点重视了第三人权利的行使，却无法解释犯罪嫌疑人本人的权利为何因第三人的自主权而应当受到警察侵害，权利的行使应当以不侵害他人的权利为界。比较而言，在这两种根据中，"风险承担"论虽然也有其自身的缺陷，但相对而言更有说服力，亦为大多学者所承认。

① Lopez v. U. S. 373 U. S. 427（1963）.

② Mary I. Coombs, Shared Privacy and the Fourth Amendment, or the Rights of Relationships, 75 Cal. L. Rev. 1593, 1643 – 1644（1987）.

二、同意的要件及法律效果

（一）同意的要件

1. 同意的主体。强制措施中的同意要求主体要具备相应条件，一般以当事人具备同意能力作为同意的主体合格条件。根据德国学者 Amelung 的见解，同意能力是"具备理性判断的能力；具备对于整个现实、事件的认识能力；具备能理解事物的自我决定能力；具备可以宣称同意、亦能拒绝同意的能力等"。① 他把同意能力概括为当事人的判断能力、认识能力、决定能力和拒绝能力，这比较全面地涵盖了同意能力的诸方面。国内有学者认为可以参照民事行为能力的规定来理解，对于完全民事行为能力人，可以推定其具有同意能力；对于无民事行为能力人，应认为其完全没有同意能力；而限制民事行为能力人，则应综合其个人情况如理性判断能力、认识能力与控制能力等方面来判断其有无同意能力。② 这种对当事人同意能力显然更具操作性，而且也不无道理。当然，无论从哪个角度来界定同意能力，要求当事人同意时应明白理智并能正确表达自己意思，这是无疑的，这也可以认为是当事人具备同意能力的内在要求，如果当事人因为年少、精神障碍或智力不成熟而不能正确理解强制措施的性质、作用和后果，以及不能准确表达自己的思想，缺乏判断能力，都不能认为其具有同意能力。

2. 同意的范围。同意的范围指当事人可以同意放弃自己权利的范围以及对同意的内容如同意强制措施的时间、强度及方式的确定。从权利范围来看，其中生命权、人身自由权与重要的隐私权和身体健康权等基本权利，是公民不能让与的权利。不能以当事人自愿同意而采取措施剥夺其生命、限制或剥夺当事人的人身自由，侵犯这些权利必须取得令状。一些国家的法律对可能严重侵犯隐私、伤害身体健康的强制措施，既要取得令状又要取得当事人的同意，以示对公民权利的尊重。如英国《1984 年警察与刑事证据法》规定，对隐私性样品包括血液、精液或任何其他组织液、尿、唾液、阴毛或者从人身上的腔孔中提取的液体等物品，则必须取得被采集人的同意，警方无权强制进行。③ 对于强制采样，美国最高法院的态度是应尽量与被告协商，取得其同意；确实需

---

① Vgl. Amelung. über die Einwilligungsf. Higkeit. ZStW 104 （1992）, S. 525, 821 ff.

② 杨雄：《刑事同意搜查的正当化要件分析》，载《河南公安高等专科学校学报》2006 年第 1 期。

③ 参见中国政法大学刑事法律研究中心组织翻译：《英国刑事诉讼法》（选编），中国政法大学出版社 2001 年版，第 307～312 页、第 571～575 页。

要强制进行的情况下，应尽量使用侵害性较小的方法，并认为这是维持公共利益和个人权利平衡之有效方法。① 除上述权利外，对于强制措施所涉及的一般性住房隐私权、通信秘密权、财产权等，则视为当事人有效同意的范围，当事人的同意可以作为警察执法的合法性依据，执法人员可以因当事人同意而搜查、扣押和截取通信。

当事人同意在时间、持续长短、区域或强度以及方式等方面的确定在实践中表现为当事人与警方在现场对同意的范围发生争议时如何解决。这种情况下，同意的范围一般应该由当事人的意思为准，当事人作为同意主体，他的意思应当受到尊重。如果警方在采取措施的过程中发现了确凿的犯罪证据对当事人不利，当事人予以拒绝，这时警方可以按紧急情况采取强制措施，从而将其行为合法化，不得继续以当事人同意作为其行为的正当化事由。对于已经采取的强制措施，如果其范围有所争议，可以由法官予以裁决。

3. 同意的时间。同意的时间包括同意开始的时间和结束的时间。同意开始的时间一般应在强制措施实施之前，这是执法机关取得合法性根据的前提。如果能够证明事后或事中的同意完全基于当事人的自愿，那么，这种同意作为例外也是可以容许的。同意结束有两种情况：一是因强制措施执行完毕而结束；二是在强制措施执行过程中因当事人撤回同意而结束。同意既然是当事人的权利，因此，当事人可以随时撤回，但对于已经作出的强制处分则无法撤回。

4. 同意的意思表示方式。当事人同意的意思表示方式有两种：一种是明示同意，即以书面形式或语言明确表示同意执法部门强制措施的行为。明示同意比较容易判断，如当事人对警察的要求说："行"、"没问题"、"可以"等语言表示，或者签字同意的书面声明，都是一种明示同意。另一种情形是默示同意，是指犯罪嫌疑人虽然没有明确的评议表示，但具有可以合理地解释为同意搜查的客观行为表现。动作上的表示或对警察采取措施的行为表示默认，可视为默示同意。而动作上的表示诸如点头、顺着执法人员的指示开门或其他手势、眼神等都属于默示同意行为。如果警察直接进入一打开房门的住宅，对主人说要进行搜查，在房主没有明确表示同意的情况下开始进行搜查，而房主也没有反对，这种情况也视为默示同意。另外，当警察说明他们正在寻找的对象时，如果犯罪嫌疑人告知了其具体的方位，也可以认为默许警察对某一地方或物品进行搜查。

---

① U. S V. Lafayette, 462 U. S640. (1983).

（二）同意的法律效果

强制措施中的同意至少带来两方面的效果：一是以当事人的同意作为合法根据，使强制措施变为任意措施。在侦查中，侦查对象的同意意味着其对合法权利的放弃或让渡，当事人的同意也成为任意侦查行为的正当性基础。① 各国对当事人同意的条件、范围虽然各有不同，但凡承认当事人同意的国家都把同意强制措施作为任意措施加以对待。二是作为任意侦查措施进一步为侦查提供了便宜。从侦查实践来看，警察一般都愿意适用无须令状的同意强制措施，这既给警察采取强制措施减少了申请手续的烦琐，也提高了执法效率。以搜查为例，各国适用同意搜查的比例很高。如英国在司法实践中绝大部分搜查都是无证搜查，同意搜查占32%，附带于逮捕的搜查占55%，而治安法官发证批准的搜查只占12%。② 在法国，"实务上，绝大部分搜查都是司法警察官经被搜查人同意后进行的"。③ 而美国则有98%的无令状搜查，皆为"同意搜查"为理由进行的。④ 美国联邦最高法院在判例中曾提出："同意搜查这种侦查方式，在警察缺乏可能事由时，可能是获得重要、可信证据的唯一方法，而在警察有可能事由时，它仍可以免去搜查令状的烦琐，因此它是有效率的执法行为。"⑤ 可见，同意强制措施作为任意侦查行为普遍运用于各国的司法实践中。

三、同意的自愿性判断及其保障

（一）同意的自愿性判断

当事人同意的自愿性是当事人同意强制措施的核心问题，只有充分保障当事人同意的自愿性才能保障同意强制措施的合法性。对于什么是自愿性，有不同的解读，德国学者Amelung认为："自愿性的同意即谓同意的意思表示与宣称，不受国家的强制性所影响，故出于强暴、胁迫、利诱与欺诈所得到的同意，就不是自愿性同意。"⑥ 美国法院则认为，自愿意味着不得"压制当事人

---

① 高峰：《任意侦查行为论》，载《云南大学学报（法学版）》2006年第5期。
② 孙长永：《侦查程序与人权》，中国方正出版社2000年版，第106页。
③ 孙长永：《侦查程序与人权》，中国方正出版社2000年版，108页。
④ 王兆鹏：《美国刑事诉讼法》，北京大学出版社2005年版，第121页。
⑤ 高峰：《任意侦查行为论》，载《云南大学学报（法学版）》2006年第5期，第83页。
⑥ Vgl. Amelung. Die Einwilligung des Unfreien——Das Problem der Freiwilligkeit bei der Einwilligungeingesperrter Personen. ZStW 95（1983）.

的意愿，削弱其自主能力"。① 无论如何理解，同意强制措施中的自愿性应当是指当事人的同意必须是完全自愿的，没有受到明示或暗示的强迫、威胁或欺骗，没有违背当事人意志自由的意思表示。受外力压迫、威胁或欺骗下的同意不是自愿同意。美国学者根据相关判例对何为警察的强迫提出了几个参考因素，很值得借鉴："第一，警察展示武力，如出示枪械，似乎暗示不得拒绝合作；第二，众多警察的出现，使同意人误认为，如不予配合，警察将采取进一步行动；第三，同意人已明确拒绝警察之请求后，警察仍反复不断地提出相同的请求；第四，由同意人的年龄、种族、性别、教育水平、精神状态等显示出，其意志已被警察所屈服。"② 实际上这几种情况都属于间接强制的情况，可以作为判断非自愿性同意的参考因素。然而在同意强制措施中，也有观点认为对被告施加少量的压力也是获取同意所必需的，因为有罪的被告没有任何动机同意警方对自己采取强制措施。因而，判断这种压力是否合理，关键是在执法利益与警察压力所带来的不利益之间的权衡。

需要进一步思考的是，当事人面对利益关系的考量或受选择条件的影响利弊权衡后，所作的选择是否是自愿的。一般认为，若当事人为免除自己的犯罪嫌疑而自愿接受强制措施如抽血、人身搜查等强制处分时，如果根据刑事诉讼的基本原则，不因犯罪嫌疑的有无而立即给当事人带来诉讼上不利益的负担，也即当事人没有受到法律上不利益的压迫，就不能说这种同意是被迫的。德国学者 Amelung 认为，只要当事人没有受到国家的强制和法律上不利益压迫，就应该认可其自愿的有效性。③ 笔者赞同这个观点，因为从本质意义上讲，当事人作出的每一个选择都是基于自身利益的权衡，以当事人的同意是因利益考量而否定其自愿性可能完全导致同意强制措施不存在，显然不妥当。

上述的判断标准都是从当事人的主观上是否真正自愿来加以判断，有人称之为主观标准。美国近年来，在同意搜查中把这种标准从注重当事人主观自愿性方面转到客观的"合理性标准"上。即如果警方的行为"在一个理性的人看来，他或她可以自由拒绝"，那么这种同意就是有效的。④ 法庭在判断同意

---

① 王剑虹：《问题与误读：论美国同意搜查之认定标准》，载《吉林公安高等专科学校学报》2007 年第 2 期。

② Joshua Dressler, Understanding Criminal Procedure, at 245（Matthew Bender 1997）. 转引自高峰：《任意侦查行为论》，载《云南大学学报（法学版）》2006 年第 5 期。

③ Vgl. Amelung. Die Einwilligung des Unfreien——Das Problem der Freiwilligkeit bei der Einwilligungeingesperrter Personen. ZStW 95（1983）.

④ 王剑虹：《问题与误读：论美国同意搜查之认定标准》，载《吉林公安高等专科学校学报》2007 年第 2 期。

搜查的有效性时，主要考虑的是警察之行为的合理性，而非被告的主观状态。但单纯考虑主观自愿性和所谓的客观合理性，难免都失偏颇。在判断当事人同意自愿性，既要排除外在压迫性因素的影响，考虑警察行为的合理性，又要考虑当事人个人的情况如年龄、受教育程度、精神状况以及当事人当时是否喝酒、吸毒及其身外的环境等因素，对当事人的自愿性进行综合判断，可能更为合理一些。

（二）同意的自愿性保障

对同意的自愿性加以保障的措施主要是程序性措施，如权利告知、对同意强制措施的无效认定以及对执法人员的责任追究等。

执法机关在获取当事人同意前应当履行一定的告知义务，如告知执法人员的身份、目的等，这是没有异议的。然而是否应当告知当事人有拒绝的权利，是书面告知还是口头告知，却有不同的看法。如果告知当事人有拒绝的权利，显然加大了当事人拒绝同意的可能性，不利于侦查顺利进行；如果不告知，则当事人同意的自愿性似乎没有得到有效保障。德国在其法律理论与实务中都倾向于应当告知当事人有拒绝同意强制措施的权利，以保证当事人同意的自愿性。如学者 Benfer 认为，既然同意是自由、自愿的给予，就必须让同意者知道其有请求国家不作为的权利，执法者也有义务告知当事人有拒绝同意权利。美国实务中也有法院认为警察必须事前告知，但后来美国联邦最高法院认为在同意搜查中，要求进行如米兰达规则那样的权利告知，则完全不切实际。主要原因在于：第一，同意搜查与一般的警察询问发生的场所不同。后者往往发生在秘密且为被告不熟悉的环境中，同意搜查常与之相反。第二，同意搜查发生的原因、情景不同。拘禁询问时，警察与被告处于对峙的状态，同意搜查时气氛则相对缓和，因而不必告知其有拒绝的权利。① 美国最高法院在 Schn - eck-loth v. Bustamonte 一案中提出另外一个理由，被告仅放弃自己的隐私权，则只有他自己受到影响；如果被告放弃的是"审判中的权利"，那么这种行为则会影响到审判制度的合法性。而同意搜查放弃的是侦查中的权利，羁押讯问则是"审判中的权利"，因此，在同意搜查中执法人员不必告知被告有权拒绝同意搜查。而在羁押讯问中，则必须对被告进行权利告知，亦即第四修正案允许"合理的"搜查，第五修正案不允许"合理的"强迫被告自证其罪。② 并由此得出结论，在同意搜查中不必告知拒绝同意的权利。在实践中执法人员告知当

---

① Schneckloth v. Bustamonte, 412 U. S. 218（1973）.

② 王剑虹：《问题与误读：论美国同意搜查之认定标准》，载《吉林公安高等专科学校学报》2007 年第 2 期。

事人有拒绝同意的权利经常会成为认定同意为自愿的重要因素，尽管不是决定性因素。如果执法部门告知当事人有拒绝同意的权利，显然不利于提高侦查效率。然而，执法部门不履行告知义务，当事人则可能因难以判断合法性与违法性的区别，或误认为其有忍受的义务，或担心随着不同意而来的更不利益的后果而违心地同意，就很难保障同意的自愿性。强调国家机关履行告知义务，不仅确保了当事人同意的自愿性，更为普通公民对抗国家机关滥用权力提供了一道保护屏障，因此充分告知是必要的。

履行告知义务有书面告知和口头告知两种方式。书面告知可详细载明告知事项让当事人全面了解自身的权利和义务，同时，可以避免日后就同意之自愿性和告知义务是否履行产生的争议，这种方式比口头方式对当事人同意自愿性保障更为充分一些。

此外，除了权利告知程序外，保障同意自愿性的程序还有对同意的无效认定和对执法人员错误执法的责任追究。无效认定是同意自愿性的事后审查制度，一般是由法院通过司法审查的方式予以确定。一旦被认定为无效，或者实施程序性制裁排除相应的证据，或追究执法人员的民事，行政或刑事责任。这两种措施，也是保障同意自愿性的有效方式。

四、瑕疵同意的表现及处理

由当事人的自由意志决定，但由于其他因素介入使当事人的自愿性不完全，如被欺骗、被误导等，当事人同意的自愿性存在一些瑕疵，这种同意被称为瑕疵同意。这种情况是否视为无效同意，下面分情况具体分析。

1. 当事人因受欺骗而同意是否有效。欺骗性同意是指执法人员以隐瞒自己的身份、目的等方式欺骗当事人而取得的同意。这种欺骗性同意与完全自愿性同意显然有区别，但在理论上和实践中都没有一概否定欺骗性同意的合法性。如现在大多数国家都在法律中明确规定部分存在欺骗因素的侦查手段为合法，如卧底侦查、诱惑侦查中都存在欺骗的成分，并使犯罪嫌疑人同意其行为，但因为有法律明确授权，在实务中和理论上都肯定其合理性，犯罪嫌疑人不得主张因其被欺骗而同意无效。然而除了这些法律有明确授权的以外，其他类似的欺骗则要分情况处理。如美国基于对卧底侦查合法性的确认而认可隐瞒身份的同意，但对以代表公权力的警察以隐瞒目的的方式取得同意却加以严格控制，不允许警察明目张胆地说谎。虽然严格而言，所有的欺骗性同意都违反了当事人的自愿性，特别是执法人员是国家公权力的象征，与一般人有差别，不同的身份在当事人眼中对两者可能会有完全不同的态度。然而出于打击犯罪的目的，容忍部分欺骗行为也是一种迫不得已的选择。

2. 被拘禁人员的同意是否有效。当事人处于羁押状态，其身体自由受到限制，从而影响了其意志自由，其同意是否有效是颇具争议的一个问题。否定该种同意自愿性的观点认为，当事人丧失了人身自由，其意思表示的自由也被剥夺了，无同意能力，因此其同意是无效的。美国联邦最高法院曾在 Schneck-loth v. Bustamonte 一案中指出，对来自警方的强制力，被逮捕之人因处于拘禁状态，可能会比一般人有更强烈的感受，出于无奈而同意搜查。而且认为这符合米兰达案件的训示，"羁押环境中存在着固有的强制性"。① 而肯定自愿性的观点认为人身自由的丧失并不意味着其没有意思自治的权利，有的被告人基于自身利益的考虑，如为了证明自己的清白，为尽快摆脱犯罪嫌疑，出于趋利避害的心理而同意接受强制措施，如果对此一概加以否定，实际上也是对当事人意思自治权利的剥夺，这可能加剧被拘禁人的不平等与不自由，因此应当肯定被拘禁者的同意自由。有的国家就在法律中明确肯定了被拘禁人可以同意，如德国《刑事诉讼法》第 163 条规定，如果对被检查人予以留置，在留置的情况下可以经本人同意后搜查其人身和携带的物品。② 笔者认为，一个人被羁押的状态本身就是一种强制或压迫，这是无疑的，然而对于被拘禁人的同意，也不能一概否定，应当根据同意时的情况如当事人同意的动机、同意时的精神状态、作出同意的具体环境以及同意是否有利于当事人等情况加以综合判断，这是对当事人意思自治的一种更充分的尊重。

3. 表见同意及其处理。所谓表见同意是指执法人员合理地相信同意人具有同意的权利但实际上该同意者并不具有同意权利的一种意思表示。实践中，这种同意往往表现为同意人无同意权利或无同意能力而表示同意，这些同意因欠缺同意要件，严格而言都属于无效同意。然而基于"规范政府说"理论的采用，各国对表见同意呈宽容态势，认为只要执法人员的行为没有对当事人权利进行不合理的侵犯，政府行为合乎规范，具有外观上的合法性即可认定同意有效。美国最高法院在伊利诺斯州诉罗德里格斯（Illinois v. Rodriguez）案件中认为："第四修正案确保的不是除非被告人同意否则国家不得搜查；而是不得'不合理'地进行这种搜查。"③ 关于同意人是否具有行为能力，美国一些

---

① Schneckloth v. Bustamonte, 412 U. S. 218 (1973).

② 李昌珂译：《德国刑事诉讼法》，中国政法大学出版社 1998 年版，第 80 页。

③ 警察在一妇女的同意下由该妇女的钥匙开门进入犯罪嫌疑人的居室内进行无证搜查，当时犯罪嫌疑人正在睡觉，结果发现了海洛因。后来才发现该妇女不是与犯罪嫌疑人的共同居住者，而只是一个频繁的串门人。州法院和联邦最高法院都认为，警察对搜查同意的错误相信具有合理性，搜查行为合法。见 Illinois v. Rodriguez, 497 U. S. 177 (1990).

法院认为只要警察作为正常理智的人能够予以确认被告人表示了同意就可以了，不要求警察增加业余精神病医生的深奥职能，以此来肯定表见同意的有效性。当然，并不是所有的表见同意都有效，如果警察明知其无权同意却采取强制措施，或仅据一般常识或正常理智人的经验就可判断其无权同意，那么强制处分也应当无效。美国这种观点比较务实，且具有操作性，因而值得肯定。

结　　语

目前我国对同意强制措施的相关研究还不够深入，也缺乏相应的制度设计，这也显示了我国强制措施制度的不完善。随着程序法治的进一步完善，侦查行为的任意性会得到更进一步的控制，强制措施的适用日益规范，同意强制措施的正面效果将越发凸显，在我国允许同意强制措施的存在以及完善同意强制措施相关制度构建显然越来越有必要。

试议超期羁押

周魏辉[*]

【内容摘要】

超期羁押是一个长期困扰我们的执法难题，危害很大。究其原因是多方面的：司法理念滞后、法律制度设计上存在缺陷、对当事人的权利保障缺乏有力的监督。要解决超期羁押问题，首先要用先进的司法理念指导刑事诉讼程序；其次要完善立法和相关司法解释，加大对超期羁押的责任追究力度；最后还要规范各种具体制度和措施，使羁押走上规范化轨道。

【关键词】 超期羁押 原因 危害 抑制 对策

一、超期羁押的概念和现状

超期羁押是指公安司法机关在刑事诉讼过程中超过法律规定的办案期限羁押犯罪嫌疑人、被告人的违法行为。自 1996 年《刑事诉讼法》实施以来，由于羁押制度设计上存在问题，大量的超期羁押现象产生，使得超期羁押成为我国刑事诉讼中的顽症，严重侵害了犯罪嫌疑人、被告人的合法权益，损害了司法公正。从目前情况看，超期羁押现象有几个特点：（1）长期超期羁押案件的犯罪嫌疑人、被告人都涉嫌严重犯罪。目前超期羁押时间比较长的案件主要涉及的是故意杀人、抢劫、贩毒、受贿、贪污、故意伤害等严重犯罪，查办难度大，但又不便于变更为其他强制措施。（2）超期羁押的问题较为普遍，侦查、审判阶段超期严重，拘留超期更甚。（3）短期超期羁押的纠正效果明显，纠正率较高，但是前清后超、边清边超的问题突出。

---

* 中共江西省吉水县委常委、吉水县公安局局长，硕士。

二、超期羁押的危害

（一）超期羁押践踏了法制尊严，有损党和国家的形象

超期羁押侵犯了公民对国家机关公务活动的公正性的信赖，降低了国家机关的权威性，损害了国家机关的形象。如果被羁押者确实犯有罪行，但公安司法机关不能证明其有罪，公民会认为公安司法机关无能力惩罚犯罪、保护其合法权益，会认为其工作人员不具有或者丧失了作为公安司法工作人员的资格，由此导致公安司法机关权威性的降低。如果被羁押者确实未曾犯罪，而公安司法机关无限制地超期羁押，公民会认为公安司法机关具有随意剥夺公民自由的特权，贬低、损害了国家机关形象。超期羁押是典型的执法人员执法违法，是对社会主义法制的直接破坏，是对法律的权威性、至上性、严肃性的损害。它践踏了法制的尊严，损害了党和国家形象，带来了一系列的不良后果。

（二）超期羁押违背了公正、效率的刑事诉讼基本原理

"迟来的正义为非正义。"犯罪嫌疑人、被告人被羁押后从心理上不仅希望案件结果公正，还希望案件及时得到解决，而超期羁押人为地加大了他们的精神压力和负担。由于案件的久拖不决，犯罪嫌疑人、被告人、证人记忆模糊、供述证言失真，证据也容易失散湮灭，使案件难以查清，影响公安司法机关的声誉，增加了诉讼成本，也给犯罪嫌疑人、被告人及其家属提供了充裕的时间翻供、串供、找关系走后门甚至大肆行贿，为个别办案人员贪赃枉法、徇私舞弊提供了机会，可能导致公安司法人员违法违纪现象发生，违背了公正、效率的刑事诉讼基本原理。

（三）侵犯了犯罪嫌疑人、被告人的人身权利

超期羁押的最直接后果就是侵犯了被羁押人的人身自由，严重损害了公民的合法权益。《刑事诉讼法》对诉讼期限作了明确具体的规定，除为了保证查明案件以确保正确处理案件外，还有就是为了保证公民的包括诉讼权利、人身权利在内的合法权益。犯罪嫌疑人、被告人享有不得在法定诉讼期限之外剥夺其人身自由的权利。另外，看守所是依法羁押被逮捕、拘留的犯罪嫌疑人、被告人的机关，监狱是国家刑罚执行机关，两者性质不同，任务不同，对在押人员人身权利的限制程度不同。在押人员长时期关押于看守所，这对在押人员假定有罪而应早日享受的部分人身权利，比如，劳动权，记减刑分权，无期、死缓投劳两年后的减刑权都是一种侵害。同时由于久拖不决、在看守所关押时间太长，犯罪嫌疑人、被告人缺乏饮食营养、户外活动，缺乏正常社会交往，并承受巨大的压力和精神折磨，其身心健康会受到严重损害，部分意志比较薄弱的轻罪犯、过失犯，身体不太健康者（但未达到不得羁押程度），因为精神、

心理上过重负荷，有可能患上某种疾病或旧病复发，甚至猝死于羁押场所。

（四）超期羁押导致不公正的惩罚

超期羁押对被押人员的危害有一定的隐蔽性，因为被超期羁押人员大部分会被判有罪，审前羁押期间被折抵刑期。从表面上看，好像对被羁押人员并没有造成多大损害，而实质上导致了不公正的惩罚，后患很多。无罪人员被超期羁押、承受莫名其妙的羁押，其合法的人身权、自由权、健康权已受到侵犯，即使予以国家赔偿，但其因羁押受到的创伤，也远不是金钱所能弥补的。另外，有罪人员被超期羁押，那些本应判处轻刑的，其法定刑本应少于被羁押时间，但由于已被长时间超期羁押的现实，使审判人员为平衡某种关系，也迫于无奈，只好"关多久判多久"，提高刑种或刑期，按羁押时间量刑，加重对被羁押人刑罚。这就违背了罪刑一致、罪责相符的原则，造成了轻罪重罚。

三、超期羁押的原因

超期羁押是一个十分复杂的社会问题，是由多种因素作用而成的。导致超期羁押主要有如下一些原因：

（一）司法理念的滞后

超期羁押不仅仅是一个犯罪嫌疑人、被告人所关押的期限超过法定期限的简单问题，从本质上来讲，它根源于执法人员内心深处的司法理念。正是因为没有良好的司法理念，才导致公安司法人员对传统有罪推定、重实体轻程序、重打击轻保护观念的强大依附，其结果也就形成了各种各样的超期羁押行为。

1. 公正与效率观念的偏差

在羁押过程中，公安司法人员面临着公正与效率的选择。一些重大案件，上级机关限时破案，对效率的要求使公正受到挤压，因而公安司法机关也就不得不对嫌疑人、被告人采取超期羁押的手段以使其招供另外一些案件；由于当事人的拒绝交代，为求得口供和实体上的真实，司法机关也会以超期羁押作为办案的方式，以换取当事人的口供。这种执法理念在当前的中国刑事司法界尤其突出，公安司法人员在这种理念的指导下，不惜以超期羁押来换取破案的效率，从而牺牲了法律的公正。

2. 程序与实体价值的失衡

传统的以打击犯罪为目标的实体价值观一直以来是公安司法机关的选择，相比之下，对于程序价值的重视就不如实体价值，两者的冲突结果只能是牺牲程序价值。超期羁押是诉讼程序的一个阶段，在重实体价值的指引下，公安司法机关认为，羁押的是犯罪分子，即使超期了，但在判决后他还是要被关押的，何况羁押的期限可以折抵刑期，因而，只要真正打击了犯罪分子，即便是程序上的超期也无大碍。于是超期羁押也就成了服务实体价值的工具。实际上，程序具有自身独立的价值。

3. 人身自由与社会秩序保护不对等

自由与秩序从来就是对立的价值，只有有限度的自由才能保证秩序的实现。在犯罪事实没有查清之前，对犯罪嫌疑人的羁押是为了防止其再犯罪、侵害社会秩序。公安司法机关以控制犯罪嫌疑人的人身自由来保证整个社会的秩序无可非议，但是在没有事实证明其犯罪之前就采取这种措施未免有侵犯人权之嫌。此时就出现是保证犯罪嫌疑人、被告人的人身自由呢，还是保障正常的社会秩序呢？公安司法机关在现实生活中往往在打击犯罪的同时还被赋予了维护社会稳定的功能，而羁押能使这两项作用兼而得之，所以在自由与秩序的冲突上，后者无疑成了公安司法机关的首选。

4. 无罪推定等司法理念的缺失

意大利法学家贝卡利亚最早提出无罪推定的司法理念，他认为，"因为任何人，当他的罪行没有得到证明的时候，根据法律规定他应当被看做是无罪的人"。[①] 所以，"在起诉人证明被告人有罪并排除了关于有罪的一切合理怀疑之前，被告人总是被推定为无罪的"。[②] 这种观念是保护犯罪嫌疑人、被告人合法权益一个有力武器。在我国，封建社会历史很长，"有罪推定"思想影响很深。所以，犯罪嫌疑人、被告人一旦被公安司法机关所控制，公安司法人员也就把其当做有罪的人看待，想关几天就几天，关多长就多长。这样的执法理念偏差容易助长超期羁押的产生。

（二）法律制度设计上的缺陷

法律制度设计的好坏直接影响到法律的实施，没有好的法律制度，也会使执法者在执法时一头雾水。当前我国《刑事诉讼法》有关羁押制度的设计存在很大的缺陷与混乱，这使得超期羁押有了寄生的土壤。笔者经过综合，把羁押制度设计的缺陷概括如下：

1. 法律与各种规定设计相冲突

除《刑事诉讼法》外，我国的最高公安司法机关针对超期羁押作过不少的规定，但存在不统一的情况。如对侦查羁押期限的理解，在现实执法中就有两种观点。一种意见认为，侦查羁押期限是从逮捕之日起计算。"对犯罪嫌疑

---

① ［意］贝卡利亚著，黄风译：《论犯罪与刑罚》，中国大百科全书出版社1993年版，第48页。

② 欧阳涛：《英美刑法、刑事诉讼法概论》，中国社会科学出版社1984年版，第288页。

人逮捕后的侦查羁押期限不得超过 2 个月，说明侦查羁押期限是从逮捕之日起计算。"① 其依据是 1996 年《刑事诉讼法》的第 124 条规定。另一种意见认为，侦查羁押期限是从拘留之日起计算，② 其法律依据是 1981 年 3 月 18 日最高人民法院、最高人民检察院、公安部《关于侦查羁押期限从何日起算问题的联合通知》。这两种观点现在还在发生冲突。此外，公安部规定、最高人民检察院的解释、最高人民法院的解释也存在不一致的地方，从而造成司法实践操作的混乱。

2. 立法设计不到位

如《刑事诉讼法》规定被羁押人本人、律师、其他辩护人在有关机关超期羁押时有提出解除羁押的权利，但是法律没有明确规定向哪一级机关提出，而且如果他们提出申诉要求解除或变更羁押措施，公安司法部门对此可不予答复。因为《刑事诉讼法》没有规定司法机关何时答复及不给予答复的法律后果，从而使该权利落空在审查起诉和审判阶段。《刑事诉讼法》也没有规定专门的审查程序来审查对被羁押人的羁押是否超过了法定的期限，"于是在审查起诉、一审和二审阶段，对犯罪嫌疑人、被告人的羁押成为侦查阶段羁押状态的当然延续"。③ 立法上没有对羁押设立中立的机关予以审查，没有对羁押期限规定完善的申诉和监督机制，也是造成超期羁押的一个重要原因。

3. 羁押救济措施的缺位

无救济则无权利。纵观我国《刑事诉讼法》中羁押制度的发展，各种法律规定中几乎找不到犯罪嫌疑人、被告人被超期羁押后申诉权利有效保障的条款，"这就造成了当今社会司法机关办理各类刑事案件久押不捕、久押不诉、久押不判、超期羁押习以为常的现象"。④ 我国《国家赔偿法》也明确了凡刑事侦查行为，不属于刑事赔偿的范围，只有在侦查机关作出严重的违法行为时才可能承担责任。

（三）对当事人权利保障缺乏有力的监督

我国没有对被羁押当事人的权利救济规定有效途径。从羁押实践来看，侦查行为是秘密进行的，律师无法介入。虽然《刑事诉讼法》明确在第一次采

---

① 郑列、马海舰：《侦查羁押期限重计制度的现实评价及重构》，载《法学》2002 年第 12 期。

② 李忠诚：《侦查中重新计算羁押期限问题研究》，载《中国刑事法杂志》2001 年第 1 期。

③ 陈瑞华：《未决羁押制度的理论反思》，载《法学研究》2002 年第 5 期。

④ 焦占营：《从超期羁押现象看羁押制度的缺陷》，载《河南大学学报（社会科学版）》2005 年第 1 期。

取强制措施或被讯问之日起，当事人有权申请律师为其提供法律咨询、取保候审等，但是实践中是很难做到这一点的。我国既没有英国式的羁押长官制度来监督羁押期间犯罪嫌疑人的合法权利，也没有德国式的羁押复查制度来检验羁押的正确与否，更没有日本式的羁押理由宣示制度，也没有羁押的停止执行制度，因而被羁押人只能任由公安司法机关"宰割"了。同时，检察机关与公安机关都是追诉犯罪的主体，他们通常奉行"宁可错羁一百，不可放过一个"观念。哪怕羁押错了，《国家赔偿法》对他们来说威胁力也不大，因此，在打击犯罪的共同目标下，他们也就可以在法律的漏洞之间寻找借口或者打法律的"擦边球"，搞隐性羁押。最后，我国对羁押中的犯罪嫌疑人、被告人没有实行人身保护令制度、羁押撤销制度、中立机关介入制度，这样就为超期羁押营造了更大的空间。

四、超期羁押的抑制对策

（一）用先进的司法理念指导刑事诉讼程序

1. 贯彻人权保护理念

在刑事诉讼过程中，公安司法机关及其人员要树立宪法中的人权保障理念，对于犯罪嫌疑人、被告人，无论是在侦查、起诉、审判阶段还是在执行羁押过程中，都要给予其正常的人身权利保护。我国《宪法》已明确规定了国家要尊重和保障人权，公安司法机关没有理由不保护犯罪嫌疑人、被告人的人权。只有树立了人权保障的观念，才会在犯罪嫌疑人、被告人被拘留后及时讯问，而不会将其关押最长的 37 天；才会在逮捕后真正履行 2 个月的法定期限，而不会等到一审判决时才决定是否解除羁押。

2. 严格执行程序法

对结果公正的过分追求，就会牺牲诉讼效率；忽略了诉讼程序的独立价值，最终也使诉讼的公正性受到质疑。树立公正与效率、程序法与实体法并重观，就是要两者兼顾，不能顾此失彼。在一定意义上，诉讼效率和程序独立更能体现司法的公正性。

3. 树立正确法律理念

超期羁押屡禁不止，在很大程度上是与侦查人员的"有罪推定"、"疑罪从有"的错误观念分不开的。因此，公安司法人员要牢固树立无罪推定和疑罪从无的执法理念，对于被羁押的嫌疑人、被告人要以无罪的人对待，在法定时间内不能结案的要及时按照法律的规定予以变更或释放，在证据不足时要以事实不清、证据不足作出撤案、不起诉或无罪的判决。无罪推定、疑罪从无要贯穿于刑事诉讼的各个阶段，尤其是在侦查阶段。只有这样才能从法律上消除超期羁押产生的根源。

（二）完善立法和相关司法解释，加大对超期羁押的责任追究力度

1. 完善立法和相关司法解释

我国立法机关和公安司法机关制定的与羁押相关的法律、司法解释和部门规定是相当混乱的，不仅公安司法机关难以适从，就连制定机关也无法解释。有法律之间规定不一致的，有法律与司法解释相冲突的，有部门规定之间及部门规定与刑事法律的相关规定不一致的，难以悉数罗列。所以，在法律制度上要防止部门规定和司法解释对羁押的自行规定，对于已颁布的规定要进行清理，对今后有关规定要严格执行《立法法》的相关规定。

2. 加大对超期羁押的责任追究力度

应该明确规定超期羁押者应承担经济责任、行政责任和刑事责任。应当根据责任者的主观过错和客观造成的超期羁押后果分别追究不同的责任。应以非法拘禁罪来追究实施超期羁押者的刑事责任。要建立事前、事中和事后的救济机制，使当事人在被羁押后能够得到救济，防止出现超期羁押现象。

（三）规范各种具体制度和措施，使羁押走上规范化轨道

1. 规范业绩考评规则，完善考评机制

公安司法机关内部对各项工作有很多硬性指标规定。由于这些规定，执法人员为了提高破案率、批捕率、起诉率、有罪判决率而不得不对被羁押人员采取把羁押期限等同于办案期限的办法，在追求办案功绩时不得不忘掉或有意无意地淡化法律的规定，从而造成超期羁押的产生。所以，笔者认为应废除这些不合司法规律的规定，而要以人权保障为目标建立科学的考评规则。

2. 完善各种制度，切断超期羁押产生的链条

（1）完善财务制度。要坚决废止助长公安司法机关违法办案、超期羁押的财务制度，使超期羁押无利可图。（2）完善换押制度，杜绝不及时换押、不换押现象。（3）加强对羁押后取保候审的监督力度，使取保候审严格按照取保的规定执行。

3. 打破司法办案惯例，防止非立法本意上的羁押

在司法实践中有不少的惯例，如公安司法机关相互借办案期限来掩盖本部门的超期羁押。其表现为侦查机关不能在法定羁押期限内侦查终结，通过移送检察机关审查起诉并退回补充侦查的形式继续侦查；检察机关不能在法定期限内审查起诉完毕，以退回侦查机关补充侦查的名义继续审查；法院不能在法定期限内审理判决，以检察机关建议撤回补充侦查或撤诉的名义延期审理等，这些几乎是公开的秘密和惯例。因而不废除这些所谓的惯例，就无法真正解决超期羁押问题。

专题三

刑事证据制度

中国刑事证据制度的改革

陈光中[*]

【内容摘要】

　　中国刑事证据制度的改革，在指导理念上，应坚持惩罚犯罪与保障人权的有机结合，程序公正与实体公正的动态并重，客观真实与法律真实相结合，公正优先、兼顾效率。其中，实现客观真实，通俗地讲就是要查明案件事实真相。在制度建构上，应创设不得强迫自证其罪原则、确立绝对的非法言词证据排除规则和相对的非法实物证据排除规则、健全证人出庭作证制度，坚守"犯罪事实清楚、证据确实充分"中国式的证明标准表述、建立层次性的证明标准。通过司法体制改革和《刑事诉讼法》的再修改，中国的刑事证据制度必将更加符合民主、法治和现代化的要求。

　　运用证据认定案件事实是刑事诉讼活动的重要基础和基本内容。近年来，中国刑事司法实践中相继出现的若干错案暴露出的突出问题撞击和质疑着现存的刑事证据制度。证据制度的改革和完善已成为中国刑事立法的必然趋势和当务之急。2003 年 10 月，第十届全国人大常委会将《刑事诉讼法》的再修改列入五年立法规划。但因准备工作进展不甚顺利，修正草案未能如期提交全国人大常委会审议。2008 年 10 月，《刑事诉讼法》修改再次被列入第十一届全国人大的五年立法规划。其中，证据制度的健全和充实则是此次《刑事诉讼法》再修改的重点内容之一。

一、刑事证据制度改革的指导理念

　　价值权衡和利益抉择是制度改革所面临的首要问题，权衡和选择的结果直接决定着改革的基本理念，并对立法的修改起着指导作用。笔者认为，中国的

　　* 中国政法大学终身教授、博士生导师。

刑事证据制度改革应当与联合国刑事司法准则相衔接，借鉴和吸收国外刑事诉讼立法的有益经验，并与中国的具体实际情况相结合。在此基础上，证据制度改革应当遵循以下指导理念：

（一）惩罚犯罪与保障人权的有机结合

惩罚犯罪和保障人权是刑事诉讼的两大目的。其中，追究和惩罚犯罪体现着对秩序价值的追求。如果没有发生犯罪的可能，也没有对国家行使刑罚权恢复秩序的合理预期，刑事诉讼制度便失去了存在的前提。刑事诉讼中的保障人权通常仅狭义地理解为保障被追诉人的权利。具体而言，包括两个方面：在实体结果上，保证无罪者不受刑事追究和惩罚，保证有罪者依法受到公正的惩罚；在诉讼程序上，保证案件当事人（特别是被追诉人）以及其他诉讼参与人在正当程序中充分行使其诉讼权利。

惩罚犯罪和保障人权之间的权衡反映出秩序、自由等主要价值之间的平衡势态和张力关系，刑事法律对两者关系的调整效果则体现出该法律对本领域社会关系的调节能力。放眼当今世界各国刑事证据制度的改革趋势和发展动向，惩罚犯罪和保障人权两大目的之间的平衡是各国刑事司法普遍遵循的原则。刑事证据规则的设置，亦应如此。

2004 年修改后的《中华人民共和国宪法》第 33 条新增一款"国家尊重和保护人权"，为中国刑事司法的人权保障提供了宪法依据。近年来，中国政府提出了构建和谐社会的社会发展政策，该政策背后的人本主义思想与国际刑事司法准则中的人权保障精神两相契合，为中国刑事司法的人权保障提供了政策支撑。目前，惩罚犯罪与保障人权相结合的思想已经在中国官方发布的相关文件中有所体现。例如，中国最高人民法院、最高人民检察院、公安部、司法部2007 年 3 月 9 日联合发布的《关于进一步严格依法办案确保办理死刑案件质量的意见》的第二部分，便明确地将"坚持惩罚犯罪与保障人权相结合"列为一条重要的办案原则。综上，中国的刑事证据制度改革应当并且能够在保障人权方面强化力度，实现惩罚犯罪与保障人权的有机结合。

（二）程序公正与实体公正的动态并重

程序公正与实体公正是司法正义不可偏废的两个方面，犹如车之两轮、鸟之两翼。在刑事证据制度中，程序公正主要着眼于刑事证明活动过程本身，要求依照法定程序收集证据，并由法院独立公开地依据直接、言词原则对证据进行审查，充分保障诉讼参与人尤其当事人的相关诉讼权利；实体公正则主要要求通过运用证据准确认定案件事实，为正确适用实体法律、对案件作出公正处理提供基础条件。

实体结果是评价程序公正程度的重要指标。司法实践证明：当事人参与刑事诉讼程序的主要目的并非追求过程的公正，而是为了在结果上获得一个有利于自己的公正裁决。由此可以说明：程序的价值首先在于保证实体价值的实现，如果程序的设计是公正的，并得到遵守，多数情况下实体公正能得到实现。但这并不等于赞同程序工具主义。程序亦有其独立价值，这些独立价值本身就是社会正义的必要组成部分，体现着民主、法治、人权、文明等精神，并直接影响着案件结果的可接受性。换言之，从尊严、平等等价值维度加以分析，人们如何被对待与他们获得何种实体结果同样重要。正如德国学者罗科信所言："在法治国家的刑事诉讼程序中，对司法程序之合法与否，被视为与对有罪之被告、有罪之判决及法和平之恢复，具有同等之重要性。"①

据此，作为刑事证据制度理念基础的程序公正与实体公正是互有联系但却有异于彼此的两个范畴，它们各自有其独立的价值内涵和判断标准，虽然相互影响，但却不能相互代替。当两者发生矛盾时，刑事证据制度应当根据实际情况灵活作出价值判断，并没有什么理由非得在两种公平之间制造出孤注一掷的选择。程序公正与实体公正并重的理念已经得到了中国相关实务部门的认同，上述《关于进一步严格依法办案确保办理死刑案件质量的意见》也明确将"坚持程序公正与实体公正并重，保障犯罪嫌疑人、被告人的合法权利"列为一条重要的办案原则，指出"人民法院、人民检察院和公安机关进行刑事诉讼，既要保证案件实体处理的正确性，也要保证刑事诉讼程序本身的正当性和合法性"。鉴于"重实体、轻程序"的传统思想对中国刑事证据制度的负面影响，笔者认为，在坚持程序公正与实体公正动态并重的前提下，未来的证据制度在具体规则的设计上应当着力提升程序的价值，要采取坚决有力的措施杜绝刑讯逼供等野蛮的非法取证手段。

（三）客观真实与法律真实相结合

由于刑事诉讼始终是围绕运用证据认定案件事实而展开和终结的，这就必须从理念上解决如何对待诉讼中的"真实"问题。笔者认为，以法律真实代替客观真实是不科学的，简单地否定法律真实也是不现实的，理性的做法是实现客观真实与法律真实相结合，形成有中国特色的诉讼真实观。

客观真实是指司法工作人员通过证明活动对案件事实的认定与案件客观事实相一致的内容。客观真实必须坚持，否则，就会使诉讼的功能异化，增加冤案错案的概率，社会公正无法得以保障。客观真实是相对真实和绝对真实的辩

---

① ［德］克劳思·罗科信著，吴丽琪译：《刑事诉讼法》，法律出版社 2003 年版，第 5 页。

证统一。这是哲学中"每个真理都既具有客观性，又具有绝对性和相对性"①在诉讼中的应用。根据辩证唯物主义可知论原理和无数司法实践经验，诉讼中的客观真实在一定条件下、一定范围内是可以达到的，但由于案件事实是过去发生的，司法人员不可能完全查明其实际情况。与此同时，承认诉讼真实的相对性，并不等于说诉讼中所发现的真实不具有绝对性。诉讼证明活动在某些关键性事实的认定上可以达到排他性、确定性的程度，可以与客观事实相一致。因此，认为真实只能达到相对真实，在任何条件下、任何案件事实都不可能达到绝对真实的程度是不符合司法实践经验的。

坚持客观真实并不意味着反对法律真实，而是必须与法律真实相结合。法律真实是指司法工作人员运用证据认定案件事实要求达到法律所规定的真实程度。古今中外的诉讼证明所要达到的真实程度都需要通过法律的形式加以规定和体现。在诉讼证明中只讲客观真实，不承认法律真实，有时行不通。比如，由于证明的困难等原因不可避免地要使用推定。而且由于追求事实真相不是诉讼的唯一目的，出于不同诉讼目的和价值的考虑，客观真实有时需要让位于法律真实。我国的诉讼价值观已经从传统的一元化转向了多元化，从单纯追求案件的事实真相转向追求实体公正、程序公正、诉讼效率等多重价值。因此，出于价值平衡的考虑，有时客观真实就需要让位于法律真实。

时下，司法部门已经认识到了客观真实与法律真实相结合的重要性，并在司法实践中积极探索。如时任最高人民法院院长的肖扬，于2008年3月10日在第十一届全国人大一次会议上总结人民法院过去5年工作的经验时指出，"正确处理客观真实与法律真实、实体公正与程序公正、法律效果与社会效果的关系"，② 时任最高人民法院常务副院长、现任最高人民检察院检察长的曹建明，于2005年7月19日在全国高级法院院长座谈会上也指出："要在对事实、证据进行深入审查、分析论证的基础上，坚持法律真实与客观真实的有机统一。"③ 上述有关司法机关领导人的讲话，在一定程度上是对近些年司法实践中如何运用证据的经验和教训总结。

（四）公正优先，兼顾效率

诉讼效率指收集、审查证据时所投入的司法资源（包括时间、人力、财

---

① 李秀林、王于、李淮春主编：《辩证唯物主义和历史唯物主义原理》，中国人民大学出版社2004年版，第297页。

② 《2008年最高人民法院工作报告》，载《人民法院报》2008年3月24日。

③ 田雨：《最高法院要求把好四关，提高审判质量确保公正》，载 http：//news. xinhuanet. com/legal/2005－07/19/content_ 3241129. htm，2008年3月31日。

力、设备等）与所取得的诉讼成果之间的比例关系。公正与效率是相辅相成、辩证统一的两项基本诉讼价值，只有正确处理两者关系，才能实现刑事证据制度的公正高效。笔者认为，公正是司法的灵魂和生命线，是刑事证据制度追求的首要价值。诚如美国学者罗尔斯所言，"正义是社会制度的首要价值……某些法律和制度，不管它们如何有效率和有条理，只要它们不正义，就必须加以改造或废除".① 因此，刑事证据制度应当在保证司法公正的前提下追求司法效率，亦即公正优先、兼顾效率。换言之，应当在保证司法公正的前提下追求效率，而不能因为图快求多，草率办案而损害程序公正和实体公正，甚至发生错案。如果发生错案，事后加以纠正和赔偿，反而损害了效率，此乃所谓"欲速则不达"也。

二、中国刑事证据制度改革的几个重要问题

（一）不得强迫自证其罪原则

作为国际社会普遍认可的一项基本原则，不得强迫自证其罪原则在若干国际人权公约中均有直接或间接的体现。联合国《公民权利和政治权利国际公约》第14条第3款（庚）项明确规定受刑事控告者"不被强迫作不利于他自己的证言或强迫承认犯罪"。关于违背该原则所取得证据的证据能力，该公约中没有作出规定，但人权事务委员会在本公约第13号一般性意见第14段中指出："第3款（庚）项规定，被告不得被强迫作不利于他自己的证言或强迫承认犯罪。在考虑这项保障时应记住第7条和第10条第1款②的规定。强迫被告供认或作不利于他自己的证言的常用方法往往违反这些规定。法律应当规定完全不能接受用这种方式或其他强迫办法获得的证据。"③ 据此，人权事务委员会对违背不得强迫自证其罪原则所取得证据的证据能力持否定态度，并"呼吁缔约国在其法律中设定对使用此类证据的相应禁止".④

中国政府已于1998年10月5日签署了《公民权利和政治权利国际公约》，现正等待全国人大常委会批准。中国目前的刑事法律制度中对不得强迫自证其罪原则的基本精神有所体现，如《刑事诉讼法》第43条规定"严禁刑讯逼供

---

① ［美］约翰·罗尔斯著，何怀宏译：《正义论》，中国社会科学出版社1988年版，第3页。

② 此处指的是《公民权利和政治权利国际公约》第7条和第10条第1款。

③ HRI/GEN/1/Rev. 7.（General Comments），载 http://www.unhchr.ch/tbs/doc.nsf/0/ca12c3a4ea8d6c53c1256d500056e56f? Opendocument。

④ ［奥］曼弗雷德·诺瓦克著，毕小青、孙世彦主译：《民权公约评注（上册）》，生活·读书·新知三联书店2003年版，第260页。

和以威胁、引诱、欺骗以及其他非法的方法收集证据"，又如《刑法》第247
条将刑讯逼供和暴力取证的行为规定为犯罪。但是，无论相关立法还是具体实
践，中国的刑事司法制度仍然与国际司法准则具有一定差距，有待通过立法加
以补充。

对于是否应当确立不得强迫自证其罪原则，中国法律理论界和实务界目前
还存在一定争论，但主流观点认为应当在刑事诉讼立法中加以确立。笔者认
为，首先，该原则的确立有助于防止刑讯逼供，对保护被追诉人合法权利具有
重要意义；其次，中国已经签署《公民权利和政治权利国际公约》，未来一经
批准便将对中国生效，根据"条约必须信守"的国际法原则，缔约国必须贯
彻公约的刚性规定，因此，确立不得强迫自证其罪原则有助于推进国内刑事证
据制度与联合国刑事司法准则之间的衔接。针对目前中国刑事证据制度存在的
问题，笔者认为，应当将不得强迫自证其罪原则规定为刑事诉讼的一项基本原
则，并对相关制度加以改革，具体包括：（1）取消《刑事诉讼法》第93条规
定的"如实供述义务"，代之以"不得强迫犯罪嫌疑人违背自己的意愿进行陈
述"。① 至于该原则是否包含沉默权，可以结合中国实际加以解读。（2）讯问
犯罪嫌疑人、被告人必须遵循严格的法定程序，在法定的时间和地点进行。这
一问题已经得到中国相关实务部门的重视，上述《关于进一步严格依法办案
确保办理死刑案件质量的意见》第11条便要求"提讯在押的犯罪嫌疑人，应
当在羁押犯罪嫌疑人的看守所内进行"。（3）建立全程同步录音、录像制
度，② 鉴于中国地域广袤，各地经济发展不平衡，如果在所有地区的所有案件

---

① 陈光中主编：《中华人民共和国刑事诉讼法再修改专家建议稿与论证》，中国法制
出版社2006年版，第475页。

② 中国的刑事司法领域已经出现全程同步录音、录像制度的实践。2006年，为了加
强执法规范化建设，贯彻尊重和保障人权的宪法精神，最高人民检察院开始逐步在全国检
察机关推行讯问职务犯罪嫌疑人全程同步录音录像，并就这项制度提出四条原则：（1）全
程同步原则；（2）程序规范原则；（3）客观真实原则；（4）严格保密原则。为了进一步对
该项制度的具体实施加以规范，最高人民检察院与2006年12月印发了《人民检察院讯问
职务犯罪嫌疑人实行全程同步录音录像技术工作流程（试行）》和《人民检察院讯问职务
犯罪嫌疑人实行全程同步录音录像系统建设规范（试行）》，要求检察人员遵照执行。但职
务犯罪案件毕竟只是众多刑事案件的一部分，有许多刑讯逼供现象发生在公安机关负责侦
查的案件中，因此，如何将同步录音、录像制度向纵深推进是一个重要问题。最近，在中
国最高人民法院、最高人民检察院、公安部、司法部2007年3月9日联合发布的《关于进
一步严格依法办案确保办理死刑案件质量的意见》中指出"讯问犯罪嫌疑人，在文字记录
的同时，可以根据需要录音录像"，这一规定为死刑案件适用讯问录音、录像制度奠定了
基础。

中实施全程同步录音、录像制度，存在较大困难，因此建议逐步推行这一制度，可以首先考虑在严重犯罪案件的讯问活动中实施。（4）在应当指定辩护的案件中，确立讯问时的律师在场权制度。（5）确立非法证据排除规则（具体见下文）等。

（二）非法证据排除规则

非法证据排除规则通常指执法机关及其工作人员使用非法行为取得的证据不得在刑事审判中采纳的规则。联合国《禁止酷刑和其他残忍、不人道或有辱人格的待遇或处罚公约》（以下简称《禁止酷刑公约》）第 15 条规定："每一缔约国应确保在任何诉讼程序中，不得援引任何业经确定系以酷刑取得的口供为证据，但这类口供可用做被控施用酷刑者刑求逼供的证据。"此句中的"酷刑"，根据该公约第 1 条，是指"为了向某人或第三者取得情报或供状，为了他或第三者所作或涉嫌的行为对他加以处罚，或为了恐吓或威胁他或第三者，或为了基于任何一种歧视的任何理由，蓄意使某人在肉体或精神上遭受剧烈疼痛或痛苦的任何行为"。根据上述规定，以酷刑取得的口供仅在指控刑讯逼供的案件中才具有证据能力。

中国已于 1986 年签署了《禁止酷刑公约》，并于 1988 年批准了该公约。作为公约的缔约国，中国的刑事立法和司法实践应当贯彻该公约第 15 条的精神。然而，《刑事诉讼法》仅规定"严禁刑讯逼供和以威胁、引诱、欺骗以及其他非法的方法收集证据"，对于违反该规定所取得证据的证据能力没有作出任何排除性规定。这一缺陷后来在相关司法解释中得到了一定回应：1998 年《最高人民法院关于执行〈中华人民共和国刑事诉讼法〉若干问题的解释》（以下简称《若干问题的解释》）第 61 条规定，"凡经查证确实属于采用刑讯逼供或者威胁、引诱、欺骗等非法的方法取得的证人证言、被害人陈述、被告人供述，不能作为定案的根据"；1998 年《人民检察院刑事诉讼规则》第 265 条第 1 款也作出了类似上述规定；2001 年《最高人民检察院关于严禁将刑讯逼供获取的犯罪嫌疑人供述作为定案依据的通知》中进一步要求"发现犯罪嫌疑人供述、被害人陈述、证人证言是侦查人员以非法方法收集的，应当坚决予以排除"。但由于缺少证明责任、运作程序等具体制度支撑，而且"查证属实"的证明标准难以达到，实践中，非法取得的证据仍然往往堂而皇之地成为定罪证据，刑讯逼供屡禁难绝。近年来出现了几起影响力较大的错案，其定罪的口供都是刑讯取得的，引起了社会的普遍关注。

笔者认为，中国刑事证据制度改革中确立的非法证据排除规则应当包含以下几个方面的内容：

1. 确立绝对的非法言词证据排除规则

之所以建议确立绝对的非法言词证据排除规则，主要是基于下述原因：

（1）程序公正和实体公正是刑事司法的灵魂。非法获得的言词证据，不仅破坏了程序的正当性，其真实性也难以保障。将此种证据用做定案依据，违背了基本的诉讼理念，不利于诉讼目的的实现。（2）刑事证据制度改革旨在解决中国当前司法实践中存在的突出问题。实践中，刑讯逼供等非法取证行为是导致错案发生的严重隐患，应当采取断然措施加以遏制。（3）与国际刑事司法准则相衔接，并借鉴国外的相关立法。

此外，有必要进一步细化和具体规定言词证据的非法收集方法，从而使该规则更具有可操作性。可以考虑将此类非法收集方法界定为：（1）刑讯或其他使人在肉体上剧烈疼痛的方法；（2）威胁、诱骗；（3）使人疲劳、饥渴；（4）服用药物、催眠；（5）其他残忍、不人道或有辱人格的方法。凡以上述方法收集的证据，均不得用做本案提起公诉、判决有罪的证据。

2. 确立相对的非法实物证据排除规则

之所以建议确立相对的非法实物证据排除规则，主要是基于下述原因：（1）刑事证据制度中存在着多元化的价值判断，程序公正的价值追求不能绝对化。一方面，非法取得的实物证据破坏了正当程序，不予排除有违程序公正的要求；另一方面，非法取得的实物证据往往具有真实性，绝对排除不利于发现事实真相。因此，司法者根据各案情况加以裁量之后决定是否排除是兼顾程序公正与实体公正的做法。（2）借鉴其他国家的立法例。英、加、德等许多国家采取的是相对的非法实物证据排除规则；即使在对非法物证采取绝对排除态度的美国，也已确立了若干例外。

在具体条文设计上，可以将相对的非法实物证据排除规则规定为：禁止以非法方法搜查、扣押，非法监听，非法入侵他人住宅以及以其他非法方法收集物证、书证和音像、电子资料；严禁违反法定的程序进行勘验、检查。以上述非法方法收集的证据，由人民检察院、人民法院根据取证行为违法的程度和案件的具体情况决定是否可以采用。

3. 非法证据排除的证明责任和证明标准

非法证据的证明责任和证明标准是将非法证据排除规则落到实处的重要保障。司法实践中排除非法证据的案件非常少见，这并不是因为少有非法取证的案件，而是因为现行《刑事诉讼法》和相关司法解释：首先，没有对非法证据的证明责任作出明确规定，从而使非法证据的排除在启动环节上便出现了问题；其次，将非法证据的证明标准规定为"查证属实"，要求过高，缺乏可操作性。基于此，笔者认为可以对非法证据的证明责任和证明标准作出如下规定：在犯罪嫌疑人、被告人及其法定代理人、辩护人认为指控犯罪的证据为非法取得并提出相关线索时，侦查机关应当提供证据证明其为合法取得，人民检察院、人民法院在调查核实后有合理根据地认为该证据系非法取得的，应当认定该证据为非法证据。也就是说，就证明责任而言，只有在被追诉方提出了非法取证的异议和相关线索后，侦查机关才有必要提供证据证明其证据收集程序的合法性。就证明标准而言，在检察机关和法院听取被追诉方以及侦查机关的意见并经必要的调查后，只要有合理根据认为该证据系非法取得时，就应当认定该证据为非法所得。将证明标准规定为"有合理根据"，并把裁量权交给检察机关和法院，这便增强了实践中排除非法证据的可能性。

（三）证人出庭作证

证人出庭作证符合程序公正与实体公正的双重要求。一方面有利于查明事实真相；另一方面也保障了被告人的对质权。联合国《公民权利和政治权利国际公约》第14条第3款（戊）项规定凡受刑事控告者均有权"讯问或业已讯问对他不利的证人，并使对他有利的证人在与对他不利的证人相同的条件下出庭和受讯问"。据此，证人出庭作证是国际刑事司法准则确认的内容。大陆法系的直接、言词原则，英美法系的传闻规则以及与此配套的其他制度为证人出庭提供了制度保障。

目前，在中国，证人出庭率极低（还不到1%）已经成为刑事诉讼的一大难题。① 部分检察官担心证人出庭改变证言，影响公诉成功率，这一现象背后存在以下原因：（1）法律及司法解释中的制度缺陷。现行《刑事诉讼法》在第47条规定了证人的出庭义务，但又在第157条规定了可以宣读未到庭证人的证言笔录；（2）法律及司法解释没有规定证人应出庭而不出庭时所要承担的责任和后果；（3）关于证人出庭保障，法律也缺乏具体有效的保护措施；（4）传统的书面审判方式仍然在司法实践中产生作用，侦查仍然是刑事诉讼的中心环节，法官对案件的裁判依赖于侦查卷宗。有学者将之称为"案卷笔录中心主义"。

笔者认为，证人出庭问题是中国刑事证据制度改革乃至整个刑事诉讼制度改革的重要环节。证人出庭的相关立法的完善至少应当包括如下内容：②

1. 将证人出庭作证作为一项一般性的义务加以规定。为了确保证人出庭作证，建议法律对证言笔录的证据能力作出明确规定，即，除法律另有规定的

---

① 笔者在2005年间曾组织一项关于刑事案件证人出庭的调查，在中国西南地区某省会，2004年该市刑事案件总量为6810件，出庭案件数仅为26件，出庭人数68人，出庭率仅为0.38%。

② 陈光中主编：《中华人民共和国刑事诉讼法再修改专家建议稿与论证》，中国法制出版社2006年版，第339～340页、第342～345页、第543～553页。

情形外，证人未出庭所作的书面证言，不能作为定案的根据。

2. 对证人出庭作证的例外加以规定。该例外除了包括因死亡、患精神病或其他严重疾病、下落不明、不在中国境内等客观原因无法到庭的情况外，基于诉讼效率之考虑，还包括控辩双方对证言笔录无异议的情况。

3. 明确规定在审判中可以宣读庭前证言笔录的具体情形：一是证人表示不能回忆起某项事实时，需要帮助其回忆的；二是证人在法庭上提供的证言与其在审判前进行的陈述有矛盾，且不能以其他方法确定的。

4. 对应出庭而不出庭的证人规定强制到庭措施和司法处分措施。证人无正当理由拒绝出庭，经劝说无效的，法院可以拘传证人出庭作证；证人无正当理由拒绝提供证言，经劝说无效的，法院可以处以罚款、拘留。

5. 对于侦查活动中的事实，可以通知侦查人员以证人身份到庭作证，侦查人员不得拒绝作证。

6. 对证人及其近亲属规定具体有效的保护措施。一方面，在审判前后提供信息保密、人身保护等有效保护措施，如，签发书面命令禁止被追诉人及其他对证人构成威胁的人接触该证人及其近亲属，派员提供人身保护，提供安全的临时住所等；另一方面，在条件允许时，审判过程中可以使用特殊的作证方式，如，远程作证，通过技术设备使证人作证的声音失真，采取只有法官才能看见证人的方式等。

7. 制定证人出庭作证的经济补偿制度。具体而言，补偿内容可以包括证人因作证而支付的交通费、住宿费、误工费等合理费用；如果证人要求，可以采取预先给付的补偿方式，但若证人后来无正当理由拒绝作证或作伪证，则应当责令返还；补偿机关在各诉讼阶段分别是公安机关、人民检察院、法院。

（四）证明标准

刑事证明标准是指依法运用证据证明被告人有罪所需要达到的程度。诉讼证明标准理论上涉及认识论、价值观，实务上又直接关系到被追诉人的生命权、自由权、财产权、名誉权等，问题至关重要，又十分复杂。中国现行《刑事诉讼法》中规定的有罪证明标准是"犯罪事实清楚、证据确实充分"。实践中，对这一证明标准存在不同见解。有观点认为这一标准太高，实际无法达到。笔者认为，证明标准与错案率之间构成反比例关系——证明标准越高，错案率越低；证明标准越低，错案率越高，据此，现行法律中规定的"犯罪事实清楚、证据确实充分"是一个保证不错判无辜且符合中国用语习惯的证明标准，问题的关键在于如何对这一证明标准加以正确的解读和运用。所谓"犯罪事实清楚"，并不是要求将案件的一切细节事实查明清楚，而是要求将对定罪量刑具有意义的基本事实、关键事实查明清楚；所谓"证据确实充分", 就是要求利用确实的证据构成一个完整的证据体系, 对主要犯罪事实 (即被告人实施了犯罪行为) 的证明达到唯一性 (或称排他性) 的程度。概言之, "犯罪事实清楚、证据确实充分"的证明标准就是要求司法裁判者根据确实充分的证据达到主观上对犯罪事实认识清楚, 从而实现诉讼中主观认识与客观事实的统一。

因此, 笔者认为中国的刑事证据制度仍然应当采用原有的"犯罪事实清楚、证据确实充分"的证明标准。但必须指出, 证明标准应当具有层次性, 针对不同的事实宜采用不同的证明标准。(1) 对定罪量刑具有决定意义的基本事实、关键事实, 应采用唯一性 (即排他性) 标准, 尤其在被告人可能被判处死刑的案件中, 这一点已经得到国际刑事司法准则的确认, 联合国《保障死刑犯权利的保障措施》第 4 条规定, "只有在对被告的罪行根据明确和令人信服的证据而对事实没有其他解释余地的情况下, 才能判处死刑", 本句中的"没有其他解释余地"便是一种排他性的表述。美国也有学者主张对死刑案件不采用"排除合理怀疑", 而采取"排除一切怀疑"。① (2) 对于故意、明知、目的等犯罪主观要件, 可以适度降低证明标准, 甚至可以根据客观实际情况予以推定。适用推定在《联合国反腐败公约》和《联合国打击跨国有组织犯罪公约》中得到了明确规定。② "推定"根源于经验法则或推理法则, 一般具有合理性, 但其可靠性只能达到较高盖然性的程度, 低于排他性和排除合理怀疑。笔者认为, 对于某些犯罪的主观要件加以推定的合理性在于两个方面: 第一, 不少犯罪者的内心状态具有较强的隐蔽性, 控诉机关很难将对其主观要件的证明达到确定性的程度, 而且, 诉讼期限更使这一问题难上加难; 第二, 从政策角度, 这种规定体现了对某些犯罪的严厉打击态度, 符合中国现阶段提出的"宽严相济"刑事政策。

结　语

中国的刑事证据制度改革正在稳步推进。我们期待并相信, 在立法、司法机关以及法学界专家的共同努力下, 通过刑事诉讼法再修改, 中国的刑事证据制度改革必将更加符合民主、法治和现代化的要求。

---

① ［美］布莱恩·福斯特著, 刘静坤译:《司法错误论》, 中国人民公安大学出版社 2007 年版, 第 277 页。

② 《联合国反腐败公约》第 28 条 (作为犯罪要素的明知、故意或者目的) 规定: "根据本公约确立的犯罪所需具备的明知、故意或者目的等要素, 可以根据客观实际情况予以推定。"《联合国打击跨国有组织犯罪公约》第 5 条第 2 款有近似规定。

侦查阶段辩护方取证权确立的
必要性和可行性分析

韩 旭*

【内容摘要】

　　侦查阶段是控辩双方发现证据、收集证据的最佳时机和关键阶段，然而，由于我国长期以来奉行职权主义的侦查观，侦查阶段完全成了侦查机关单方面进行的职权调查活动，立法上既不承认律师的辩护人地位，也不承认嫌疑人及其律师具有独立的调查取证权利，这非常不利于犯罪嫌疑人取证权和辩护权的实现。即便是新修订的《律师法》对律师在侦查阶段是否享有取证权也未予明确，学界更是认识不一。对此，我们不应只囿于对法条的解读，而应从侦查阶段辩护方取证权确立的必要性和可行性方面进行深入分析。

　　【关键词】 侦查阶段　辩护方　取证权　必要性　可行性

一、引　　言

　　在整个刑事诉讼程序中，侦查阶段是发现证据、收集证据的最佳时机和关键阶段，也是控辩双方最容易发生冲突的阶段。我国长期以来奉行职权主义的侦查观，侦查活动呈现出单向性、秘密性和封闭性的特点，侦查程序完全成了侦查机关单方面进行的职权调查活动。我国《刑事诉讼法》并未规定犯罪嫌疑人委托的律师在侦查阶段享有调查取证的权利，实践中，侦查机关对律师在侦查阶段调查取证也是持排斥态度。即便是 2007 年新修订的《律师法》对律

---

　　* 贵州民族学院法制与民族地区发展研究中心研究员，法学博士，中国社会科学院法学所博士后研究人员。

师在侦查阶段是否享有调查取证权也未置可否，学界更是认识不一。① 对于这样一个具有重大理论意义和实践价值的问题，学者们不应只囿于对法条的解读，而必须从理论上作出进一步的回答，从实然和应然两个层面进行深入探讨，从而为侦查阶段辩方取证权的确立及其合理配置提供理论支持。

二、侦查阶段辩护方取证权确立的必要性分析

（一）我国庭审方式向对抗制方向的转变要求侦查阶段证据的取得具有双向性

1996 年修改的《刑事诉讼法》对审判方式进行了重大改革，吸收了当事人主义的合理因素，强化了审判在诉讼中的中心地位。要求控辩双方当庭举证质证，进行平等对抗，初步实现了职权主义审判方式向当事人主义对抗制审判方式的转变。然而，"在审判程序借鉴当事人主义的同时，在审前程序中仍然贯彻典型的职权主义甚至超职权主义。这就明显造成了一种机制冲突。双向互动的审判阶段与那种以'单面性'为特征的审前阶段形成冲突。因此，严重损害了我国刑事诉讼的平等性、民主性与公平性，而且诉讼机理不统一，也影响程序的推进与有效运作"。② 侦查程序作为审前程序的重要组成部分是为审判活动作准备的程序，侦查活动的内容和结果直接服务于法庭审理程序。因此，侦查程序与审判程序只有保持诉讼的内在统一和逻辑上的一致性、连贯

---

① 笔者曾在 2008 年第 8 期《法学》上撰文指出："我国新修订的《律师法》没有排除律师在侦查阶段调查取证的权利，对律师承办法律事务进行调查取证活动没有诉讼阶段上的限制，而是规定'受委托的律师根据案情的需要'，'可以向有关单位或个人调查与承办法律事务有关的情况'。在我国，在侦查阶段介入的律师是受当事人及其家属委托参与诉讼的，无论是代为申诉、控告侦查违法行为，还是代为申请取保候审，其承办的均是法律事务。因此，从新《律师法》的规定看，律师在侦查阶段是被赋予了调查取证权利的。"樊崇义教授也认为：新《律师法》将调查取证的主体改为"受委托的律师"，意味着实际上是将律师调查取证权提前至侦查阶段。参见樊崇义、冯举：《新〈律师法〉的实施及其与〈刑事诉讼法〉的衔接》，载《中国司法》2008 年第 5 期。然而，西南政法大学孙长永教授在 2008 年第 7 期《法学》上撰文认为：新《律师法》仍然没有明确侦查阶段犯罪嫌疑人聘请的律师是否具有辩护人的地位。从《律师法》第 35 条前后两款的关系看，并没有明确授权律师在侦查阶段调查取证，甚至没有授权律师申请侦查机关调查取证。因此，新《律师法》第 35 条没有解决律师在侦查阶段的调查取证权问题。持类似观点的还有中国政法大学的汪海燕博士，参见汪海燕：《一部被"折扣"的法律——析〈律师法〉与〈刑事诉讼法〉的冲突》，载《政法论坛》2009 年第 2 期。

② 龙宗智：《试析我国刑事审判方式改革的方向与路径》，载《社会科学研究》2005 年第 1 期。

性，才能实现程序对接和诉讼机制的和谐。我国法庭审判尽管设计了控辩平等对抗的制度，然而控方可以依靠装备精良、养之有素且拥有强制措施权的侦查机关的侦查成果为其出庭诉讼作充分准备，而在漫长的侦查阶段，犯罪嫌疑人及其律师却没有调查证据的权利。在我国缺乏传闻证据规则、证人普遍不出庭作证的情况下，侦查机关的侦查成果——案卷笔录可以长驱直入抵达法庭，成为审判的根据，呈现出"侦查中心主义"的特征，侦查程序成了决定诉讼结局的关键程序。修改后的《刑事诉讼法》实施至今，在法庭审理中尤其是举证活动中经常呈现出"一面倒"的态势，整个法庭调查程序异化为对控方所举证据进行确认的活动，辩方基本上无"证"可举，处于弱势地位，而控方在法庭上则处于压倒性的优势。"一方面，实践中证人出庭率极低，检察院直接以案卷材料作为指控证据实为常规而非例外。另一方面，律师的辩护活动特别是事实辩护针对案卷本身的瑕疵进行。律师收集和提供证据材料的情形很少，即使有，也主要用以证明酌定从轻情节，基本不涉及案件的定性。"① 由于证人普遍不出庭作证，辩方又提不出有力的反驳证据，对控方证据的质证也只能流于形式。法庭审理中之所以会出现这种"一面倒"的态势，这和侦查程序中证据收集的"单面性"是密切相关的。据四川大学左卫民教授组织开展的实证调研结果显示：在刑事案卷的制作上，侦查、起诉、审判机关等官方机构是当然的制作主体。在组成案卷的材料中，绝大部分文件与证据都是官方机构收集或制作的，非官方人员（律师、当事人）收集和提供的材料比例相当低。根据对 150 起案件样本的统计，在 1984 年、1994 年和 2004 年 3 个年度中，刑事案卷材料构成中律师提供的材料都仅约占总数的 1%，可见官方制作占绝对主导地位的状况十分明显。② 正是侦查机关对调查取证权的广泛垄断才使得辩方在法庭上难以提出辩护证据与控方相对抗。根本的出路乃是改革审前程序尤其是侦查程序，打破侦控机关对调查取证权的垄断，赋予辩方一定的调查取证权，使诉讼中证据的收集、获取具有一定的"双向性"，控辩双方都可以在侦查阶段为未来法庭上的对抗各自准备证据。

（二）证明责任分配原理要求被告人在某些情况下应承担一定的证明责任

根据无罪推定原则，在刑事诉讼中控方承担证明被告人有罪的责任，被告人不承担证明自己有罪或无罪的责任。然而，这项原则是相对的而不是绝对

---

① 左卫民：《中国刑事案卷制度研究——以证据案卷为中心》，载《法学研究》2007 年第 2 期。

② 左卫民：《中国刑事案卷制度研究——以证据案卷为中心》，载《法学研究》2007 年第 2 期。

的。根据利益衡量原则、盖然性和经验法则，在某些情况下局部的证明责任仍应由被告人承担。这主要表现在以下四种情形：一是在"持有型"犯罪中，由刑事实体法规定被告人应当承担证明责任的。如现行法规定的巨额财产来源不明罪和非法持有国家绝密、机密文件资料物品罪。二是被告人的行为已经使法律保护的利益受到威胁，被告人以阻却刑事违法性和有责性的特定事由辩护的。三是被告人主张的某些程序性事实。如申请回避理由的证明、申请取保候审理由的证明、非法证据排除的证明，等等。最高人民法院《关于执行〈中华人民共和国刑事诉讼法〉若干问题的解释》第 27 条规定："依照刑事诉讼法第二十九条规定提出回避申请的，申请人应当提供证明材料。"四是被告人主张的独知的事实。① 上述情形既包括实体法事实也包括程序法事实，实体法事实通常需要证明的都是一些无罪的事实情节。如果被告人不能提出证据予以证明将遭遇不利的后果，在实体上其将面临被定罪的危险，而在程序上如果举证不能，其主张、申请可能被驳回。既然被告人在某些情况下须承担一定的证明责任，有义务提出证据材料对某些事实加以证明，那么根据"权利义务相统一"的法理和公平正义原则，承担义务（证明责任）就必须享有权利（调查取证权），在强调被告人负有一定证明责任的同时，也应当赋予辩方相应的调查取证权利，没有辩方调查取证权的确立和保障，被告人将难以承受"证明责任之重"。

（三）有效辩护原则要求在侦查阶段赋予辩方相应的取证权利

有效辩护作为国际社会普遍承认的一项刑事诉讼原则，贯穿于刑事诉讼的全过程，要求被追诉人的辩护不仅是形式上的，而且应当具有实质意义和富有成效性。我国《宪法》第 125 条规定："被告人有权获得辩护。"《刑事诉讼法》第 11 条也规定："被告人有权获得辩护，人民法院有义务保证被告人获得辩护。"② 有效辩护作为各国公认的基本原则在国际公约中被作为一项最低限度的人权标准予以确认。《公民权利和政治权利国际公约》第 14 条规定：有相当的时间和便利准备他的辩护。联合国人权事务委员会明确指出："'便

---

① 龙宗智：《证明责任制度的改革和完善》，载《环球法律评论》2007 年第 3 期。

② 这给人一种感觉，似乎只有提起公诉后的被告人才享有辩护的权利，国家才有义务保证其辩护权利，而在审前阶段的犯罪嫌疑人就无权获得辩护，国家也无须保证其辩护权的行使。这种立法规定，绝不是立法者无意间的疏漏，而是显示出对审前程序辩护权行使的排斥和疑虑。无怪乎，1996 年《刑事诉讼法》的修改尽管允许律师在侦查阶段介入，却没有赋予参与的律师以辩护人身份，二者之间应当说是一脉相承的。对犯罪嫌疑人来说，侦查阶段是其权利最容易遭受侵犯和最危险的阶段，理应加强其基本诉权——辩护权的保障，然而，我国法律连其基本应享有的辩护权都不予承认。

利'必须包括辩方能够获得有关的文件和证据，以准备其案件的抗辩。"可见，有效辩护的前提是辩方有调查取证权，能够取得相关的证据资料。刑事诉讼的实践告诉我们，绝大多数证据的收集都是在侦查阶段完成的。由于侦查阶段距离案发时间较短，证据灭失、毁损的可能性较小，证人的记忆也比较鲜活清晰，且较少受到外部干扰。因此，在侦查阶段各种证据材料更容易提取、保全和固定，证言准确性也相对较强，这就决定了侦查阶段是控辩双方获取证据的黄金时机。一旦错过到了审查起诉或审判阶段，随着时间的流逝，一切将时过境迁，现场会遭到破坏，证据将发生扭曲变形甚至不复存在，证人也可能因死亡、病重等而使有利于辩护的证据材料无法取得。然而，我国《刑事诉讼法》不仅不承认犯罪嫌疑人及其律师在侦查阶段享有调查取证的权利，而且连申请保全证据的权利也没有赋予，这不仅对嫌疑人是不公平的，而且不利于辩护准备，不符合有效辩护的国际标准。

我国立法虽然规定犯罪嫌疑人聘请的律师可以代理申诉、控告，可以代为申请取保候审。然而，这一切权利的实现都应以犯罪嫌疑人及其律师享有调查取证权为前提，以提出证据进行证明为手段，否则，"空口无凭"，谁能相信？有主张必须有证据支持，其主张或申请才有可能成功，犯罪嫌疑人的诉讼权利才能得到切实维护。因此，辩方能够调查取证是其程序性辩护权和实体性辩护权实现的基础和保障。

（四）侦查机关天然的追诉倾向决定了其在侦查取证过程中难以保持客观中立

我国《刑事诉讼法》第 43 条规定："审判人员、检察人员、侦查人员必须依照法定程序，收集能够证实犯罪嫌疑人、被告人有罪或者无罪、犯罪情节轻重的各种证据。"即侦查人员和司法人员应当具有"客观义务"，能够对不利和有利嫌疑人的情况一律注意。据此，有人便认为辩方就没有必要再去调查取证了。"既然检察机关及法院在调查时，即已有义务需就所有对被告有利之情况加以注意，何必又还要特别另设辩护人。"① 对此，我国台湾地区学者林钰雄指出："单单客观性义务本身，并不足以保障被告的主体地位及防御权利。首先，应然并不等于实然！客观性义务是一种应然面向的义务，但不表示个案中之实然状态。更何况正是因为法官和检察官必须彻查事实，千头万绪，所以纵使出于良知，也可能忽略或误判某些有利于被告的线索或证据。就此而论，辩护人的功能在于，专就被告有利方面督促国家机关实践其应然的客观性

---

① ［德］克劳思·罗科信著，吴丽琪译：《刑事诉讼法》，法律出版社 2003 年版，第 148 页。

义务，并且动摇其不利于被告事项之判断，以便保证无罪推定原则能在具体个案中实现。例如，检察官以凶器上有被告之指纹为证据，起诉被告杀人，但却忽略凶器上亦有其他不明指纹的事实，辩护人可以透过阅卷、声请调查及诘问质疑来呈现此一有利被告之事实。"① 在最早确立客观义务原则的德国，尽管其《刑事诉讼法典》第 160 条（侦查程序）第 2 款明确规定："检察院不仅要侦查证明有罪的情况，而且还要侦查证明无罪的情况，并且负责提取有丧失之虞的证据。"然而，正如德国学者托马斯·魏根特认为的那样："在某种程度上，检察官和警察都坚持了这一客观性原则：收集与案件相关的全面的信息符合他们的职业利益，因此他们不希望忽略任何将来可能会损害定罪的关键性事实。但是随着案件的侦查活动越来越集中到特定的犯罪嫌疑人身上时，警察会倾向于寻找强化和证实犯罪嫌疑的证据而不再留意可以证明无罪的证据。"② 英国学者罗杰·伦格指出："侦查工作的研究和案例分析已经表明，一旦警察已经认定一名嫌疑犯，他就会有一种趋势，即只收集证明其犯罪嫌疑的证据而忽视其他可能的假设，并会对这些证实这种假设应采取的调查方法视而不见。结果是，那些可能表明犯罪另有其人的证据，或被告人可能作为辩护根据使用的证据，警察都不会按照既定规则进行收集。"③ 日本学者对此也持相同观点："侦查机关必须收集有利于犯罪嫌疑人的证据，但是侦查机关对犯罪嫌疑人有利证据的收集，往往不够充分。因此，犯罪嫌疑人、辩护人必须自己积极收集、保全有利于犯罪嫌疑人的证据。"④

大陆法系国家和我国辩方在侦查阶段调查取证权难以确立的原因，还基于这些国家的公民和立法者对公职人员能够正确行使权力给予高度信任。达马斯卡认为社会主义国家"虽然也必须设计一些制度来防范可能的权力滥用，但是对公务人员的基本信任被认为是合理的，因此在设计诉讼制度时滥用权力的可能性不是一个首要的问题"。⑤ "我国仍然是一个国家主义传统深厚的国家，在国民对待国家权力的态度上，信任而非怀疑才是国家和个人关系的基点……

① 林钰雄：《刑事诉讼法》（上册），中国人民大学出版社 2005 年版，第 158 页。

② ［德］托马斯·魏根特著，岳礼玲、温小洁译：《德国刑事诉讼程序》，中国政法大学出版社 2004 年版，第 152 页。

③ ［英］麦高伟、杰弗里·威尔逊主编，姚永吉等译：《英国刑事司法程序》，法律出版社 2003 年版，第 198 页。

④ ［日］田口守一著，刘迪、张凌等译：《刑事诉讼法》，法律出版社 2000 年版，第 96 页。

⑤ ［美］米尔吉安·R. 达马斯卡著，吴宏耀等译：《比较法视野中的证据制度》，中国人民公安大学出版社 2006 年版，第 161 页。

犯罪嫌疑人个人的权利要求已经内化为国家权力运行的逻辑必然。"① 在我国刑事诉讼中,侦控机关尽管也被赋予了"客观义务",但它毕竟是刑事追诉机关,肩负着追诉犯罪、维护公共秩序的重任,这种诉讼职能和潜在的追诉心理乃至现实利益的考量决定了我国的侦查机关更加注意收集有罪、罪重的证据而忽视无罪和罪轻证据的发现和收集,从而很难在取证过程中保持客观中立。事实证明,我们不能对侦查机关能够自觉履行"客观义务"期望过高,指望他们能够对有罪和无罪证据、罪重和罪轻证据一律注意是一种不切实际的幻想。从全面查明案件事实的需要考虑,侦查机关的侦查取证也代替不了辩方的调查取证。由于"辩方和控方所代表利益的不同,在调查取证时的立场和角度也不同,因此这两方面的调查可以相互补充,防止片面收集证据,保证结论的可靠性"。②

三、侦查阶段辩护方取证权确立的可行性分析

(一) 赋予辩方取证权不会损害侦查犯罪的效能

有人担心侦查阶段赋予辩方取证权会妨碍侦查活动的顺利进行,不利于侦查活动的有效开展,因此,反对在侦查阶段赋予辩方取证权。应当说持这种观点的人不在少数,除了侦查机关的人员外,还包括立法部门甚至诉讼法学界的一些人士。笔者认为,这种观点值得商榷。第一,侦查机关在整个侦查活动中始终处于绝对优势,占据支配性地位。从时间上看,侦查机关调查取证活动包括采取强制性调查措施往往在先,调查取证具有主动性,而犯罪嫌疑人及其律师调查取证通常在后,其取证具有被动性,有些取证行为甚至只能依附于侦查机关才能得以实现;从调查取证手段上看,侦查机关的侦查取证活动主要依靠具有强制性的国家公权力来保障实施,而辩方调查取证除了申请利用国家公权力的帮助强制获得某些证据材料外,其自行调查取证都不具有强制性,通常需取得被调查对象的同意或配合方可实现。这种弱小权利难以与强大的国家侦查权力相抗衡的。第二,侦查机关拥有广泛的调查取证手段,可以运用各项公开的和秘密的侦查措施对各种证据材料进行收集、提取,而辩方的调查取证手段则比较单一,调查取证范围也相对有限,其对被调查对象个人权利的影响与侦查机关的侦查行为相比要小得多。第三,侦查机关的侦查取证活动具有全面性,它可以收集有罪和无罪、罪重和罪轻的一切证据,而辩方的调查取证活动

---

① 万毅:《侦查程序模式与律师权利配置》,载《学术研究》2005 年第 6 期。

② 刘善春、毕玉谦、郑旭:《诉讼证据规则研究》,中国法制出版社 2000 年版,第 79 页。

仅具有补充性和片面性。所谓补充性就是针对侦查机关忽视和遗漏的证据材料进行调查取证；所谓片面性是指辩方无须对全案的证据材料进行取证，而只是围绕能够证明嫌疑人无罪、罪轻的有利证据进行收集。这种调查取证活动具有拾遗补阙的功能，不会对侦查活动造成大的冲击。第四，在总体上承认辩方调查取证权的前提下，可以通过对辩方调查取证权的合理配置，从程序上进行必要的规制。因而，辩方调查取证权只要配置合理就不会对追诉犯罪造成过分影响。第五，针对赋予辩方调查取证权后可能会发生毁灭、伪造证据、串供等妨害诉讼顺利进行的情况，我们也不必过分担心。这种情况虽然在现实中存在，但毕竟是少数，其发生也不是由确立辩方调查取证权所带来的。况且，我国《刑事诉讼法》第38条和《刑法》第306条已经从程序上和实体上进行了严格规制，已为辩方的调查取证设置了"高压线"，可以预防和减少律师在调查取证活动中的违法违规行为。我国的一些学者也认为，律师在侦查阶段的调查取证只是起到拾遗补阙的作用，不仅对侦查活动的冲击没有想象得那么大，不会妨碍侦查活动，反而有利于侦查机关全面收集证据，查明案件真相。① 随着我国律师制度逐步走向成熟，律师队伍整体素质的明显提高，行业自律意识的不断增强，也为辩方调查取证权的确立创造了良好条件。

（二）我国法律对辩方在侦查阶段的取证并未予以禁止

对于侦查阶段辩方的调查取证问题，我国刑事诉讼法虽然没有给予明确规定，但是现行法对此也未予以明确禁止。"在法治之下，公民受法律的平等保护，并享有为任何不为法律所禁止的行为自由，即法律下的自由（freedom under law）。"② 西方法谚云："法不禁止皆自由"，"法律沉默则一切自由"。既然法律并未禁止辩方在侦查阶段实施调查取证行为，那么可以认为辩方即有调查取证的自由，可以根据案情需要实施调查取证行为，也可以申请侦查机关帮助调查取证。"刑事诉讼法律属于公法范畴，依据公法法定主义原理，公法未授权给国家机关的，则国家机关无此权力；公法未限制公民的，则公民有此权利。"③

在刑事诉讼领域中，辩护权乃被追诉人最核心、最基本的权利，当属被追诉人的基本人权。犯罪嫌疑人自遭受刑事指控便享有辩护的权利，这种权利不

① 赵琳琳、李微：《律师调查取证权应有法律保障》，载 http：//news. sina. com. cn/o/2006－07－21/09009526619s. shtml，2009 年 1 月 6 日访问。

② 夏勇：《人权概念起源》，中国社会科学出版社 2007 年版，第 148 页。

③ 张章盛：《刑事诉讼中被告人自行取证的合法性问题》，载《辽宁公安司法管理干部学院学报》2007 年第 3 期。

受诉讼阶段的限制，贯穿于刑事诉讼的全过程。根据前述国际公约的内容和人权事务委员会的解释，辩护权本身就包含了调查取证权的内容。既然我国法律承认被追诉人享有辩护权，那么就没有理由否认为辩护进行准备的调查取证行为的合法性，调查取证权应当是辩护权的题中应有之义，构成了辩护权的重要组成部分。因此，从被追诉人享有辩护权的角度进行分析，我们也可以得出辩方可以实施调查取证行为的结论。

此外，从权利哲学的视角分析，尽管权利通常以法律的形式表现出来，但是"人应该而且可以享有不依赖实在法而存在并高于法定权利的权利。……人权是一种道德权利（moral rights），它并不必然是法定权利（legal rights）。也就是说，人权是不依赖国家的法律而存在的。具有道德性和普遍性的人权必然会与不道德的、充斥偏见和不平的现实制度不相容，从而成为批判和反抗现实制度的凭借和利器"。① 我们虽不能说调查取证权是犯罪嫌疑人的基本人权，但它作为辩护权的基础和内在构成要素，同样具有基本人权的属性，是一种高于实在法的道德权利。尽管目前尚缺乏法律的明文规定，但它在法理上和人们普遍的道德观念中已经存在并被认可，这为下一步将其上升为法定权利奠定了坚实的理论基础，具有了法理上的可行性和道德上的正当性。

（三）司法实务部门对辩方在侦查阶段所取证据材料的证据能力予以有限认可

在侦查阶段中，嫌疑人自行取证或在被羁押的情况下由其委托的律师帮助调查取证的现象在实践中也较为普遍。基于诉讼利益的考虑，律师往往会针对侦查机关疏忽的某一关键性证据进行提取收集或者提出某些有价值的证据线索申请侦查机关帮助代为收集。在现实生活中这种调查取证的情形比较广泛，主要涉及如下方面：一是提出有关嫌疑人刑事责任年龄方面的证据材料；二是提出患有精神疾病或精神障碍的证据材料；三是提供强奸案件中被害人系出于自愿的证据材料；四是提出贪污贿赂案件中的款项没有据为己有、"为公支出"的证据材料；五是提供没有作案时间、不在犯罪现场的证明材料；六是提供一些主观上"不明知"或"不具有非法占有目的"的证据材料；七是提出具有投案自首情节的证据材料；等等。律师调查取证的客体主要是书证和证人证言。对证人证言的取证方式有两种：一种是让证人就其了解的情况亲笔书写证词；另一种是由调查取证主体边询问边记录、在询问结束后由证人在笔录上签名确认。律师通常会将自行收集到的证据材料提供给侦查机关或者检察机关，有的等案件进入审判程序后直接向法庭举证。对于律师提交的证据材料涉及罪

---

① 夏勇：《人权概念起源》，中国社会科学出版社2007年版，第216页。

与非罪的问题，侦控机关一般都比较重视，通常并不直接采信，而是进行必要的调查核实，经调查复核，如果认为该证据材料确实具有相关性和客观性，侦控机关在案件处理中一般会予以考虑，有的甚至直接影响到案件的处理结果；如果律师向法庭提交，在经过庭审质证、查证属实后法庭也会将其作为实质证据。在对待律师调查取证问题上，我国的司法实务部门表现出较强的务实精神、宽容态度和实践理性，辩方调查取证的实践已经走在了理论和立法的前面，这迫切要求法律作出及时的调整，以回应实践之需要，实现从实践理性到制度理性的飞跃。

（四）域外经验为我国侦查阶段辩方取证权的确立提供了参照

在赋予辩方取证权方面，最具有可比性和参照意义的莫过于意大利。意大利作为传统的大陆法系国家，与我国一样长期以来实行的是职权主义审问制的诉讼模式。然而，在20世纪意大利曾进行过两次大规模的刑事诉讼制度改革。一次是法西斯统治时期1930年的改革，这次改革引入了对抗制的某些因素，大致形成了审判阶段的对抗制，而审前阶段仍保持纠问制的混合形态。虽然在庭审阶段强调平等对抗，但由于审前程序实行的仍然是纠问制，这就决定了立法者试图建立"混合制"诉讼制度的努力很难实现。庭审演变为对审前调查结果的进一步确认，程序进行的书面化特征仍十分明显。随着意大利新宪法的制定和现代诉讼理念的确立，意大利在1988年对1930年的刑事诉讼法典进行了重大改革，其中最引人注目的是吸收了部分对抗制因素，运用大陆法系的法典化技术移植了英美法系的对抗制结构，形成了独具特色的"混合制"诉讼模式。我国1996年《刑事诉讼法》的修改也是部分吸收了对抗制的因素，逐渐向当事人进行主义靠拢，与1988年意大利《刑事诉讼法》的修改具有某种程度的相似性。意大利1988年《刑事诉讼法》修改的核心就是证据形成遵循抗辩原则，改革的主要内容之一是在初期侦查阶段增设了"附带证明程序"，这其实是一个根据公诉人和被调查人的申请，由法官实施的证据保全程序，被调查人可以通过该程序在侦查阶段保全那些日后难以获得的有利于自己的证据。尽管新法的施行在20世纪90年代遭到了保守的意大利宪法法院的抵制，但刑事诉讼制度的改革仍在继续向前推进。

虽然1988年的意大利《刑事诉讼法》已经规定了"附带证明程序"，但立法者仍认为这与控辩平等对抗的庭审方式不相适应。于是，在2000年12月立法机关又通过修改法律增加了辩方调查权的规定，这些规定大大强化了被追诉人一方调查取证的权利。根据这些新规定，在诉讼的任何阶段和审级中，辩方都有权进行证据调查活动，并且可以设立"辩护方卷宗"，将调查收集到的证据归入其中。意大利辩方在侦查阶段乃至诉讼的其他阶段都享有独立且强大的调查取证权。

与我国目前的实际情况一样，"意大利长期以来审前程序调查证据的权力都是垄断在追诉机关手中。从实践中的情况看，意大利辩护人很少开展广泛的审前调查活动。主要原因在于辩护人开展这种调查活动时都比较谨慎，担心调查行为牵连到犯罪与违法行为，在意大利更没有专门的私人侦探职业，而且法官也不太乐于相信辩方调取的证据。最后，对被追诉人来讲，私人调查的费用较高，普通人难以负担"。① 即便是在这样的情况下，为了维系和保障对抗制审判方式的有效运行，意大利立法者毅然确立了辩方在审前程序中的自行取证权，从而打破了侦控方在证据取得和形成上的垄断，增强了辩方的防御能力。意大利长期以来存在的上述问题并没有因此成为其赋予被追诉人取证权的羁绊。这对刑事诉讼制度面临相似问题、亟待进一步改革的我国同样具有示范意义和重要的参考价值。意大利通过制度变革增加辩方取证权的举措为我们论证被追诉人取证权的可行性提供了一个成功范例。

（五）辩方取证权的确立不会导致侦查机关放松对无罪、罪轻证据的收集

有学者担心，一旦确立辩方取证权，可能会导致侦查机关放松对无罪或罪轻证据的收集，反而更不利于被追诉人权利的保护。对此，笔者认为：确立被追诉人取证权不仅不会导致侦控机关放松对无罪、罪轻证据的收集，反而会促使其更加注重对此类证据材料的发现和收集。理由如下：一是我国法律规定了侦查机关有全面收集证据的义务，即"客观公正"义务，尽管侦查人员天然的追诉犯罪倾向决定其更加重视对有罪证据的收集，但这并不说明其对无罪和罪轻证据可以置若罔闻，毕竟作为一项法定的职责对侦控人员还是具有一定的约束力，并不因被追诉人具有了取证权而怠于履行职责。二是追求"实体真实"的诉讼目的和由此形成的法律思维习惯，也决定了侦查机关为查明案件事实真相有必要全面收集证据，如果忽视了对无罪、罪轻证据的收集，也就不可能获得对案件事实的全面认识。三是在赋予被追诉人取证权的情况下，被追诉人取证的动机和参与诉讼的积极性会大大提高，通过取证活动获得的证据材料或者发现的证据线索一旦告知（通知或申请取证）侦查机关，在客观上能够提示侦查人员注意收集被忽视的有利于被追诉人的证据材料，并可以刺激他们对这些资料进行复核和进一步的取证，从而使侦控机关对无罪、罪轻证据的收集更具有针对性、更加客观全面，并不会像想象的那样导致他们放松对无罪、罪轻证据的收集。四是即便是在实行当事人主义的英美国家，尽管对于有

---

① 陈卫东、刘计划、程雷：《变革中创新的意大利刑事司法制度》，载《人民检察》2004 年第 12 期。

利于被追诉人的证据，英美警察在法律上没有义务予以收集。但是出于核实有罪证据、打击犯罪的考虑，侦查机关也不可能不收集无罪证据。① 因此，我国侦控机关基于复核证据、全面侦查案情的需要，也不会放松对无罪和罪轻证据的收集。五是我国侦查机关内部实行的错案责任追究制度、目标考核制度以及错误拘留逮捕的国家赔偿制度等，都构成了对侦查人员依法正确履行职责的有效约束机制，纪律处分乃至法律责任方面的不利后果在一定程度上能够促使其尽可能全面地收集证据。

（六） 辩方在侦查阶段独立开展调查取证的诸多条件已基本具备

确立辩方在侦查阶段的取证权不单是一项权利配置问题，更需要相关制度和配套措施的支持才具有权利运行的现实基础。这些相关制度和配套措施主要包括律师制度、私人调查制度和鉴定人制度等。

首先，我国 2007 年 10 月修订并于 2008 年 6 月 1 日起施行的《律师法》完善了律师在执业过程中的调查取证权，该法第 35 条规定："受委托的律师根据案情的需要，可以申请人民检察院、人民法院收集、调取证据或者申请人民法院通知证人出庭作证。律师自行调查取证的，凭律师执业证书和律师事务所证明，可以向有关单位或者个人调查与承办法律事务有关的情况。"虽然学界对该规定是否赋予律师在侦查阶段以调查取证权尚存争议，但从对法律文本的字面解释看，律师进行调查取证并未被排除在侦查阶段之外，这为律师开展独立的调查取证活动提供了制度上和法律上的依据。

其次，尽管我国目前尚不承认私人侦探机构的合法性，但近年来私人侦探业在我国得到迅猛发展。"据不完全统计，截至 2003 年 10 月，我国已有调查类组织或机构近 2.3 万家，其中合法注册的调查公司超过 2000 家，从业人员超过 20 万人。"② 这说明私人侦探业在我国有着巨大的市场需求。"私人侦探有无存在的必要，关键取决于社会需求，并考虑各方面法益的平衡。"③ 刑事调查取证本身是一种专业性很强的活动，并不是律师的专长。因为在进行刑事取证过程中，往往会使用一些专业性的调查手段，如对被调查人进行跟踪、使用窃听以及偷拍等取证手段等。因此，如果完全寄希望于赋予辩方更大的取证权来改变辩护难的现状，对律师而言似乎是难以胜任的。④ 因此，私人调查机

---

① 彭勃：《日本刑事诉讼法通论》，中国政法大学出版社 2002 年版，第 136 页。

② 吕继东：《"私人侦探"的法律思考》，载《公安研究》2004 年第 10 期。

③ 徐昕：《论私力救济》，中国政法大学出版社 2005 年版，第 280 页。

④ 张泽涛：《私人侦探在刑事诉讼中的运用及其规范》，载《法学家》2007 年第 6 期。

构大量存在的现实也为律师雇请私人调查员开展专业性的调查取证服务提供了可能。

最后，我国鉴定体制的改革使鉴定机构的社会化、中立性增强，鉴定机构和鉴定人员不再隶属于司法机关，"官方"色彩逐渐淡化，民间性和独立性得到强化，多数鉴定机构改制为面向社会提供鉴定服务的民间专业团体，这为接受被追诉人一方委托提供独立、专业的鉴定服务提供了机制上和组织上的保障。尽管我国法律目前尚不允许被追诉人一方自行委托鉴定和启动鉴定程序，但是，随着诉讼民主化、现代化的发展，通过诉讼制度和鉴定制度的进一步改革，打破职权机关对鉴定权垄断的局面，赋予被追诉人一定的鉴定启动权，使之能够取得技术性、科学性证据将是大势所趋。

论程序性作证

——侦查人员作证的新解释

曾新华[*]

【内容摘要】

在刑事诉讼法确立的实体性作证制度下，侦查人员并无就侦查过程中的程序性问题出庭作证的资格与义务。因此，要解决侦查人员的出庭作证问题，应首先提出新的作证形态。作为与实体性作证相对应的作证制度，程序性作证为侦查人员出庭作证提供了理论支持和阐释。程序性作证是指侦查人员就自己在侦查过程中所知道的程序性问题即程序性事实进行作证。程序性作证概念的提出彰显刑事诉讼程序法学的理论内涵。侦查人员的程序性作证不仅可以使被告人的辩护权和质证权得到切实有效的行使，而且亦有助于遏制侦查人员的程序性违法行为。

【关键词】侦查人员　程序性作证　实体性作证

一、问题与方法

证人作证制度是证据法中的重要内容，不仅攸关案件事实真相的查明，亦是被告人对质询问权和辩护权等宪法性权利的制度性保障。近年来，司法实践中不断涌现警察出庭作证的案件，引起了法学界的广泛关注和讨论。

从目前现有的研究成果来看，主要详细介绍了世界主要法治发达国家的警察出庭作证制度，然后又论证了我国引进该种制度的实体价值、程序价值、必要性和可能性，最后提出了自己的立法建议和构想。

然而，笔者认为，首先在称谓上就存在问题，即称为"警察出庭作证"并不确切。因为侦查人员与警察在外延上存在重大区别。一是许多警察显然不

---

* 中国政法大学诉讼法学专业 2007 级博士研究生。

属于侦查人员范畴。没有刑事侦查职权的警察与普通证人出庭作证并没有本质区别，他们都是就自己知道的案件情况出庭作证，在学术上探讨和研究这些警察是否应当出庭作证没有实际意义。二是在我国，除了警察可以是侦查人员外，检察人员对于某些特定的刑事案件也可以行使侦查权，亦属于侦查人员的范围。因此，笔者认为，用"侦查人员出庭作证"更为合理、更为科学。

其次，仅仅用外国刑事诉讼立法和实践中要求侦查人员出庭作证来论证我国侦查人员也应出庭作证显然难以服人。在外国特别是英美法系国家，侦查人员出庭作证是家常便饭的事情、是一种通例，但正如有学者所言，"通例无法自然成为一个参照的标准或者追求的对象，只有当通例在人们心目中与某种公认的可欲目标建立起一种自然联系之际，通例才获得一种说服力，才可能成为一个参照系，才会被认为是值得追求的"。① 而且，以往的研究也没有为侦查人员作证提供一种理论上的阐释。他们为什么要出庭作证？他们要证明的对象又是什么？他们与一般证人出庭作证又有什么本质不同？等等。

我国《刑事诉讼法》第48条第1款规定："凡是知道案件情况的人，都有作证的义务。"据此，若侦查人员在犯罪现场目睹了犯罪事实的发生，或者当场抓获犯罪嫌疑人，该侦查人员有资格就目睹的情况出庭作证。但是，侦查人员并无就是否存在刑讯逼供等非法取证行为出庭作证的资格与义务，因为这并不属于案件情况的范畴，而是有关侦查过程的情况。美国经济学家弗里德曼在其经典论文《实证经济学方法论》中提出了"假设条件不相关"的命题，其含义是：理论的作用在于解释现象和预测现象。对于理论的取舍应以理论的推论是否和现象一致，即理论是否能解释和预测现象为依据，而不能以理论的假设是否正确为依据。② 我国香港经济学家张五常先生在其名著《经济解释》中指出，"'经济解释'说以经济学的角度，用上科学的方法，来解释现象或人的行为。在科学的范畴内，问题来来去去只有一条：为什么？'怎么办'是工程学的问题，而'好不好'则是伦理上的问题了。科学不问'怎么办'，也不问'好不好'"。③ 北京大学经济学教授、世界银行首席经济学家林毅夫先生指出，"社会科学的理论在本质上一个用来解释社会现象的逻辑体系"，"当发现理论推论与经济现象不一致时，不要死抱理论，成为现有理论的俘虏，也不要在巨人的面前感到自己的渺小，其实，这正是对理论发展作出贡献的绝好

① 苏力：《送法下乡——中国基层司法制度研究》，中国政法大学出版社2000年版，第91页。

② 转引自林毅夫：《论经济学方法》，北京大学出版社2005年版，第116页。

③ 张五常：《经济解释》，商务印书馆2000年版，第9页。

机会"。① 有学者则将科学研究的方法概括为"发现问题、解释问题、提出假设、论证假设、进行证伪，以及将假设一般化等基本过程要素"。② 因而，理论的基本功能在于解释，当现有理论无法解释现有现象时，必须提出新的理论命题或者假设。在现有的实体性作证理论无法为侦查人员就是否存在刑讯逼供等非法取证行为而出庭作证进行解释时，必须提出新的概念。本文试提炼出一个核心命题——程序性作证。区别于实体性作证的新的作证形态，程序性作证可以解释侦查人员就程序性问题出庭作证的现象。

二、程序性作证的实证分析

什么是程序性作证？程序性作证与实体性作证究竟有什么区别？程序性作证的主体是何种诉讼主体？程序性作证的对象是何种事实？程序性作证与翻供又有什么关系？……

要回答上述问题，首先需要考察程序性作证的实际状况，探究其中隐含的问题，而不能仅仅作一般的比较研究或者理论辨析。考虑到在程序性作证的研究方面，目前很难开展实证调查。因此，笔者选取若干侦查人员出庭作证的案件以及一些地方性政法部门出台的规范性文件，以便分析我国程序性作证的基本情况。

（一）对两个案例的分析

案例 1：据 2006 年 6 月 27 日《竞报》报道：在昨天的国际禁毒日，北京市第一中院公开审理了一起个体贩毒典型案件，毒贩吕某某被依法判处死刑。庭审期间，公诉人申请出示吕某某等人在警察局的笔录，同时，公诉人还宣读了吕某某女友侯某、吕某某妻子王某、涉嫌购买毒品的周某和徐某的证词，证明吕某某贩毒的事实。对此，吕某某当庭翻供，表示"我没有卖过毒品，上述笔录是在强迫的情况下作出的。他们用棍子打我、用脚蹬我，现在还有伤"。在公诉人申请下，法庭传唤出两名神秘证人，他们是抓获吕某某的北京市公安局丰台分局缉毒刑警陈某某和程某某。因为证人身份的特殊性，法庭让两名警察隐形作证——用两面长两米、宽 1 米的磨砂玻璃屏风挡住证人容貌，同时隐去证人姓名。吕某某闻听民警证言后很激动，"我听他的口音就是当时在小屋中打我的人，我能断定是他打我，他长得大体什么样我都能说出！"随后，该分局刑警队民警程某某出庭作证说，"当时接到线人举报，绰号'无敌'的毒贩长期在京贩毒，特征与吕某某相似，于是通过蹲守，在门头沟将

---

① 林毅夫：《经济学方法》，北京大学出版社 2005 年版，第 89 页、第 107 页。

② 陈瑞华：《程序性制裁理论》，中国法制出版社 2005 年版，第 9～12 页。

其抓获，缴获粉末、药片等，后经检验为毒品。在抓捕时，吕想逃跑，因此我从背后将其扑倒，吕某某嘴角的伤口也是那时留下的，警方并不存在刑讯逼供"。对此，吕某某的律师认为，吕某某没有在贩卖毒品时被抓获，不能证明是否存在毒品交易，公诉人也没有举出其他证据证明。而警察作为侦查人员，不能作为证人。对于辩护人的辩护意见，法庭认为，对于被告人的辩护人在庭审时提出的，侦查人员不能成为案件证人的质证意见，经查，我国《刑事诉讼法》规定，凡是知道案件情况的人，都有作证的义务。侦查人员如果以前担任过本案证人，就不能参与本案的侦查，并未规定侦查人员不能担任案件证人。①

　　这是一起典型的侦查人员出庭作证案例。从这个案件中，我们可以发现我国侦查人员出庭作证的基本情况。首先，侦查人员出庭作证通常是在被告人当庭翻供或者是被告人提出侦查人员对其刑讯逼供的情况下进行的，证明被告人庭前曾作过有罪供述以及没有对被告人进行刑讯逼供是侦查人员出庭的全部目的。其次，申请侦查人员出庭作证的机关是检察机关。再次，侦查人员出庭作证并不是为了解决控方证据的证据能力问题，而是提高控方证据的证明力。复次，辩护人对侦查人员的证人资格提出质疑，认为侦查人员属于《刑事诉讼法》规定的专门机关的成员，不能作为诉讼参与人之一的证人。最后，法院确认了侦查人员的证人资格，理由是《刑事诉讼法》第48条的规定，即凡是知道案件情况的人都有作证的义务。

　　案例2：2002年4月17日，北京市丰台区人民法院刑事审判庭上。法庭当时在审理一起交通肇事和买卖国家机关证件案。身为北京市公安交通管理局丰台支队的交通警察，朱某某和该支队事故科科长王某某分别以案件的侦查人员身份出庭作证。事情还得从2001年12月9日的一起车祸说起。当日，山东省单县农民韩某某无证驾驶一辆小货车途经北京市丰台大桥西侧路口时，将行人王某撞倒逃逸。因抢救不及时，王于当晚在医院身亡。丰台交通支队在对此案进行侦查的过程中找到并扣押了肇事车辆，但一直没有抓获韩。2002年1月29日中午，韩某某来到丰台交通支队，当韩向办案人员出示伪造的身份证和驾驶证，想以他人的名义领走肇事车辆时，被民警当场识破并扣留。直到晚上，韩某某才承认自己的真实身份以及肇事过程和买卖假证件的事实。

　　2002年4月17日，丰台区法院如期开庭审理本案。案件吸引了包括最高

　　① 参见朱燕、赵小军："央视首次直播贩毒案审判　神秘警察隐形作证"，载 http://news.eastday.com/eastday/node81741/node81762/node144154/userobject1ai2135679.html, 2008年8月8日访问。

人民检察院有关厅室的负责人和数位知名法学家在内的上百人到庭旁听。当控辩双方就死者是否就是韩某某开车撞伤的人进行质证时，警察王某某和朱某某先后出现在法庭上。两位警察就案件的发现和侦破过程详细作证。严密的逻辑、排他性的表述，连旁听者都清楚地知道了韩就是作案者。谈到韩使用假证的过程，朱某某和王某某用事实说话，证明了韩出示假证、企图蒙骗警察以及后来承认的详细经过。"毫无疑问，你当天使用了假的驾驶证和身份证！"本案的审判长告诉记者：侦查人员的出庭，不仅使得案件证据更加充分，事实更加清楚，合议庭组成人员对此一目了然，也有利于旁听人员详细了解案件情况，让审判更有说服力。①

这是被誉为新中国侦查人员第一次出庭作证的案例。但是在笔者看来，该案中侦查人员出庭作证并不是本文所说的程序性作证，而是我国现行《刑事诉讼法》规定的实体性作证，只不过其身份是侦查人员或者是警察而已。因为，在庭审中，辩护人只是针对案件事实提出质疑，认为公诉人无法证明死者就是韩某某交通肇事的受害人以及韩某某并没有在丰台交通支队使用假证件，而没有对侦查过程是否合法、被告人口供是否自愿等问题提出疑问。侦查人员也只是对上述两个事实进行了作证。

（二）两个地方规范性文件的规定

为了规范侦查人员出庭作证，一些地方政法部门进行了有益的探索，出台了专门的规范性文件或者在相关的文件中作出专门的规定。

一个是福建省厦门市湖里区公、检、法三家联合推出《关于侦查人员出庭作证的若干实施意见》，该意见自2007年10月起正式实施。该意见要求侦查人员出庭时，就其在履行职务过程中所了解的案件情况向法庭作出说明并接受法庭质证，作证事项可以是程序性事实，也可以是实体性事实。具体包括以下几项：（1）侦查人员尤其是最初赶至案发现场的侦查人员，可以就其亲眼所见的犯罪过程、现场情形等真实情况向法庭予以说明；（2）侦查人员就其接受报案、如何破案、如何抓捕、如何盘问、接受投案等问题向法庭予以说明，证实被告人是否存在自首、立功、未遂等量刑情节；（3）侦查人员可以就其参与的勘验、检查、搜查、扣押、辨认等活动的证据提取过程、保全过程、辨认过程向法庭作出说明，证实该侦查是否合法、提取物是否原物等；（4）通过秘密侦查、诱惑侦查等特殊手段获取的证据；（5）被告人及其辩护

---

① 《北京司法改革又出新举措，刑侦人员首次出庭作证》，载 http://www. south-cn. com/news/china/zgkx/200205050172. htm，2008年8月8日访问。

人对证据取得及侦查行为的合法性提出异议且有一定依据的……①

　　另一个是江西省高级人民法院和省人民检察院及公安厅联合制定的《关于规范故意杀人死刑案件证据工作的意见（试行）》，这是中国首个故意杀人死刑案证据规范。该《意见》第38条规定，具有下列情形之一的，人民法院应当通过与侦查人员沟通、座谈，由侦查机关及侦查人员出具相关证明、说明书面材料等方式，对相关证据进行调查核实，必要时通知负责抓获犯罪嫌疑人的侦查人员、负责检查、搜查、勘验、扣押的侦查人员、负责询问、讯问的侦查人员出庭作证：（1）控、辩双方或一方对侦查人员制作的抓获经过说明材料有重大疑问的；（2）控、辩双方或一方对侦查人员制作的检查、勘验笔录、搜查、提取、扣押笔录有重大疑问，导致某一物证、书证来源不明，且该证据对定罪量刑有重大影响的；（3）被告人及其辩护人、证人提出侦查人员存在刑讯逼供、暴力取证并提供了刑讯逼供、暴力取证的人员、时间、地点的，人民法院经审查不能排除刑讯逼供、暴力取证可能的。②

三、对程序性作证的认识

　　一般说来，程序性作证是与实体性作证相对应而存在的概念。所谓"实体性作证"，是指证人就自己知道的案件事实即实体性事实进行作证的制度。这是我国现行《刑事诉讼法》第48条确立的作证制度。实体性作证主体是所有知道案件情况的人，不仅包括知道案件情况的普通公民，也包括知道案件情况的国家机关工作人员；不仅包括无侦查职权却知道案件情况的警察，而且也包括目睹案件过程的侦查人员。当然，根据《刑事诉讼法》的规定，生理上有缺陷或年幼，不能辨别是非、不能正确表达的人以及诉讼当事人不能成为实体性作证的主体。实体性作证的对象是实体性事实即案件事实。实体性事实不仅包括犯罪构成要件事实，而且包括各种有关量刑情节的事实。一般说来，实体性作证主体应是在刑事案件发生之后诉讼活动开始前就已经知道案件事实情况的人。但有学者认为，案件情况是一个动态概念，它可以随着刑事诉讼的不断发展而产生一些变化，而这些变化只能发生在诉讼活动开启之后。典型的是

---

①　参见郭宏鹏、江俊涛：《厦门公检法联合推出"侦查人员出庭作证制度"》，载 http：//www. legaldaily. com. cn/0705/2008－05/09/content_ 847987. htm，2008 年 8 月 8 日访问。

②　冯莹、姚晨奕：《关于故意杀人死刑案件证据规范的江西版本》，载《人民法院报》2008 年 2 月 3 日。

再生证据所证明的案件情况。①

与实体性作证不同，程序性作证指侦查人员就自己在侦查过程中所知道的程序性问题即程序性事实进行作证。程序性作证主体通常是刑事侦查人员。因为侦查人员更清楚在侦查过程中出现的程序性事实。程序性作证的对象是程序性事实。程序性事实在不同的语境中有不同的含义。如在程序性裁判中，程序性事实包括"权力—权利"式程序性问题、"权利—权利"式程序性问题、司法行政性程序性问题三大类。② 在证明对象中，程序性事实包括回避事实、管辖事实、审判组织组成事实、期限是否可以延长事实，等等。而在程序性作证中，程序性事实仅指侦查过程中的程序性问题。结合外国相关立法以及我国一些地方性规范的相关规定，笔者认为，程序性作证的情形主要包括以下几大类：

1. 受案情况或者抓获情况。在我国的刑事审判实践中，由公安机关出具的"关于某某犯罪嫌疑人投案情况的说明"，"关于审讯情况的证明"，"关于某某报案情况的记录"，"关于某某的抓获经过的说明"等有关受案情况或者抓获情况证明材料被大量地采用。然而，这类证据究竟属于哪一种证据材料呢？从我国刑事证据的立法与理论来看，诸如上述的情况说明材料既不是证人证言，也不是书证，更不是物证。因此，这类证明材料根本不具有证据能力，更谈不上证明力的问题了。而如果允许警察就各种受案情况或者抓获情况出庭作证，那么，上述材料则可以转化为证人证言。而且，还便于法庭查清被告人是否存在自首、立功等量刑情节。

2. 勘验、检查、搜查、扣押、辨认、鉴定等情况。当控、辩双方或一方对侦查人员制作的检查、勘验笔录、搜查、提取、扣押笔录有重大疑问，导致某一物证、书证来源不明时，应当通知制作这类笔录的侦查人员出庭作证。

3. 讯问、询问的情况。当被告人及其辩护人、证人提出侦查人员存在刑讯逼供、暴力取证等非法取证行为时，应当通知有关侦查人员出庭作证。在我国司法实践中，侦查机关通过刑讯逼供等非法手段取得口供的行为屡见不鲜，而在法庭审理过程中，被告人及其辩护人也越来越多地辩称其口供系侦查人员通过刑讯逼供、威胁、欺骗、引诱等非法手段所获得的。但是，由于我国刑事诉讼法并没有对被告人翻供之后的程序进行规定，因而在司法实践中做法不太统一。法官通常的做法有：对被告人的翻供不理不睬，但在判决时却以口供作

① 王超：《刑事证人的反思与重构》，载《北京科技大学学报（哲学科学版）》2002年第3期。

② 赵永红：《刑事程序性裁判研究》，中国人民公安大学出版社2005年版，第19页。

为判决的依据；或者粗暴地斥责被告人无理狡辩、认罪态度不好，驳回被告人的翻供；或者是暂时中止审理，并要求公诉人就刑讯逼供等非法取证行为给予说明，但是在恢复庭审之后，一般会采信公诉人提交的由公安机关签名、盖章用于证明侦查人员不存在刑讯逼供等非法取证行为的"情况说明"；或者对被告人进行从轻处理，如对罪该判处死刑立即执行的判死缓等。而对于公诉人，通常会以侦查阶段形成的口供笔录驳斥被告人的翻供；也有直接采取不予理睬的态度；也有以公安机关出具的证明自己没有进行非法取证行为的情况说明作为驳斥的依据；更有直接指责被告人态度不老实，认罪态度不好，建议从重处罚的。显然，不管是法院还是检察院的作为均对被告人不利，也无助于查明侦查人员是否存在刑讯逼供等非法取证行为，更无助于查明被告人供述的自愿性问题。① 因此，笔者认为，当出现被告人翻供时，法院应当传唤侦查人员就其讯问、询问情况出庭作证，否则，该口供不得作为证据使用。一些经验事实亦证明，当被告人翻供时，由负责侦查的人员与被告人进行对质，不仅有效地解决了被告人的翻供问题，而且有助于查清侦查人员在侦查过程是否存在非法取证行为以及被告人陈述的自愿性问题。

如上所述，侦查人员作证的范围极为广泛，几乎所有的侦查行为均涉及作证的问题。然而，考虑到侦查人员承担着繁重的侦破任务，加之我国的警力严重不足的情况，应当对侦查人员出庭作证的情形进行一些限制。笔者认为，在以下几种情形时，可以免除侦查人员作证的义务：（1）检察机关有足够的证据证明侦查人员不存在非法取证行为或者能证明被告人的口供是自愿作出的；（2）控辩双方对侦查行为的合法性或者被告人口供的自愿性问题没有争议的；（3）侦查人员能够提供录音、录像，且有证据证明未作任何剪辑、删除的；等等。

四、程序性作证的理论意义和现实价值

笔者认为，程序性作证概念的提出对于我国作证制度乃至刑事诉讼程序中一些问题的解决具有理论意义和现实价值。具体可从以下几个方面来看：

（一）程序性作证为侦查人员就侦查过程中的程序性问题出庭作证提供了理论支持和阐释

近年来，随着司法实践中不断出现警察出庭作证的案例，警察出庭作证问题似有成为刑事诉讼前沿问题之趋势。从我们掌握的资料来看，学者们的论证思路大都是"合理性"＋"相对性"，即首先引用西方国家法治理论来论述警

---

① 王超：《警察作证制度研究》，中国人民公安大学出版社 2006 年版，第 174 页。

察出庭作证的合理性，然后基于对我国法治状况、司法体制、法治观念等具体国情的考虑，认为我国《刑事诉讼法》应规定警察出庭作证，同时应保持一个"度"。但是，笔者认为，这种建构并没有为我国作证制度作出实质贡献。它与所谓的"辩证统一"命题一样，具有极大的理论随意性。实质上，在我国诉讼法律和诉讼理论框架内，侦查人员根本就没有资格就侦查过程中的程序性问题出庭作证。而其作证资格是建构侦查人员作证制度的前提。因此，必须提出新的作证概念以赋予其作证资格。在程序性作证制度下，侦查人员不仅享有就程序性问题出庭作证的资格，而且还应承担出庭作证义务。

（二）侦查人员的程序性作证有助于被告人充分行使其辩护权和质证权

在现代刑事诉讼程序法中，如何保障犯罪嫌疑人、被告人诉讼权利始终是重大而又艰巨的任务。作为被告人诉讼权利的核心，辩护权和质证权能否得到充分行使是判断被告人诉讼权利与人权是否得到有效保障的标准，也是评判一国刑事诉讼程序是否民主、科学的重要尺度。在刑事审判程序中，被告人辩护权和质证权的行使主要是通过对己方和控方证人交叉询问来实现。而对证人进行交叉询问的前提是证人必须出庭。近年来，作为辩护的一种重要形态——程序性辩护逐渐进入学者们的研究视野。程序性辩护有广义与狭义之分，所谓广义的程序性辩护就是指所有以刑事诉讼程序而依据的辩护活动；而狭义的程序性辩护是指旨在申请法院宣告警察、检察官或下级法院存在程序性违法行为的辩护。[①] 在审判程序中，一旦被告人及其辩护人提出程序性辩护意见，检察院必须通知侦查人员出庭作证。只有通过对侦查人员的交叉询问，才有可能使被告人及其辩护人的程序性辩护意见得到法庭的采纳。因此，程序性作证是程序性辩护得以有效行使的前提和基础。

（三）侦查人员的程序性作证能在一定程度上遏制和制裁侦查人员的程序性违法行为

程序性违法行为是最近学者们提出的又一冠以"程序性"的理论范畴，它是指违反刑事诉讼程序法或者虽然从形式看并没有违反刑事诉讼程序法，但是实质上侵害了犯罪嫌疑人、被告人人身权利或诉讼权利的违法行为。[②] 有违法必有制裁，这是法治社会的基本原则。但是有关的实证研究表明，侦查人员的程序性违法行为几乎得不到制裁。虽然我国建立了国家赔偿、刑事制裁等实体性制裁方式，但是绝大部分的程序性违法行为并不足以提起国家赔偿以及对有关责任人员追究刑事责任。而更为重要的是缺乏对程序性违法行为进行裁判

---

① 陈瑞华：《程序性制裁理论》，中国法制出版社 2005 年版，第 375～377 页。
② 陈瑞华：《程序性制裁理论》，中国法制出版社 2005 年版，第 13 页。

的机制——程序性裁判。在司法实践中，辩护律师也常提出侦查人员行为违法的程序性辩护意见，但是由于侦查人员并不参与法庭审判，法庭一般不进行专门的听证。因此，侦查人员的程序性违法行为不仅未给予应有的惩罚，反而被纵容。程序性作证要求侦查人员就侦查过程中的程序性问题出庭作证，特别是就是否存在程序性违法行为出庭作证。此时，被告人及其辩护律师可以就是否存在程序性违法行为对侦查人员进行询问。在询问后，法庭也可就是否存在程序性违法行为，是否需要进行程序性制裁作出程序性裁判。在程序性违法行为得到制裁的情况下，侦查人员的程序性违法行为也将在一定程度上得到遏制。

（四）程序性作证概念的提出有望提升刑事诉讼程序以及刑事诉讼程序法的价值、维护诉讼程序的尊严

在我国，"重实体轻程序"几乎是全民共同的诉讼观念。只是在最近几年，程序法独立价值和地位才得到了一定程度上的弘扬。刑事诉讼程序法的尊严和地位首先来自于人们对它的遵守，并且一旦违反将遭受不同程度的制裁。程序性作证制度使侦查人员的侦查行为成为证明对象。如果侦查人员无法证明其不存在程序性违法行为，侦查人员将为其程序性违法行为承担实体性制裁和程序性制裁。此时，程序的价值得到了最大限度上的尊重。

结　语

在时下中国，程序和程序法的独立价值和地位，至少在诉讼法学界，已经得到普遍认同。主张程序和实体并重的观点已成为一种主流理念。中央政法文件也多次强调和明确要坚持程序和实体并重。如最高人民法院、最高人民检察院、公安部、司法部 2007 年 3 月发布的《关于进一步严格依法办案确保办理死刑案件质量的意见》第二部分，明确地将"坚持程序公正与实体公正并重，保障犯罪嫌疑人、被告人的合法权利"列为一条重要办案原则；肖扬同志在第十一届全国人大第一次会议上作《最高人民法院 2008 年工作报告》时指出，"提高审判质量，确保公正司法，正确处理客观真实与法律真实、实体公正与程序公正、法律效果与社会效果的关系"。但是，笔者认为，这一理念更多的是停留在理论层面，而没有落实到具体的制度建构中。近年来，许多中青年诉讼法学者不满于现状，陆续提出了许多冠以"程序性"的理论范畴，如程序性违法、程序性制裁、程序性裁判、程序性辩护、程序性上诉、程序性被告、程序性原告、程序性申请等。这些概念不仅解释了诸多原有概念无法解释的问题，而且更重要的是充实和提高了刑事诉讼程序法学的理论内涵。在一般人看来，诉讼程序法不过就是一些简单的程序而已，它并没有多少理论可言。诉讼程序法学简单而又枯燥的形象也广泛地存在于法学者的观念中。随着这些

概念的相继提出，诉讼程序法学的这一形象在一定程度上有望改变。同时，这些概念都被冠以"程序性"，这也表明了程序独立于实体的地位，有"实体性"的概念必然也有"程序性"的概念。或许，可以预见，"程序性"概念的健全与完备之时，必是程序与程序法发达之日。

证人为何不出庭作证

刘志强[*]

【内容摘要】

问卷调查数据显示，在刑事案件中证人出庭率很低，已成为当前刑事审判实践中十分突出的问题，严重影响庭审质量与法律的正义。其原因有法律规范之间的抵牾、实践异化，程序责任与救济的阙如。证人出庭作证是现代诉讼的必然要求，是检验审判公正的试金石。

【关键词】问卷调查数据　证人出庭作证　刑事程序　公正

一、引言：调查缘起与文本旨意

证人作证对诉讼具有重要的价值，无论是为实现实体公正还是为实现程序公正，证人出庭作证是现代诉讼的必然要求。证人不出庭作证是我国当前刑事审判实践中十分突出的问题，已严重影响庭审质量与法律的正义，也成了司法程序中一个最大的弊端。

2006 年至 2008 年度由中国社会科学院法学所、北京市海淀区人民检察院、广州大学人权研究中心与北京京鼎律师事务所四家单位承担"刑事诉讼法修改课题"（简称平台项目）。[①] 按照平台项目的分工，广州大学人权研究中心主要负责针对 6 类人群在全国范围内开展田野问卷调查工作。田野问卷调查先后进行过两次，第一次是从 2006 年 3 月份至 7 月份间；第二次是从 2007年 4 月份至 6 月份间。我们将 10000 份问卷大致按 6 类调查对象：警察、法

---

　　* 广州大学人权研究在中心专职研究人员、副教授，博士，硕士生导师。

　　① 2006 年至 2007 年度由中国社会科学院法学所、北京市海淀区人民检察院、广州大学人权研究中心与北京京鼎律师事务所四家单位承担这个项目的研究。2007 年至 2008 年度由中国社会科学院法学所、北京市海淀区人民检察院、广州大学人权研究中心三家单位及刘炎炎律师承担这个项目的研究。

官、检察官、律师、服刑人员和普通公民。在 3 个不同地区：沿海经济发达地区（广州市、广东省），中部经济一般地区（湖南省、江西省），内地经济欠发达地区（辽宁省、新疆维吾尔自治区）进行问卷调查；① 在 3 个不同层次：省级单位，市级单位，县级单位进行发放问卷调查。此次问卷调查共发放问卷 10000 份，回收有效调查问卷 6347 份，回收率达到了 63.47%。其中广东省 2058 份、湖南省 2028 份、辽宁省 1385 份、新疆维吾尔自治区 876 份；其中，警察卷 1281 份、检察官卷 1074 份、法官卷 1084 份、律师卷 824 份、服刑人员卷 1159 份、普通公民卷 925 份。该课题即将在 2008 年年底完成结项。

    笔者作为这个项目成员始终参与问卷调查，② 现针对广州大学人权研究中心问卷调查数据，就证人出庭作证问题，拟从实证分析角度来考察我国实践中证人为什么不出庭作证的现实情况，以及检索有关证人出庭的法律规范与实践异化和责任阙如等原因。本文不拟提出对策性建议。学术研究的意义并不在于非得给现实问题提供正确与否的答案。

二、问卷调查数据分析

（一）在刑事审判案件中证人出庭的比例

表 1

问 题	选 项	法 官	检察官	律 师
您所接触过的刑事审判案件中证人出庭的比例	受访对象 80% 以下	4.81%	8.61%	8.46%
	受访对象 50% 以下	15.42%	13.15%	20.03%
	受访对象 30% 以下	20.51%	17.21%	15.43%
	受访对象 0 以下	24.75%	17.21%	14.69%
	受访对象 5% 以下	29.99%	34.43%	28.04%
	从未见过证人出庭	4.53%	11.58%	13.35%
	未选		0.16%	

---

①   此次问卷调查主要在全国有一定代表性的 5 个省份开展。调查的地域既包括省会城市广州、长沙、沈阳、南昌、乌鲁木齐和深圳、珠海特区等地；也包括各省下属共 50 多个地级市和近 200 个县区，如广东省的清远、惠州、湛江、韶关等地；湖南省的株洲、湘潭、怀化、邵阳等地；江西省的南昌、吉安、安福、峡江、吉水等地；辽宁省的大连、铁岭、锦州、丹东等地，新疆维吾尔自治区的伊犁、石河子、喀什、建设兵团等地。调查的部门包括各省、市、县的法院、检察院、公安局，各监狱、律师事务所、党政机关、学校和公共场所等。

②   "刑事诉讼法修改平台项目"问卷调查部分子课题的主持人是杨松才教授，参与成员有广州大学人权研究中心刘志强副教授、陈佑武副教授、舒颢讲师、德全英副教授、华南师范大学法学院黄立教授及东北大学牟瑞瑾副教授等人。感谢中国社会科学院法学所王敏远教授、熊秋红教授指导调查问卷的设计和有益的建议。须指出的是文责自负。

表 1 这组数据表明，在刑事审判案件中证人出庭的比例非常低。刑事法官是刑事案件的参与者，80% 大多数的受访法官所接触的证人出庭率达 4.81%，5% 部分受访法官接触证人出庭率是 29.99%，几乎是 30%。有学者估算在刑事审判中被列入证人名单，庭前也曾经接受过调查询问的证人，出庭率不超过 5%。① 这个估算基本符合本次调查的数据情况。就受访检察官来看，有 80% 受访检察官接触的证人出庭率在 8.61%，高出法官数据 3.8 个百分点，5% 受访检察官接触证人出庭率是 34.43%，高出受访法官数据 4.44 个百分点。法官与检察官数据的变化，其主要原因是因为在刑事案件中存在简易程序，检察官不是每件案件都出庭诉讼。就律师受访来看，有 80% 受访的律师接触证人出庭率在 8.46%，5% 受访律师接触证人出庭率 28.04%，与检察官数据相仿，与法官数据相差有 3.65 个百分点，主要原因在于有些案件没有聘请律师所致，或其他法外因素没有出庭诉讼使然。简言之，从问卷调查数据来看，证人出庭率偏低。证人出庭率已是学界和实务界公认的事实，但学界与实务界对此问题的关注程度不同。

（二）关于特殊证人出庭作证情况

表 2

	问　题	法　官	检察官	律　师
选　项	一般刑事警察都出庭作证	8.63%	10.64%	7.72%
	警察一般是以侦查机关书面证明的形式"集体作证"，基本上不需要以个人名义出庭作证	47.38%	58.22%	63.50%
	涉及案件关键事实的，鉴定人必须出庭；其他情况鉴定人可以不出庭	33.24%	30.52%	28.34%
	控辩双方申请的，鉴定人一般都出庭；其他情况鉴定人一般不出庭	41.73%	29.58%	27.60%

关于特殊证人出庭情况，主要体现在刑事警察和鉴定人。虽然我国现行的《刑事诉讼法》没有作出任何特别的规定，但实际上赋予了这两类人员免予作证的权利。针对这个问题，我们的调查设了四个选项，其中选择比例最高的是第二选项，即：警察一般是以侦查机关书面证明的形式"集体作证"，基本上

_____

① 龙宗智：《刑事庭审制度改革》，中国政法大学出版社 2001 年版，第 243 页。

不需要以个人名义出庭作证。从表 2 数据中可以看出，法官、检察官、律师对该项的选择比例分别为：47.38%、58.22%、63.50%。这说明在司法实践中，警察出庭作证的比例是很低的。但在许多国家的司法程序中，警察出庭作证已经是十分普遍的事实。因为警察参与了整个案件的侦查过程，他们实际了解的情况是最多的。虽然他们的工作是履行国家赋予的法定权力，但不可否认的是，警察在办案过程中，并不能保证其完全依法正确履行其职责，有时不可避免地存在非法取证的情况，从而导致无法保证其所提供的证据的真实合法性。因此，为了确保司法的公正性，应该规定警察像普通证人一样，有出庭作证的义务，否则就等于赋予了警察一种特权，这对于平衡控辩双方在诉讼过程中的平等地位极为不利，等于预设了警察所提供的证据具有合法性和真实性，而不需要进行任何质证，这对于被告人明显不公平。

针对鉴定人员的出庭作证，表 2 数据显示有 33.24% 的法官，30.52% 的检察官，28.34% 的律师认为涉及案件关键事实的，鉴定人必须出庭；其他情况鉴定人可以不出庭。其次有 41.73% 的法官，29.58% 的检察官，27.60% 的律师选择了"控辩双方申请的，鉴定人一般都出庭；其他情况鉴定人一般不出庭"。由于我国现行《刑事诉讼法》没有对鉴定人员的出庭作证作出明确规定，从而导致鉴定人员无形中享有了出庭作证的豁免权。但鉴定人员实际上不过是司法程序中的辅助人员，其职责无非是帮助确定证据的真实性而已，他们没有任何理由享有这样的豁免权。相反，他们应当对其鉴定的真实性承担法律责任。如果警察有出庭作证的义务的话，那么，他们就更应该负有这样的义务。因为在现实生活中，鉴定人与当事人串通作假鉴定的现象时有发生，由于立法上的缺陷，其不法行为往往得不到法律的制裁。即使他们的鉴定行为符合法律的规定，也不能保证其鉴定就百分之百的准确，因为鉴定是一项技术性要求比较高的工作，如果工作失误，也可能导致鉴定结果的失真。鉴定人员出庭作证就显得十分必要。

（三）关于证人特免权或者所谓的拒证权问题

表 3

	问 题	警 察	法 官	检察官	律 师
选 项	应当承认特殊行业（如律师、医生）人员在其业务范围内有权拒绝作证	17.20%	16.69%	24.41%	30.56%
	任何人都有作证的义务，不应当承认证人特免权或者所谓的拒证权	43.29%	57.28%	43.51%	41.54%

	问　题	警　察	法　官	检察官	律　师
选　项	作为配偶或者直系亲属之间的证人特免权或者所谓的拒证权应当予以尊重	36.46%	34.37%	33.96%	33.09%
	如果作证将导致陷证人自身入罪，则证人有权拒绝作证	18.90%	22.77%	27.54%	22.85%
	从公共利益考虑，特殊公务人员有权拒绝作证	22.85%	25.04%	22.54%	16.17%

本次调查还涉及了作证豁免权问题，即在特定情况下具有特定身份的人是否能够享有作证豁免权。该问题设定了五个选项，分别为：（1）应当承认特殊行业如律师、医生等有关人员在其业务范围内有权拒绝作证；（2）任何人都有作证的义务，不应当承认证人特免权或者所谓的拒证权；（3）作为配偶或者直系亲属之间的证人特免权或者所谓的拒证权应当予以尊重；（4）如果作证将导致陷证人自身入罪，则证人有权拒绝作证；（5）从公共利益考虑，特殊公务人员有权拒绝作证。其中，选择第二项、第三项的比例最高。从表3数据显示，前者分别为43.29%、57.28%、43.51%、41.54%。后者分别为36.46%、34.37%、33.96%、33.09%。这两个选项在内容上是相互矛盾的，这说明在这个问题上，社会上存在很大的分歧。但是不可否认的是，近亲属的拒证权在许多国家已经在法律上得到了确认。例如德国明确规定了与被告人有近亲属关系的人享有免予作证的特权，日本、法国也有类似的规定。英美法系则规定夫妻间在婚姻存续期间享有相互拒证权。这些规定体现了国家追诉权与家庭亲属权的平衡，注重了追究犯罪与维系亲情的协调，类似于我国古代的"亲亲得相首匿"。这样的规定是有一定道理的，因为如果近亲属之间相互揭发，势必破坏社会最基本的伦理关系，而伦理关系是维持一个社会正常秩序的前提和基础，当基本的伦理关系与法律发生冲突时，法律应当作适当的让步。我国的司法理念中一向主张所谓的"大义灭亲"，实际上是败坏了社会风气，助长了人与人之间的不信任。非近亲属之间由于没有血缘关系，也不生活在一起，他们的作证对社会秩序的影响并不大。但如果家庭成员之间互相证明其犯罪事实，无异于毁坏一个构成社会基本细胞的家庭，其不良影响是十分深远的。我国现行的《刑事诉讼法》根本没有考虑这一问题。

（四）证人不出庭，法院审理中如何举证

表 4

问　　题		服刑人员
		比　　例
选　项	不采用证人证言	11.22%
	由公诉人宣读证人证言	63.38%
	由法官宣读证人证言	25.81%
	播放证人证言录像	12.97%
	其他方式	9.32%

从表 4 调查数据来看，证人不出庭，法院的审理主要就是采取由公诉人或法官宣读证人证言，选择由公诉人宣读证人证言的比例高达 63.38%，其次就是由法官宣读证人证言，占 25.81%。这与目前提倡弱化法官在庭审中的主动性，提高庭审的对抗性趋势完全背道而驰。但是，如果法律赋予证人出庭作证的权利，则证人出于良知或正义感，极有可能主动行使这一权利。这样公、检、法部门就无法阻止证人出庭作证，既可以提高司法判决的公正性，也可以在一定程度上防止侦查和检察机关的非法取证行为。目前司法实践中证人普遍不出庭，使得庭审仅仅是对证人书面证言诉质证，不能形成与证人面对面的交叉质证。一方面，这种书面审理方式违背了直接言词原则，不利于法官查明案件事实形成正确认识；另一方面，由于实践中证人证言绝大部分都是"控方证据"，即不利于辩方的证据，这种书面审理方式直接剥夺了被告人与不利于自己的证人对质的权利，使得辩方难以充分有效地参与到裁判结论的形成过程中，无法对法庭的裁判施加积极有效的影响。这一问题如果不能很好地解决，包括交叉询问规则在内的很多制度设计，都不能够实现。[①] 如果证人不出庭，既无法在法庭上进行交叉询问，也导致辩护制度名存实亡。证人出庭的目的是为了让法官的内心确信产生于庭内，1996 年《刑事诉讼法》对于提起公诉的案件实行主要证据复印件移送后，实践中又采用一种变通的做法，那就是在开庭 3 日后移交案卷。如果证人不出庭，法庭又不当庭宣判，就不能达到法官在

---

① 田文昌笔谈，载陈虹伟：《司法公正期待证人出庭作证》，载《法制日报》2007 年 4 月 29 日。

庭内产生确信，庭审的效果就受到影响。① 这种庭审既不是职权主义的，也不是当事人主义的，而是笔录中心主义。② 一方面，这种庭审方式违背了直接言词原则，不利于法官查明案件事实形成正确认识；另一方面，由于实践中证人证言绝大部分都是"控方证据"，即不利于辩方的证据，这种书面审理方式直接剥夺了被告人与不利于自己的证人对质的权利，使得辩方难以充分有效地参与到裁判结论的形成过程中，无法对法庭的裁判施加积极有效的影响。③ 这一问题如果不能很好地解决，包括交叉询问规则在内的很多制度设计，都不能够实现。

（五）证人不出庭的原因

表 5

问　　题		普通公民
		比　　例
选　项	证人安全担心	56.43%
	证人的传统心理，不愿意终身得罪人	55.89%
	证人得不到补偿	31.94%
	司法机关根本不需要证人亲自出庭	14.48%
	证人已经在审前阶段出庭了	5.41%

从表 5 调查结果来看，绝大多数被调查对象都选择了证人安全担心、不愿意得罪人和证人得不到补偿三个选项，其中证人的安全担心是第一位的，选择该项的比例达到了 56.43%，其次是证人的传统心理，不愿意终身得罪人，占到 55.89%，第三才是证人得不到补偿，占 31.94%。首先，对于我国刑事案件中证人不愿意出庭作证，证人安全是其中一个主要原因之一。尽管《刑事诉讼法》第 49 条规定，公、检、法三机关在诉讼中有义务保障证人及其亲属的安全。这里是否仅仅涉及人身安全，对财产安全是否予以保障？如果不予以保障，对证人的保护就不全面。在实践中，一些对证人的打击报复行为是以侵

① 陈瑞华笔谈，载晏向华：《证人出庭作证怎么就这样难——从迈克尔·杰克逊娈童案谈我国的证人作证制度》，载《检察日报》2008 年 6 月 21 日。

② 陈瑞华笔谈，载晏向华：《证人出庭作证怎么就这样难——从迈克尔·杰克逊娈童案谈我国的证人作证制度》，载《检察日报》2008 年 6 月 21 日。

③ 田文昌笔谈，载陈虹伟：《司法公正期待证人出庭作证》，载《法制日报》2007 年 4 月 29 日。

害证人的财产权利为目标。同时,《刑事诉讼法》第 49 条规定公、检、法三机关均有保护的义务,在适应于证人到庭作证的情形之下,这种规定过于笼统,三机关之间的责任没有明确的界定,经常出现相互推诿的情形发生。其次,为了查明案件真相必须保护证人作证的积极性,起码不至于因为证人作证而受到经济利益的损害。因此,证人因出庭作证而遭受的实际损失,应当给予适当的补偿。但我国法律对这方面缺少相关规定。这些无疑影响证人作证的积极性。再次,证人到庭作证还需要相关强制力作为后盾。对符合法律规定作证条件的证人,如果拒不到庭作证,应当有法律上的约束,强迫其到庭作证,并给予适当的处罚。如果没有这类法律规定,证人可以随便拒绝作证。这些问题并没有在实践中得到很好的解决,证人不出庭作证的状况很难改变。《刑事诉讼法》在强调证人应当履行出庭作证义务的同时,也应对证人的合法权益给予切实、周全的保障。证人的合法权益是否能够得到切实、周全的保障,不仅关系到证人是否愿意出庭,刑事诉讼活动能否顺利进行,证人出庭作证制度能否得到民众的支持,而且关系到刑事诉讼任务的实现和国家法律的尊严。

以上几组数据表明,我国刑事案件证人出庭率比例确实很低,绝大部分都选择了 50% 以下,总比例超过了 90%。6 类调查对象中,法官、检察官、律师和服刑人员 4 类选择 50% 以下的比例最高,分别为 29.99%、34.43%、28.04%。应该说,这 4 类人员的选择应该能够反映真实的情况,因为他们是法庭审理的直接参与者,对此最有发言权。对于我国司法过程中证人不愿意出庭作证的原因,从表中的调查数据结果来看,绝大多数被调查对象都选择了证人安全担心、不愿意得罪人和证人得不到补偿三个选项,这与我们平时的看法基本一致。其中证人的安全担心是第一位的,选择该项的比例达到了56.43%,其次是证人的传统心理,不愿意终身得罪人,占到 55.89%,第三才是证人得不到补偿,占 31.94%。

三、法律失范与实务异化

所谓证人是直接利害冲突双方以外的向司法机关提供自己感受到的案件情况的诉讼参与人。具备证人的条件有:(1)证人必须是了解案件情况之人,具有优先性、不可替代性;(2)能够辨别是非,正确表达;(3)证人必须是当事人以外的人;(4)证人必须是自然人,而不是单位。[1] 根据我国《刑事诉讼法》第 48 条规定:凡是知道案件情况的人,都有作证的义务。生理上、

---

[1] 李奋飞等编著:《国家司法考试专题:刑事诉讼法、行政法44讲》,人民法院出版社 2005 年版,第 11 页。

精神上有缺陷或者年幼，不能辨别是非、不能正确表达的人，不能作证人。从该法条可以推出，在我国《刑事诉讼法》中，证人作证是义务性的。其义务主要体现在以下几个方面：（1）如实提供证言，如果有意作伪证或者隐匿罪证，应当承担法律责任；（2）有义务回答公安、检察人员的询问；（3）出席法庭审判并接受控辩双方的询问和质证；（4）遵守法庭纪律，听从审判人员的指挥。① 权利与义务是一对法律规范范畴。依据法理学权利本位原则，义务是从权利中推导出来的。但从我国《刑事诉讼法》第 48 条规定中解读，具有证人义务先定，似有证人作证权利从义务中推导出来的感觉。证人的权利主要有：（1）有权用本民族语言文字进行诉讼；（2）有权查阅证言笔录，并在发现笔录的内容与作证的内容不符时要求予以补充或者修改；（3）对于公安司法机关工作人员侵犯其诉讼权利或者人身侮辱的行为，有权提出控告；（4）对于其因作证而产生的误工费等经济损失，有权要求补偿；（5）有权要求公安司法机关保证其本人以及其近亲属的安全，防止因作证而遭受不法侵害。②

在我国现行《刑事诉讼法》和相关司法解释中，经常存在着一些自相矛盾的制度设计。有时候，在立法刚确立某一新的制度之后，最高人民法院、最高人民检察院随后发布的司法解释又确立了若干与此相互对立的制度，以至于使前者在司法实践中受到不同程度的消解和规避。而在另一些情况下，立法者从西方引进和移植的一些制度，与某些行之有效的刑事政策存在着直接的冲突，而这些刑事政策又对公、检、法三机关的办案活动具有直接的指导作用，甚至还转化为具有操作性的程序规则，这就会造成法律制度的失灵。③ 我国现行的《刑事诉讼法》虽然在第 47 条规定：证人证言必须在法庭上经过公诉人、被害人和被告人、辩护人双方讯问、质证，听取各方证人的证言并且经过查实以后，才能作为定案的根据。法庭查明证人有意作伪证或者隐匿罪证的时候，应当依法处理。第 48 条规定：凡是知道案件情况的人都有作证的义务。从这两条规定来看，证人出庭不但是公民的义务，也是法院确定证人证言的证明效力的依据。但在第 157 条又规定：公诉人、辩护人应当向法庭出示物证，让当事人辨认，对未到庭的证人的证言笔录、鉴定人的鉴定结论、勘验笔录和其他作为证据的文书，应当当庭宣读。审判人员应当听取公诉人、当事人和辩

---

① 李奋飞等编著：《国家司法考试专题：刑事诉讼法、行政法 44 讲》，人民法院出版社 2005 年版，第 12 页。

② 李奋飞等编著：《国家司法考试专题：刑事诉讼法、行政法 44 讲》，人民法院出版社 2005 年版，第 12 页。

③ 陈瑞华：《刑事程序失灵问题的初步研究》，载《中国法学》2007 年第 6 期。

护人、诉讼代理人的意见。这一条实际上就是规定证人可以不出庭，等于将第47条和第48条的规定予以了否定。这样前后矛盾的规定使得证人不出庭作证和司法机关不要求证人出庭有了法律上的依据。更有甚者的是，最高人民法院《关于执行〈中华人民共和国刑事诉讼法〉若干问题的解释》第123条规定：被害人、诉讼代理人、证人、鉴定人经人民法院传唤或通知未到庭，不影响开庭审判的，人民法院可以开庭审理。该解释进一步明确了证人不出庭人民法院照样可以裁判案件，实际上就是告诉法官：证人出不出庭都不影响法院裁判，法官可以依职权主动审理案件，使法官在庭审中的自由裁量权提供超越中立原则的高度。从我们的调查数据来看，证人不出庭，法院的审理主要就是采取由公诉人或法官宣读证人证言，选择公诉人宣读证人证言的比例高达63.38%，其次就是法官宣读证人证言，占25.81%。这与目前提倡弱化法官在庭审中的主动性，提高庭审的对抗性趋势完全背道而驰。

从立法的角度来说，不仅要明确证人出庭作证是公民应尽的义务，但同时，也应该认识到证人出庭作证也是公民应该享有的一项权利。如果只将公民出庭作证当做义务，而不当做一项权利来看待，则公民在这个问题上完全处于被动状态，当司法机关不要求其作证的时候，他就没有积极出庭作证的主观愿望。如果将出庭作证既当做义务，又当做权利来规定，则能够有效地调动公民出庭作证的积极性，并提高公民的法律意识，使他们认识到出庭作证不仅是被动地履行一项法律义务，也是在行使自己的权利。况且在司法实践中，司法机关由于种种原因，往往也存在不愿让证人出庭作证的现象。有学者还深层次指出，证人不出庭，还有一个重要因素，那就是有些法庭基于产生意外的担心，并不希望证人出庭。① 因为从司法机关的角度来看，如果让证人出庭作证，则很有可能导致证人在法庭上所讲的证言与他们在侦查阶段和检察阶段所收集的证人证言不一致，使他们在诉讼过程中处于被动。由于办案机关怕证人出庭翻供，影响公诉效果，不愿意证人出庭。从法院方面来看，证人证言的反复给庭审增加了难度。这样一来，公、检、法三部门为了有利于指控和判决，避免证人证言出现反复，都不太喜欢让证人出庭作证。此外，侦查机关和检察机关在办案过程中，使用刑讯逼供等非法手段，取得证人的虚假证言，如果让证人出庭，则极有可能以前的证人证言被证人自己推翻，并且暴露他们的违法行为。在这种情况下，他们也会有意识地阻止证人出庭作证。证人不出庭，他们愿意提供哪次证言就提供哪次证言，想念哪一段就念哪一段，而证人一旦出庭作

---

① 陈瑞华笔谈，载晏向华：《证人出庭作证怎么就这样难——从迈克尔·杰克逊娈童案谈我国的证人作证制度》，载《检察日报》2008年6月21日。

证，情况就难以控制。而法院在证人出庭的问题上往往怕麻烦，拖延诉讼时间，影响审判效率。这是司法部门在证人出庭问题上不很积极的原因。①

四、程序责任与救济阙如

如果说我们的生活离不开法，其实是指离不开程序法。在实体规则方面，法律以外的规范可以代替实体法规范，我们的生活秩序可以依赖于道德、习惯、民约、政策、命令等实体性行为规范，也就是说，我们可以没有法的实体规则。但是当生活中出现矛盾、冲突和争端的时候，我们对法的首选需要不是实体法规范，而是程序。原始人是从解决争端的程序需要中产生了对法的需求，现代社会也不例外，我们同样绝对离不开法的程序。"无程序的法律"意味着没有程序制约的实体规则得不到一致的、普遍的、公开的执行，它完全可以演变成专制的恶法。因而，我们宁要"无法律的程序"，而不要"无程序的法律"。② 不要说有正当程序的善法与优良的实体法来实施刑事法律，即使在《刑事诉讼法》中哪怕是有正当程序的恶法比有不正当程序的善法优越，因为前者是在公正执行法律，尽管法律本身是不善的，但是如果它按照一定的程序一贯执行的话，至少能使服从这种法律制度的人知道对他有什么要求，从而他可以事先有所防备、保护自己。相反，后者是指在一个处于不利地位的人仍然不可预测自己可能遭受的专横待遇，它当然比前者恶劣。③ 近年来，随着程序正义理论的弘扬，程序性制裁理论的提出受到学界的普遍重视。④ 中国刑事诉讼制度所存在的根本问题，与其说是具体制度的改革和完善问题，倒不如说是刑事诉讼程序受到架空和规避的问题。当越来越多的诉讼程序根本得不到实施、大量的"潜规则"大行其道的时候，《刑事诉讼法》中证人出庭的有关规定，都将变得失去实质性的意义。每一个法秩序都包含一些——要求受其规整之人，应依其规定而为行为的——规则。假使这些规则同时是裁判规范，则有权就争端的解决为裁判者亦须依此为判断。大部分的法规则都同时是国民的行为规范及法院或机关的判断规范。此处所指的"规则"具有以下两点特征：

---

① 陈光中笔谈，载陈虹伟：《司法公正期待证人出庭作证》，载《法制日报》2007 年 4 月 29 日。

② 孙笑侠：《程序的法理》，商务印书馆 2005 年版，第 44 页。

③ 参见孙笑侠：《程序的法理》，商务印书馆 2005 年版，第 44 页。

④ 参见王敏远：《刑事辩护中的程序辩护》，载《法制日报》2001 年 12 月 23 日；陈瑞华：《程序性辩护之初步考察》，载《燕山大学学报》2005 年第 1 期；陈瑞华：《程序性制裁理论》，中国法制出版社 2005 年版；陈瑞华：《刑事程序失灵问题的初步研究》，载《中国法学》2007 年第 6 期；陈瑞华：《刑事诉讼法的中国模式》，法律出版社 2008 年版。

一是其规范性特质，质言之，其系有拘束力之行为要求，或有拘束力之判断标准——其规范性特质；二是其非仅适用于特定事件，反之，于其地域及时间的效力范围内，对所有"此类"事件均有其适用——其一般性特质。① 从调查数据表明，我国刑事诉讼实务中证人出庭并未得到规范性的规整，必然在实务中出现证人不出庭作证的异化。

刑事诉讼程序为什么无法得到实施呢？其原因是什么？实体法所确立的规则大体可分为授权性规则、义务性规则和禁止性规则三种。但任何一种法律规则无论是授权性的、义务性的还是禁止性的，一般都包括着"假定"、"处分"和"责任"等基本构成要素。我们可以将"假定"与"处分"予以合并，统称"规范内容"；"责任"则可以被视为"法律后果"，也就是受某一法律规则约束的法律主体违反该项规则所要承担的法律责任或所要承受的法律后果。② 与实体法相似的是，程序法所确立的法律规则通常也可以分为授权性的、义务性的还是禁止性的，也要具有"假定"、"处分"和"责任"三大构成要素。但是程序法中的"法律责任"或"法律后果"，一般并不是通常意义上的实体法律责任，而通常属于那种以宣告无效为标志的程序性法律后果。③这也就意味着，实体法所强调的"责任自负原则"并不适用于程序法，违反程序法的"行为人"并不会因为违反法律程序而遭受个人利益的损失，至多带来"违法所得的利益遭到剥夺"这样的后果，也就是违法所实施的诉讼行为不会产生预期的法律效果。④ 程序法的实施不可能通过另外一部程序法的实施来完成，它的实施不得不通过其自身来完成。那么，程序法究竟是通过怎样的方式来实施其自身所确立的各项法律规则呢？首先，程序法必须确立一套可操作的宣告无效机制。其次，程序法还必须建立一套专门针对程序违法问题的司法裁判机制。这就是陈瑞华教授强调的"程序性裁判"的问题。例如，要保障证人出庭作证，就需要确定不出庭作证的法律后果以及司法救济途径。不建立这些程序性裁判机制，那么，所谓的"程序性制裁"是根本不可能得到实施的，那些违反法律程序的诉讼行为也不可能在程序层面上被宣告为无效并得到有效遏制。⑤ 刑事程序法只要没有确立旨在宣告违反法律程序的行为无效

---

①　［德］卡尔·拉伦茨著，陈爱娥译：《法学方法论》，商务印书馆 2004 年版，第132 页。

②　陈瑞华：《刑事程序失灵问题的初步研究》，载《中国法学》2007 年第 6 期。

③　刑事诉讼法学界有学者并不完全赞同这种观点。参见樊崇义等：《刑事诉讼法再修改理性思考》，中国人民公安大学出版社 2007 年版，第 275 页。

④　陈瑞华：《刑事程序失灵问题的初步研究》，载《中国法学》2007 年第 6 期。

⑤　陈瑞华：《刑事程序失灵问题的初步研究》，载《中国法学》2007 年第 6 期。

的机制，只要没有为这种宣告无效机制的实施确立基本的司法裁判机制，那么，有关刑事程序规则就是不可实施的，也就具有天然失灵的可能性。① 任何程序规则，无论是实体构成性规则，还是程序实施性规则，都需要有较为完善的实施机制加以保障。只要某一法律程序变成一种不可实施的规则，只要某一诉讼权利变成一种不可救济的权利，那么刑事程序的失灵问题就会随即出现。这就意味着，刑事程序的失灵问题，既可能出现在普通的授权性规则、义务性规则和禁止性规则之中，也同样会影响那些旨在确立程序性违法之法律后果的程序性制裁规则的实施。② "除非权利具有可操作性否则无人拥有权利。"③《刑事诉讼法》规定的权利，必须具有可操作性，才能实现法律条文意图实现的规范目的，才能达到规范目的意图实现的规范效果。卡尔·拉伦茨曾经指出："法效果……与规范制定者借此追求的实际结果不同，由制定者的眼光来看，前者只是达成后者的——多少恰当的手段而已。作为规范性事实，法效果（发生义务）借助法条的效力可发生（适用于）任何事例，至于想追求的实际效果则取决于诸多因素，在一些个案中其可能不发生。"④ 一般来说，《刑事诉讼法》的再修改所涉及的无非是刑事程序规则的改变，包括法律规则的废、改、立问题。其中，由规则的改变所带来的可能有公、检、法三机关权力的调整，嫌疑人、被告人、辩护律师诉讼权利的扩大，以及某种新的诉讼制度的建立。那么，中国刑事诉讼法制度在实施中面临的根本问题是什么？对于这一问题，每一个法律学者都可以给出自己的解答。但是，假如我们不是仅仅关注"书面刑事程序的完善"，而是考察刑事程序的实施问题的话，那么，中国刑事诉讼制度面临的根本问题，⑤ 既不是证人不出庭作证本身的问题，也不是公、检、法三机关权力的重新分配问题，而是刑事程序的责任的缺失以及没有救济机制。这个问题是直接影响到刑事诉讼法是否公正的问题。刑事程序的责任的缺失是指立法者所确立的法定程度在刑事司法活动中受到了规避和搁置，以至于使刑事诉讼法的书面规定在不同程度上形同虚设。我们通常所说的"法庭审判流于形式"，《刑事诉讼法》所设定的有关法庭审判的各种规范已经架空，关键在于没有在程序上宣告无效的法律责任的承担。

---

① 陈瑞华：《刑事程序失灵问题的初步研究》，载《中国法学》2007 年第 6 期。

② 陈瑞华：《刑事程序失灵问题的初步研究》，载《中国法学》2007 年第 6 期。

③ ［美］贝恩·J. 辛格著，邵强进、林艳译：《可操作的权利》，上海人民出版社2005 年版，第 1 页。

④ ［德］卡尔·拉伦茨著，陈爱娥译：《法学方法论》，商务印书馆 2004 年版，第133～134 页。

⑤ 参见陈瑞华：《刑事程序失灵问题的初步研究》，载《中国法学》2007 年第 6 期。

结语：为什么法律会异化

本文想强调的是，拙文只是在问卷调查数据基础上，对我国《刑事诉讼法》关于证人出庭的问题进行实证分析，并非一律否定我国刑事诉讼法制度所取得的成就。本文着重于反思我国刑事诉讼法在实践中证人为什么不出庭作证的原因，并非构建一种有效的具体制度，虽然这种反思对于将来的构建具有一定的作用。

从问卷调查几组数据来看，我国刑事案件证人出庭率比例非常低。证人不愿意出庭作证的原因，不仅有法律规范之间的抵牾，没有程序制裁机制，违反规范找不到责任者，缺少救济渠道，从而在实务中给司法人员洞开异化之门的便利；也有证人为安全担心、不愿意得罪人和证人得不到补偿的担忧。也就是说，证人不愿意出庭作证是多种社会因素综合作用的结果。它既有证人自身的原因，又有法律制度上的原因。就法律制度上的原因来说，主要是证人制度内容的不完善。

有学者指出，要对中国刑事诉讼法问题作出令人信服的研究，不仅要转换研究方法，不能仅仅坚持"规范法学"的固有立场，将法律的制定、修改作为法学研究的对象，而更需关注法律在社会中的实施状况。换言之，我们需要从对"书本法律"的迷恋，转向对"社会中的法律"的高度重视，将法律程序的实施问题视为一种社会现象来研究。[①] 诚哉斯言！我们的调查数据表明，证人不愿作证和拒不出庭作证的确是影响司法公正的一个难题。证人作证对诉讼具有重要的价值，无论是为实现实体公正还是为实现程序公正，证人出庭作证都是现代诉讼的必然要求。自不待言。省思中国《刑事诉讼法》在现实存在疑难问题，包括证人不出庭作证问题在内，笔者提出了一个令人经常思考的一个问题：为什么在实践中往往有法不依？为什么法律会在实践中被异化？法治，作为高度文明的体现早已被世界认可。在中国，现实的法治从 1999 年把"依法治国"四个字写进了修改的宪法，目前的诸多法律看起来似乎不健全，其实法律不是少了，而是有不少根本没有保证执行和落实。为什么就执行不了？根本症结就在于法律并没有被信仰而是方便使用的工具。法律既是社会变革的工具，又是社会中发生的这种变革的对象，[②] 规则在法律意义上只涉及应当做什么，而不涉及做什么。在这个意义上，规则与命令相似，但规则又不同

---

① 参见陈瑞华：《刑事诉讼法的中国模式》，法律出版社 2008 年版，第 2 页。

② ［美］埃尔曼著，贺卫方、高鸿钧译：《比较法律文化》，三联书店 1990 年版，第 68~69 页。

于命令，规则是普遍适用的。制定一整套规则的目的，在于使人们知道他们要履行哪些义务，承担什么责任，拥有什么权利，直到不履行义务和责任将受到什么样的处罚，从而建立一个人们能够和睦相处的社会。① 证人出庭是检验审判公正的试金石。必须改变当前审判流于形式，只有证人出庭，才能查明事实真相，准确认定案件事实。证人出庭不仅是程序正义的需要，也是实体正义的要求。

---

① ［英］G. D. 詹姆斯著，关贵森等译：《法律原理》，中国金融出版社 1990 年版，第 16 页。

专题四

起诉裁量权、刑事辩护与刑事审判

论审判公开的障碍及其克服

——以刑事审判为视角

谭世贵[*]

【内容摘要】

审判公开是宪法确立的一项基本审判原则，但由于存在诸多立法或制度上的障碍，以致未能得到真正的贯彻落实。审判公开障碍的长期存在，有着多种复杂的原因。要有效地克服审判公开的障碍，既需要对审判公开进行理论重构，也需要决策者敢于正视问题，对现行立法进行修改完善，并对相关制度进行改革与创新。

【关键词】 审判公开　程序公正　诉讼效率　人权保障　制度创新

"没有公开则无所谓正义。"[①] 一直以来，我国各级人民法院高度重视审判公开，将其视为审判工作的重心或中心环节，除认真执行宪法和三大诉讼法确立的审判公开原则外，最高人民法院还于 1999 年 11 月制定并公布了《关于严格执行公开审判制度的若干规定》，要求各级人民法院进一步落实公开审判制度，确保实现司法公正。但遗憾的是，由于存在诸多立法或制度上的障碍，公开审判制度至今未得到真正的贯彻落实，从而严重地影响着司法的公正与效率。为此，本文拟以刑事审判为视角，具体探讨审判公开的障碍及其克服这一疑难问题，以对我国司法公正与效率的实现有所裨益。

一、审判公开的主要障碍

我国《宪法》第 125 条规定："人民法院审理案件，除法律规定的特别情

---

* 浙江工商大学法学院教授、博士研究生导师。

① 伯尔曼著，梁治平译：《法律与宗教》，生活·读书·新知三联书店 1991 年版，第 48 页。

况外，一律公开进行。"《刑事诉讼法》作了基本相同的规定。最高人民法院《关于严格执行公开审判制度的若干规定》对公开审判的案件范围、公开审判的具体要求、违反公开审判的法律后果、公民旁听审判和新闻记者采访报道审判等作了具体明确的规定。应当说，我国刑事审判公开的法律和司法解释规定是比较完善的，但是由于国家法律和最高人民法院司法解释的其他规定或有关制度与审判公开制度存在许多不一致、不协调的地方，以至于严重阻碍了审判公开原则与制度的贯彻落实。仔细分析，我国审判公开的障碍主要有以下几项：

1. 院长、庭长审批案件制度。这是我国人民法院长期以来实行的一项工作制度，具体是指合议庭或独任法官对案件进行审理并提出处理意见，然后报请庭长、院长审核批准并签发判决书或裁定书。如庭长、院长不同意合议庭或独任法官所提出的处理意见，可以要求合议庭或独任法官复议、复核并重新提出处理意见，也可以部分改变合议庭或独任法官的处理意见。实行院长、庭长审批案件制度，其本意是对合议庭或独任法官的审判进行把关，但负责审批案件的院长、庭长并未参加案件的审理活动，也未亲自听取控辩双方的陈述和辩论，而只是通过审阅案卷材料即作出是否批准的决定，这既违反了审判公开原则和直接言词原则，也有暗箱操作的嫌疑和进而发生腐败的可能。据笔者向某高级法院一庭长了解，目前由院长、庭长审批案件的比例仍然占到全部案件的一半左右。

2. 审判委员会讨论制度。我国《人民法院组织法》第 10 条规定："各级人民法院设立审判委员会，实行民主集中制。审判委员会的任务是总结审判经验，讨论重大的或者疑难的案件和其他有关审判工作的问题。"《刑事诉讼法》第 149 条规定："合议庭开庭审理并且评议后，应当作出判决。对于疑难、复杂、重大的案件，合议庭认为难以作出决定的，由合议庭提请院长决定提交审判委员会讨论决定。审判委员会的决定，合议庭应当执行。"由此可见，审判委员会讨论决定制度虽然有法律上的依据，但是审判委员会成员既未参加案件的审理活动，也未亲自听取控辩双方的陈述和辩论，而是仅凭案件承办法官的汇报，即对案件进行讨论并作出决定，同样违反了审判公开原则和直接言词原则，也有暗箱操作的嫌疑和进而发生腐败的可能。根据最高人民法院《关于执行刑事诉讼法若干问题的解释》第 114 条的规定，由审判委员会讨论决定的疑难、复杂、重大的案件具体是指：拟判处死刑的案件、合议庭成员意见有重大分歧的案件、人民检察院抗诉的案件、在社会上有重大影响的案件和其他需要由审判委员会讨论决定的案件。但据了解，在刑事审判实践中，目前必须提交审判委员会讨论决定的案件具体包括判决无罪、免予刑事处分、宣告缓刑和判处 10 年以上有期徒刑、无期徒刑和死刑的案件。这无疑大大超过了最高人民法院规定的范围，从而使审判公开原则更加难以落到实处。

3. 案件请示制度。在长期的审判实践中，我国人民法院逐步形成了案件请示制度，即下级人民法院在审判过程中，当遇到事实难以认定或适用法律有疑难时，便主动向上级人民法院请示汇报，然后根据上级人民法院的答复或指示作出判决或裁定。最高人民法院于 1986 年 3 月 4 日和 1990 年 8 月 16 日分别下发《关于报送请示案件应注意的问题的通知》和《关于报送请示案件应注意的问题的补充通知》，对这项在实践中形成的制度予以认可。从表面上看，这项制度的推行，不仅可以帮助下级人民法院正确地处理案件，而且也有利于上级人民法院了解和指导下级人民法院的审判工作。但仔细分析，同样可以发现，上级人民法院的有关人员既未参加案件的审理活动，也未直接听取当事人、辩护人和诉讼代理人的意见，而是仅根据下级人民法院的书面汇报和案卷材料便作出答复或指示，这不仅违反了审判公开原则，而且将宪法所规定的上下级人民法院之间的审级监督关系变成了领导关系，并导致两审终审制形同虚设，因而案件请示制度从根本上违背了社会主义法治原则。

4. 上诉、抗诉案件的审理方式。我国《刑事诉讼法》第 187 条规定："第二审人民法院对上诉案件，应当组成合议庭，开庭审理。合议庭经过阅卷，讯问被告人，听取其他当事人、辩护人、诉讼代理人的意见，对事实清楚的，可以不开庭审理。对人民检察院抗诉的案件，第二审人民法院应当开庭审理。"据此，第二审人民法院的审理方式可以分为以下两种：一是开庭审理，即合议庭按照第一审程序对上诉或抗诉案件所进行的审理。二是不开庭审理，即合议庭以上诉书、抗诉书和一审的全部案卷材料为基础，通过审阅案卷材料，讯问被告人，听取其他当事人、辩护人、诉讼代理人的意见，然后进行评议，作出判决或裁定。需要指出的是，开庭审理方式所指的"开庭"，与审判公开并非一回事。这是因为，人民法院审判案件，无论公开审理还是不公开审理，都必须采用"开庭"的方式，因此开庭审理既可以是公开审理，也可以是不公开审理。我国《刑事诉讼法》在第三编第二章"第一审程序"中明确规定，人民法院审判第一审案件应当公开进行；公开审判的案件，在开庭 3 日以前先期公布案由、被告人姓名、开庭时间和地点。而在第三编第三章"第二审程序"中并无这样的规定。至于不开庭审理方式，则更因其"不开庭"而使当事人和其他诉讼参与人无法到庭参加诉讼，公民无法到庭旁听，新闻记者亦无法进行采访和报道，进而"审判公开"成为一句空话。

5. 死刑复核程序的书面复核方式。我国《刑事诉讼法》关于死刑复核程序仅有 4 个条文，未对死刑复核的方式作出规定。根据最高人民法院《关于

执行〈中华人民共和国刑事诉讼法〉若干问题的解释》第 280 条至第 285 条
的规定，报请复核死刑（包括死刑缓期二年执行，下同）案件，应当一案一
报。报送的材料应当包括报请复核的报告、死刑案件综合报告和判决书各 15
份，以及全部诉讼案卷和证据，共同犯罪的案件，应当报送全案的诉讼案卷和
证据；高级人民法院复核死刑缓期二年执行案件，必须提审被告人；复核死刑
案件，应当全面审查以下内容：被告人的年龄，有无责任能力，是否正在怀孕
的妇女；原审判决认定的主要事实是否清楚，证据是否确实、充分；犯罪情
节、后果及危害程度；原审判决适用法律是否正确，是否必须判处死刑，是否
必须立即执行；有无法定、酌定从轻或者减轻处罚的情节；其他应当审查的情
况；对报请核准的死刑案件全面审查后，合议庭应当进行评议并写出复核审理
报告；对判处死刑的案件，复核后应当根据案件情形分别作出核准死刑的裁
定、撤销原判发回重审的裁定或者直接改判的判决。由上可见，最高人民法院
复核死刑案件完全采用书面复核的方式，高级人民法院复核死刑缓期二年执行
案件除必须提审被告人外，亦主要采用书面复核的方式。这表明，我国的死刑
复核程序实行不公开审理原则，这与其作为审判程序的性质是不相适应的。

二、审判公开障碍存在的原因分析

　　我国上述阻碍审判公开原则贯彻落实的立法或制度障之所以长期存在，究
其原因，主要有以下几个方面：

　　第一，审判人员的整体素质不高。据 2005 年 7 月 17 日《人民日报》报
道，《法官法》实施 10 年来，全国法官中具有大学本科以上学历的，从 1 万
余人增至 9 万余人，占法官总数的比例从 6.9% 提高到 51.6%。另据法制网报
道，截至 2007 年上半年，贵州省法院系统共有法官 4688 人，其中具有硕士研
究生学历或硕士学位的仅有 40 人，占法官总数的 0.85%，大学本科学历的
2152 人，占 45.9%；全日制本科仅占大学本科总数的 27.42%，党校本科占
大学本科总数的 44.05%，其他在职教育占大学本科总数的 28.53%。① 正是
由于审判人员的整体素质偏低，才需要院长、庭长、审判委员会和上级法院在
审判过程中予以把关，于是不符合审判公开原则的院长、庭长审批案件制度、
审判委员会讨论制度和案件请示制度得以继续推行。

　　第二，审判活动的社会环境不佳。在现行的司法体制下，法院的人权、财
权受制于地方，因而法院的审判工作易受到当地党政领导和实权人物的干涉；
而且，中国至今还是一个人情社会，当事人打官司热衷于托关系、找熟人，以

---

　　① http://www.legaldaily.com.cn/2007fjdt/2007 – 11/21/content_ 744889.htm.

至于老百姓戏言打官司是"以事实为根据，以法律为准绳，以关系为关键"。于是，一些希望公正办案的法院领导和审判人员需要借助于某些制度或集体力量来抵制非法干涉和各种人情，院长、庭长审批案件制度、审判委员会讨论制度和案件请示制度有了继续存在的正当理由。

第三，行政化管理模式的广泛影响。在我国长达两千多年的封建社会里，历代皇帝集立法、行政、司法和军事权力于一身，实现中央集权统治，司法隶属于行政；在地方，司法与行政合二为一，各级司法职务由行政长官兼任，因而其司法活动带有明显的上命下从的行政色彩。新中国的司法制度与封建司法制度有着本质的区别，但在许多方面仍然无法摆脱这种行政化管理模式的影响，例如，各级党委设立政法委员会，对司法机关实现行政性领导；对司法人员确定行政级别，按政干部进行管理。而反映在司法活动中，便是推行具有浓厚行政色彩的院长、庭长审批案件制度、审判委员会讨论制度和案件请示制度。

第四，对公正与效率关系的认识存在偏差。一段时间以来，公正被视为司法的灵魂和生命线，成为人民法院审判工作的永恒主题，"公正第一，效率第二"成为基本的司法理念。于是，为了追求公正，确保公正，院长、庭长审批案件制度、审判委员会讨论制度和案件请示制度便应运而生并得以不断完善。殊不知，这些制度虽然在一定程度上能够促进公正，但却极大地浪费了有限的司法资源，增加了诉讼环节和诉讼成本，从而严重地影响诉讼效率。"迟来的正义为非正义"，"公正在法律中的第二种含义是指效率"。① 因此，如果不重视诉讼效率，不把提高诉讼效率摆到应有的位置，要真正落实审判公开原则无异于一个无法实现的美好愿望而已。

第五，人权观念淡薄。我国封建社会实行纠问式诉讼，在刑事诉讼中，被告人是诉讼客体和被刑讯的对象，没有任何诉讼权利可言。新中国成立后，在保障被告人和被害人人权方面有了明显改善，1979年制定的《刑事诉讼法》赋予被告人和被害人比较广泛的诉讼权利；1996年修正后的《刑事诉讼法》将被追诉者区分为犯罪嫌疑人（侦查阶段、审查起诉阶段）和被告人（审判阶段），将被害人确定为当事人，增加规定"未经人民法院依法判决，对任何人都不得确定有罪"，同时取消免予起诉制度、收容审查制度，并进一步扩大被告人和被害人的诉讼权利，从而加强了对被告人和被害人人权的法律保障。2004年我国将人权入宪，在《宪法》中明确规定："国家尊重和保障人权。"

① ［美］理查德·A. 波斯纳著，蒋兆康译：《法律的经济分析（上）》，中国大百科全书出版社1997年版，第31页。

但由于我国社会在总体上人权观念还十分淡薄，因而无论在制度层面还是实践层面，对人权的尊重和保障都存在很多问题，反映在刑事诉讼立法上则表现为：在《刑事诉讼法》基本原则中明确规定了审判公开原则，但在第二审程序中有关不开庭审理的规定和在死刑复核程序中有关复核方式的规定却不符合公开审判的要求；反映在刑事诉讼实践上则表现为：被告人和被害人在此两种程序中几乎不能行使任何诉讼权利，其陈述权、辩论权以及被告人的辩护权实际上处于被剥夺状态。

三、审判公开的理论重构

何为审判公开？我国诉讼法学者一般认为，审判公开是指人民法院的审判活动应当向社会公开，允许人民群众旁听，允许新闻记者采访和报道。例如，有学者认为，"审判公开是指人民法院的审判活动应当向社会公开，允许人民群众旁听，允许新闻记者采访和报道"。[①] 还有学者认为，"审判公开的基本含义是指：人民法院在审理案件和宣告判决时都公开进行，允许公民到法庭旁听，允许新闻记者采访和报道"。[②] 将审判公开仅理解为向社会公开，允许公民到法庭旁听，允许新闻记者采访和报道，这显然过于简单和狭窄。为此，有必要对审判公开进行理论上的重构，澄清某些不正确的认识，以为克服审判公开的障碍，保证审判公开原则的真正贯彻落实提供理论依据。笔者认为，对审判公开应从以下几个方面进行理论重构：

一是审判公开首先应当是对当事人公开，其次才是对社会公开。众所周知，审判公开是作为秘密审判的对立物而出现的。封建社会实行纠问式诉讼，审判秘密进行。"在近代资产阶级革命中，黑暗的中世纪司法制度受到猛烈抨击，司法民主化成为一种潮流，程序公开取代了秘密审判，并和审判独立一样受到资产阶级的推崇。"[③] 这说明，审判公开是相对于秘密审判而言的，是对秘密审判的否定，而不是针对不公开审理提出和确立的。有学者认为："公开审理不存在对当事人公开不公开的问题，因为即使是依法不公开审理的案件对当事人也是公开的。"[④] 这是难以成立的。因为人民法院的审判活动如果不对当事人和其他诉讼参与人公开，则无疑是一种秘密审判，正如侦查机关的侦查活动不对犯罪嫌疑人公开是一种秘密侦查一样。因此，审判公开首先应当是对

---

① 陈光中：《刑事诉讼法学》，中国政法大学出版社 1999 年版，第 108 页。

② 叶青：《刑事诉讼法学》，上海人民出版社 2004 年版，第 305 页。

③ 樊崇义：《诉讼原理》，法律出版社 2003 年版，第 176 页。

④ 谭兵：《民事诉讼法学》，法律出版社 1997 年版，第 113 页。

当事人和诉讼参与人公开,其次才是对社会公开,允许公民到庭旁听,允许新闻记者采访和报道。

二是审判公开应当是指法院的全部审判活动都必须公开进行。我国《刑事诉讼法》第 11 条规定:"人民法院审判案件,除本法另有规定的以外,一律公开进行。"而所谓"本法另有规定",是指《刑事诉讼法》第 152 条的规定,即:有关国家秘密或者个人隐私的案件,不公开审理;14 岁以上不满 16 岁未成年人犯罪的案件,一律不公开审理;16 岁以上不满 18 岁未成年人犯罪的案件,一般也不公开审理。上述不公开审理的案件,判决仍须公开宣告。在我国,人民法院审判刑事案件的程序,包括第一审程序、第二审程序、死刑复核程序和审判监督程序。《刑事诉讼法》仅在第 152 条规定,人民法院审判第一审案件应当公开进行,而对于人民法院审判第二审案件、复核死刑案件以及按照审判监督程序审判的案件是否应当公开进行,则未作规定。这一立法上的疏漏,导致审判公开原则无法得到全面的贯彻执行,而由于审判公开的缺失,使得第二审程序、死刑复核程序和审判监督程序的公正性不可避免地受到影响或损害。

三是审判公开不仅是一项基本的审判原则,而且应当是当事人特别是刑事被告人不可或缺的一项诉讼权利。从法理上讲,法律规定人民法院审判案件应当公开进行,这意味着审判公开是人民法院的义务或者职责,相对应地,也就成为当事人的诉讼权利。对此,一些国家的宪法、刑事诉讼法和许多国际人权公约已作出明确的规定。例如,日本 1946 年《宪法》第 37 条第 1 款规定:"凡刑事案件发生时,被告人有受法院公平之迅速公开审判之权利。"《世界人权宣言》第 10 条规定:"人人完全平等地有权由一个独立而无偏倚的法庭进行公正和公开的审讯,以确定他的权利和义务并判断对他提出的任何刑事指控。"联合国《公民权利和政治权利国际公约》第 14 条第 1 款规定:"在判定对任何人提出的任何刑事指控或确定他在一件诉讼案中的权利和义务时,人人有资格由一个依法设立的合格的、独立的而无偏倚的法庭进行公正的和公开的审讯。"我国政府已于 1998 年 10 月签署了《公民权利和政治权利国际公约》(至今尚未批准加入),因而赋予当事人特别是刑事被告人要求公开审判的权利,应当是一件顺理成章的事情。

四是审判公开应当是刑事诉讼程序公正的一项重要内容。英国有句法律谚语云:"正义不仅要实现,而且要以看得见的方式实现。"审判公开作为看得见的公正,无疑是程序公正不可缺少的重要内容。如果一个案件应当公开审判而不公开审判(包括不开庭审理、书面审理或者书面复核),当事人或者社会公众很容易会认为法官在搞暗箱操作,从而对法官和法院失去信任,进而不仅司法公正难以实现，而且当事人还会因此对法院的裁判产生不满，引起不必要的上诉或申诉，以致增加诉讼成本，影响诉讼效率。由此可见，审判公开关涉程序公正，如果在每一个审判程序中都贯彻这一原则，表面上可能给法院增加了工作量，但由于公正的可见性将可以有效地消除当事人和社会公众的疑虑或不满情绪，因而最终将能够降低诉讼成本，提高诉讼效率，进而在更高的层面上实现诉讼公正，树立司法权威。

四、克服审判公开障碍的若干设想

我国审判公开的障碍是一种制度性障碍，维系这些障碍的既有国家法律的规定，也有最高审判机关的司法解释。因此，要克服这些障碍显然不是一件容易的事情，这不仅需要最高立法机关对相关法律进行修改与完善，而且也需要最高审判机关敢于正视自身的问题，拿出"剜肉去疮"的勇气，进行制度改革与创新。为此，必须首先在理论上对之进行深入的研究与思考。具体设想如下：

（一）取消院长、庭长审批案件制度和案件请示制度，切实落实法官审判责任制

院长、庭长审批案件制度和案件请示制度是典型的行政化管理制度，既不符合审判活动应当在法庭上进行的原理，也不符合审判公开原则的内容与要求，而且院长、庭长或上级法院在未听取当事人陈述或辩护意见的情况下直接作出审批决定、答复或指示，亦违反了审判的直接言词原则。加之，实行该两项制度，势必无谓地增加诉讼成本，影响诉讼效率。因此，最高审判机关应当及早取消该两项制度。根据《刑事诉讼法》的规定，人民法院审判刑事案件应当组成合议庭或独任庭进行。为保证合议庭或独任庭公正、及时地审判案件，人民法院应当切实落实法官审判责任制。1998 年 9 月 4 日，最高人民法院发布《人民法院审判人员违法审判责任追究办法（试行）》，对于审判人员在审判工作中，故意违反与审判工作有关的法律、法规，或者因过失违反与审判工作有关的法律、法规造成严重后果所应承担的违法审判责任及其确认与追究、不应当承担责任的情形等作了具体明确的规定。因此，只要严格执行该办法，切实落实法官审判责任制，人民法院的审判工作就不会因为取消院长、庭长审批案件制度和案件请示制度而受到影响；相反，如果不取消院长、庭长审批案件制度和案件请示制度，则法官的违法审判责任因为院长、庭长和上级法院的介入而难以准确认定和追究，从而法官审判责任制的落实将会流于形式。

（二）取消审判委员会讨论决定案件处理的职能，建立大合议庭制度

按照我国《人民法院组织法》第 10 条的规定，审判委员会的任务是总结

审判经验，讨论重大的或者疑难的案件和其他有关审判工作的问题。如前所述，审判委员会讨论决定重大的或者疑难的案件不符合审判公开的内容和要求，因此应当取消其讨论决定案件处理的职能，而保留其总结审判经验、讨论有关审判工作普遍问题的职能。在取消审判委员会讨论决定案件处理的职能之后，为了保证人民法院审判重大、复杂、疑难案件的公正性，可以考虑建立大合议庭制度，即人民法院审判重大、复杂、疑难案件，组成由院长、副院长、刑事审判庭庭长或副庭长任审判长的 7 至 11 人的大合议庭。如果刑事审判庭的审判员不足以组成大合议庭，则可以由审判员和人民陪审员共同组成大合议庭，或者由刑事审判庭和其他审判庭的审判员共同组成大合议庭。人民法院组成大合议庭审判重大、复杂、疑难案件，既符合审判公开原则的内容和要求，又可以发挥审判委员会所具有的集思广益、共同讨论、减少错误的作用，同时大合议庭在由院长、副院长、刑事审判庭庭长、副庭长和审判员组成的情况下，将更具专业性，更有利于案件的公正处理。

（三）将第二审审判区分为事实审和法律审，对事实审应当公开审理；对法律审是否公开审理，应当尊重当事人的意见

现行《刑事诉讼法》规定，第二审人民法院对被告人等上诉的案件实行开庭审理和不开庭审理两种方式，而对人民检察院抗诉的案件应当开庭审理，这显然违背控辩平等原则，有歧视被告人之嫌，应当予以修改。但人民法院审判上诉案件，如果与审判第一审案件一样，除《刑事诉讼法》有特别规定的以外，一律公开进行，又势必增加诉讼成本，影响诉讼效率。因此，借鉴其他国家的做法，应当将第二审审判区分为事实审和法律审，并采取不同的审理方式。具体是：对于上诉、抗诉主体以一审判决事实不清、证据不足为由提起上诉、抗诉的案件，除《刑事诉讼法》有特别规定的以外，第二审人民法院应当进行公开审理；对于上诉、抗诉主体仅以一审判决适用法律错误为由提起上诉、抗诉的案件是否公开审理，从公开审判作为被告人的基本权利角度考虑，应当听取被告人的意见。如果被告人要求公开审理的，则第二审人民法院应当公开审理；如果被告人同意不开庭审理的，则第二审人民法院可以不开庭审理，但在作出第二审判决、裁定前应当听取被告人及其辩护人的辩护意见。

（四）人民法院复核死刑案件，应当听取被告人或其辩护人的辩护意见

死刑复核程序作为特殊程序，要求像第一审程序、第二审程序那样实行公开审判，既不必要，也不现实。但其作为审判程序，应当遵守审判公开原则的最低要求，即高级人民法院或者最高人民法院的审判人员在复核过程中应当听取被告人或其辩护人的辩护意见并制作笔录；最高人民法院的审判人员因路途遥远无法亲自听取被告人或其辩护人的辩护意见的，应当委托高级人民法院的

审判人员听取并制作笔录。对于被告人或其辩护人坚持认为被告人不应当被判处死刑或者没有实施被指控的罪行的，高级人民法院或者最高人民法院在复核过程中应当特别慎重，以防止错杀的情况发生。

（五）人民法院的判决书、裁定书，应当说明作出裁判的理由

审判公开作为程序公正的重要内容，不仅应当做到审判的过程公开，而且应当做到审判的结果公开，即人民法院公开宣布判决、裁定。笔者认为，人民法院公开宣布判决仅是形式上的公开，更重要的是人民法院在审判结果的公开上应当做到实质公开，即在判决书、裁定书中应当说明作出判决、裁定的理由，具体包括：作出判决、裁定的事实和证据，对用于定案的证据应当逐一列出；作出判决、裁定的法律依据，包括所适用的法律条款和适应该条款的法理分析（即对被告人是否犯罪、所犯何罪、应否处以刑罚和应当如何处罚进行充分的阐述）；对于变更控诉方指控的罪名的，应当对变更的理由予以充分的说明；对于被告人及其辩护人的辩护意见是否采纳予以说明，特别是对其辩护意见不予采纳的，必须具体说明理由。只有这样，才能使被告人对人民法院作出的判决、裁定予以真正理解和接受，从而服判息讼，进而减少不必要的上诉或申诉，有效地实现公开审判所蕴涵的公正与效率的价值与目标。

关于改革、完善我国刑事辩护制度的几个重要问题

——写在我国签署《公民权利和政治权利国际公约》十周年

顾永忠 *

【内容摘要】

我国签署《公民权利与政治权利国际公约》已 10 年，十一届全国人大将重新启动对《刑事诉讼法》的再度修改，改革、完善我国刑事辩护制度应是这次修改的重点。本文结合《公约》的有关要求，仅就其中三个重要问题，即确立无罪推定的原则和不被强迫自证其罪的权利以及新《律师法》与现行《刑事诉讼法》有关规定不相一致的问题展开探讨。

【关键词】《公约》　刑事辩护　刑诉法修改

引　言

我国政府早在 1998 年 10 月就签署了《公民权利和政治权利国际公约》（以下简称《公约》）。10 年来，胡锦涛主席、温家宝总理曾多次表示，中国政府非常重视批准加入《公约》的有关问题，并积极创造条件解决与《公约》不一致的问题，一旦条件成熟，将由国家立法机关正式批准加入公约。

就刑事辩护制度而言，中国现行立法在某些方面已经符合《公约》的基本要求。例如刑事案件起诉到人民法院，人民法院能较快将《起诉书》送达被告人，符合《公约》关于"迅速以一种他懂得的语言详细地告知对他提出的指控的性质和原因"的要求。又如刑事案件无论是在审查起诉阶段还是在审判阶段，人民检察院和人民法院通常都能在自收到案件材料之日起 3 日内，告知犯罪嫌疑人、被告人有权委托辩护人，并为其提供相应的便利，并且能在

---

* 中国政法大学诉讼法学研究院教授、博士生导师。

开庭前留出 10 天以上的时间供被告人与律师联络并准备辩护，在时间方面基本符合《公约》关于被告人有相当的时间准备他的辩护并与他自己选择的律师联络的要求。再如中国刑事诉讼中没有缺席审判制度，被告人都能出庭受审并为自己辩护或由他选择的律师进行辩护。当被告人因经济或其他原因，没有聘请律师时，如果案件属于法律规定的三类特殊案件，人民法院就应当指定承担法律援助义务的律师为他们辩护，如果是三类特殊案件以外的其他案件，人民法院也可以为被告人指定律师辩护。这些规定基本符合《公约》关于"被告人有权出庭受审并亲自替自己辩护或经由他自己所选择的法律援助进行辩护"以及"在司法利益有此需要的案件中，为他指定法律援助，而在他没有足够能力偿付法律援助的案件中，不要他自己付费"的要求。

　　但是，也应该清醒地认识到，在很多方面，我国刑事辩护制度离《公约》提出的相关要求还有相当的差距。譬如《公约》要求的无罪推定原则我国刑事诉讼法上还没有确立，反而要求犯罪嫌疑人应当如实回答侦查人员的讯问，在法庭上被告人必须回答公诉人的讯问。还有《公约》要求应当为被告人与辩护人联络以及准备辩护提供"便利"，但在我国现行制度下，辩护律师根本不能查阅控方指控被告人犯罪的全部证据材料，同时还面临很大的执业风险。又如，《公约》要求"受审时间不被无故拖延"，但在中国刑事审判中，虽然法律规定了办案期限，大多数案件也能在办案期限内开始并完成审判，但仍然有一些案件受审时间常常被无故拖延，等等。

　　上述种种问题造成的后果是刑事辩护率不仅本身不高，而且徘徊不前，甚至有所下降。据统计，2002 年全国律师为被告人辩护的案件是 20 余万件，当年全国法院审结的一、二审刑事案件是 719989 件，律师辩护率仅为 27.8%。①另据报载，北京市律师人均办理刑事案件 1990 年是 2.64 件，2000 年则是0.78 件。而从办案绝对数看，1990 年律师辩护刑事案件是 4493 件，2000 年则下降为 4286 件。② 与此同时，无论律师的人数还是刑事案件的发案数都有相当数量的增长。

　　此外还应当指出，《公约》提出的要求是"最低限度"的，并且《公约》通过于 1966 年 12 月 16 日，距现在已 40 余年。40 年来联合国有关法律文件在

---

　　① 以上数据根据 2004 年 3 月 2 日《法制日报》"中国司法改革与人权保障"一文及《2003 年中国法律年鉴》所载的相关统计数据计算得出。

　　② 以上数据根据《中国法律人》杂志第 1 期第 58 页所载文章"刑法第 306 条是恶法还是良法"及中国律师网 2004 年 11 月 30 日所刊"25 年，突飞猛进的北京律师事业——北京律师行业发展回顾"中提供的有关数据计算得出。

刑事辩护方面又有很大的发展，其中很多规定或做法已经为世界上许多国家的现行立法所包含或司法实践所体现。

据联合国官方网站显示，截至 2008 年 9 月，世界上正式批准加入《公约》的国家已有 162 个。我国签署《公约》已达 10 年，作为一个负责任的大国，中国应当履行对国际社会的庄严承诺，积极创造条件尽早批准加入《公约》，其中包括在刑事辩护问题上，按照《公约》的要求，改革、完善我国的刑事辩护制度。前不久，全国人大公开宣布，将在本届人大期间完成上届人大未完成的《刑事诉讼法》的再修改工作。在此之际，本文仅就如何按照《公约》的要求，改革、完善我国刑事辩护制度的三个重要问题进行探讨。

一、关于无罪推定原则的问题

就联合国文件而言，无罪推定原则最早出现于《世界人权宣言》第 11 条："凡受刑事控告者，在未经获得辩护上所需的一切保证的公开审判而依法证实有罪以前，有权被视为无罪。"但这里的规定是倡导性、宣言性的。这一原则第一次写入具有法律约束力的联合国文件则是联合国《公民权利与政治权利国际公约》，表述为"凡受刑事控告者，在未依法证实有罪之前，应有权被视为无罪"（《公约》第 14 条）。此后，在 1985 年联合国制定的《少年司法最低限度标准规则》（即"北京规则"）、1990 年 12 月批准的《保护被剥夺自由少年规则》中都有所规定。

无罪推定原则之所以受到如此广泛的重视和吸收，最重要的原因就在于，它是现代刑事诉讼制度的重要标志，是刑事司法领域人权保障的屏障。一个国家是否吸收、确立无罪推定原则与该国刑事辩护制度的现实状况及发展前景密切相关。正因为如此，有学者将其视为刑事辩护制度产生的理论根据之一。

我国是否应该吸收、确立无罪推定原则，早在 20 世纪 50 年代就曾在法学界讨论过，并存在激烈的争论。50 年代末在"左"倾思想路线主导下开展的反右斗争中，主张吸收、确立这一原则的观点自然受到排斥，有关人员受到迫害、打击。80 年代初期，改革开放、解放思想的东风，促使法学界又有人提出我国应当吸收、确立无罪推定原则，并又在法学界引起讨论，但时间不久，其便被列入精神污染的范畴受到批判，好在对有关人员没有像反右时期那样遭到打击迫害。进入 90 年代，在酝酿讨论对 1979 年《刑事诉讼法》进行修改时，这个问题又重新提出，并形成了相当程度的共识和呼声，但最终也未能正式确立，只是形成了一个"吸收了无罪推定原则的合理部分"的第 12 条的规定，即"未经人民法院依法判决，对任何人都不得确定有罪"。

为什么我国不可以吸收、确立无罪推定原则？主持 1996 年《刑事诉讼法》修改起草工作的原全国人大常委会法制工作委员会主任顾昂然在修改案通过前的 1996 年 1 月 15 日曾表示:"封建社会采取有罪推定原则,资产阶级针对有罪推定,提出了无罪推定,我们坚决反对有罪推定,但也不是西方国家那种无罪推定,而是以客观事实为依据。"① 这段话由顾昂然以其当时的特殊身份及刑事诉讼法修正案通过前的特殊时刻说出来,大抵可以看做是官方对于无罪推定原则的立场和态度。

从这段话可以看出,我国显然对有罪推定是全盘否定的,但对无罪推定,虽然肯定其否定有罪推定的积极意义,但由于其是"资产阶级"提出来的,是"西方国家"的,所以我们持谨慎、保留的态度,不搞无罪推定,"而是以客观事实为依据"。其实,这种说法仍是一种标签论,并不能令人信服地成为我国不能吸收、确立无罪推定原则的理由。笔者认为,我们评价一种思想观点或者法律制度,应当从该思想观点、法律制度本身出发进行客观分析,而不是从它们是由谁提出来的,在哪些国家法律上有规定。如果这样的话,我们何以要加入《公民权利和政治权利国际公约》,那里面基本上都是资产阶级提出来的,并且大都规定在西方国家的法律制度中。因此,笔者主张,我们先应了解无罪推定原则的基本含义,然后再看它对我国有无借鉴、吸收价值,最后再决定我国是否应确立这项原则。

虽然理论上对无罪推定原则的含义有许多理解,但当前需要我们回答、解决的问题是,《公民权利和政治权利国际公约》第 14 条规定的无罪推定原则是何含义,我国是否能够接受并在法律上确立这一原则。

对《公约》的含义及其执行最有权威的解释评估机构是按照该《公约》的有关规定成立的人权事务委员会。该委员会第 13 号一般意见中指出:"基于无罪推定,对控诉的举证责任由控方承担,对疑案的处理应有利于被指控人。在对指控的证明达到超出合理怀疑的程度之前,不能推定任何人有罪。而且,无罪推定暗含着被指控的人享有按照这一原则对待的权利。因此,所有的公共当局都有义务不得预断审判结果。"② 这一解释可直接引出如下基本含义:

其一,控方应当承担证明其提出控诉的人有罪的责任;

其二,控方的证明应达到一定的证明标准即"达到超出合理怀疑的程度";

其三,对任何人的指控未达到上述证明标准之前,不能认定任何人有罪,

---

① 引自《法制日报》1996 年 2 月 3 日第 2 版。
② 转引自杨宇冠:《人权法——〈公民权利和政治权利国际公约〉研究》,中国人民公安大学出版社 2003 年版,第 257 页。

因此，其应享有无罪之人的权利；

其四，任何指控是否有罪最终取决于审判结果，此前任何人包括公共当局不得预断其有罪；

其五，对疑罪的处理应有利被指控人。

从以上五点基本含义，又可符合逻辑地推导出以下两点：

其一，犯罪嫌疑人、被告人不承担证明自己无罪或有罪的责任；

其二，有罪的结果只能由审判机关通过审判来确定。

暂且不论以上内容的理论根据是什么，仅以其规定本身对照我国现行《刑事诉讼法》的有关规定，可以分析我国现行刑事诉讼法与无罪推定原则还有多少差距：

首先，《刑事诉讼法》要求，检察机关向法院提起公诉，必须"犯罪事实已经查清，证据确实、充分"，并且在庭审活动中，向法庭出示、宣读指控证据。由此体现了控方应当承担证明其提出指控的人有罪的责任。

其次，《刑事诉讼法》规定，经过法庭审理，只有控方的指控达到"案件事实清楚，证据确实、充分，依据法律认定被告人有罪的"，才能作出有罪判决。由此体现了控方的证明应达到法定证明标准的要求。

再次，《刑事诉讼法》强调："未经人民法院依法判决，对任何人都不得确定有罪"，为此废除了 1979 年《刑事诉讼法》中规定的免予起诉制度。由此体现了只有审判机关才能定罪的原则。

最后，《刑事诉讼法》明确指出，不仅人民法院对于"证据不足，不能认定被告人有罪的，应当作出证据不足、指控的犯罪不能成立的无罪判决"，而且"对于补充侦查的案件，人民检察院仍然认为证据不足，不符合起诉条件的，可以作出不起诉的决定"。由此体现了疑罪从无、有利于被告的精神。

综上可见，《公约》关于"无罪推定"原则的基本含义和要求，在我国现行《刑事诉讼法》中基本上得到了体现，唯一相冲突的地方就是现行《刑事诉讼法》第 63 条和第 155 条关于"犯罪嫌疑人对侦查人员的提问，应当如何回答"和公诉人在法庭上可以讯问被告人的规定。此外，就是我国《刑事诉讼法》上没有明确表述犯罪嫌疑人、被告人在人民法院依法确定有罪之前视为无罪的人，并享有无罪的人的权利。而这两点显然不能成为我们拒绝确立无罪推定原则的理由。

首先，关于犯罪嫌疑人应当如实回答侦查人员提问的规定和被告人应当回答公诉人指控性讯问的规定本身就是与《刑事诉讼法》关于控方应承担证明被告人有罪的责任的规定相抵触的。既然证明有罪的责任由控方承担，犯罪嫌疑人、被告人当然不承担证明自己无罪或有罪的责任，进而也没有义务必须回答侦查人员及公诉人的指控性讯问，除非他们自己愿意回答或主动说出什么。因此，这些规定本来就是不应该的，更何况并没有什么实质意义，如果犯罪嫌疑人、被告人拒不回答，实际上也不能对他们产生不利的后果。我们绝不可以像在封建刑事诉讼制度下，被告人不说话、不认罪就"合法"地对其施以肉刑逼供。

其次，既然确立了只有人民法院有权定罪的原则，那就意味着在人民法院依法确定任何人有罪之前他或她就是无罪的。因为无论从文字上、逻辑上还是从事实上分析，"有罪"的对立面就是"无罪"，"有罪"以外的任何情形在本质上都是"无罪"，没有第三条道路可走。正因为如此，现行《刑事诉讼法》规定对那些证据不足的案件也就是疑罪案件也不能起诉、定罪，而作出不起诉决定及判决无罪。因此，所谓"我们坚决反对有罪推定，但也不是西方国家那种无罪推定，而是以客观事实为根据"是行不通的。一个人被认为涉嫌犯罪或被指控犯罪，因此而对其立案侦查、提起公诉包括对其采取强制措施，即使是正确的、必要的、有法律根据的，也不能认为他或她就是有罪的或者就是罪犯。至于对犯罪嫌疑人、被告人进行侦查，采取拘留、逮捕的强制措施与"推定"或"假定"无罪并不冲突。因为"推定"或"假定"本身就是一种假设，并不是正式的或最终的决定。正因为如此，才需要最后的审判，以最终确定其是否有罪。在此之前只能推定或假定其无罪。推定或假定的意义在于使侦查机关及侦查人员、检察机关及检察人员、审判机关及审判人员在法院依法确定被告人有罪之前，不能把他们看做是"有罪的"，不能把他们当做罪犯对待，应当最大限度地保障他们依法应当享有的公民权利，包括依法享有并充分保障他们的辩护权，即使要对他们拘留、逮捕也应当是在不得已、非常必要的情形下才可以实施。因为一旦错误适用将会对当事人造成永远无法弥补的损害结果。事实上，世界上所有在法律上和实践上确立了无罪推定原则的国家或地区，并没有放弃对刑事案件的立案侦查及对犯罪嫌疑人、被告人必要的人身限制，这一切并不违背无罪推定原则。

总之，我国现行《刑事诉讼法》实际上已经吸收了无罪推定原则的基本精神，目前存在的问题，不应当也不值得成为我国不确立这一原则的理由。无论从提高我国日益重要的国际地位和扩大我国在国际事务中的重大影响来看，还是从贯彻落实"国家尊重和保障人权"的宪法规定来讲，无论从我国积极创造条件，兑现尽快批准加入《公约》的承诺来说，还是从加强刑事诉讼中的人权保护，维护和实现司法正义的需要考虑，我们都应当在法律上正式确立无罪推定原则。因此，只要把存在的问题加以解决，我国就可以名正言顺、正大光明地在《刑事诉讼法》上确立无罪推定原则。

二、关于不被强迫自证其罪的问题

不被强迫自证其罪的权利是《公约》第 14 条确定的任何被指控的人应当享有的"最低限度的保证之一",其原文表述是"不被强迫作不利于他自己的证言或强迫承认犯罪"。在理论界也有人将其称为沉默权,[①] 但也有人认为它与沉默权并不完全一致。这是一个复杂的理论问题,在此不宜探讨。本文仅以《公约》的规定并以目前学术界对此比较一致的表述"不被强迫自证其罪"为依据讨论我国是否应当赋予被指控人这一权利的问题。

"不被强迫自证其罪"的核心是在刑事诉讼中不得强迫犯罪嫌疑人、被告人作出对自己不利的证言或强迫其承认自己犯罪。这一规定的诉讼原理就是无罪推定原则中控方应当承担证明被告人有罪的证明责任,被告人不承担证明自己无罪或有罪的义务。前已指出,虽然我国目前没有完全确立无罪推定原则,但控方应当承担证明被告人有罪的证明责任,在我国法律上已经确立。而这一点正是"不被强迫自证其罪"的根基所在。只要我们坚持这一点,就应当接受并确立"不被强迫自证其罪"的权利。

目前在理论界和实务界有一种担心,如果确立了"不被强迫自证其罪"的权利,是不是在刑事诉讼中就不可以对犯罪嫌疑人、被告人进行讯问,由此将会导致犯罪嫌疑人、被告人不再张口说话或者即使自己承认犯罪也不可作为证据了,如此等等。这些担心可以理解,但也说明对不被强迫自证其罪的含义还没有形成深刻的认识。对此有必要加以分析、说明。

首先,确立不被强迫自证其罪的权利,并不是不可以对犯罪嫌疑人、被告人进行讯问了,相反,只要不采用强迫的手段,只要犯罪嫌疑人、被告人愿意接受讯问,仍然可以对他们讯问。美国《宪法第五修正案》早在 1789 年就确立了"任何人在刑事诉讼法中都不得被强迫成为不利于自己的证人",但美国刑事诉讼中,无论审前程序还是审判程序中并没有禁止对犯罪嫌疑人、被告人进行讯问。为此在审前程序中建立了米兰达规则,其中有"你有权保持沉默"的规定,但这一规定不是禁止犯罪嫌疑人说话或者回答问题,而是你有权决定说话、回答问题或不说话、不回答问题。因为既然是"权利",就是赋予权利主体一项做什么或不做什么的选择,如果只能做什么或不能做什么,那就不是权利而是义务了。在审判程序中,美国也赋予被告人保持沉默的权利,但是,如果被告人愿意,他仍然可以在法庭上张口说话,包括承认自己犯罪或不承认自己犯罪。

---

① 参见孙长永:《沉默权制度研究》,法律出版社 2001 年版,第 15 页。

其次，确立不被强迫自证其罪的权利，并不会导致犯罪嫌疑人、被告人在刑事诉讼中不再张口说话。世界上很多国家在法律上都确立了不被强迫自证其罪的权利，但这些国家的实践表明，并没有因此而导致犯罪嫌疑人、被告人在刑事诉讼中保持沉默，不再说话。相反，仍然有相当多的犯罪嫌疑人、被告人愿意张口说话，愿意接受讯问，甚至自愿承认犯罪。以美国为例，90%的案件中的被告人都是主动自愿认罪或经辩诉交易作有罪答辩的，日本被告人的认罪率也高达92.3%。① 为什么如此，有多方面的原因，诸如个人良心的发现、心灵的忏悔、对自己案件结果理性的分析以及刑事政策的引导、从宽法律的兑现等。

再次，确立不被强迫自证其罪的权利，并不否认犯罪嫌疑人、被告人自愿认罪的证据效力。前已指出，不被强迫自证其罪的核心是"不得强迫"，因此，对于强迫犯罪嫌疑人、被告人所作的不利自己的证言或强迫其承认自己犯罪的供述不得作为诉讼证据，但并不禁止犯罪嫌疑人、被告人自愿认罪。从某种意义上讲，确立不被强迫自证其罪的权利，就是为了保障犯罪嫌疑人、被告人自愿认罪，而一旦确认犯罪嫌疑人、被告人的认罪是自愿的，势必就作为有效合法证据影响对案件的处理。美国米兰达规则讲得很清楚："你有权保持沉默，你如果说话……将作为……"事实也是如此，美国90%以上的刑事案件都是以确认被告人系自愿认罪作出有罪答辩而结案的，并不再经过严格的陪审团审判。

可见，只要客观、全面、深刻地认识这些问题，应该不必担心。不仅如此，还应认识到确立这一权利的积极意义。

首先，有助于提高我国的国际形象和国际地位。在刑事诉讼领域，这是我国与《公约》差距比较大的问题，一旦确立了这一权利，就会推进正式批准《公约》的步伐。此外，这也是国际上对我国刑事诉讼领域比较关注的问题之一，有的甚至以我国没有确立这一权利为由对我国进行别有用心的攻击、指责。一旦解决了这一问题，对这些别有用心的人将是有力的回击，对于与我国友好的国家和人士也将是积极的支持。

其次，有助于解决我国刑事诉讼中多年来屡禁不止的刑讯逼供、非法讯问的"顽疾"。刑讯逼供一直是伴随我国刑事诉讼的一个突出问题，因此，刑事诉讼法明令"严禁刑讯逼供和以威胁、引诱、欺骗以及其他非法的方法收集证据"。最高人民法院在《关于执行〈中华人民共和国刑事诉讼法〉若干问题

---

① 参见魏晓娜：《反对强迫自证其罪》，载陈光中主编：《〈公民权利和政治权利国际公约〉与我国刑事诉讼法》，商务印书馆2005年版，第291页。

的解释》以及最高人民检察院在《人民检察院刑事诉讼规则》中都有关于排除以刑讯逼供等方法非法取得的口供等证据的有关规定，但是由于没有配套的法律规定和相关制度，这一规定并没有落实到位。我国一旦确立了不被强迫自证其罪的权利，一定会对解决刑讯逼供及其他非法证据的排除产生积极的作用。

再次，有助于促进我国的刑事侦查法制建设，提高侦查破案的科技水平和侦查人员的侦查能力。多年来，我国一些人形成了一种惯性思维：我们侦查破案的科技水平较低，侦查人员的侦查能力较弱，因此，不能确立沉默权制度或不被强迫自证其罪的权利；而这种认识又加重了侦查人员对口供的依赖，侦查破案的重点往往放在想方设法获取嫌疑人的口供上，而不愿或不重视从提高侦查破案的科技水平和侦查人员的侦查能力上下工夫。一旦确立了"不被强迫自证其罪"的权利，在很大程度上就会促使侦查机关及侦查人员从这一惯性思维中解脱出来，下工夫在口供以外寻求破案的方法和手段，以提高侦查人员的法律素质和侦查能力。

应该说，我国现行法律也是坚决反对强迫自证其罪的。《刑事诉讼法》规定："严禁刑讯逼供和以威胁、引诱、欺骗以及其他非法的方法收集证据。"《刑法》还专门规定了刑讯逼供罪予以惩罚。因此，在《刑事诉讼法》上确立不被强迫自证其罪的权利，与现行《刑事诉讼法》并不存在根本冲突，只有两个问题可称为目前法律上存在的障碍：其一，《刑事诉讼法》第93条关于"犯罪嫌疑人对侦查人员的提问，应当如实回答"的规定；其二，《刑事诉讼法》第155条中关于在庭审中公诉人向被告人讯问的规定。

对于《刑事诉讼法》第93条的规定，理论界早就有人提出异议，主张在《刑事诉讼法》修改时应当取消。至于公诉人在法庭上对被告人穷追猛打的讯问，不仅理论界有人提出应当修改，主张庭审开始时只要被告人表明是否认罪或是否承认指控的事实即可，不应强制其回答问题，而且有的地方的法院尝试庭审改革，在庭审活动中已经取消了公诉人对被告人的讯问程序。① 但是，毕竟在现行《刑事诉讼法》上它们还存在，并且构成了确立不被强迫自证其罪的直接障碍。在法律上正式确立不被强迫自证其罪的权利，应当从以下几个方面加以解决：

1. 在《刑事诉讼法》上确立无罪推定原则，这是确立不被强迫自证其罪权利的法律基础，这个问题前面已专门论述，不再赘述。

---

① 关于这个问题参见顾永忠、苏凌主编：《中国式对抗制庭审方式的理论与探索》，中国检察出版社2008年版，第90～91页。

2. 在《刑事诉讼法》上明确规定犯罪嫌疑人、被告人享有不被强迫自证其罪的权利。这既是确立这项权利的直接标志，也是解决相关配套问题的法律依据。

3. 与上述规定相适应，取消《刑事诉讼法》关于犯罪嫌疑人应当如实回答侦查人员的提问和庭审开始公诉人对被告人进行讯问的规定。这样做除了它们与不被强迫自证其罪的权利相悖外，而且规定在《刑事诉讼法》上并无多大实际意义。以"应当如实回答"为例，如果犯罪嫌疑人不回答，当然不能对其刑讯逼供，更不能推定其就是罪犯！至于庭审开始时公诉人对被告人的讯问，如果被告人自愿认罪，他在起诉书宣读后就已向法庭表明态度，公诉人再讯问已没有什么实质意义，相反，如果他向法庭表示不认罪，那么公诉人再进行讯问更没有必要。在以上两种情形下，公诉人所应做的就是通过向法庭举证履行其承担的证明被告人有罪的证明责任。因此，取消这两个规定，对刑事诉讼活动的正常进行并不会产生实质性的负面影响，反而提高了我国刑事诉讼法的良好声誉。

4. 建立向犯罪嫌疑人、被告人告知本项权利的制度，即在办案人员拟向犯罪嫌疑人、被告人讯问前向其告知"你享有不被强迫自证其罪的权利，如果你同意，现在就对你进行讯问，如果你不同意，则不进行讯问"，之后根据对方的态度决定对其进行讯问或是不进行讯问，对这个过程应该记录在案。告知的意义在于，其一，使犯罪嫌疑人、被告人了解自己享有这一权利，这对一些文化程度低、法律知识欠缺的人尤为重要；其二，对于确认犯罪嫌疑人、被告人接受讯问是否出于自愿是重要的依据；其三，对于确认讯问犯罪嫌疑人、被告人的口供材料是否具有证据效力是重要的根据；其四，对于侦查人员依法办案、文明讯问将起到自我警示和自我监督的作用。

5. 还应当建立犯罪嫌疑人、被告人自愿认罪后从宽处理的法律制度，这既是对我国一直主张的坦白从宽刑事政策的体现，也是最大限度地鼓励犯罪嫌疑人、被告人同意接受讯问，自愿认罪，减少阻力和消极作用的重要措施。许多国家确立了不被强迫自证其罪的权利或者沉默权，仍然有那么多的人愿意张口说话，接受讯问并承认有罪，很大程度上就是因为具有法律上的好处。至于建立一种怎样的从宽处理的法律制度，已超出了本文的范围，不再论及。

三、关于《律师法》与《刑事诉讼法》相关规定不一致的问题

2007 年 10 月 28 日，十届全国人大常委会通过了修订的《律师法》，由于其中关于律师会见犯罪嫌疑人、查阅案卷材料、调查收集证据等规定与现行《刑事诉讼法》的有关规定不一致，引起理论界和实务界的讨论甚至争论。有

人认为,《律师法》是全国人大常委会通过的法律,而《刑事诉讼法》是由全国人民代表大会通过的法律。按照《立法法》及法学基本理论,前者是普通法,后者是基本法。前者对后者进行修改缺乏法律依据,甚至有人说新《律师法》对现行《刑事诉讼法》有关内容的修改是违法违宪的。在实践中,2008 年 6 月 1 日新《律师法》正式生效实施后,其中对于《刑事诉讼法》修改的有关内容在司法实践中并未得到贯彻执行,相反,遇到种种阻力。最突出的表现是,在刑事诉讼侦查阶段,律师依据新《律师法》的规定到看守所会见在押的犯罪嫌疑人时,侦查机关及看守所往往以各种借口、"理由"不予准许,有的人甚至明确表示《刑事诉讼法》并未修改,《律师法》的修改对《刑事诉讼法》无效。如何看待和解决两部法律存在的这一问题,是立法界、司法界及学术界共同关注的问题。

应该说,《律师法》关于律师辩护的上述规定,是对近年来律师辩护存在的最突出的"三难"问题所作的积极回应,有利于律师依法充分地为犯罪嫌疑人、被告人展开辩护,既体现了刑事诉讼的程序公正,也有利于维护刑事诉讼的实体公正,并且基本上符合《公约》对刑事辩护的有关要求,应当给予充分的肯定。至于其与现行《刑事诉讼法》有关规定的不一致现象,根据我国宪法的有关规定,根本不存在什么违法、违宪的问题,而应当严格贯彻执行《律师法》的有关规定。

2008 年 8 月初,全国人大常委会法工委在一份题为《全国人民代表大会常务委员会法制工作委员会对政协十一届全国委员会第一次会议第 1524 号(政治法律类 137 号)提案的答复》中明确指出:"依照宪法规定,全国人大常委会对于全国人民代表大会制定的法律,在不与其基本原则相抵触的情况下,可以进行修改和补充",新修订的《律师法》"实际上是以新的法律规定修改了刑事诉讼法的有关规定,对此应按修订后的律师法的规定执行。"[1] 应当说,这段话要点有三:

其一,"依照宪法规定,全国人大常委会对于全国人民代表大会制定的法律,在不与其基本原则相抵触的情况下,可以进行修改和补充"。查询《宪法》第 67 条关于"全国人民代表大会常务委员会行使下列职权"的规定,其中第 3 项是:"在全国人民代表大会闭会期间,对全国人民代表大会制定的法律进行部分补充和修改,但是不得同该法律的基本原则相抵触。"该规定确立了全国人大常委会对全国人民代表大会制定的法律在符合该项规定所述的条件下可以进行修改的宪法依据。

---

[1]　参见《法制日报》2008 年 8 月 15 日。

其二，新修订的《律师法》，"实际上是以新的法律规定修改了刑事诉讼法的有关规定"。根据上述《宪法》第67条第3项的规定，对照新《律师法》对《刑事诉讼法》有关内容的改变，是完全符合以上条件的：首先，修订的时间是在"全国人民代表大会闭会期间"；其次，修订的范围是"部分补充和修改"；最后，修订的内容同《刑事诉讼法》的基本原则并不相抵触。正是因为修改的职权有宪法依据，修法的时间、范围、内容又符合宪法规定的相关条件，因此确认新《律师法》"实际上是以新的法律规定修改了刑事诉讼法的有关规定"。

其三，既然新《律师法》实际上已经修改了《刑事诉讼法》的有关规定，那么，"对此应按修订后的律师法的规定执行"，这是修法的目的所在，也是修法的必然要求，更是法律权威、尊严的集中体现。

根据以上三点，任何关于《律师法》不能修改《刑事诉讼法》进而不执行新《律师法》的有关规定的说法和做法都是于法无据，不能成立的。任何人、任何机关不能以任何理由不执行修订后的《律师法》。

其实，全国人大常委会以修订本法的方式直接修改全国人民代表大会制订的法律或者以修订他法的方式间接修改全国人民代表大会制订的法律的做法在以往立法例上早已有之。前者如自1997年3月全国人民代表大会修订《刑法》后，迄今为止全国人大常委会已先后以6个修正案的方式对《刑法》有关内容进行修改。后者如，无论是全国人民代表大会1979年制定的第一部《刑事诉讼法》和《刑法》，还是全国人民代表大会1996年及1997年修订的《刑事诉讼法》和《刑法》，都规定死刑案件除由最高人民法院判决的以外，都应报请最高人民法院核准。但是自1980年1月1日《刑法》、《刑事诉讼法》生效实施以来直到2007年1月1日之前，最高人民法院从没有按照《刑法》、《刑事诉讼法》的规定对死刑案件实行过全面直接核准，相当一部分死刑案件都是由省、自治区、直辖市高级人民法院行使核准权的。而这样做的法律依据，在1983年12月31日之前是全国人大常委会通过的有关单行《决定》，在此之后则是全国人大常委会于1983年9月2日对《人民法院组织法》进行的有关修订，其中第13条是："死刑案件除由最高人民法院判决的以外，应当报请最高人民法院核准。杀人、强奸、抢劫、爆炸以及其他严重危害公共安全和社会治安判处死刑的案件的核准权，最高人民法院在必要的时候，得授权省、自治区、直辖市的高级人民法院行使。"这些规定实际上都是对《刑法》、《刑事诉讼法》原来规定的修改，直到2007年1月1日起才取消了这些修改，回归《刑法》、《刑事诉讼法》原来的规定，由最高人民法院全面行使死刑的核准权。由此可见，像这次《律师法》修改，《刑事诉讼法》有关规定的立法修改模式早已有之，并非首次。值得深思的是，为什么这次《律师法》的修改会引起如此大的反响，包括一些人存在批判性、否定性的说法与做法。

从深层次上分析，问题并不出在全国人大常委会可不可以对全国人民代表大会制定通过的法律进行修改，而在于修改的内容是什么。这次新《律师法》对《刑事诉讼法》有关内容的修改，扩大了律师的执业权利，加强了对犯罪嫌疑人、被告人的人权保障，相应地也弱化了办案机关及办案人员的部分权力，增加了他们按照传统思维办案的难度，于是有的人不愿意接受，就找出这样那样的"理由"消极甚至公开地不执行。这次法工委对全国政协委员提案的答复，其首要意义就在于使这些"理由"不能成立。但此后新《律师法》的相关规定是否就能得到切实的执行，我们还不能过于乐观。我国法制建设当今面临的突出问题主要不是无法可依，而是有法不依，执法不严，违法不究。因此，下一步工作的重点主要是如何保障新《律师法》相关规定的严格执行。

首先，要树立法律的权威和尊严，中央有关部门应当带头明确表态并制定相关文件，要求、指导本系统严格执行新《律师法》的有关规定。其次，要采取有效措施，对于有法不依、执法不严的情形严肃查处。最后，要动员、组织各方力量，深入、广泛地宣传在刑事诉讼领域贯彻宪法关于"尊重和保障人权"规定的特殊意义。要使人们认识到这次新《律师法》对《刑事诉讼法》有关内容的修改，并不只是律师自身权利的事情，而是涉及犯罪嫌疑人、被告人乃至每个公民合法权益及诉法权利的保障的问题，涉及司法文明、司法民主、司法公正的问题。当然，这是一个长期的任务。从这个意义上讲，这次新《律师法》的修改只是阶段性的。与《公约》规定的刑事辩护的国际标准相比，与我国"依法治国"方略的要求相比，与"国家尊重和保障人权"的宪法规定相比，应该说我国刑事辩护制度本身以及与其直接相关的其他诉讼制度、诉讼程序还存在着大量的问题，需要通过修改《刑事诉讼法》加以解决。早在2003年十届全国人大换届之初，全国人大常委会就宣布，在十届人大任期内完成对包括《刑事诉讼法》在内的若干法律的修改。据笔者了解并部分参与，在十届全国人大任期内，全国人大常委会法制工作委员会从未停止过对《刑事诉讼法》进行修改的调查、研究、起草、讨论等相关工作。到2006年12月已经拟订了修改草案。但是，由于多方面原因，这项工作后来没有如期完成。正是在此背景下，在对《律师法》进行修订时，对于其中涉及律师辩护并且在实践中比较突出的"三难"问题先进行了修改。应该说，这只是权宜之计。刑事辩护制度的完善、改革靠《律师法》的修改是远远不够的，必须有赖于《刑事诉讼法》的再修改。因此，我们希望并迫切地期待国家立法机关尽快完成对《刑事诉讼法》的再修改，并在此次修改中改革、完善我国现行刑事辩护制度，使其在保持我国特色的基础上最大限度地与《公约》规定的刑事辩护的国际标准相衔接，以提高我国的国际地位和形象，推动人权事业的进步和发展。

起诉裁量权行使状况之实证分析

侯晓焱[*]

【内容摘要】

我国起诉裁量权行使形态复杂，存在以不起诉的法定形式行使方式和退处中的隐性行使方式。实证研究表明，刑事政策和检察机关内部指导规则对起诉裁量权行使程度的抑扬变化和行使方式的选择均有突出影响。在实行宽严相济刑事政策、构建和谐社会的背景下，检察机关应当调整不起诉率等内部机制，引导起诉裁量权的科学行使，并应当区别严重性程度不同的犯罪，贯彻刑法谦抑性原则，轻重刑罚协调适用，以期真正化解矛盾，实现对犯罪的有效控制。

【关键词】 相对不起诉　起诉裁量权　退处　实证

我国《刑事诉讼法》第 142 条第 2 款规定，犯罪情节轻微，依照刑法不需要判处刑罚或者免除刑罚的，可以不起诉。这在学界被称为相对不起诉、微罪不起诉或者酌定不起诉。自 1996 年《刑事诉讼法》实施以来，这一条款在实践中受限制较多，不起诉率偏低的问题受到普遍关注。各界对如何扩大相对不起诉的适用，以实现案件合理分流，提高诉讼效率，促进社会和谐进行了很多探讨。实证研究表明，相对不起诉的适用不仅包括以相对不起诉为名称作出决定的案件，还包括相对不起诉的隐性行使。对该问题加以全面研究，有助于揭示不起诉的实际状况，促进检察机关改善对起诉裁量权运用的规范和引导，实现起诉裁量权的科学发展。

一、真实的不起诉率——纳入隐性不起诉的计算方式

不起诉率是起诉裁量权行使程度的重要指标。在我国，通常以作出不起诉

---

* 北京市海淀区检察院检察官，全国检察理论研究人才，北京师范大学刑事法律科学研究院在读博士生。

决定的案件（或人数）为分子来计算。但实践中，检察机关审查起诉后，除作出起诉、不起诉决定外，有时还将建议公安机关撤销案件（又称"退处"）作为一种基本的结案方式。由于退处中的相当一部分案件实质上应作不起诉处理，它事实上成为不起诉的替代方式。由此，研究中国不起诉问题时，既要研究以不起诉为名称作出决定的案件，也应该把"退处"案件中具有不起诉之实质特点的案件纳入研究范围，才能获得检察机关行使起诉裁量权的完整信息。本部分简要述评"退处"的概念和总体适用情况，为进一步检视退处中具有起诉裁量性质的案件情况、全面分析相对不起诉状况提供基础。

"退处"，是将检察机关审查起诉的案件退回侦查机关自行处理，《刑事诉讼法》对这一做法没有明确规定。《人民检察院刑事诉讼规则》第 262 条规定，对于公安机关移送审查起诉的案件，发现犯罪嫌疑人没有犯罪行为的，应当书面说明理由，将案件退回公安机关处理；发现犯罪事实并非犯罪嫌疑人所为的，应当书面说明理由，将案件退回公安机关并建议重新侦查。在这两种情形下，检察机关显然应该终止审查，但《刑事诉讼法》规定的三种不起诉又难以将其涵盖，故最高人民检察院出台此司法解释予以解决。据之，采用退处方式处理的案件应明确限于上述两种情形，但在实践中，退处案件范围远不在此限。实证研究表明，适用退处的情况包括：（1）犯罪情节轻微，依照刑法规定不需要判处刑罚或者免除刑罚。（2）证据不足，不符合起诉条件。（3）犯罪嫌疑人的行为不构成犯罪，即《刑法》第 13 条规定的"情节显著轻微危害不大的，不认为是犯罪"的情形。（4）犯罪嫌疑人的行为属于正当防卫或意外事件。（5）犯罪嫌疑人有精神障碍，无刑事责任能力。（6）犯罪嫌疑人未达刑事责任年龄，无刑事责任能力。（7）取保候审后脱保。（8）受案检察机关无管辖权。（9）发现犯罪嫌疑人新的罪行或者抓到新的同案犯需要重新补充侦查，或者需要分案处理或者并案处理等其他情形。[①] 在数量方面，退处案件也为数不少，以北京为例，2004 年全市公诉部门建议公安机关撤回移送审查起诉的案件共 1043 件。[②]

退处和不起诉不能简单等同。已有的实证研究对此未予以充分注意，分析

---

　　① 叶衍艳：《"退处"的"正当程序"危机及其改革出路》，载《中国检察——规范执法：制度建设与立法完善》，北京大学出版社 2007 年版，第 270~272 页；杨新京、董丽娟：《审查起诉阶段案件退回公安机关处理之探讨》，载《国家检察官学院学报》2007 年第 3 期，第 64~65 页。

　　② 叶衍艳：《"退处"的"正当程序"危机及其改革出路》，载《中国检察——规范执法：制度建设与立法完善》，北京大学出版社 2007 年版，第 269 页。司法实践中，"建议公安机关撤案"即是退处的含义。

时将不起诉数和退处数占全年收案总数的比例分别计算出来后，直接进行对比和评价。① 这种做法忽视了适用不同原因的退处案件间的区别。从前述退处具体情况看，前六种情况可以纳入现行法律规定的不起诉范围，案件被检察机关建议退处后，通常不会再返回刑事诉讼程序中，案件实质上终结。这种情况在退处案件中占比例较高，如在北京某一基层检察机关2000—2002年退处总数中占90.38%，② 在另一基层检察机关2002—2004年退处总数中占58.2%。③后三种情况下，退处是案件办理的一个中间环节，侦查机关收到退回案件后会作出相应处理，如抓捕在逃犯罪嫌疑人、移送有管辖权机关等，退处此时在最初受理案件的检察机关具有程序性结案的意义，并不涉及对案件的实体评价。这类情况在数量上并没有少到可以忽略不计。如北京市S区检察院2002—2004年三年间程序性终结的退处案件占到41.8%；④ 北京市H区检察院2004—2007年程序性终结的退处案件分别为33.6%、22.8%、18.8%和9.86%。所以，对退处必须进行具体深入分析。

如果把以不起诉为名称作出的决定称为"显性不起诉"，退处中包含的本应作不起诉处理的案件则可称为"隐性不起诉"。通常计算不起诉率时，隐性不起诉由于其隐蔽性不会被计入，但是，它在实务中普遍并大量存在，并且有些年份在数量上还远远高于显性不起诉案件数。下面以北京市H区检察机关近4年的数据来说明退处案件的大量存在对不起诉率的重大影响。其中，应纳入不起诉的退处人数即数字C的计算方法是前述具有实质性终结性质的退处

---

① 杨新京、董丽娟：《审查起诉阶段案件退回公安机关处理之探讨》，载《国家检察官学院学报》2007年第3期，第64页。

② 具体情况为：犯罪情节轻微，依照《刑法》规定不需要判处刑罚或者免除刑罚的，占45.4%；证据不足，不符合起诉条件的占15.8%；犯罪嫌疑人的行为不构成犯罪，即《刑法》第13条规定的"情节显著轻微危害不大的，不认为是犯罪"的情形的，占14.8%；犯罪嫌疑人的行为属于正当防卫或意外事件的，占1.4%；犯罪嫌疑人有精神障碍，无刑事责任能力的，占1.4%；犯罪嫌疑人未达刑事责任年龄，无刑事责任能力的，占2.8%。叶衍艳：《"退处"的"正当程序"危机及其改革出路》，载《中国检察——规范执法：制度建设与立法完善》，北京大学出版社2007年版，第270~272页。

③ 具体情况为：犯罪情节轻微，依照刑法规定不需要判处刑罚或者免除刑罚的，占撤案总数的19.9%，退补后仍证据不足、不符合起诉条件的，占24.1%，犯罪嫌疑人行为不构成犯罪的占14.2%。王立德、李旺城：《透视"撤案"程序危机 提高法律监督能力——对顺义区近三年公诉阶段公安机关撤回案件的实证研究》，载《中国检察官》2006年第2期。

④ 王立德、李旺城：《透视"撤案"程序危机 提高法律监督能力——对顺义区近三年公诉阶段公安机关撤回案件的实证研究》，载《中国检察官》2006年第2期。

案件，并主要为构成犯罪但情节轻微、证据不足无法认定犯罪以及属于法定不起诉情况的各类案件之和。

表1

项　目	2004 年	2005 年	2006 年	2007 年
公诉审结总人数 A	4881	5600	5817	6225
不起诉人数 B	46	80	125	216
不起诉率	0.9%	1.4%	2.1%	3.5%
退处总数	375	312	181	142
应纳入不起诉的退处人数 C	249	241	147	128
应纳入不起诉的退处人数率 C/A	5.1%	4.3%	2.5%	2.1%
实际不起诉率 D =（B + C）/A	6%	5.7%	4.7%	5.5%

从上表可以看出：

第一，以通常的方法计算不起诉率，该基层检察机关 2004 年至 2007 年的不起诉率分别为 0.9%、1.4%、2.1% 和 3.5%，平均为 1.98%。

第二，将应纳入不起诉范围的退处数（即前述的隐性不起诉案件）作为分子，① 来计算（隐性）不起诉率，则 2004 年至 2007 年的数字分别为 5.1%，4.3%、2.5% 和 2.1%，平均为 3.5%。

第三，如果不计决定名称，将不起诉案件和退处中具有不起诉之实的案件共同作为分子，来计算真实的不起诉率，则 2004 年至 2007 年实际不起诉数所占比例分别为 6%、5.7%、4.7% 和 5.5%，平均为 5.48%。

上述三组数字间的重大差别值得关注：以近 4 年的平均值看，一是以退处中隐性不起诉人数计算出的隐性不起诉率（3.5%）高于名义上的不起诉率（1.98%），二是实际上的不起诉比例（5.48%）更高于名义上的不起诉率为（1.98%）。从单个年份的情况看，纳入了隐性不起诉的实际不起诉率与显性不起诉率差别更加悬殊，2004 年前者是后者的 6.67 倍（6%/0.9%），2005 年为 4.07 倍（5.7%/1.4%）。这些差别至少说明，计算不起诉率时，仅以显性不起诉数为分子得出的结果是不客观的，必须将退处的隐性不起诉纳入研究视

---

① 计算这部分数字时，查阅了所有退处案件的材料，分析了每起退处的具体原因，分别圈定了属于犯罪情节轻微、证据不足和符合《刑事诉讼法》第 15 条应法定不诉的案件情况，由此得出具有不起诉之实的退处案件数据。同事李巧芬提供了大量帮助，在此深表谢意。

野，才能更接近真实情况。

二、将隐性不起诉纳入视角的起诉裁量权行使实况

虽然检察机关的裁量权体现为不起诉决定，但并非所有的不起诉都是起诉裁量权的产物。应当明确的是，在法定不起诉和存疑不起诉情形中，因为案件并不具备法定起诉条件，检察官实际上并不享有在起诉和不起诉之间选择的权力。我国立法中，只有《刑事诉讼法》第 142 条赋予了检察机关起诉裁量权。①所以，通常以各类不起诉数总和为分子计算得出的不起诉率，没有反映基于起诉裁量权对犯罪情节轻微的案件作相对不起诉的比例，而且，鉴于退处案件中隐性不起诉的存在，这种计算方法也不易反映出基于起诉裁量权对犯罪情节轻微的案件事实上未予起诉的全部案件的比例。本部分聚焦相对不起诉和隐性不起诉中具有行使裁量权性质的案件，根据北京 H 区检察院近 4 年的数据，计算出由于犯罪情节轻微未予起诉案件的真实比例，分析起诉裁量权行使的特点和趋势。具体见下表。

表 2

项　目	2004 年		2005 年		2006 年		2007 年	
	人数	较上年增长率	人数	较上年增长率	人数	较上年增长率	人数	较上年增长率
公诉审结人数 A	4881	9.86%	5600	14.73%	5817	3.88%	6225	7.01%
相对不起诉 E	13	29.6%	25	31.2%	48	38.4%	144	200%
相对不起诉率（显性）F = E/A	0.27%		0.45%		0.83%		2.31%	
微罪退处 G	213		167	-21.6%	87	-47.9%	67	-23%
微罪退处率 H = G/A	4.36%		2.98%		1.495%		1.08%	
裁量无罪处理数 I = E + G	226		192	-15%	135	-29.7%	211	56.3%
裁量无罪处理率 J = I/A	4.63%		3.43%		2.32%		3.39%	

---

① 宋英辉：《刑事诉讼原理导读》，法律出版社 2003 年版，第 353 页，注释③。

上表表明几个基本发现：

第一，相对不起诉率逐年上升。4 年间，分别为 0.27%、0.45%、0.83% 和 2.31%。

第二，微罪退处即以退处方式处理的轻微罪案的比例，呈逐年减少趋势。此处的微罪退处案件是指退处理由为犯罪情节轻微、根据《刑事诉讼法》第 142 条第 2 款可以不起诉的案件。有关案件数据系逐件查阅后得出。4 年间，其占年审结数的比例分别为 4.36%、2.98%、1.495% 和 1.08%。

第三，以统领相对不起诉和微罪退处的裁量无罪处理为概念，计算体现检察机关行使起诉裁量权决定不提起公诉的涉案人数比例，呈现先降后升的折线趋势。4 年间，分别为 4.63%、3.43%、2.32% 和 3.39%。微罪退处案件具有相对不起诉的实质特点，虽然采用了隐性的程序结案，但仍然体现了起诉阶段的权衡和裁量，故将微罪退处和相对不诉数合并计算评价。

第四，将 4 年来案件审结总数的变化趋势和裁量无罪处理数的变化趋势对比后发现，公诉审结总数逐年递增，增幅分别为 9.86%、14.73%、3.88% 和 7.01%；裁量无罪处理数前 3 年呈现下降态势，2005 年下降 15%，2006 年下降 29.7%，但在 2007 年开始大幅增加，幅度为 56.3%，远远高于同期 7.01% 的结案增长速度。

针对上述数据特点，结合对起诉裁量权会产生影响的历史情况，笔者拟对上述数字试作两点解析：

第一，刑事政策和检察机关内部规则影响起诉裁量权的行使程度——抑制性行使还是鼓励性行使。

1979 年《刑事诉讼法》赋予检察机关决定免予起诉的权力，由于适用范围宽泛、监督力度薄弱，实践中存在滥用倾向，使检察裁量权受到指责和关注，并导致这一权力在 1996 年修改《刑事诉讼法》时被废除，合理内容经改造被纳入相对不起诉。也许是受原来经常适用免予起诉权的惯性的影响，1997 年检察机关不起诉率偏高，如有的地区 1997 年不起诉率为 14.44%，其中相对不起诉占 83.51%。①最高人民检察院于 1998 年下发文件，开始控制不起诉率，强调符合相对不起诉条件的案件（除极个别情况外），均应起诉。并要求降低直接立案侦查案件的不起诉率，规定凡职务犯罪案件不起诉要经检察委员

① 贾怀良、冀俊英：《不起诉案件上升的原因及对策》，载《中国刑事法杂志》总第 35 期，第 77 页。

会决定并报上级院审批后执行。①这在实践中带来不起诉率的明显下降。以全国不起诉率为例，1997年为4.2%，1998年、1999年和2000年则分别降至2.5%、2%和2%。②为贯彻党的十六届六中全会提出的实施宽严相济的刑事司法政策，2007年2月，最高人民检察院出台了《关于在检察工作中贯彻宽严相济刑事司法政策的若干意见》，强调对于未成年人、偶犯、初犯、过失犯、防卫过当、避险过当等情况，可诉可不诉的不诉。2007年8月，最高人民检察院又发布了修订的《人民检察院办理不起诉案件质量标准（试行）》，鼓励对五种犯罪嫌疑人适用不起诉。具体包括：（1）未成年犯罪嫌疑人、老年犯罪嫌疑人，主观恶性较小，社会危害不大的；（2）因亲友、邻里及同学同事之间纠纷引发的轻微犯罪中的犯罪嫌疑人，认罪悔过、赔礼道歉、积极赔偿损失并得到被害人谅解或者双方达成和解并切实履行，社会危害不大的；（3）初次实施轻微犯罪的犯罪嫌疑人，主观恶性较小的；（4）因生活无着偶然实施盗窃等轻微犯罪的犯罪嫌疑人，人身危险性不大的；（5）群体性事件引起的刑事犯罪中的犯罪嫌疑人，属于一般参与者的。这一系列刑事政策和内部规则在实践中直接带来了相对不起诉的增长。前述表2清晰表明，2006年相对不起诉比例为0.83%，2007年一跃升至2.31%。而与案件增幅相比，相对不起诉的大幅增长更能印证这一变化，2007年较上年增幅高达200%，远远超出同期7.01%的结案数量增幅。

内部规则直接影响起诉裁量权行使的另一典型体现就是轻伤害案件和解规则的实施。2003年7月北京市政法委下发了《关于北京市政法机关办理轻伤害案件工作研讨会纪要》，对公、检、法三家办理轻伤害案件进行规范，其中明确规定：对确因民间纠纷引起的轻伤害案件，犯罪嫌疑人、被告人的犯罪情节轻微，有悔罪表现，积极赔偿，被害人不要求追究其刑事责任的，可以按照规定作出撤销案件、不起诉、免予刑事处罚或判处非监禁刑等从宽处理。鉴于轻伤害案件在基层检察机关承办案件中占相当比例，这一内部规定的出台对起诉裁量权的行使实况产生了直接影响，应该可以解释前述第三点裁量无罪处理比率2004年以来先降后升的折线趋势，即分别为4.63%、3.43%、2.32%和3.39%。2004年微罪退处总数为213人，而依据该纪要作出退处决定的轻伤

① 莫洪宪、高锋志：《宽严相济刑事政策运用实践考察——以检察机关相对不起诉为切入点》，载《人民检察》2007年第4期；叶衍艳：《"退处"的"正当程序"危机及其改革出路》，载《中国检察——规范执法：制度建设与立法完善》，北京大学出版社2007年版，第274页。

② 《中国法律年鉴》1998年卷至2001年卷。

害案件就涉及 138 人，直接带来了裁量无罪处理总数的大幅上升。2005 年，裁量无罪处理比率比上一年下降 1.2%，这一变化也可以从刑事和解的实施中找到解释，因为随着该政策贯彻的深入，公安机关对于达成和解的案件在侦查阶段就径行撤销案件，无须继续进入到审查起诉阶段由检察机关退处，由此，从审查起诉案件的入口看，轻伤害案大幅减少，作无罪处理裁量的案件也随之减少。2005 年，因轻伤害和解被退处的案件减至 94 人，比 2004 年减少 44 人；2006 年退处案件中因轻伤害和解的案件数量进一步下降，比 2005 年减少 52 人，应该可以解释 2006 年微罪退处数较 2005 年有 47.9% 的降幅。

至于裁量无罪处理的案件 2007 年较 2006 年的大幅增长，如前所述，也应该归因于自 2006 年年底贯彻宽严相济刑事政策意见的实施以及修订后的《人民检察院办理不起诉案件质量标准（试行）》的影响，并主要来自 2007 年相对不起诉较 2006 年的 200% 的增幅。可见，"可诉可不诉的不诉"这一对宽宥轻缓刑事政策的提倡，松动了多年以来套在起诉裁量权上的"紧箍咒"，检察机关起诉裁量权的行使得到鼓励。

第二，检察机关内部规则影响起诉裁量权行使方式的选择——以法定形式行使还是以隐性方式行使。

实证数据表明，内部规则还会影响检察机关行使起诉裁量权时在法定行使方式和隐性行使方式之间游移。对照第一、二个研究可以发现，对于因犯罪情节轻微没有提起公诉的案件，2004 年至 2006 年间采用退处方式处理的远远高于采用相对不起诉方式处理的案件，一方面，相对不起诉率很低，这 3 年的数字分别为 0.27%、0.45% 和 0.83%，都不足 1%；另一方面，因微罪被退处的案件却成倍增长，从这一时期微罪退处与相对不起诉的对比关系看，2004 年为 16:1，2005 年为 6.6:1，2006 年为 1.8:1。这是因为，不起诉率的设置的确限制了以不起诉为名称的决定的作出，但同时，也使大量微罪案件被以变通方式作了退处，达到与不起诉相近的效果。

2007 年，相对不起诉率为 2.31%，首次超出 1.08% 的微罪退处率。在具体人数上，微罪退处的（67 人）首次少于被相对不起诉的（144 人），前者约占后者的 47%。这些变化特别是相对不起诉的大幅增长，与检察机关贯彻实施宽严相济刑事政策有关，但对于北京检察机关，还有更直接的影响因素，即北京市检察院 2006 年 12 月发布的《关于印发〈北京市人民检察院关于公安机关撤回移送审查起诉案件若干问题的规定（试行）〉的通知》（以下简称《通知》）这一内部指导规则。《通知》要求：一是应对公安机关移送审查起诉的案件严把受理关，避免不符合案件受理条件的案件进入审查起诉环节，导致撤回移送审查起诉案件的不适当增加。可见，控制撤回移送审查起诉案件

（即退处）的数量，是该文件的主旨之一。二是明确了可以建议或同意公安机关将案件撤回的情况，包括根据刑法不应负刑事责任的，根据《刑事诉讼法》第 15 条应法定不诉的，证据不足、案件存疑的，犯罪嫌疑人脱保的。三是规定了检察机关不得建议或同意公安机关将案件撤回的情况，主要包括无管辖权和案件应当作相对不起诉处理的。

据北京市检察院公诉部门的解读，《通知》是规范和限制撤案，绝非鼓励撤案，由此期望规定颁行后能带来不诉案上升和撤案下降。《通知》实施后，带来了撤案情况的变化。以北京 H 区基层检察院为例，微罪退处占退处总数的比例 2004 年为 56.8%，2005 年为 53.5%，2006 年为 69.6%，2007 年为 47.2%。可见，该文件实施后的第一年即 2007 年，因犯罪轻微被退处即具有相对不起诉之实的案件在退处总数中所占比例下降明显，较 2006 年减少了 22 个百分点，较 2005 年也减少了 6 个百分点。与此同时，相对不起诉案件在不起诉总数中所占比例逐年上升，2004—2007 年间依次为 28.3%、31.2%、38.4% 和 66.7%，在相对不起诉数方面，2007 年较之上一年有大幅增长，如表 2 所示，增长率达 200%。可见，《通知》明确禁止将应相对不起诉的案件作撤案处理，在实践中切实降低了这部分案件在退处案件中的比例，并带来相对不起诉案件的相应增多。

三、我国起诉裁量权的行使特点解读

通过对上述数据的初步分析，对我国起诉裁量权的行使特点试作如下解读：

第一，刑事政策调整和内部规则对起诉裁量权影响重大。

对于起诉裁量权行使程度的抑扬变化和行使方式的隐性、显性选择，不排除案件入口方面即公安机关移送审查起诉案件自身特点变化的原因，但实证调查后更可观察到这些变化与刑事政策和检察机关内部工作规则的明显关联。最高人民检察院对普通刑事案件、破坏社会主义市场经济秩序案件、自侦案件设置的不起诉预警比例分别为 2%、6%、12%。[①]各级检察机关落实这一要求，长期抑制起诉裁量权的行使。究竟应该如何看待不起诉率的设置呢？1998 年全国范围内不起诉率的设置，除了是对之前免予起诉被滥用的战略性应对之外，也与当时的社会治安形势和国家治理理念密切相关。处于转型时期的中国，贫富分化加剧，社会矛盾突出，犯罪率居高不下，恶性犯罪增长。当时刑

---

① 严俊瑛、刘丽：《论轻罪的刑事司法政策与诉讼机制》，载《法学杂志》2007 年第 5 期。

事司法领域的主导思想是"严打"政策。从 1983 年到 2001 年，我国先后发动了三次全国性的"严打"战役，以震慑压制犯罪发展态势。"严打"政策体现了惩办与宽大相结合政策中惩办的一面，或称"重重"的一面。可捕可不捕的不捕，可杀可不杀的不杀，这些体现惩办与宽大相结合刑事政策的具体政策，在"严打"当中都不再适用。① 在审查起诉环节，起诉裁量权的行使标准不仅包括考虑目前成为主流话语的是否有利于犯罪嫌疑人回归，"也要把重点放在即使不科刑，是否能有利于维护社会秩序，即从执行刑事政策的精神去决定问题"。②那么，在"严打"背景下，抑制起诉裁量权行使，设置不起诉率，可诉可不诉的起诉，加强对社会秩序的控制，应是"严打"的题中之义了。

历史地看，"严打"虽然在短期内取得较为明显的效果，但依靠"严打"取得社会秩序好转持续的时间越来越短，呈现效能递减态势。这表明，"严打"不是实现长治久安的治本之道，一味强调严刑峻罚不能从根本上解决犯罪问题，一旦超出罪刑均衡的范围，刑罚震慑力非但不会随着刑罚的加重而增加，反而会削弱。所以，应该科学认识刑罚功能。另一方面，建设和谐社会目标在我国的提出，反映出国家管理者追求社会协调发展的政治理念，这要求通过包括法律手段在内的多种方式化解社会矛盾，实现和谐。鉴于当前犯罪的政治色彩逐渐淡化，更多的犯罪系由民间纠纷引发，偶犯、初犯等轻微犯罪大量存在，司机机关有必要对严重性程度不同的犯罪区别对待，贯彻刑法的谦抑性原则，才有利于化解社会矛盾。

在对"严打"刑事政策现实效果反思和社会治理理念转变等因素的影响下，近年来，我国的刑事政策调整为宽严相济。一般认为，"宽"的基本表现之一是非犯罪化，包括立法上的非犯罪化和司法上的非犯罪化。前者指将本来作为犯罪处理的行为通过立法方式将其从犯罪范围中去除，后者则指刑法虽然规定为犯罪，但由于犯罪情节轻微、危害不大，在司法过程中对这种行为不作为犯罪处理。③ 基于起诉便宜主义行使起诉裁量权而作出的不起诉决定，是审查起诉环节的非犯罪化，应该是司法上的非犯罪化的表现形式之一。由此，实践中，检察机关积极调整内部规则，适当鼓励行使起诉裁量权，发挥不起诉的

---

① 陈兴良主编：《宽严相济刑事政策研究》，中国人民大学出版社 2007 年版，第 3 页。

② ［日］法务省刑事局编，杨磊、张仁等译：《日本检察讲义》，中国检察出版社 1990 年版，第 117 页。转引自宋英辉：《刑事诉讼原理导读》，法律出版社 2003 年版，第 348～349 页。

③ 参见陈兴良主编：《宽严相济刑事政策研究》，中国人民大学出版社 2007 年版，第 400 页。

非犯罪化处理功能，就成为贯彻宽严相济刑事政策的重要内容。

第二，现行立法为起诉裁量权的充分行使提供了容纳空间。

前述分析可见，在现行立法保持不变的情况下，检察机关基于刑事政策和内部规则的调整就可以实现起诉裁量权的适度放宽，裁量后不起诉的案件因此大幅增长。一个重要原因就是，现行立法为起诉裁量权的行使提供了较为充分的空间。根据《刑事诉讼法》第 142 条第 2 款，相对不起诉适用于犯罪情节轻微，依照刑法不需要判处刑罚或者免除刑罚的情形。其中，犯罪情节轻微是对"依照刑法不需要判处刑罚"和依照刑法"免除刑罚"的共同限定条件。这涉及对三个要素的理解：

一是何为犯罪情节轻微。犯罪情节轻微，是 1996 年修改《刑事诉讼法》、取消免予起诉制度时，为限制相对不起诉适用范围而写入立法。但综观我国《刑法》和《刑事诉讼法》，很难确定"犯罪情节轻微"的具体含义。从理论上讲，在轻微犯罪和严重犯罪中，都存在犯罪情节轻微的情形，实践中，一方面，应遵守最高人民检察院将危害国家安全这一类犯罪排除适用相对不起诉的规定；① 另一方面，笔者赞同"从一般预防考虑，对较重犯罪的行为人一般应该提起公诉"。② 此外，无明显限制。就犯罪情节而言，可分为具有犯罪构成意义的事实因素和量刑情节，③ 这种区分对于正确理解相对不起诉立法具有重要意义。对于前者，指刑法分则有许多条文，规定某种行为只有"情节严重"、"情节恶劣"才成立犯罪。④ 此时，"情节严重"、"情节恶劣"是必备的犯罪构成因素，缺之则不构成犯罪，需符合法定起诉条件这一相对不起诉的适用前提就不存在。在这些罪名中，有关案件事实具备"情节严重"、"情节恶劣"的要素，犯罪成立时，相对不起诉才有机会适用。可见，《刑事诉讼法》第 142 条第 2 款中的"犯罪情节"更应该与量刑情节联系密切，指检察机关在犯

---

① 见最高人民检察院 2001 年下发的《人民检察院不起诉案件质量标准》。转引自莫洪宪、高锋志：《宽严相济刑事政策运用实践考察——以检察机关相对不起诉为切入点》，载《人民检察》2007 年第 4 期，第 15 页。

② 龙宗智主编：《徘徊于传统与现代之间——中国刑事诉讼法再修改研究》，法律出版社 2005 年版，第 238 页。

③ 张明楷：《刑法学》（第三版），法律出版社 2007 年版，第 108 页、第 433 页。

④ 例如，《刑法》第 293 条关于寻衅滋事罪的规定为："有下列寻衅滋事行为之一，破坏社会秩序的，处五年以下有期徒刑、拘役或者管制：（一）随意殴打他人，情节恶劣的；（二）追逐、拦截、辱骂他人，情节恶劣的；（三）强拿硬要或者任意毁损、占用公私财物，情节严重的……"此处，情节恶劣和情节严重是寻衅滋事罪的构成要件。当认为某一寻衅滋事案件不宜适用相对不起诉时，不应将这种寓意的"情节严重"作为理由。

罪确已成立的前提下，通过考量犯罪中量刑情节的轻重来决定是否不起诉。

二是对依照刑法免除刑罚的理解。我国《刑法》规定可以或者应当免除刑罚的情况包括：又聋又哑的人或者盲人犯罪的、防卫过当、避险过当、犯罪预备、犯罪中止、从犯、胁从犯、自首或立功等。这些量刑的法定情节在轻微和严重犯罪中都可能存在，但拟相对不起诉时，应该以前述的犯罪情节轻微为前提。

三是依据刑法规定不需要判处刑罚的含义。一些主持、参与刑事诉讼法修改的人士指出，"其中'不需要判处处罚'是指刑法第三十二条规定的情形"① （第 32 条是指 1979 年《刑法》，1997 年修改时已改为第 37 条），即"对于犯罪情节轻微不需要判处刑罚的，可以免予刑事处罚"。刑法理论通说认为，其含义是指虽不具有免予处罚的法定情节，但是由于其他酌定情节的影响，也不需要对犯罪分子实际判刑的。② 所以，该款赋予人民法院根据酌定情节对犯罪人免予刑事处罚的权力，具体适用情况由法院在审判阶段裁量决定。在审查起诉阶段，检察机关则可以通过预测法院的裁量决定，全面考虑各种量刑情节和因素，作出合理判断，对认为不需要判处处罚的案件直接作出相对不起诉决定。③ 在此意义上，检察机关的裁量权是比较广泛的。

第三，退处这一隐性程序的存在使起诉裁量权表现形态复杂化。

退处，由于其中包括了大量隐性不起诉性质的案件，部分地承担了起诉裁量权的实现功能。应该如何评价退处？已有论述比较充分地批判了退处的弊端，主要包括：退处规避了不起诉的适用，有法不依，侵蚀了不起诉的适用范围，弱化了不起诉的制度效力；退处只注重公权的便宜行使，漠视对被害人甚至犯罪嫌疑人私权的保护，程序不公；以及退处超出了检察机关的法定权限，

---

① 胡康生、李福成：《中华人民共和国刑事诉讼法释义》，法律出版社 1996 年版，第 6 页。

② 高铭暄、马克昌：《刑法学》（上编），中国法制出版社 1999 年版，第 481 页。

③ 以北京 H 区的司法实践为例，2004—2007 年法院曾对 3 件犯罪情节轻微的案件未作定罪免除刑罚的判决，而是主动建议检察机关撤回案件作非刑罚性处理，有关案件并不都具备法定免除处罚情节。有关案件涉及的罪名为编造虚假恐怖信息罪、容留卖淫罪和妨害作证罪。这几起案件实际上检验了法院对第 37 条的适用标准，法院观点明确后，告知检察机关，案件最终作了相对不起诉处理。这几起案件也说明了第 142 条第 2 款如何与《刑法》第 37 条结合适用。一般情况下，对于轻微犯罪，可诉可不诉的，若起诉，法院可能会根据第 37 条判处免予刑罚；若尚未起诉，则检察机关预测到这一结果后直接裁量不起诉，这样更符合诉讼经济原则。

是法外司法。① 但正如对许多问题的思考从应然和实然的角度分别进行，起诉裁量权的实现也可以分为应然的实现方式和实然的实现方式。前者是指应当如此的做法，后者是指实际如此、现实运用的做法。从应然的角度看，起诉裁量权应该全部通过不起诉的法定方式实现，退处中包含的隐性不起诉对正当程序和法治原则形成冲击，最好应予消除。但从实然的角度看，退处自 1979 年刑事诉讼法实施以来盛行至今，与起诉裁量权应然的行使方式相分离，必然有其原因：历史地看，1996 年修订《刑事诉讼法》之前，退处作为工作惯例就在检察实务中普遍存在。② 1979 年《刑事诉讼法》规定检察机关有权决定免予起诉。由于当时不存在相对不起诉制度，对于那些构成犯罪、但情节轻微的犯罪嫌疑人，适用属定罪性质的免予起诉仍显过重的，检察机关有时会采取退处方式结案；证据不足的案件，有的因反复退补而久拖不决，有的也会被退处。可见，退处由来已久，沿用至今。北京市检察机关直至 2006 年 12 月才明确规范（不是禁止）退处的运用。在工作机制方面，检察机关对不起诉的审批程序烦琐。根据《人民检察院刑事诉讼规则》第 289 条，拟相对不起诉案件需经检察委员会讨论决定。退处决定由主管检察长审批，无须检委会讨论。审批程序的差异对办案效率的影响显著。以北京 H 区检察院 2007 年第三季度办案情况为例，对因犯罪情节轻微而被相对不起诉和退处的案件分别计算办案天数，前者涉及犯罪嫌疑人 13 名，办结平均用时 172 天；后者涉及犯罪嫌疑人 14 名，办结平均用时 81 天。有日本学者曾指出，"东方国家……似乎存在着对法律灵活适用性的偏好"。③ 在案件量繁重和结案率纳入考核的双重压力下，不少检察机关倾向于适用方便灵活的退处方式处理轻微犯罪似乎也在情理之中。另外，从检警关系看，公安机关把不起诉率作为评价侦查工作质量的重要指标，具有类似功能的退处则不影响对侦查业绩的考评。鉴于与警方在打击犯罪工作中的配合协作，检察机关也同意采用退处为公安机关提供便利。而且，考评机制方面，多年来，检察机关内部一直严格控制不起诉率。各地检察机关的不起诉率尽管可以在形式符合指标要求，但在实践中，犯罪情节轻微、不起诉更符合公共利益的案件客观存在。特别是近年来，鉴于民间纠纷引发的轻微

---

① 冯英菊：《检察机关建议撤案的现状和利弊》，载《法学杂志》2005 年第 3 期；杨新京、董丽娟：《审查起诉阶段案件退回公安机关处理之探讨》，载《国家检察官学院学报》2007 年第 3 期。

② 根据笔者对资深检察官的访谈。

③ ［日］松尾浩也：《关于起诉裁量主义》，载《日本刑事法的形成与特色》，中国法律出版社、日本国成文堂 1997 年联合出版，第 158 页。

犯罪大量存在，刑事和解在基层自发兴起，大规模、有效运用，带来现实中对非刑罚化处理的需求增强。而且，在落实宽严相济刑事政策，提倡刑罚谦抑性、恢复性司法广为接受的当前，简单推行起诉法定主义已经很难为各界认同，这不仅是对司法资源的不合理使用，也不利于社会和谐目标的实现。在这种背景下，不起诉率的强势推行，恐怕只能使不宜起诉的案件分流到隐性程序，从而在总体上实现起诉裁量权的行使。

四、科学行使起诉裁量权的建议

在包含隐性不起诉的退处短期内难以消除的前提下，我国起诉裁量权的探讨显得比较复杂。鉴于我国起诉裁量权行使方面存在的上述特点，建议从下列两个方面引导起诉裁量权科学行使：

第一，正确解读相对不起诉立法的内涵，为起诉裁量权的充分行使消除虚拟羁绊。如何理解《刑事诉讼法》第 142 条第 2 款，理论界和实务界存在一定争议，部分论者认为立法将起诉裁量权的行使范围限制得过于狭窄，但更多研究表明，束缚检察机关放手行使起诉裁量权的，是对相对不起诉立法的误读、不起诉率的设置和不愿被猜疑为司法腐败故而一诉了之的检察文化等潜在因素。本文前述分析也说明，我国《刑事诉讼法》为起诉裁量权提供了相对充分的行使空间，使之能够充分地回应刑事政策和内部工作规则的需求。最好的例证就是最高人民检察院发布的修订的《人民检察院办理不起诉案件质量标准（试行）》，其中鼓励适用不起诉的五种犯罪嫌疑人的情况并不是对现行立法范围的扩张，而是对现行立法的具体释义，但在实践中确实带来了相应类型案件中相对不起诉适用的增长。所以，在《刑事诉讼法》修改讨论如火如荼的当前，相对不起诉立法应属于可以不改的范畴，① 更迫在眉睫的是需要检察机关正确理解立法原意，综合考虑法律效果和社会效果，行使好起诉裁量权。

第二，深入理解宽严相济刑事政策内涵，积极完善规范起诉裁量权的工作机制。刑事政策是刑事立法和刑事司法的灵魂。刑事政策随着犯罪态势的变化而不断进行调整，这种变动性与刑事法律的稳定性之间形成一种互动关系。②

---

① 这也是一些法学专家的主张。如徐静村：《中国刑事诉讼法（第二修正案）学者拟制稿及立法理由》，法律出版社 2005 年版，第 182～183 页。该立法建议稿在拟制酌定不起诉条文时保留了现行《刑事诉讼法》第 142 条第 2 款的内容。

② 陈兴良主编：《宽严相济刑事政策研究》，中国人民大学出版社 2007 年版，第 1 页、第 3 页。

起诉裁量权具有及时、灵活体现刑事政策精神的功能，是实现司法效果符合具体时期的犯罪态势和社会情势要求的重要手段；同时，起诉裁量权的恰当行使也有赖于具体刑事政策的具体指引，并落实为各种检察机关内部的工作机制和指导规则。通过内部工作规则指引裁量权的行使是许多国家检察机关引导起诉裁量权使的基本方式。如在德国，各检察机关已经制定了包括成年人刑法和青少年刑法范围内的规则以约束其裁量权的运用。① 在美国，司法部制定了检察官工作指南，对刑事审前分流程序中分流协议的基本内容作出规定，指导检察官如何为被分流的犯罪嫌疑人设定义务。②我国实践展示出与其他国家做法的一致性，检察机关内部指导规则在刑事政策的指引下对起诉裁量权行使具有实质性影响。当前，检察机关需要以全面理解宽严相济刑事政策为前提，以构建和谐社会为着眼点，科学完善内部工作规则：一是贯彻刑法谦抑性原则，充分发挥起诉裁量权对轻微犯罪宽大处理的功能，实行"可诉可不诉的，不诉"。二是在退处仍现实大量存在的情况下，将退处中的隐性不起诉纳入不起诉案件考核中，由此实现间接、渐进地规范退处、消除退处的目的。三是取消目前设置固定而且过低的不起诉率的做法，代之以科学的考评机制，可以根据地域特点、治安形势、罪名类型设置灵活的不起诉率，逐年调整，并把它作为引导性指标，而非指令性、强制性的考核标准；对不起诉案件复查考评时，应该重点关注不起诉理由，将理由不充分甚至违背立法精神的不起诉案件评定为质量差案件，扣减业绩得分。从长远看来，检察机关应该注重总结实践中社会效果好的不起诉经验，控制起诉裁量权的行使质量，实施好"宽"的策略，以便真正化解矛盾，集中精力打击恶性、重大犯罪，有效地实现对犯罪的控制。

---

① ［德］汉斯—耶尔格·阿尔布莱希特著，赵阳译：《刑事诉讼中的变通政策以及检察官在法庭审理开始前的作用》，载陈光中江伟主编：《诉讼法论丛》第 3 卷，法律出版社 1999 年版，第 214 页。

② United States Attorney's Manual, Chapter 9 - 22, http://www.usdoj.gov.

检察院起诉裁量权的立法缺陷及其完善

——以《刑事诉讼法修改建议稿与论证》* 为核心

我国《刑事诉讼法》的再修改一直是法学界讨论和研究的重要议题。检察院起诉裁量权的运用作为对犯罪嫌疑人进行定罪量刑的一个承上启下的关键环节，具有程序法和实体法的双重意义。本文以《刑事诉讼法》再修改课题组《刑事诉讼法修改建议稿与论证——以被指控人的权利保护为核心》为核心，回顾和梳理了我国检察院起诉裁量权制度的发展历程，我国现行《刑事诉讼法》施行的检察院起诉裁量权制度，并对《建议稿》设计的检察院起诉裁量权制度体系提出了评价和建议。

【关键词】检察院起诉裁量权　建议稿　提起公诉　法定不起诉　相对不起诉　暂缓起诉裁量权　和解不起诉裁量权

前　言

我国《刑事诉讼法》第二次修订是法学界近几年来一直在进行深入讨论和研究的重要立法议题，这一次修订的总旨意明确指向于如何充分保护犯罪嫌疑人和被告人的合法权益，从立法的高度积极推动中国刑事诉讼领域的人权保护。在刑事诉讼法领域，诸多问题均与人权保护有关，如犯罪嫌疑人（被告人）应当被保证及时、充分、全面地获悉其享有哪些刑事诉讼权利；应当及时、充分地得到辩护权保障；应当享有取保候审的权利；禁止任何方式的刑讯

---

* 刑事诉讼法修改课题组：《刑事诉讼法修改建议稿与论证——以被指控人的权利保护为核心》，该课题由中国社会科学院国际法研究中心和法学研究所、广州大学人权研究中心、北京市海淀区人民检察院、北京京鼎律师事务所合作完成。

** 蔺存宝，广东豪盛律师事务所律师；林海红，广东豪盛律师事务所律师。

逼供等。笔者认为，上述权利更多的主要还是属于纯程序意义上的诉讼权利，任何一个当事人在被卷入刑事诉讼程序后，最终关心的还是自己到底会不会被国家提起公诉，即检察院对个案到底会作出怎样的审查起诉结果，是作有罪指控还是无罪指控，是指控较轻的此罪还是较重的彼罪？从这个角度分析，检察院对每个刑事案件的审查起诉除去其本身的程序法意义外，更重要的还是在于其同时具有实体上的意义，因为检察院的审查起诉作为对犯罪嫌疑人进行定罪量刑的一个承上启下的关键环节，不但审查案件侦查程序的合法，还审查案件的实体犯罪事实是否清楚、证据是否确实充分，是否应当依法追究刑事责任。由此可见，检察院审查起诉制度对于犯罪嫌疑人的人权保护具有程序上和实体上的双重意义，是《刑事诉讼法》第二次修订绝不能回避的极其重要的问题。基于这一认识，笔者以《刑事诉讼法修改建议稿与论证》（以下简称《建议稿》）为中心，就检察院审查起诉制度中最重要的起诉裁量权问题进行探讨，以期为《刑事诉讼法》的第二次修订提供些许参考意见。

一、我国检察院起诉裁量权制度的发展历程

与我国现代刑事诉讼法经历的变革一样，检察院起诉裁量权制度也已走过20年的风雨历程，这期间曾包含着政治家、法学家以及实践界的各种不同声音。从法律背后的政策指引原则角度来看，该项制度的发展历程可以划分为两个阶段：

第一阶段是从20世纪70年代末到90年代初。在这个阶段，虽然法治的概念在中国尚未真正确立，但受当时政策倡导的"社会主义法制"理念的指引，国家于1979年7月7日制定了社会主义初级阶段的第一部《刑事诉讼法》。由于当时刑事诉讼法律制度的对外借鉴思想尚未完全解放，同时结合全中国社会的实际情况，这部《刑事诉讼法》规定的是提起公诉、法定不起诉和免予起诉三足鼎立的裁量权体系，对于那些依照当时《刑法》规定不需要判处刑罚或者免除刑罚的被告人（当时没有区分犯罪嫌疑人和被告人），该部《刑事诉讼法》赋予人民检察院的是"可以作出免予起诉决定"的有限裁量权（见1979年《刑事诉讼法》第101条），而且这种有限裁量权在实际生活中极少运用。这种起诉裁量权体系从1980年1月1日起正式实施适用到1992年左右时，因中国国情的变化和社会主义法治观念的初步萌芽，法学界在对1979年《刑事诉讼法》的适时性提出诸多质疑时，也对该项制度的存、废、改产生了很大的争议，提出不同的意见。1996年3月17日，我国对1979年《刑事诉讼法》作出第一次修改，在这次修改过程中，取消了"免予起诉"的说法，对原来可以作免予起诉决定处理的两种情形，代之以"可以不起诉"处

理（见 1996 年修正的《刑事诉讼法》第 142 条第 2 款）。从"免予起诉"到"不起诉"，虽然在案件本质处理上区别不大，检察院起诉裁量权的范围也没有明显地扩大，但已经是新形势下法治意义上的一个进步。

第二阶段是从 1997 年 1 月 1 日正式实施 1996 年修正的《刑事诉讼法》开始到现在。在建设社会主义法治理念日益发展和成熟的指引背景下，此阶段可以进而划分为两段，一段是从 1997 年到 2004 年，在这 7 年内，修正后的《刑事诉讼法》过渡得很快，同时也很快地产生出一些新问题，以致以徐静村教授为代表的部分法学家提议对《刑事诉讼法》进行再修改；另一段是从 2004 年全国人大法工委正式确定《刑事诉讼法》再修改议题开始至今，此期间内，许多法学理论家和实践家纷纷从不同的角度提议在再修改过程中结合人权保护问题对检察院起诉裁量权制度进行一次大的革新，使得检察院起诉裁量权的立法修改问题备受瞩目，对该项制度作出新的改革的契机显然已经到来。

二、现行《刑事诉讼法》施行的检察院起诉裁量权制度

（一）总的面貌

现行《刑事诉讼法》，也就是 1996 年修正的《刑事诉讼法》，对检察院起诉裁量权确立的仍然是"起诉"、"法定不起诉"和"相对不起诉"的三鼎并存的体系：（1）起诉权。现行《刑事诉讼法》第 141 条规定："人民检察院认为犯罪嫌疑人的犯罪事实已经查清，证据确实、充分，依法应当追究刑事责任的，应当作出起诉决定，按照审判管辖的规定，向人民法院提起公诉。"这一条是对检察院行使起诉权的法定条件的明文规定，检察院必须对犯罪事实是否确已查清、有罪证据是否确实充分、犯罪行为是否应当依法追究刑事责任等进行多重审查才能决定起诉。（2）法定不起诉权。根据现行《刑事诉讼法》第 142 条第 1 款的规定，人民检察院对于符合本法第 15 条中 6 种情形的其中之一的犯罪嫌疑人，应当依法作出不起诉决定。（3）相对不起诉权。现行《刑事诉讼法》第 142 条第 2 款规定："对于犯罪情节轻微，依照刑法规定不需要判处刑罚或者免除刑罚的，人民检察院可以作出不起诉决定。"相对不起诉权是检察院起诉裁量权的最重要内容，哪些犯罪可以定性为"情节轻微"？哪些"情节轻微"可以定性为依照刑法作"不需要判处刑罚"处理或者"免除刑罚"处理？哪些犯罪在定性为"情节轻微"和"不需要判处刑罚或者免除刑罚"的情况下，是作"不起诉"处理还是作"起诉"处理？等等，这些均属于检察院自由裁量权的范畴。

（二）实践的进步

由于"社会主义法治"的政策指引和法治理念的不断增强，司法实践中，

人民检察院对于现行《刑事诉讼法》确立的"相对不起诉"的法律适用能力相比 1979 年《刑事诉讼法》"免予起诉"的适用而言有所提高，在处理"相对不起诉"案件时，思想比以前有所放开，作出相对不起诉的案例数量也比旧刑事诉讼法免予起诉处理的案例数量有所增长。同时，部分地方检察院机关还在相对不起诉制度的基础上，结合本地的实际情况，利用本地的司法资源，积极地尝试了有利于犯罪嫌疑人人权保护的"刑事和解"（如湖南省、广东省）和"暂缓起诉"（如南京、河南），并积累了一定的经验。

（三）实践的局限

在司法实践进步的同时，囿于各种主客观因素的影响和制约，我国的检察院系统仍然没有充分发挥"相对不起诉"的起诉裁量权，使得大部分可以适用"相对不起诉"的刑事案件最终还是通过进入人民法院的审判程序，以 3 年以下有期徒刑、拘役、管制等轻刑，或者以缓刑等方式结案，这样处理从程序上看并无不妥，但依照法律本来可以有条件不被起诉的这部分犯罪嫌疑人，却在实质上遭到了被起诉判刑的不公正处理，这显然不符合人权保护的本质要义。而且，这种处理方式，无论从哪个角度来讲，对这些犯罪嫌疑人的身心在客观上都是一种打击，他们在潜意识里也因此会对国家的刑事诉讼法执有一种不信任，这种不信任一旦根深蒂固，也会进一步影响到他们对国家的其他法律的信任感，把这种亲身经历的不信任感传递给其他公众，就有可能形成一种交叉感染和恶性循环，不利于法治理念的生成。同时，这种处理方式也极大地造成司法资源的浪费，影响了刑事诉讼的效率。

三、《刑事诉讼法修改建议稿与论证》设计的检察院起诉裁量权制度体系

应新形势的要求，由中国社会科学院国际法研究中心牵头主导，广州大学人权研究中心、北京市海淀区人民检察院、北京京鼎律师事务所协同合作的"中国刑事诉讼法修订及中国人权保护"项目，在经过该课题组全体成员长达整整两年之久的理论研究和实践调查的辛苦工作之后，形成了一部"以被指控人的权利保护为核心"的《刑事诉讼法修改建议稿与论证》（以下简称《建议稿》）。在《建议稿》中，对我国刑事诉讼法的检察院起诉裁量权体系作出了如下设定：

（一）新的架构

其一，《建议稿》拟通过对现行《刑事诉讼法》第 142 条第 2 款进行修改，增加适用"相对不起诉"处理的案件范围，进一步扩大检察院的相对不起诉裁量权，并将这种扩大具体量化为数罪并罚中不影响应当执行刑罚的可能

判处 3 年以下有期徒刑、拘役、管制或者单处罚金的罪行；其二，拟增加"刑事和解"情形下的不起诉裁量权，并将这种和解具体量化为可能被判处 3 年以下有期徒刑、拘役、管制或者单处罚金的罪行，在检察院现有的起诉裁量权中注入了组织犯罪嫌疑人和被害人进行和解权力的新元素；其三，拟增加"未成年人暂缓起诉"的裁量权，并将这种裁量权具体量化为犯罪事实清楚、证据确实充分的可能判处 3 年以下有期徒刑、拘役、管制或者单处罚金的未成年人犯罪，且该未成年犯罪嫌疑人有认罪悔改表现，并且其本人和被害人同意，同时对该未成年人附加考察条件。从整体架构上来讲，《建议稿》拟设的显然是起诉、法定不起诉、扩大相对不起诉、刑事和解不起诉、未成年人暂缓不起诉五者并存的检察院起诉裁量权制度体系，是一种适当保旧加大胆革新的修改设计，有很明显的突破。

（二）新架构的依据

《建议稿》对检察院起诉裁量权制度体系的全新架构的主要依据，笔者认为可总结为以下五方面：其一，基于《关于检察院官作用的准则》第 17 条有关增进国家检察官酌处职能的规定和中国应向国际刑事司法准则靠拢的法治进程指引；其二，国内民意调查支持扩大检察院相对不起诉的案件范围，支持以立法的方式明确确立刑事和解制度和暂缓起诉制度；其三，德国、日本、俄罗斯等法治发达国家现有刑事诉讼法典有明确的相关条文规定和起到实效的相关司法实践，对我国具有借鉴意义；其四，目前检察机关吝于行使现行刑事诉讼法规定的不起诉裁量权，"有罪必诉"的做法不利于我国和谐社会的构建；其五，检察院不起诉裁量权能在公共利益、犯罪嫌疑人个人的人权保护和诉讼经济原则之间起到一个综合性的平衡作用。从设定的这些依据来讲，《建议稿》关于检察院起诉裁量权新体系的架构，显然是对我国刑事诉讼法传统理论的一个重大的突破和推动。

四、新形势下检察院起诉裁量权设定的基本原则

通过对刑事诉讼法历程的回望和现行刑事诉讼法与法治进程的部分脱节，笔者认为，《建议稿》对检察院起诉裁量权的设定，较为充分地体现了当前新形势下民众对刑事诉讼程序正义的新的渴望，但是，法律毕竟是理性的，"一切法律中最主要的法律，既不是铭刻在大理石上，也不是铭刻在铜表上，而是铭刻在公民的内心里"。① 立法绝不是理论，必须综合考虑民众的心理需求和考虑中国的国情，只有符合中国国情的法律，才能在具体的实施过程中体现其

---

① ［法］卢梭著，何兆武译：《社会契约论》，商务印书馆 1997 年版，第 73 页。

法律的本来价值，而民众也只在符合本国国情的法律实践过程中，才能真正体会到法律的平等、正义和公平，才能真正对本国法律产生信服，法律的权威、法治的理念也只有这样才能真正根深蒂固。因此，新形势下对检察院起诉裁量权制度的设定应当立足于以下几个基本原则：

1. 在程序上尽量使每一个犯罪嫌疑人或者被告人都能得到平等地对待，从而获得同等的实体正义，以充分体现我国的人权保护；

2. 检察院作为国家公诉机关，起诉裁量权有必要适当扩大，但同时也要保证起诉裁量权不被滥用，以防止新的司法腐败，因此有必要注意与现有监督性法律条文的衔接或者同时对相关监督性法律制度加以配套完善；

3. 可以适当超前但不能超出国情，要正视我国社会主义初级阶段的法治发展状况，必须体现法律的权威和对惩罚预防犯罪行客观需要；

4. 要与相关的其他现行法进行衔接，既不要超出宪法的规定，也不要造成一部法律修改，其他多部法律随之修改，要把握好法律的一定稳定性；

5. 与国际司法准则接轨是一个漫长的循序渐进的过程，且真正的接轨也并非仅停留在文字表面，关键是司法实践上的不断接近。

五、对《建议稿》拟设检察院起诉裁量权的建议

（一）扩大相对不起诉权的适用范围

《建议稿》将相对不起诉权扩大到数罪并罚中的轻罪，违背了法律面前人人平等的基本准则，不利于维护法律的统一性和权威性，并且会造成犯罪行为人的心里不平衡，不利于相同轻罪的犯罪行为人的改造。比如：甲同时犯有可能判处 3 年以下有期徒刑、拘役、管制或者单处罚金的 A 罪和已经为生效裁判判处 10 年以上有期徒刑的 B 罪，因数罪并罚不影响应当执行的刑罚，检察院对其中的 A 罪不予起诉；乙只犯有可能判处 3 年以下有期徒刑、拘役、管制或者单处罚金的 A 罪，却被检察院作出了起诉决定并被判刑。这就会存在"同罪不同命"的法律适用尴尬了，人们可能会认为犯一罪不如犯多罪，反正检察院有可能对某罪不会追究；对甲来讲，虽然实际判定的刑罚一样，但他可能会因 A 罪没有受到法律追究而心存侥幸，甚至错误认识 A 罪本身不是罪，无法对其进行彻底改造；对乙来讲，他会认为法律不公正，凭什么甲犯 A 罪不追究，我犯 A 罪就追究？在这种认识的指导下，乙绝不会对法律信服，从而也就无法彻底对其进行改造了。

检察院作为公诉机关，本质上只具有起诉权，在现行制度下，检察院指控某人犯罪，只能对触犯哪个刑法条文、构成哪个罪提出起诉意见，并没有权力对具体的量刑先行提出意见，更不用谈具体量刑的决定权了。《建议稿》将相对

不起诉扩大到数罪并罚中的 3 年以下有期徒刑、拘役、管制或者单处罚金的罪行，实质上是赋予检察院一定的定罪量刑决定权，这与刑事诉讼法以前确立的、以后仍然继续要确立的侦查权、检察权、审判权三权独立的基本准则相违背。

（二）暂缓起诉的裁量权和刑事和解不起诉裁量权

《建议稿》拟赋予检察院以暂缓起诉裁量权与和解不起诉裁量权，是两项具有理论依据、司法实践依据的进步举措，也符合国情。刑事和解制度和暂缓起诉制度早就在少数地方检察院实施了，并且积累了一定的司法实践经验，这一次的《刑事诉讼法》再修改如果采纳这两项制度，将是民众近距离体会《刑事诉讼法》人性化的最好途径，并推动我国的人权保护制度，十分有利于和谐法治社会的构建。但是，《建议稿》的暂缓起诉裁量权仅设定于未成年人的轻罪案件范围内，将可能导致同种犯罪的成年人轻罪案件处理的不平等，同样不利于法律的统一性和权威性。对于未成年人来讲，可能会因儿时所受到的暂缓起诉的法律优惠而导致其成年后轻视法律，或者产生对法律认识的偏差；对于同种犯罪的成年人来讲，可能会认为法律是不公正的，未成年人犯相同的罪如果能得到轻罚还能接受，但不被起诉就会难以接受了，尤其是对于仅 1 岁之差的那些未成年人和成年人而言，在正常的理解下都会产生这种法律适用上的比较。笔者认为从法律的统一性、权威性出发，宜进一步考虑将暂缓起诉制度的裁量权范围适当扩大到成年人，或者通过对成年人取保候审制度的完善与未成年人暂缓起诉制度相互衔接的方式，来弥补这一真空，让再次修改后的《刑事诉讼法》体系更完善、内容更理性。

结　　语

《刑事诉讼法》再修改对于检察院起诉裁量权的设定，是全民关注的一项重要立法修改，其意义绝不会亚于我国《物权法》的制定实施。《物权法》在一定程度上解决了个体物权保护问题。检察院的起诉裁量权则直接指向个体的人身自由权利，在一般民众的观念中，被检察院起诉了，就意味着人身自由几乎没有太大希望了，没有了人身自由，谈财产又有何意义？但是，国家也不能一味地放任犯罪，因此，设定一个能对人权保护和追究犯罪作出理性平衡的检察院起诉裁量权新体系，是一项难度较高的法律技巧，需要我们每一位法律人务实地、理性地、尽心地参与其中，并进一步认真探讨。

【参考文献】

1. 龙宗智：《论依法独立行使检察权》，载《中国刑事法杂志》2002 年第 5 期。

2. 吴位锦：《不起诉裁量权：适当扩张、加强制约》，载《检察日报》2003 年 7 月10 日。

3. 〔日〕西原村夫主编:《日本刑事法的形成与特色——日本法学家论日本刑事法》,中国法律出版社、日本国成文堂 1997 年联合出版。

4. 韩红:《完善暂缓起诉制度探析——从检察机关起诉自由裁量权谈起》,载《法制日报》2003 年 7 月 7 日。

5. 李学军:《美国刑事诉讼规则》,中国检察出版社 2003 年版,第 308 页。

6. 孙力、刘中发:《暂缓起诉的立法价值与制度设计》,载《检察日报》2006 年 12 月 5 日。

7. 陈卫东等译:《美国刑事法院诉讼程序》,中国人民大学出版社 2002 年版,第 274 页。

专题五

死刑案件特别程序

关于死刑复核程序的几个问题

张春和[*]

【内容摘要】

为严格控制死刑的适用，2007 年 1 月 1 日最高人民法院将死刑案件核准权收回统一行使，但死刑复核程序在司法实践中有诸多问题没有理顺。在观念上必须确认：死刑复核程序在本质上仍是一种审判程序，不是一种行政性审批程序。死刑复核程序是死刑案件审理的最后程序，应该设置合理的审理期限，以体现效率与公平的司法理念。鉴于死刑复核程序的特殊地位及意义，加强死刑复核裁判文书的说理性是十分必要的。

【关键词】 死刑　死刑复核　审理期限

我国刑事诉讼中的死刑复核程序，它在很大程度上借鉴和吸收了我国传统法律制度中的死刑复核、复奏制度，对慎用死刑、严格控制死刑适用发挥着重要作用。我国古代历史上的死刑复核、复奏制度起源于西周，发端于秦汉，定制于隋唐，延续于明清，20 世纪 30 年代才发展为当代的死刑复核制度，在解放战争后期及新中国成立初期得到了进一步的规范化、制度化。① 为了打击犯罪，维护社会治安，1983 年 9 月，第六届全国人大常委会第二次会议通过修改《人民法院组织法》，决定将最高人民法院的部分死刑核准权下放给高级人民法院。为了贯彻慎用死刑，严格控制死刑适用的刑事政策，2006 年 10 月，第十届全国人大常委会第二十四次会议再次对《人民法院组织法》进行了修改，并决定从 2007 年 1 月 1 日起由最高人民法院统一行使死刑核准权。为配合该决定，2007 年 2 月 27 日，最高人民法院发布了《关于复核死刑案件若干问题的规定》，2007 年 3 月 9 日，最高人民法院、最高人民检察院、公安部、

---

　* 广州市中级人民法院刑一庭庭长、博士。

　① 赵鬼：《死刑复核程序存在的问题及其完善原则》，载《北京科技大学学报（社会科学版）》2007 年第 4 期。

司法部又联合下发了《关于进一步严格依法办案确保办理死刑案件质量的意见》。最高人民法院统一行使死刑核准权，对严格控制死刑适用、统一死刑适用标准、完善人权保障具有重大意义。在此，笔者拟就死刑复核程序的几个问题谈谈自己的浅薄见解，求教于同仁。

一、死刑复核程序的性质

我国刑事诉讼中的死刑复核程序到底是一种什么性质的程序，理论界一直是存在争议的，概括起来有三种观点：第一种观点认为，死刑复核程序是一种行政性程序。"最高人民法院的死刑复核程序本质上仍然是一种行政化裁判程序。"① "死刑复核的本质是'核'不是'审'，'核准'的性质更接近于'批准'，有点类似于政府对重大项目的审批，因此，不能按照独立审级的模式来把握复核程序，而应当按照审批的思路设计复核程序。"② 第二种观点认为，死刑复核程序是一种审判性程序。"死刑复核程序的性质是一种审判程序，应对死刑案件实行三审制改造。"③ "死刑复核程序的本质是一种诉讼（审判）程序，我们应当按照诉讼程序的特点来认识其存在的弊端。"④ 第三种观点认为，死刑复核程序既不是审判性程序，也不是行政性程序，是一种特殊的程序。"死刑复核程序是刑事诉讼上的一种特殊制度。它既有别于第一审程序和第二审程序，又不是一种所谓的行政复核程序。"⑤ "我国的死刑复核程序既不宜定位为纯审判性程序，也不宜定位为纯行政性程序，而应采用混合型程序更为适宜。"⑥

笔者认为，死刑复核程序在本质上就是一种审判程序，它是一种诉讼程序，这也符合死刑复核程序的司法实践，理由是：

第一，死刑复核程序不是一种行政性审批程序。学者认为，死刑复核程序是一种行政性审批程序的主要理由就是死刑复核程序的启动具有主动性，审理

---

① 陈瑞华：《通过行政方式实现司法正义？》，载《法商研究》2007 年第 4 期。
② 胡云腾、申庆国、李红兵：《论死刑适用兼论死刑复核程序的完善》，载《人民司法》2004 年第 2 期。
③ 陈卫东：《关于完善死刑复核程序的几点意见》，载《环球法律评论》2006 年第 5 期。
④ 刘向红：《死刑复核程序的性质及弊端探索》，载《黑龙江省政法管理干部学院学报》2007 年第 5 期。
⑤ 周道鸾：《关于完善死刑复核程序的几个问题》，载《法学杂志》2006 年第 3 期。
⑥ 谢佑平、杨富云：《死刑复核程序：理论思考与立法构想》，载《华东政法学院学报》2006 年第 2 期。

方式上采用书面审查。首先，不能因为死刑复核是书面审查就否定该程序是审判程序，《刑事诉讼法》规定的第二审程序也可以进行书面审，但没人认为第二审程序不是审判程序。其次，虽然死刑复核程序在启动上具有主动性，但这正是死刑复核程序有别于第一审程序、第二审程序及审判监督程序的特殊所在，这也是最高人民法院行使司法权的特殊地方。《公民权利和政治权利国际公约》第14条规定了一系列最低限度的公正审判标准，在程序要求中并没有强调死刑案件的程序启动要由被告人或公诉机关提起，"相信这不是公约的疏忽"。① 另外有些国家在立法上采取"强制上诉"原则，这也是刑事诉讼程序的主动启动，但不能否认该上诉程序就不是审判程序。

第二，我国实行二审终审制，但是对于死刑案件却不适用，死刑判决或裁定必须经过核准后才发生法律效力，死刑复核程序是一种终局性的救济程序。权利救济途径有私力救济和公力救济之分，公力救济又可分为行政救济和司法救济，而司法救济具有终局性。死刑复核也是对被告人权利救济的最后途径，因此在这个意义上讲，死刑复核不是行政性审批程序，否则死刑复核就不应具有终局性。

第三，根据《刑事诉讼法》的规定，死刑复核必须经合议庭评议，一般还要经审判委员会讨论后，按照少数服从多数的原则以裁定的方式作出。死刑复核遵循的原则都是审判原则，而不是行政审批原则，死刑复核实行的也不是首长负责制。

第四，死刑复核程序也不应理解为一种有别于审判程序的特殊程序。死刑复核程序的主体是人民法院，死刑复核程序的内容与二审程序的内容极度类似，除了程序启动上的主动性外，没有多大的差别，它也是实行全面审查和全案审查原则，这与第二审程序是一致的，而且《刑事诉讼法》将死刑复核程序与第一审程序、第二审程序、审判监督程序并列立章规定。因此可以说，死刑复核程序就是一种审判程序。

二、死刑复核程序的审理期限

我国的《刑事诉讼法》及相关司法解释均未对死刑复核的审理期限作出规定。多年以来，死刑复核无期限的问题也是学者们争论的焦点，而且这也给司法实践带来了不少难题。

---

① 刘向红：《死刑复核程序的性质及弊端探索》，载《黑龙江省政法管理干部学院学报》2007年第5期。

（一）死刑复核程序需要设置审理期限

死刑复核程序要不要设置审理期限，目前理论界也有三种分歧意见：第一种意见认为，应该规定复核审理期限。"为了防止案件久拖不结，提高审理死刑复核案件的效率，应当规定死刑复核案件的审理期限。"① "没有诉讼期间，则程序的展开也没有时间限制，进而有可能形成积案久拖不决。"② 第二种意见认为，不能设置审理期限或者设置较长的审理期限。"质量与效率相比，质量始终是第一位的，死刑案件关乎人的性命，不能不慎之又慎。因此，不宜在法律上规定审理死刑复核案件的期限。但这并不等于放任不管，可以任意拖延案件的审理。"③ "一般而言，诉讼案件不应该设定期限……死刑复核程序就不应该有期限，因为复核程序是最后一个关口……但中国又有自己的国情……对死刑不规定期限似乎死刑复核可以遥遥无期。为此，可以做个折中，即对死刑复核程序规定一个较长的期限。"④ 第三种意见认为，最高人民法院复核死刑立即执行案不规定具体复核期限，而对高级人民法院复核死刑缓期执行案应当规定期限。⑤

笔者认为，死刑复核程序（包括死刑立即执行和死刑缓期二年执行）作为一种诉讼程序不能没有审理期限的限制，诉讼应该讲究效率，没有时间限制就很难谈得上效率。对死刑复核程序设置审理期限的主要理由是：

1. 可以避免死刑复核案久拖不结，损害被告人的合法权利。由于死刑复核案件没有审理期限的限制，负责复核的法官没有审限上的压力，往往将死刑复核案暂且搁在旁边，先办理手上有审限要求的案件，由此造成很多死刑复核案件成为积案，长时间不能审结。被告人被羁押在看守所里，长时间地处于"定疗"状态，长时间地生活在压抑和濒临绝望的精神状态之中，这无疑是一种折磨，也有违人道原则。

2. 可以避免侵害同案犯的合法权利。死刑复核案长时间不能审结，死刑犯的同案犯的合法权益就会被侵害。在死缓案件中，如果当事人提出上诉或抗诉，案件的二审程序和死缓复核程序就合而为一，于是审理法官就打"擦边球"，以死刑复核程序无审理期限为由，长时间不结案，这样死刑犯的同案犯

① 周道鸾：《关于完善死刑复核程序的几个问题》，载《法学杂志》2006年第3期。
② 赵秉志、时延安：《慎用死刑的程序保障》，载《现代法学》2004年第4期。
③ 周道鸾：《关于完善死刑复核程序的几个问题》，载《法学杂志》2006年第3期。
④ 陈卫东：《关于完善死刑复核程序的几点意见》，载《环球法律评论》2006年第5期。
⑤ 樊崇义等：《刑事诉讼法修改专题研究报告》，中国人民公安大学出版社2004年版，第592页。

的合法权利就被变相剥夺。最高人民法院《关于办理减刑、假释案件具体应用法律若干问题的规定》第 3 条规定：被判处 5 年以上有期徒刑罪犯，一般在执行 1 年半以上方可减刑；被判处不满 5 年有期徒刑的罪犯，可适当缩短；第 6 条规定：无期徒刑罪犯在刑罚执行期间，如果确有悔改表现的，或者有立功表现的，服刑 2 年以后，可以减刑。由此规定可以看出，罪犯要获得减刑必须是其被送交监狱服刑一定时间后方可，如果罪犯迟迟不能被送交监狱服刑，那么他的减刑机会就会遥遥无期。如果按照二审的审理期限最长 2 个半月（不考虑附带民事诉讼的情况）审结案件，同案犯就可以早些时间被投入监狱服刑改造，他们获得减刑时间就会提前。由于死刑复核无审理期限，同案犯的判决生效时间就会被拖后，被投入监狱服刑的时间也被拖后，获得减刑的时间也被拖后，而且监狱的生活环境是看守所所不能比的。特别是那些情节较轻的从犯，被判了二三年有期徒刑，如果同案死刑犯的核准不及时裁决下来，这二三年的刑期他们就只能在看守所里度过，没有劳动改造的机会。

在判死刑立即执行或者是判处死缓没有上诉或抗诉的情况下，虽然最高人民法院《关于执行〈中华人民共和国刑事诉讼法〉若干问题的解释》第 287 条规定："共同犯罪案件中，部分被告人被判处死刑的，最高人民法院或者高级人民法院复核时，应当对全案进行审查，但不影响对其他被告人已经发生法律效力的判决、裁定的执行。"但最高人民法院复核死刑案件时，可能会将案件发回原审人民法院重新审判（而且发回重新审判的可能性比直接改判要大得多）。如果同案人根据已经生效的判决、裁定被送监执行刑罚，那么原审人民法院重新审判时，如何将同案犯从各个监狱安全提押回来是不容回避的难题。实践中，死刑犯的同案犯往往不会被送交监狱执行所判刑罚，而是等待死刑犯的核准裁定下来全案生效后，一起移送监狱执行，这样必然也会侵害同案犯的合法权利。因此，死刑复核应该设置合理的审理期限，这样既能保障死刑犯的权利，又能保障同案犯的权利。

3. 可以保障刑罚的威慑力及时发挥出来。意大利著名刑法学家贝卡利亚在强调刑罚的及时性时，曾说"惩罚犯罪的刑罚越是迅速和及时，就越是公正和有益"。[①] 的确，刑罚的威慑力在于刑罚执行的及时性，如果死刑复核时间拖得过长，那么死刑的威慑力也就必然会削弱，对公众的法制教育和刑罚的一般预防功能也会减弱。而且往往也会引起被害人家属的质疑——质疑背后是否存在"暗箱"问题，这也给原审法院及经办法官带来不小的信访压力。

---

① ［意］贝卡利亚著，黄风译：《论犯罪与刑罚》，中国大百科全书出版社 1993 年版。

4. 可以减轻看守所的看管压力。死刑复核案件长时间不能审结，羁押在看守所里的死刑犯会越来越多，由于死刑犯的看管措施不同于普通刑事犯，而且羁押时间越长，死刑犯精神压力越大，发生意外的可能性也就越大，这就给看守部门造成了不小的监管压力。

5. 可以避免司法权威及公信力遭到破坏。根据最高人民法院的指导意见，死刑犯家属提供线索协助公安机关侦破案件的，虽然不能认定是死刑犯构成立功，但是也可以酌情考虑对死刑犯从轻处罚。如果死刑复核程序迟迟不能结束，死刑犯家属获得他人犯罪线索的可能性也就越大，其家属有时甚至是不惜重金买线索，这样必然有损司法权威和公信力，公众难以接受和认同。

另外，如果死刑犯最终被认定无罪，那么死刑复核程序时间拖得越长，当事人合法权利被侵害得越厉害，同时给国家造成的经济损失也就越大。虽然大多数人赞成死刑复核程序应该设置一个合理的期限，但如何设置这个审理期限，或者说死刑复核的审理期限多长才合适，目前仍存在比较大的分歧。有学者认为，"可以比照一审、二审所规定的期限来规定，规定为二个月，重大、复杂的案件可以适当延长，至迟不能超过六个月"。[1] 也有人认为，"应当规定合理的死刑复核期限，就目前来讲，以六个月为宜，对于疑难、复杂案件可以延长三个月"。[2] 也有学者主张"死刑复核期限为3个月"。[3] 死刑复核应该慎重，而且最高人民法院要求复核死刑案件的合议庭成员都要阅卷，因此，其审理期限可以适当长于一审和二审的期限，笔者认为死刑复核程序的审理期限较理想的设置是：一般审理期限为3个月，最长不超过6个月。

（二）目前问题的解决途径

由于目前我国尚未规定死刑复核程序的审理期限，司法实践中死刑复核经历的时间都比较长，当然这对于慎用死刑是有利的（从这个角度来说，这对死刑犯也是有利的），但是死刑犯的同案犯的合法权利却因此遭到侵害，这已成为目前最大的司法实践问题。广州市中级人民法院审理的陈某某等12人贩卖、运输毒品一案就是典型的例证：2004年7月13日本院作出一审判决，判处陈某某死刑，同案犯也被判处相应刑罚。上诉后，广东省高级人民法院于

① 官宁：《死刑复核程序时限的设置及合理性论证》，载《广西政法管理干部学院学报》2008年第3期。
② 邱玉树：《浅谈我国死刑复核程序的建构与完善》，载《法制与社会》2008年第5期。
③ 叶青：《完善诉讼法律，维护司法公正——2003年中国诉讼法学研究会年会观点综述》，载《法学》2004年第2期。

2005 年 6 月 3 日作出裁定，撤销原判，发回广州市中级人民法院重审（此时高级人民法院还享有死刑立即执行的核准权）。2007 年 2 月 16 日，广州市中级人民法院重审后作出判决，仍判处陈某某死刑，其他同案犯也一并被判处刑罚。上诉后，广东省高级人民法院于 2008 年 4 月 3 日作出裁定，维持原判（此时高级人民法院已无死刑立即执行的核准权），同时将对陈某某的死刑裁定报请最高人民法院核准，目前仍在最高人民法院复核中。从 2004 年 7 月到 2008 年 4 月，12 名被告人前后已在看守所被羁押了近 4 年，而陈某某也在看守所里被"定疗" 4 年多。在 2008 年 4 月广东省高级人民法院作出维持原判的裁定后，看守所就要求将已发生法律效力的 11 名同案犯送交监狱执行，但为避免该案被最高人民法院发回重审而造成的被动局面，11 名同案犯被暂缓移送执行。因为最高人民法院经复核后如果将该案发回重审，那么如何将 11 名被投入监狱服刑的同案犯（往往是根据刑罚的轻重投送不同监狱，有的甚至是外地监狱）安全提押到庭必然成为一个难题。为了避免这种被动局面，通常做法就是原审法院暂不将已经发生法律效力的同案犯移送监狱执行，而是等待死刑犯被最高人民法院核准回来后，等全案生效后，再将全部罪犯一起移送监狱执行。很显然，这又是违法的，且对同案犯极不公平。或许有人认为，可以将同案犯关押在看守所先行服刑，但这也是存在问题的：死刑犯复核回来后，在看守所服刑的同案犯如果剩余的刑期超过 1 年，就应被投送监狱服刑，这样就产生了服刑材料转交、服刑考核的连续性等一系列问题，而且看守所对重刑犯（如被判处 10 年以上有期徒刑、无期徒刑、死缓的罪犯）的监管措施远远不如监狱的监管措施，看守所平常各类人员的进出也比较频繁，也不适宜关押重刑犯。再者，看守所为罪犯设置的劳动改造条件也是有限的，很多看守所根本就没有服刑罪犯的劳动场所，服刑人员与其他被关押人员的待遇没有大的差别，看守所的日常生活条件是远不及监狱的。

为避免判决、裁定已发生法律效力的同案犯被长时间关押在看守所里"陪同"死刑犯等待最后的复核，笔者认为，将死刑犯的同案犯就近移送监狱执行是目前解决此难题的不错选择。在死刑犯被最高人民法院复核期间，其同案犯可被送交到原审人民法院所在地的监狱（或者是离原审人民法院最近的监狱）进行服刑改造，这样不仅可以保障同案犯的合法权利，而且案件被发回重审时，提押同案犯到庭参加庭审也非常方便。如前面提到的陈某某一案，就完全可以将 11 名同案犯送交到广州监狱或者番禺监狱进行服刑改造。如果陈某某最终被核准执行死刑，监狱就可以根据 11 同案犯的情况来决定是否需要转押到其他监狱继续服刑；如果该案被发回重审，那么到广州监狱或番禺监狱提押同案犯也比较方便。因为在监狱服刑期间又重新犯罪的罪犯，也是被提押到监狱所在地的法院进行审判，监狱与法院均有类似的经验。

三、死刑复核文书的说理性

核准死刑的裁定书，目前仍然存在说理不足的问题，笔者见到最高人民法院作出的死刑核准裁定书，只有区区的 3 到 4 页。笔者认为，作为核准死刑的裁定书应该加强说理性，不能过于简单，理由是：

第一，死刑复核是对案件进行全面、全案审理。最高人民法院《关于执行〈中华人民共和国刑事诉讼法〉若干问题的解释》第 283 条规定，复核死刑（死刑缓期二年执行）案件，应当全面审查以下内容："（一）被告人年龄，有无责任能力，是否正在怀孕的妇女……"；第 284 条规定："对报请核准的死刑（死刑缓期二年执行）案件全面审查后，合议庭应当进行评议并写出复核审理报告。"虽然现在的死刑复核往往是书面审理，但仍然是对案件事实、法律、证据等问题的全面审理，如此全面的审理案件，应该制作说理性强的文书，死刑核准裁定书是最具有说服力的文书才行，因为对被告人来说，死刑复核是最后的权利救济机会。

第二，可以充分解释被告人或辩护人对死刑判决或裁定的异议。虽然现在对死刑案件的判决，一审和二审都加强了对裁判理由的表述，但是在很多情况下，被告人或辩护人仍然会持有异议，这样一来，在死刑核准文书中出给充分的理由来回应是必要的。如果仅仅是简单地认同高级人民法院的死刑裁定，认定被告人及其辩护人的异议不成立，就显得过于简单，不能服人。死刑复核对被告人来说，是最后免予被执行死刑的机会，最高人民法院有责任让被告人明明白白地走上刑场。

第三，加强死刑复核文书的说理，符合法院司法文书改革的要求。从 1992 年最高人民法院公布《法院诉讼文书样式（试行）》以来，我国法院在裁判文书的说理方面有了较大的提高。《人民法院五年改革纲要》针对裁判文书改革指出："改革的重点是加强对质证中有争议证据的分析、认证，增强判决的说理性；通过裁判文书，不仅记录裁判的过程，而且公开裁判理由，使裁判文书成为向社会公众展示司法公正形象的载体，进行法制教育的生动教材。"

笔者认为，公开裁判理由也是司法透明化、法治化的必然要求，是司法公信力的有力保障。但目前"多数情况下，法院判决书对于定罪部分已经开始说理。虽然这种说理也常常流于形式，但毕竟已经有一个好的开端。可是，很少有人看到判决书对量刑部分进行说理"。① 死刑复核应该加强说理，特别是量刑理由。关于裁判文书说理的重要性，几年前的"刘涌案"就给了我们提供有力的佐证。当年，辽宁省高级人民法院将死刑犯刘涌改判为死缓时，在判决中使用了"鉴于本案的具体情况"的字眼，没有解释"具体情况"是什么情况。结果判决一出就引来了社会公众的强烈质疑和不满，纷纷指责背后有隐情！②

四、其他几个值得研究的问题

在司法实践中，死刑复核程序还存在较多问题，限于篇幅，笔者在此仅提出来供大家探讨，不再详细赘述。

1. 高级人民法院只会将死刑犯报请最高人民法院核准，此时对死刑犯的裁定并不发生法律效力，但对同案犯的裁定则发生法律效力。最高人民法院复核后，如将案件发回重审，这时将已经发生法律效力的同案犯和未发生法律效力的死刑犯一起进行重审的程序该怎么称谓？也就是说，将审监程序（同案犯）和普通程序（死刑犯）合并在一起进行的程序该是什么程序？

2. 最高人民法院法院在复核死刑案件时，最高人民检察院如何进行监督？因为有些死刑案件核准与否并没有十分明确的界限，完全是靠法官的个人看法，为防止产生司法腐败，人民检察院介入监督就有十分重要的意义。

3. 如何平衡全国各地的死刑适用标准？我国各地的经济发展不平衡，人们的思想观念也存在较大差异，对死刑的认同度也千差万别，各地在死刑适用标准上也存在较大的不同，最高人民法院如何平衡各地死刑的适用标准也是十分重要的问题。

4. 最高人民法院《关于复核死刑案件若干问题的规定》第 4 条规定：最高人民法院复核后认为原判认定事实正确，但依法不应当判处死刑的，裁定不予核准，并撤销原判，发回重新审判。然而第 11 条又规定：依照本规定第 3 条、第 5 条、第 6 条、第 7 条发回重新审判的案件，原审人民法院应当另行组成合议庭进行审理。为何第 11 条没有规定因第 4 条被发回重审的也要另行组成合议庭进行审理呢？依照第 11 条的规定，因第 4 条被发回重审的案件，也是可以由原合议庭负责重新审理的。这显然是有违回避规定的，且案件重审结果的公正性也难以得到保证。

---

① 虞平：《量刑与刑的量化——兼论"电脑量刑"》，载《法学家》2007 年第 2 期。

② 《辽宁黑社会老大刘涌由死刑改判死缓事件真相》，载 http://news.sina.com.cn/c/2002 - 08 - 27/12311627513.shtml，2008 年 6 月 15 日访问。

5. 某些死刑案件的二审程序与核准程序应该分开，应由不同的合议庭分别进行，同一合议庭不能既负责二审，又负责死刑核准。

结　　语

最高人民法院统一行使死刑案件的核准权，对慎用死刑，严格控制死刑适用，确保死刑案件质量有着重要的意义。尽快完善死刑复核程序，使其充分发挥在构建和谐社会过程中打击犯罪、维护稳定和保障人权的作用，是每位法律工作者义不容辞的责任。

中国死刑正当程序的发展趋向

陈 果[*]

【内容摘要】

人类法律文明的历史进程，在一定程度上可被视为刑罚由残暴趋向文明、司法程序由专横趋向民主的发展历程。死刑，作为剥夺人生命的、极端的刑事制裁方式，纵横几千年，由兴至滥，由滥至衰；死刑司法也经历了从早期社会血腥、野蛮、专制司法程序到近现代的文明、人道、民主司法程序的转变。自20世纪开始，陆续有许多国家逐步废除了这种终极的刑罚方式。20世纪70年代以后，每年平均至少有一个以上国家走上废除死刑的道路；90年代以后，每年平均至少有3个以上国家宣布废除死刑。

"杀人偿命、欠债还钱"，中国传统的因果报应观以及民众基于对自身所处社会的安全性要求，以致十分迷信死刑，认为只有这种生命极刑才能阻止严重危害社会的犯罪现象的发生。历史和文化背景似乎注定了我国现阶段立即废除死刑是不可能的。但是，在民众朴素意识和情感里，非正当死刑程序以及因非正当的死刑程序而导致的错判或错杀，同样不可容忍。鉴于生命对每一社会成员的至关重要性，死刑司法更应正当，不仅死刑当其所罚，而且，导致死刑的程序也应是正当的，这才符合社会普遍公正性的追求。在此意义上，死刑所处分的实体权利的根本性，注定了死刑程序的正当性要求比对其他司法程序的正当性来得更迫切。

一、死刑正当程序概述

（一）死刑正当程序问题的产生

如果简要地表述死刑正当程序，它是国家在以生命刑来实现对犯罪的控制和对国家安全的维护时，所应采取的恰当方式、手段和步骤。而从保障公民权

---

[*] 湖南大学法学院副教授、博士。

利的角度，死刑正当程序是每一个面临死刑裁判的人，所获得的应有程序对待和应当取得的程序保障。生命权在公民基本权利体系中，具有根本性，是公民权利的基础，也是其他一切基本权利得以实现的前提，因此，当人类制度文明的发展进程，达到以法律维护公民基本权利，以法律的正当程序，将直接或间接影响公民权利的国家行为纳入法律规制的范畴，防止公权力滥用而损害公民权利时，必然也将死刑司法程序纳入保障公民生命及其他基本权利的正当法律程序规制范畴，也就形成了对死刑正当程序的现实要求。

目前，死刑和死刑司法程序备受关注，缘于在死刑问题上，人们的观念和价值正在发生悄然的改变，一方面，表现在对死刑实体问题的关注，包括对死刑本身存在的合理性而提出质疑，甚至要求废除，或至少也应严格限制死刑的适用范围；另一方面，则表现为对实现死刑之程序过程的正当性要求，期望这种以生命为代价的死刑刑罚，须经公正、合理司法程序才能被适用，否则，非经正当的法律程序，任何人都不得被判处死刑，哪怕死刑的适用因此而受到限制或长期不被适用。可以看出，这种观念改变到制度的改变，总的趋势是对人类死刑制度反思和质疑，使得死刑在当今社会的适用越来越受阻、直至完全废除。但是，尽管死刑正当程序是应人们对死刑适用过程的关注而产生，但其合理的根据不在于如何以此而控制或减少死刑，更不在于以此而完全地废除死刑，死刑正当程序而是更关切于以何种恰当的程序方式去实现死刑，虽然在实际效果上，由于受到死刑正当程序的控制，死刑适用的绝对量会因此而减少，从而起到限制死刑个案适用的功能。① 可见，由死刑正当程序而对程序正义的追求，不仅在理论上，而且在实际效果上，都可促使国家司法主体在对待生命处罚的问题上，更显理性、审慎和节制，避免错判，以确保公民不被任意结束生命。但是，并不能寄期望于死刑正当程序来完全废除死刑，毕竟死刑正当程序也是实现死刑的司法程序。

（二）归属于法律正当程序的死刑正当程序

死刑正当程序是合法地剥夺公民生命权的法律程序，因此，死刑正当程序当属于正当法律程序的范畴。而当我们谈到正当法律程序，不得不首先联系到的英美法系国家的宪法性法律原则"法律的正当程序"（due process of law）。

近现代以来，英、美等普通法系国家渐次将公民生命、自由和财产等基本

---

① 关于这一点，最高人民法院于 2007 年 1 月 1 日起统一履行死刑复核权以后，15% 的死刑未核准率就是一个很好的说明。2008 年的"两会"期间，最高人民法院新闻发言人倪寿明在接受记者采访、解读最高人民法院的工作报告时指出："2007 年，因原判事实不清、证据不足、量刑不当、程序违法等原因不核准的案件，占复核终结死刑案件的 15% 左右。"

权利，纳入法律确认和保护的范围，对于法律所确认和保护的权利，没有法律事先确认的规定，非依事先确定的法律程序，对任何公民权利予以限制或剥夺都不具有合法性，都是非正当的。这种给权利以法律的确认，并由法定程序给予保障，就逐渐演变成现代法治国家的正当法律程序的原则或精神，成为排除恣意、维护法律公正、适时为公民权利提供法律保护的屏障。在约翰·罗尔斯看来，通过法律程序实现正义乃是现代法治的基本原则，公正的法治秩序是正义的基本要求，而法治取决于一定形式的正当过程，正当过程就是通过程序来体现。①

可见，法律的正当程序张扬的是一种"过程价值"，它体现在程序运作过程中，对程序本身和由程序所能导致结果公正性的一种正义价值取向。按照现代法律正当程序内在精神，程序本身是否具有正当性品质，要看那些受程序结果影响的人是否在这一过程中受到了公正的对待，而不仅仅看程序能否产生良好的结果。即使非正当的司法程序也可以将真正的犯罪者绳之以法，但在这一过程中，嫌疑人或被告人没能获得应有的对待，这样的程序和结果都不值得给予鼓励。

归属于法律正当程序领域的死刑正当程序，其他刑罚程序一样，同为国家司法程序，只是由于死刑程序导致的最终刑罚方式具有特殊性，使之成为国家刑事司法程序中一个相对独立的部分，它指所有可能被判处死刑的案件，从立案侦查到起诉、审判和执行等活动的进程、行为方式、展开过程，是所有诉讼主体的行为和诉讼活动的继起和互动的关系。如果说依法律程序，将所有直接或间接影响到公民权利的国家行为纳入正当性规制范畴，则必然将死刑司法程序也纳入正当法律程序的规制范畴，从而也就造就了对死刑的正当法律程序要求。因此，当近现代正当法律程序的理念和法律制度被构建起来以后，死刑正当程序便当然成为正当法律程序中的一个部分，是国家决定对涉嫌犯有最严重罪行的人采取生命极刑之前，应该采取恰当方式、手段和步骤，以保障面临死刑者的权利不被任意侵害。

如果说刑罚是国家对公民行为的一种评价，那么，死刑正当程序就是对国家死刑的刑罚实现机制所作的一种正当性或正义性的评价，是任何国家的死刑刑事司法程序所应当具有的一种良好品格。如果以"善"、"恶"来划分，死刑虽然不能被认为是一种"善"，但通过死刑正当程序，至少可以被认为具有一种以"小恶"避"大恶"的合理性，从而让一般人所不愿看到的生命意义结束之"恶"，也就能被大多数人所接受。而非正当的死刑程序非属"善"

① ［美］约翰·罗尔斯著，何怀宏等译：《正义论》，中国社会科学出版社 1997 年版，第 81 页。

类，唯一合理性因素只能从对死刑的有效实现中获得。而专制、一意孤行、不尊重当事人权利，非正当的死刑程序这些表现又使其在死刑结果上很难得到人们的认同和支持。而正当的程序方式，在某种程度上，代表着当时社会对"善"的普遍认同，不仅可以透过程序表现出国家在犯罪与刑罚上的理性，而且能够表达人们对程序的普遍正义要求，尽管死刑正当程序同样会导致死刑得到执行而使人类不得不为此付出生命的代价。

二、中国死刑程序正当化的合理趋向

　　尽管人们并不能够从正面详尽列举刑事司法程序公正的全部要求，但至少每个人都能直观感觉什么样的刑事司法程序更接近正义、什么样的程序是非正义。例如，当被告人向法庭提出控方提出的有罪供述是在被刑讯的情况下逼供形成的，但法官在被告人不能提供相应的证据予以证明的情况下，仍然采用口供作为证明被告人有罪的证据。在这种情况下，尽管法官有理由认为刑讯逼供难以认定而采撷口供，但要求被告人在被强制的情况下保留对方形成的证据并向法庭提供，对被告人来讲不是"不为"，而是"不能"。而程序要求被告人对刑讯逼供的主张承担举证不能的法律后果，显然是对被告人的不公。不管最终法律认定的结果如何，在程序上已使当事人或了解程序的人产生较为严重的不公正感，公众肯定会对这样采证程序和认证程序的正当性作出否定的评价。尽管依照这样的程序所形成的裁判结果并非必然错误，刑讯之下也许被告人所供是实，但由此而产生的不公正感和否定性评价会随着可能的错判，导致人们对整个司法程序机制产生强烈的反感、甚至愤慨。

　　一个现实法律制度的构建虽然不能保证让每一个人都感觉是公正的，尤其让每一个利益受其影响的人都认为公平，事实上也不可能。但是，至少应该在程序上消除或修正人们普遍认为非正义的情况。一个能为广大民众所普遍接受的程序正当性的标准，通常是这个程序起码应当具备的刑事司法最低限度公正的标准。坚持这一标准尽管不一定能确保公正能够完全实现，因为社会在发展、对公正的认识也在不断更新，但是，如果不能遵守这种最低限度的公正标准，意味着程序肯定是非正当的。

　　目前普遍公认的程序公正最低限度标准，是得到国际社会所普遍承认和接受了的。不断发展完善的国际法律文件，如《世界人权宣言》、《公民权利、政治权利国际公约》、《欧洲人权宣言》等从对涉诉公民最低限度权利保障的角度，确立起了最低限度程序正当的标准体系。而《关于保护面临死刑者权利的保障措施》、《保护死刑犯权利的保障性措施的执行情况》和《公民权利、政治权利国际公约》等，在普遍的最低限度程序公正的标准基础上，就死刑程序的正当提出最低限的标准要求，如：只有对罪行极为严重者才可判处死刑的死刑普遍适用性标准；对未满 18 岁的人、孕妇、新生婴儿的母亲以及已患精神病者免除死刑的要求；只有在对被告人罪行根据明确和令人信服的证据，对事实没有其他解释余地的情况下，才能判处死刑的证明标准或证明要求；已判死刑者有权上诉和要求赦免或减刑的权利保障的程序要求等。

中国自 1980 年起先后签署、批准加入了《禁止酷刑和其他残忍、不人道或有辱人格的待遇或处罚公约》、《儿童权利公约》，《经济、社会、文化国际公约》等国际人权公约，同时签署了《公民权利、政治权利国际公约》。这些国际公约中有关刑事司法标准的规定，中国政府负有在立法、司法等各个领域加以贯彻的义务，也就是说这些国际法律中的原则、标准和精神已经或即将在中国广泛适用。而且，自中国 20 世纪 80 年代初恢复参加联合国预防犯罪和刑事司法领域的活动以来，主动参与起草、制定并参加了系列与刑事司法有关的国际法律文件，如《关于司法机关独立的基本原则》、《关于检察官作用的准则》、《关于律师作用的基本原则》等，所有这些法律文件中有关于公正审判、正当程序以及死刑程序的特别规定都是可直接确立死刑正当程序标准的法律依据。为切实贯彻《公民权利、政治权利国际公约》中对面临死刑的权利保障，1984 年 5 月 24 日，联合国经济与社会理事会批准了《关于保护面临死刑者权利的保障措施》，我国作为世界上依然保留死刑的国家，并未参与该保障措施的签署，不必受其法律约束，但是，它作为国际社会就死刑程序的普遍性共识，不能不认为其在判断什么是死刑正当程序时具有合理参考性。至少可以这么认为，对于这一保障性措施的规定，吸收它意味着能使我们的死刑程序更具有普遍公认的正当性，而不是相反。因此，尽管我国法律和司法制度具有自身的特点，但也不能逆行于国际社会关于死刑及其程序的普遍公正的要求，在死刑程序的未来发展上，尽可能考虑与具有普遍参考性的死刑程序正当性要求相契合：

（一）保障每个面临死刑裁判的人充分而富有意义地参与诉讼

这一死刑程序的正当性要求，实际是对刑事程序公正普遍——程序参与原则的进一步强调，强调因生命权可能会受到刑事裁判的直接影响，面临死刑者应有充分的机会和必要的程序手段，富有实质意义地参与刑事司法程序，对刑事裁判结果的形成发挥积极的、有效的影响。在具体程序方面，应保障面临死刑裁判的人充分参与诉讼标准的要求：

1. 受死刑追诉的人从案件立案或第一次被传唤开始，就应当被告知所涉嫌的罪名或被强制的理由。

2. 在任何诉讼环节，包括侦查、起诉、审判乃至执行阶段，作为主导刑事诉讼程序的国家专门机关，应保证在其主导的诉讼环节中的面临死刑追诉者，都能获得亲自的讯问或亲自参与程序活动，以使其在各诉讼阶段都能获得陈述自己意见，对案件认识的形成产生积极性影响的机会。

（二）确保面临死刑裁判的人能够积极、有效地行使辩护权

《关于保护面临死刑者权利的保障措施》规定任何被怀疑或者被控告犯了可判死刑罪的人有权在诉讼过程的每一阶段取得适当的法律协助后，才可根据主管法庭的终审执行死刑。《公民权利与政治权利国际公约》则规定所有受刑事追诉者应"有足够的时间和便利准备他的辩护并与他自己选择的律师联络"；应有权"亲自在场接受审判，自行或者通过他自己选择的律师进行辩护，在他没有获得律师法律帮助时被告知这一权利，在司法利益有此需要的案件中为他指定律师提供法律帮助，并且在他没有足够能力支付律师费用的情况下免除他的费用负担"。由此可以看出，为使可能判处死刑的被告人有效地行使辩护权，就必须同时拥有下列四个方面的程序保障：

1. 有权亲自出席法庭审判，自行就被指控的事实或理由展开辩护；

2. 从案件立案或传唤而被追诉有可能判处死刑的罪行开始，有权被告知享有辩护权，有权及时地获得所需的律师帮助；

3. 在无力聘请律师辩护的情况下获得由国家提供的法律援助；

4. 有权获得足够时间和便利条件进行辩护准备。

（三）给予每个面临死刑裁判的人获得应有的程序对待

所谓给予面临死刑的犯罪嫌疑人或被告人"应有的程序对待"，实际上也是在诉讼中"给予每个人以应得的东西"这一正义原则的基本要求。在以国家刑罚权的实现为内在实质的刑事司法程序中，作为犯罪嫌疑人或被告人的面临死刑者，其所获得程序对待是否达到"应有"的标准，就是看其能否与代表国家追诉的控方形成程序权利和程序手段运用上的"对等"。与权力行使主体在程序手段和程序地位上的对等，由犯罪嫌疑人、被告人的程序地位以及他们与控诉方的相互关系决定的。程序地位就是程序性权利、义务，在犯罪嫌疑人、被告人配合控方实现追诉的义务状态下，程序地位的高低是以程序性权利为标志，因此，对嫌疑人、被告人在程序当中权利状态也就成为了考察其是否获得应有的程序对待的重要指标。

再者，犯罪嫌疑人、被告人配合控方实现追诉的义务性以及与控诉方的相互关系，也决定了控诉权力行使者的程序义务或程序责任的承担与其能否获得应有的程序地位或程序对待密切相关，比方说证明责任的承担，在程序中证明责任完全由控告方承担，在逻辑上，被告人就不承担证明自己无罪的义务，控诉方的证明只有在达到证明标准的情况才能获得法官对其主张的支持，从而无罪推定、证明要求或标准的确定、疑罪从无等对控方的归责性原则和制度的确定就是对辩护方的程序权利地位的保障。而犯罪嫌疑人、被告人在程序中的应得的程序便可得以确定。

（四）充分保障面临死刑的人获得公正审判的权利

获得公正审判的权利是法治国家人人所享有的一项基本权利，也是国际社会所共同确认的最低限度人权保障的要求之一。在长期刑事司法实践中，产生了刑事审判程序共同或相似的价值标准或价值观念，形成对所有刑事审判程序的普遍公正的程序标准或要求，它包括：在判定对任何人提出的任何刑事指控或确定他在诉讼案件中的权利和义务时，人人有资格由一个依法设立的、合格的、独立的和无偏私的法庭进行公正和公开的审理；凡受刑事控告者，在未依法证明有罪之前，应被视为无罪；在判定对任何人的刑事指控时，有权亲自参加法庭审理，对证人予以质证，获得译员帮助，以及不被强迫自证其罪等保障其获得最低限度公正审判的权利；依一国法律及刑事程序被最后定罪或者宣告无罪者，不得就同一罪再度予以审判或惩罚等。

（五）让每个面临死刑者穷尽一切程序救济的手段或可能

死刑犯获得赦免与减刑的权利为国际社会所公认。联合国《公民权利、政治权利国际公约》第6条第4款规定："任何被处死刑者应有权要求赦免与减刑，对一切判处死刑的案件均得予以大赦、特赦或减刑。"而《美洲人权公约》第4条第6款也规定："每一被判处死者人人均有权请求赦免、特赦或减刑。……在主管当局对请求作出决定之前不得执行死刑。"

在我国现有基本法律制度下，对于一个终审被判处死刑的死刑犯来说，从程序上可能获得的救济途径有三种：死刑复核程序、审判监督程序、特赦。而这三种途径能否充分发挥其程序救济的功能，虽取决于实体上已经制作的裁判本身是否具有补救的必要或可能，但救济程序是否正当，能否保障每个死刑犯实际获得现实的救济，而不是走过场，对死刑犯实现对可救济的生命权的保障具有至关重要作用。保障死刑犯获得充分救济的正当程序应该是：

1. 充分发挥死刑复核程序在慎重适用死刑、控制死刑的功能

中国的死刑复核程序自古代有之，是中国传统的"明德慎刑"、"德主刑辅"之良善刑罚思想的体现，在死刑暂时不可能废除的现今，也不失成为对生命裁决更高层次的慎重裁量。但要充分实现这种对是否应当适用死刑上更高层的、更慎重的裁量：

（1）严守死刑的复核及核准由国家最高司法机关进行的法律规定。死刑复核由最高司法机关进行基本上可以将死刑的复核机构与死刑的审判机构分离开来，让是否应当适用死刑的裁量，再一次接受更高一级司法裁判主体的慎重权衡，保障死刑复核的真实成效。而且，从控制死刑总体适用的有效性来说，死刑复核由国家唯一的最高裁判机构实施，可以避免在死刑复核主体二元制的状态下，各地区间对死刑裁量不统一，形成一个方面的问题是死刑适用的绝对数量不易从严控制，使人产生死刑被过分适用的不当之虞；更为容易令人对程

序正当性怀疑的是，由于地区文化、经济发展方面的差异，由地方法院复核有可能导致在同一法域中相似的案件被处以"生"或"死"两种截然不同之刑罚而带来的不公。

（2）保障被告人的辩护权在死刑复核程序中也能够有效行使。为此，在死刑复核程序阶段被告人亦应享有取得律师帮助的权利，辩护人也应有权会见他们，以及进行必要的补充证据调查等充分的时间及便利为死刑复核程序中的辩护作准备；复核的法官应当亲自听取被告人辩护律师的辩护意见，并当面接收他们的书面辩护意见并归入案卷；复核的法官应亲自讯问被告人，听取当事人自己对死刑裁判的辩护。

（3）因死刑复核是建立在完成了普通程序基础上的一次特别审核程序，当一个死刑案件已按正常审理程序审结并作出了最终的裁判，应当视为国家已充分对该案行使了刑事审判，因此，经复核后法官应在是否确信该判处死刑的基础上直接作出核准或不予核准的裁定。

2. 充分发挥我国审判监督程序在维护死刑审判公正、给予死刑犯应有的权利尊重方面的程序作用

为使既存的审判监督程序亦担当起维护死刑犯与其他犯罪人同样平等享有的程序权利，维护程序本身的公正，以及发挥审判监督程序确保裁判结果公正性的作用，挽救可能被错判而误杀的生命，我们认为，也应保障所有面临死刑执行的死刑犯获得审判监督程序予以救济的权利。为确保这一权利，正当的审判监督应当：

（1）给予被核准死刑后的犯罪人的近亲属及辩护人恰当的告知，以方便向检察院或法院提出申诉。当被告人终审被判处死刑以后给予其近亲属及时的告知，这是程序的人道关怀的体现，而且恰当告知也便于近亲属及辩护律师协助被告人依法申诉，启动审判监督程序。

（2）给予被核准死刑后的犯罪人及其近亲属必要的时间申诉，申诉期间，不执行死刑，以保证在申请确实有理由时，能开启审判监督程序对死刑案件的重新审理。由于死刑执行的特殊性，死刑犯申诉权获得程序的有效保障的一个前提条件就是死刑不能过于匆忙地执行。鉴于死刑执行的特殊性，在程序空间上，应当适当留出被确定应执行死刑的人实现申诉权的机会，否则，就会导致死刑犯的申诉权实际被剥夺。相对于个人的生命为代价的刑罚，以国家强制力作后盾的刑罚权完全可以保证在任何时候都能实现对死刑的有效执行，不必要匆忙；而对个人而言，一旦死刑被执行，申诉权实现的意义已经基本丧失。日本的《刑事诉讼法典》规定，死刑终审判决作出后，法务部长应在6个月内签发死刑的命令，但如果被告人请求恢复上诉权或提起再审，提起非常上告或请求恩赦，在这些程序之前，死刑判决应当延期执行。美国在上诉程序审结

后，被告人可以宪法权被侵犯或有新的证据为由向原审法院申请重审，以后还可获一年的时间向州或联邦申请"人身保护令"，对人身保护法院的判决不服的，还可逐级上诉，直至联邦最高院，这其间时日不短。

由此可见，如果从有效终审死刑裁判作出到签发死刑执行令，实际执行死刑之间的这段程序期间如果持续太短，被判处死刑的犯罪人就无法通过法定申诉权的有效行使方式获得救济，也无从获得以审判监督程序实现对其生命的救济机会。

3. 让减刑或赦免实际成为每一个死刑犯求生的最后希望

（1）充分运用死缓的执行制度给予死刑犯最后悔改的机会。死缓不是一种刑罚方式，实际上是一种死刑的执行方式，只是这种执行方式通常会在法官作出死刑裁判的同时作出。这种特有的死刑执行方式由于使得死刑在通常情况下都不会被实际地执行，有条件地改由其他的自由刑来取代之，因此，受到国际社会的普遍肯定。但是，由于这种死刑制度目前还只是对死刑有条件的部分适用，即"不必立即执行"的死刑犯才适用，因此，充分把握及正当运用这种制度将是对"不必立即执行"死刑者生命的尊重，也将使这种死刑程序的正当获得普遍的认可。

① 对依罪当处死刑的犯罪人，其所犯罪行及社会危害性可谓"极其严重"。但从犯罪社会学意义上而言，犯罪除了犯罪者本人的原因，还有其他社会因素所促成，也就是说，犯罪人所犯之罪行并不完全是犯罪行为个体本然之恶，还有其他社会消极因素间接地造成犯罪的发生。因此，完全由其个体承担全部的行为责任，而无视其他社会因素对之的社会责任，这种刑罚本身就是一种不公。在个案中，促成犯罪者实施犯罪的非直接动因，应当作为考虑对犯罪适用死缓的量刑情节。如被害人的过错、犯罪人本身的心智不十分健全、共同犯罪中受到其他主犯的怂恿或诱导等情况，可考虑适用死缓。

② 一旦有法定从轻情节，如自首、立功等，就应当考虑适用死缓，尽管可能同时也有从重情节。从有利于被告人的角度，既然有法定可以从轻判决，就应予以适当考虑，而适用死缓。

③ 对于所有可以被考虑为犯罪人的主观恶性并不是"极端"恶劣的情形，都应适当考虑，而不必立即处死。例如，其一贯品行良好，动机并非十分恶劣、由于情绪突然激化而非有预谋的偶尔所犯、犯罪后有积极良好表现等。

但是，对于罪该处死，但证明案件的直接证据有欠缺而留有余地，将之作为"不是必须立即执行"[①] 死刑的情况之做法不可取。因为，依照证明标准和疑罪从无的原则，如是对于被告人犯罪构成要件事实予以证明的证据不充分，

---

① 参见马克昌：《论死刑缓期执行》，载《中国法学》1999年第2期。

有欠缺，就应当作无罪判决。如果对于被告人应当适用死刑的情节认定缺乏充分的证据，就不应当判处死刑。死刑案件应当办成所谓"铁案"，经得起历史的检验，那就必须证据确实、充分，且无其他可能。如果案件事实还有疑点，甚至不能合理排除，使人不能完全确信被告人所犯罪行且当处死刑时，就依法疑罪从无，疑刑从去。证据有疑而留有余地的做法，会给滥施刑罚留下一个豁口。

（2）死刑的赦免应明确、具体，并使之经常化。我国现行《宪法》规定了特赦的决定权和发布主体，在新中国成立后的25年里曾经进行过7次特赦，但近30年却再未进行过。赦免制度也许不是绝对意义上的司法程序，赦免通常并不由司法机关决定，更不必严格按照司法程序的运作方式进行，而且死刑被赦免的理由也可能多种多样，没有严格的程序特征。① 但是，从程序对实体权利有效保障的功能，以及从维护死刑程序本身的人道性，从而促进人们对死刑程序的正当性感知角度来思考死刑的赦免，不是不可以让它更好地发挥制度的美德。

① 法律明确不予赦免的范围，从而原则地确认除此以外的所有刑事案件就都可能被赦免。一般来说，赦免的理由可以是各种各样，也可能是事实上可能不公、存疑，也可能是程序不到位，还可能是其情可矜等，事先无法一一归纳，维视社会发展变化和程序制度的运作，甚至社会犯罪的整体状况而予以权衡考虑。但在某一相对稳定时期，国家通常会有对某类案件拒绝赦免考虑的倾向性，予以明确，也就相对确定了犯罪人通过申请获得赦免的可能性。

② 确认所有可以被赦免的案件，不论是死刑犯还是其他犯人，都有申请赦免的权利，并明确规定实现当事人申请赦免的方式。尽管赦免的理由或考虑因素可以是各种各样，但是被告人实现其获得赦免救济的程序途径应该是确定的，一可确保死刑犯的程序权的实现，二是确认受理机构对赦免加以考虑。

③ 给予死刑犯等待被赦免的时间，从而使死刑赦免在程序上被认为可能。即使被核准死刑，甚至已经过了审判监督程序也维持死刑裁判的，还应给予死刑犯必要的时间申请赦免。

---

① 如美国从1972年至1992年期间，各州共实行了近90次赦免，至于赦免的理由不一而足：有的不过是州长在卸任前行使了一次自己决定生命的权力；有的则鉴于死刑裁判被事后证明不可避免的错误和对少数民族的歧视而决定赦免；更有为避免有关判决在上诉至联邦上诉法院后被宣告违宪而赦免。

专题六

刑 事 被 害 人

刑事被害人国家补偿制度比较研究[*]

梁玉霞　　贾学胜[**]

【内容摘要】

对不能从犯罪人处或通过其他途径获得赔偿的刑事被害人实行国家补偿，已成为国际社会较为通行的做法。通过比较法上的考察和研究可以发现，各国对作为国家补偿制度主要内容的补偿对象、补偿条件、补偿范围、补偿资金、补偿限度等问题均有不同的规定。在借鉴各国规定的基础上，我国应立足于本国实际建构刑事被害人国家补偿制度。

【关键词】刑事被害人　国家补偿　比较研究

所谓刑事被害人国家补偿制度，是指对一定范围内的犯罪被害人，在其无法从加害人处或者通过其他途径获得赔偿或充分赔偿时，由国家按照法定的程序给予补偿的制度。第二次世界大战后，在注重人权保障的时代大背景下，伴随着被害人学的兴起，刑事被害人的人权保障问题受到国际社会的普遍关注。自 60 年代起，欧美国家相继通过立法形式对刑事被害人进行补偿和救助，迄今已有四十多个国家建立了刑事被害人国家补偿制度。我国虽然还没有这方面的立法，但有些基层司法机关和政府为了保障被害人的基本生活，事实上推行了对刑事被害人的救助和补偿实践。在基层实践的推动下，2007 年 1 月 7 日，最高人民法院在部署人民法院年度工作时提出，要完善司法救助制度，彰显人文关怀，其中，"研究建立刑事被害人国家救助制度"成为其中一项重要任务。① 最高人民检察院也在《2007 年刑事申诉检察工作要点》中提出，"有条

＊ 本文系广州市社科联第十次资助社科研究项目"刑事被害人救助制度实证研究"之阶段性成果。项目批准号：08SKLZ8。

＊＊ 梁玉霞，湖北襄樊人，法学博士，暨南大学法学院教授；贾学胜，暨南大学法学院教师，中国人民大学法学院刑法学博士。

① 参见申爱山：《最高法院新举措救助刑事被害人》，载《法制日报》2007 年 1 月 14 日 A5 版。

件的地方可以试点建立刑事被害人补偿机制"。2007 年 3 月，全国人民代表大会已将刑事被害人国家补偿法的立法工作纳入了下一个五年计划。改革开放 30 年来，我国经济社会获得了长足的发展，可以预见，不远的将来，我国将顺应国际社会刑事法治发展的潮流和趋势，制定刑事被害人国家补偿方面的法律。本文从比较法的视角，对刑事被害人国家补偿制度的基本问题展开研究，冀望为这一立法工作做资料上的准备和贡献。

一、刑事被害人国家补偿的对象

犯罪被害人是国家补偿的对象，但不是对所有的犯罪被害人都需要补偿。对于这个问题，各国在以下三个问题上表现出分歧：其一，是否应将暴力犯罪被害人限定为补偿对象；其二，是否应将补偿对象限定为故意犯罪被害人还是包括过失犯罪被害人；其三，是否应将财产犯罪被害人作为补偿对象。

在欧美国家，德国于 1976 年制定了《暴力犯罪被害人补偿法》，根据该法，因违法的故意暴力攻击等而遭受健康损害的人，有权向联邦政府或州政府申请一定的补偿。补偿以人身伤害为限，不包括财产损失的补偿。在法国，1977 年《刑事诉讼法》第 4 卷特别程序中增设了第 14 编确立了被害人的国家补偿制度，规定以不问是否故意而由表现出犯罪实质性行为造成的损害为补偿对象，据此，即使是因心神丧失而对行为人不能作出犯罪处理时，也可以补偿；但是，1981 年的修法将补偿扩大到盗窃、欺诈、贪污等的财产犯罪的被害人。在美国，作为原则，财产的损害不是被害补偿的对象，但在佛罗里达州、新泽西州和纽约州等，在一定的条件下，财产的损害也可以成为被害补偿的对象。

在亚洲，韩国 1988 年施行的《犯罪被害人救助法》第 1 条规定："本法以救助因侵害他人的生命或身体健康的犯罪而受到重伤害或者死亡的被害人及其遗族为目的。"日本的《犯罪被害人等给付金支付法》规定的犯罪给付制度是，因故意犯罪行为而引起的死亡及重伤结果的场合，被害人及其遗属在得不到来自社会的以及加害人的损害赔偿时，基于社会连带互助的精神，以被害人等的精神的、经济的被害缓解为目的，而由国家用国民税金的一部分向被害人等支付给付金的制度。这里所说的犯罪行为，是指在日本国内及日本国外的日本船舶、飞行器内所实施的，属于伤害自然人的生命、身体的犯罪行为。其中包括由于紧急避险、精神失常、未达到刑事责任年龄而不处罚该行为的场合。但是正当防卫，由于正当防卫而不受处罚的行为，以及由于过失而引起的行为除外。只有我国台湾地区将过失犯的被害人也作为补偿的对象。根据我国台湾地区"犯罪被害人保护法"第 3 条第 1 号的规定："本法中的犯罪行为是指故意或过失侵害他人生命、身体的犯罪行为。"这是因为在立法的当时，卡车等的大型车辆的交通事故频发，又没有汽车损害赔偿责任保险制度，对被害人不能给予充分的赔偿的缘故。① 1996 年《强制汽车责任保险法》制定并于 1998 年 1 月 1 日起实施后，现在主要根据该法来调整交通方面的保险和犯罪被害补偿。不过，我国台湾地区的被害人补偿制度仍然对过失致死伤的被害人予以补偿。

　　如上述一些立法例一样，我国也有学者认为，国家补偿制度的目的是恢复由于犯罪而失衡的法秩序及国民对刑事司法的信赖，由此而安定社会秩序，这样说来，没有必要对所有的犯罪都进行补偿，补偿的对象应限定于，若不补偿，便不能使国民恢复对法秩序的信赖的程度的和种类的犯罪被害人。因此，可将国家补偿的对象限定在暴力犯罪的被害人及其在死亡情况下受其扶养的人。② 但是，按照我国《刑法》的规定，有些犯罪，如生产、销售伪劣产品罪等，并不属于暴力犯罪，但其后果却足以造成被害人伤残甚至死亡，对这些犯罪人不予补偿，何以能够恢复失衡的法秩序和国民对刑事司法的信赖？从上述立法例可见，大多数国家都将过失犯罪被害人排除在国家补偿的对象之外，有学者认为，这是因为故意和过失是两种性质不同的犯罪，公然向国家法律挑战，向社会秩序挑战的故意犯罪，即便犯罪的被害结果与过失犯罪相同，但两种犯罪的社会非难程度是完全不一样的。由于被害给付制度是社会连带互助精神的体现，给付金来源于税收，如果对过失犯罪的被害也和故意犯罪的被害一样适用该犯罪被害给付制度的话，社会成员并不能够情愿地接受。③ 笔者对此实难苟同。尽管犯罪性质不同，但被害结果却没什么差异，国家补偿制度是要救济因犯罪而陷入生存困境的被害人，而不是要体现对犯罪人的非难，社会大众也没理由对补偿故意犯罪被害人能够接受，对补偿过失犯罪被害人却不能接受。从我国台湾地区的立法得到启示，笔者宁愿相信，之所以将过失犯罪被害人排除在国家补偿的对象之外，是因为通过社会保险等制度实现了对过失犯罪被害人的补偿和救济。联合国《为犯罪和滥用权力行为受害者取得公理的基本原则宣言》第 1 条规定："受害者"一词系指个人或整体受到伤害包括身心损伤、感情痛苦、经济损失或基本权利的重大损害的人。第 12 条 a 项规定：当无法从罪犯或其他来源得到充分的补偿时，会员国应设法向遭受严重犯罪造成的重大身体伤害或身心健康损害的受害者提供补偿。公约规定给我们一个重

① 参见张甘妹：《关于台湾犯罪被害者学的研究》，载《被害者学研究》第 5 号（1995 年）。

② 参见郭建安：《论刑事被害人国家补偿制度》，载《河南省政法管理干部学院学报》2007 年第 1 期。

③ 参见田思源：《犯罪被害人的权利与救济》，法律出版社 2008 年版，第 108 页。

要的启示，那就是：对犯罪被害人是否补偿，应取决于被害结果，而不是犯罪的种类或者性质。

此外，从联合国《为犯罪和滥用权力行为受害者取得公理的基本原则宣言》和各国立法例可以看出，财产犯罪被害人并不是国家补偿的重点，但并不绝对排斥。笔者认为，如果确因某个财产犯罪而使被害人陷入生存危机或者严重的生活困难，从法理上似无绝对排除的理由。但是，出于国家财力和实践中防止补偿诈骗等的考虑，对财产犯罪的被害人实行国家补偿应非常慎重。

二、刑事被害人国家补偿的条件

补偿对象与补偿条件具有密切的相关性，一定范围内的补偿对象只有具备法定条件时才能得到国家补偿。各国关于刑事被害人国家补偿条件的规定大同小异，归纳起来，主要有以下几项：

其一，受害人因犯罪导致生活陷入困境且无法从加害人处获得赔偿或赔偿严重不足，也无法从其他途径得到救济。法国 1977 年《刑事诉讼法》规定，国家补偿以杀人、伤害等暴力犯罪的被害人为补偿对象，并且被害人必须经济困难而用其他方法又无法得到补偿。韩国《被害人救助法》第 3 条规定："被害人因犯罪人不明或者犯罪人无资力等事由，不能获得赔偿的全部或一部，并由此造成维持生计有困难的情况下……国家依本法规定，应对被害人或遗族支付犯罪被害救助金。"荷兰规定被害人本人或者其他近亲属的经济能力能够承受该损失时，不予补偿。美国加州的被害人补偿项目规定被害人的流动资产未超过 3 万美元的可以补偿。

其二，被害人必须积极协助刑事司法机关追诉犯罪。如英国《犯罪被害补偿法》规定，犯罪被害人有协助刑事司法机关的义务，如果他怠慢了这一义务，将成为不向其补偿或减额补偿的理由。

其三，被害人在犯罪过程中没有责任。如美国的《犯罪被害人法》规定，对于对自己被害负有责任的被害人，国家可以根据被害人责任的大小不予补偿或减少补偿。英国《犯罪被害补偿法》规定，如果被害人对于被害的发生有可归责的事由则不能获得补偿。德国《暴力犯罪被害人补偿法》规定被害人如果因自己有责行为导致遭受犯罪侵害，则不能获得补偿。日本的《犯罪被害人等给付金支付法》规定，被害人挑衅犯罪的，或被害人对遭受被害负有一定责任的，不支付或减额支付。

需要讨论的是，受害人与加害人之间具有亲属关系是否应该成为国家拒绝对被害人补偿的理由。亚洲国家和地区一般采原则上不支付的态度，如日本的《犯罪被害人等给付金支付法》规定，被害人和加害人之间具有亲属关系的，不支付或减额支付。韩国的《犯罪被害者救助法》规定，被害者与加害者之间存在亲属关系时，国家不予支付救助金的全部或一部分。我国台湾地区"犯罪被害人保护法"第 10 条第 2 号规定：斟酌被害人或其遗属与犯罪行为人之关系及其他情事，依一般社会观念，认为支付补偿金有失妥当者，得不补偿其损失之全部或一部。在香港，关于亲属间的被害，当初一律不支付补偿金，1982 年以后这一制度作了修改，采取了一些灵活性的规定。如被害当时，被害人和犯罪人作为同一家族成员共同生活的场合，作为原则维持原来的不支给制度，但是当犯人被起诉时，对由其抚养的未成年人等认为必要，作为例外则可以支给补偿金。① 有学者认为，之所以对家庭成员间的犯罪被害补偿持保留态度，是因为家庭成员间有互相扶助的义务，如果对亲属间的犯罪也支付给付金的话，有可能形成对加害人有利的结果。所以关于亲属间的犯罪，除特别事由以外，作为原则是不支付给付金的。②

　　但是，亲属间的犯罪被害以使被害人饱受身体和精神上的创伤，更因为亲情丧失的因素而处于痛苦的深渊，如果此时国家补偿制度又将其拒之门外，不符合该制度人道主义的救助目的。事实上，联合国《为犯罪和滥用权力行为受害者取得公理的基本原则宣言》并没有将亲属间被害排除在补偿的范围之外。上述宣言第 2 条规定："在本宣言中一个人可被视为受害者，而不论加害于他的犯罪者是否被指认、逮捕、起诉或判罪，亦不论犯罪者与受害者的家庭关系如何。"欧美国家对家庭犯罪的被害人就采取与其他被害人一视同仁的态度。如美国的《联邦犯罪被害人法案》就为家庭内暴力的受害人提供经济援助；英国的《犯罪被害补偿法》规定，家庭内的暴力被害和强烈不安等的精神被害也是补偿的范围。因此，笔者认为，原则上，被害人与犯罪人之间的亲属关系不应成为不补偿的理由，但是，从社会的一般观念来看不宜支付的场合，可不支付或减额支付。

三、刑事被害人国家补偿的范围

　　现有的刑事被害人国家补偿的立法例一般将人身伤害和精神伤害列为补偿的范围，当然，因为该制度首要的目标是要救助处于生存危机或者严重生活困难的犯罪被害人，因此人身伤害是补偿的重点。如英国 1995 年的《犯罪被害补偿法》（Criminal Injury Compensation Act 1995）规定，补偿的范围是：身体的和精神的伤害，失业或休业期间的补偿，医疗费；犯罪被害人的遗属为补偿对象时的补偿范围是：慰问金，扶养家庭的收入补偿，丧葬费；家庭内的暴力被害和强烈的不安等的精神被害也是补偿的范围。美国的被害人补偿制度是对

---

① 参见田思源：《犯罪被害人的权利与救济》，法律出版社 2008 年版，第 97 页。
② 参见田思源：《犯罪被害人的权利与救济》，法律出版社 2008 年版，第 109 页。

暴力犯罪、酒后驾车、家庭暴力等的受害人的经济援助，原则上不承认对痛苦的安慰费，但在夏威夷、罗得岛和田纳西三个州则给予限定数额的承认。亚洲的日本、菲律宾和我国香港特区等国家和地区的被害人补偿制度对精神被害也给予补偿。

在我国，关于针对人身的犯罪而引起的精神被害是否应该补偿，存在分歧的观点。有学者认为，基于我国的实际情况，人身伤害不应包括精神损失，因而对人身伤害的补偿不应包含对精神损失的补偿。[①] 但有学者认为：对于诸如强奸、拐卖儿童、杀人、故意伤害致人重伤、绑架等犯罪行为引起的较为严重的精神损害，应当给予补偿。[②] 笔者认为，应将精神损害补偿包括在人身伤害补偿的范围之内，理由有三：其一，受犯罪侵害而致伤致残或者致死的受害者，其或其亲属精神上遭受的痛苦可想而知，对其进行一定的精神抚慰符合补偿制度人道主义救济的基本精神；其二，尽管目前对犯罪所造成的精神损害赔偿仍然有立法或司法上的障碍，[③] 但可以预见，这个问题必将得到解决，作为被害人救助第二道防线的补偿制度，不应忽视精神救助的重要性和必要性；其三，至于国家财力负担是不必担心的问题，因为被害人补偿制度具有救济和抚慰的性质，可以确定精神抚慰金的最高数额和最低数额，然后根据具体案件中的被害程度，确定补偿数额。实践中，有学者提出我国的精神损害补偿数额可控制在 300 元至 10000 元之间，至于个案的具体数额可根据危害后果的严重程度来确定。[④] 在笔者看来，对于精神抚慰金而言，数额似乎并不是最重要的，重要的是对精神受害现实的承认和抚慰。

四、刑事被害人国家补偿的资金

充足的资金是刑事被害人国家补偿制度得以推行的重要保障。没有资金保障，刑事被害人国家补偿制度将成为无源之水、无本之木。联合国《为犯罪与滥用权利行为受害者取得公理的基本原则宣言》第 13 条规定："应鼓励设立、加强和扩大向受害者提供补偿的国家基金的做法。在适当情况下，还应为此目的设立其他基金，包括受害者本国无法为受害者所遭伤害提供补偿的情

---

① 参见孙谦：《构建我国刑事被害人国家补偿制度》，载《法学研究》2007 年第 2 期。

② 参见莫洪宪、邓小俊：《略论我国刑事被害人国家补偿制度的构建》，载《青少年犯罪问题》2007 年第 5 期。

③ 参见贾学胜：《犯罪与精神损害赔偿》，载《判解研究》2007 年第 5 辑，人民法院出版社 2008 年版，第 115 页。

④ 参见梁玉霞：《刑事被害补偿刍议》，载《法商研究》1998 年第 4 期。

况。"为了保障和筹集充足的补偿资金，各国均建立了以财政拨款（税收）为主、犯罪人支付一定的资金为辅、多渠道筹集的方式。1984 年 10 月 10 日美国制定的《联邦犯罪被害人法案》（Victims of Crime Act 或 VOCA），确立了对犯罪被害人实行国家补偿的制度，并根据该法设立了犯罪被害人基金。该基金的财源来自于联邦犯罪案件中所判处的罚金、没收的保释保证金、刑罚附加金（penalty assessment），以及加害人把自己的犯罪在电影、书籍中公开等而得到的利益的没收金等。美国各州犯罪被害人补偿制度的运营机构的经费来源大体可以分为两种情况：一是依赖于犯罪人支付的各种各样的金钱，二是来自于州的预算。亚洲各国或地区的被害人补偿制度，原则上是通过国家或地方政府的预算来运营的。韩国以司法部的预算为财源；我国香港特区则是基于社会福利部的预算。在我国台湾地区，按照"犯罪被害人保护法"第 4 条的规定，犯罪被害人补偿金所需的经费来源有：（1）法务部编列预算；（2）监所作业者之劳作金总额提拨部分金额；（3）犯罪行为人因犯罪所得或其财产经依法没收变卖者。

在我国，除了将税收作为国家补偿资金的主要来源外，学者们还提出了许多筹资渠道，如在全国范围内发行被害人国家补偿基金彩票、监狱生产收入、社会捐赠、[①] 法院收取的诉讼费用的一部分、上交国库的无主财产的一部分，[②] 等等。笔者认为，这种广泛筹资的精神值得肯定，但在实践中未必可行。借鉴上述立法例的基本精神，笔者认为应从财政拨款、犯罪人缴纳和社会捐赠三个方面筹集补偿资金。具体而言，补偿基金可通过以下方式筹集：（1）财政拨款；（2）罚金和没收财产的一部分；（3）犯罪人的犯罪所得或其他财产依法没收后的变卖或拍卖所得；（4）社会捐助款。

当然，为了节省国家补偿基金，应尽可能促成犯罪者对刑事被害人的足额赔偿。这就要求重视财产保全措施在刑事附带民事诉讼中的运用。财产保全措施是指法院依据职权对被告人（犯罪人）的财产采取的保护性措施，以保证将来生效的附带民事裁判得以执行的一种诉讼制度。财产保全是实现刑事被害赔偿极为有效的措施。目前我国公安机关和人民检察院在侦查中虽然可以对涉案的赃款、赃物采取查封、扣押、冻结等手段控制，但这主要是用于追赃和取证的侦查目的，对于非涉案财产则不能采取手段，因而不能保证刑事被害人最终能够从犯罪者的财产中得到赔偿金。鉴于此，可以借鉴国外的做法，在审前

---

① 参见郭建安：《论刑事被害人国家补偿制度》，载《河南省政法管理干部学院学报》2007 年第 1 期。

② 参见莫洪宪、邓小俊：《略论我国刑事被害人国家补偿制度的构建》，载《青少年犯罪问题》2007 年第 5 期。

程序中，可以由侦查、检察机关或者被害人及其家属，向法院申请用于被害赔偿的财产保全措施，控制犯罪嫌疑人或被告人一定数额的非涉案财产，以确保判决后能执行对被害人的赔偿。[①]

五、刑事被害人国家补偿的限度

补偿金额的多少主要受各国经济发展水平的影响。从规定方式上，有的规定最高额和最低额，例如英国犯罪被害补偿法规定，关于身体伤害的补偿，是根据伤害的部位和程度将伤害分为 25 等，并依次确定了从 1000 英镑到 25 万英镑不等的补偿额。韩国《犯罪被害人救助法》第 9 条规定，犯罪被害人救助金由遗族救助金和残疾救助金两部分组成，给付金额的算定以救助对象维持生活的实际需要以及残疾时的残疾程度为依据。在美国，补偿的最高额多数的州为 15000 美元到 25000 美元之间，但个别州的补偿最高额很高，如俄亥俄州为 5 万美元，华盛顿的医疗费的上限为 15 万美元，纽约的医疗费补偿额没有上限等。法国于 1990 年设立了犯罪被害人补偿基金，并且取消了死亡和重伤害的补偿金额的上限。

笔者认为，我国在确定国家补偿的金额时，应以被害人所遭受的损失为限，同时要考虑被害的性质和受损害的实际程度；对于被害人通过其他途径（如犯罪人的赔偿和保险公司的理赔等）获得的赔偿应当扣除。至于补偿的标准和数额，可以参照《国家赔偿法》中的相关规定予以确定，即：（1）造成被害人部分丧失劳动能力或全部丧失劳动能力的，支付医疗费、残疾补助费以及其抚养的人的必要生活费。部分丧失劳动能力的最高限额不超过国家上年度职工平均工资的 10 倍；全部丧失劳动能力的最高限额不超过国家上年度职工平均工资的 20 倍。（2）造成被害人死亡的，支付丧葬费、受其抚养的人的必要的生活费，最高限额不超过国家上年度职工平均工资的 20 倍。对于具体的补偿数额，可以从被害性质、状况、程度、损害大小、被害人的过错责任以及犯罪人的实际赔偿能力和被害人目前的生活状况等综合考虑确定。同时，为了切实保护被害人的权益，在补偿金额上宜确定一个最低标准，要足以维持被害人及其亲属或被害人生前抚养人的最低生活水准，以免决定机关的不受限制的裁量权而损害被害人的利益。当然，如上文所论，国家补偿金额的最终确定，还应将精神抚慰金的补偿考虑进来。

六、刑事被害人国家补偿的裁定机关

关于补偿的裁定机关，考察各国的规定，主要有以下四种模式：

[①]　参见梁玉霞：《刑事被害补偿刍议》，载《法商研究》1998 年第 4 期。

第一，法院作为裁定机构。如法国刑事被害补偿机构设在地方法院的补偿委员会，德国由地区补偿局直接负责受理申请，而诉讼程序则是由社会法院管辖。

第二，检察院作为裁定机构。如韩国救助金的审议和决定由设在地方检察院的接受法务部部长的指挥和监督的"犯罪申告人等救助审议会"来进行。

第三，公安机关作为裁定机构。如日本由都道府县的公安委员会裁定。

第四，专门机构作为裁定机构。如英国设立刑事损害补偿局，该机构为非政府的公共组织，负责补偿案件的审核以及补偿金的核发。

在我国，在比较借鉴的基础上，关于刑事被害人国家补偿的裁定机关，学界有不同主张：有人主张法院作为裁定机关，① 有人主张设立专门的机构或者委员会作为裁定机关，② 还有人主张由民政部门处理补偿问题。③ 笔者认为，尽管我国业已存在的国家赔偿委员会设在中级人民法院内，但刑事被害人国家补偿制度与国家赔偿制度性质不同，前者属权益纠纷，理应由处于中立地位的法院裁决；而刑事被害人国家补偿本身并不属于法律争议。④ 因此，由法院处理补偿问题没有充分的理论根据，与法院的职业性质不符。民政部门属于纯粹的行政部门，并不熟悉专门的法律问题，处理补偿问题有专业上先天不足的缺陷。基于以下三个方面的理由，笔者认为在检察机关内设国家补偿委员会负责补偿事宜较为妥当：第一，检察机关作为司法机关熟悉案情，具备刑事方面的专门知识。第二，有些刑事案件在检察环节因为检察机关不批准逮捕或者存疑不起诉而导致刑事案件诉讼程序终结，但却可能存在需要对被害人进行国家补偿的情况。⑤ 这类案件的补偿问题无疑由检察机关处理最合适。第三，检察机关是我国的法律监督机关和司法机关，承担着保护犯罪嫌疑人和被告人权的重要职能，由检察机关来落实对刑事被害人的人权保障，符合其职业特点和机关属性。

---

① 参见房保国：《被害人的刑事程序保护》，法律出版社 2007 年版，第 372 页。

② 参见孙谦：《构建我国刑事被害人国家补偿制度之思考》，载《法学研究》2007 年第 2 期。

③ 参见罗大华、孙政：《论刑事被害人国家补偿制度》，载《河南司法警官职业学院学报》2004 年第 1 期。

④ 当然，刑事被害人国家补偿制度一旦立法化，对刑事被害人的国家补偿就成为国家的法定义务而成为被害人的法定权利，对补偿问题的争议就成为法律争议。

⑤ 参见王福成、郭玉：《检察环节刑事被害人国家补偿问题探讨》，载《中国检察官》2007 年第 11 期。

谈刑事庭审中被害人诉讼权利的保障

万云峰　翟健锋[*]

【内容摘要】

　　虽然我国《刑事诉讼法》赋予了刑事被害人诉讼当事人的主体地位，但是在刑事庭审中，被害人实际上成为了被边缘化的主体。被害人作为与案件有直接利害关系的程序参与者，需要有合理参与和充分表达利益的机会。以被告人和国家为研究中心的传统诉讼模式，并不能充分实现受害人的诉讼权利。本文通过分析被害人与公诉方、犯罪人、裁判者之间权利和权力内容的冲突和制约，对刑事诉讼主体关系的合理构架之建构提出了建议。针对我国刑事被害人基本权利保障的现状，应当重点完善法律规范和具体规范制度，以期树立一种强调被害人利益、被告人利益、国家与社会利益相协调与共存的新诉讼理念。

　　【关键词】刑事被害人　诉讼主体　诉讼权利　程序参与　利益表达

一、一个信访案例引发的思考

　　案例：[①] 2006 年 9 月，被告人康某（男）与被害人陈某（女）因婚外情产生矛盾，同月 9 日 19 时许，康某约陈某到广州新白云机场南工作区景观河边散步，乘陈不备之际用手臂勒其脖子，致其昏迷并推入河内，后陈某溺水身亡。

　　该案经××市中级人民法院一审、××省高级人民法院二审，以被告人康某犯故意杀人罪判处死刑，缓期两年执行。本案在审结生效后不久，被害人陈某的丈夫王某来该中院信访室，对该案提出如下意见：（1）"法院没有通知被害人陈某的家属参加庭审，也没有通知其提出附带民事诉讼"；（2）"家里死头猪，死只狗，都要告诉一下主人，何况现在家里人死了，法院没有通知被害

　　* 万云峰，法学博士，广州市中级人民法院刑一庭副庭长，广州市荔湾区法院挂职副院长；翟健锋，法学硕士，广州市中级人民法院刑一庭法官。
　　① ××省××市中级人民法院（2007）刑一初字第 73 号案。

人的家属就直接将被告人处理了，这不是秘密审判吗？这合理吗？"

作为直接被害人陈某的家属王某实际上也是被害人，其并没有对该案的实体判决提出异议，仅提出没有出庭参加庭审的问题。这一案例引发我们深深的思考：被害人应否出庭参加诉讼？实践中被害人的出庭率有多高？法院在案件审判中是否依法向被害人及其家属送达了起诉书、传票及开庭通知等法律文书？在1996年《刑事诉讼法》已实施十余年并将进行新一轮修改的背景下，作为诉讼当事人的被害人在刑事庭审中的参与程度如何？被害人在刑事庭审中诉讼地位和权利是否得到了充分保障？等等。

二、当前我国刑事被害人之尴尬地位

根据我国《刑事诉讼法》及相关解释，刑事被害人应作广义理解，包括犯罪行为所直接侵害的被害人（直接被害人）及其近亲属（间接被害人），在直接被害人死亡的情况下，直接被害人的近亲属可以作为刑事被害人参加诉讼。①

（一）被害人诉讼主体的应然地位

刑事诉讼主体是指在刑事诉讼中有独立的诉讼地位，承担相应的诉讼职能，对刑事诉讼的程序的启动、运行、终结起决定和重要影响作用的专门机关和诉讼当事人。② 诉讼主体在诉讼进程中的地位和作用强调的是诉讼程序中主体的参与性、主动性及对诉讼过程和结果的影响性。1996年《刑事诉讼法》赋予了被害人在诉讼中的当事人身份，并在诉讼权利内容上确立了其诉讼主体的地位：首先，《刑事诉讼法》赋予了被害人当事人地位，刑事被害人因遭受犯罪行为的侵害而成为与案件有直接利害关系的当事人可以参与诉讼。其次，《刑事诉讼法》赋予了被害人一定的诉讼职能，即当被害人对公安机关和检察院的不立案和不起诉的决定不服时，有直接向人民法院起诉的权利。即使在公诉案件中，公诉权也没有吸收被害人的诉权，被害人的诉权只是受公诉权的制约，改变的只是被害人行使诉权的途径和形式。最后，作为当事人，被害人在

---

① 最高人民法院《关于执行刑事诉讼若干问题的解释》第84条规定："人民法院受理刑事案件后，可以告知因犯罪行为遭受物质损失的被害人（公民、法人和其他组织），已经死亡被害人的近亲属、无行为能力或者限制行为能力被害人的法定代理人，有权提起附带民事诉讼。"上述解释中的被害人是指直接受犯罪行为侵害的被害人，但在直接被害人死亡的情况下，作为直接被害人的近亲属因救治、治丧及抚养费而遭受物质损失及精神伤害，直接被害人的近亲属也是能参加刑事诉讼的被害人，本文在这个角度界定刑事被害人的概念，并且本文关注的是作为个体意义的被害人，不包括一般的法人和组织。

② 陈光中、徐静村主编：《刑事诉讼法学》，中国政法大学出版社1997年版，第56页。

诉讼中享有一定的诉讼权利和承担一定的诉讼义务。

（二）刑事庭审中被害人主体地位的实然缺席

虽然法律赋予了被害人诉讼当事人的主体地位，但在刑事诉讼的实际运行中，特别是在刑事庭审中，被害人在事实上成为了被"遗忘"的、被边缘化的主体。正如霍华德·泽尔所描述的境况："这是绝妙的讽刺，也是一场终极的悲剧。那些直接遭受犯罪侵害的人们反而不是解决犯罪方案中的组成部分，实际上，他们甚至没有被纳入我们对这一问题的理解框架之中。"①

1. 法院在开庭前极少通知被害人及其家属。《刑事诉讼法》只规定人民法院决定开庭后，应将人民检察院的起诉书副本至迟在开庭 10 日以前送达被告人，而未规定送达被害人，这就导致在司法实践中除了给提起附带民事诉讼的被害人送达起诉书、开庭传票外，对没有提起民事诉讼的被害人不仅未能送达起诉书，就连开庭通知乃至判决后的判决书都未送达给被害人，使得法律对被害人当事人地位、权利的规定成为虚设。被害人的庭审参与权没有得到保障，导致被害人的申请回避权、委托代理权、请求抗诉权等诉讼权利无法实现。

2. 被害人即使参与庭审，也只能是对民事诉讼部分提出意见，不能对犯罪事实发问并陈述诉讼意见。《刑事诉讼法》第 155 条、第 160 条规定被害人在庭审中可以对起诉书指控的事实有陈述权，并可以对案件的事实和证据发表意见并可以参与庭审辩论。但在审判实践中，被害人发表意见通常是针对民事赔偿问题，当被害人对刑事部分发表意见时便会遭到法官制止，公诉人对被害人发表的与起诉事实不一致的意见一般也不予回应。与庭审中专门设立被告人最后陈述阶段相比，被害人在庭审中发表陈述的机会受到法官和公诉人的限制，其独立陈述权并没有得到切实的保障。

3. 被害人在庭审中受到"二次伤害"。在审判实践中，涉及被害人隐私的案件，特别是性犯罪、被害人对案件的引发有责任的案件中，被告人及其辩护人的发问及陈述意见，甚至公诉人对案情细节的提问方式和内容都时有使被害人感到羞辱或侵犯隐私的情形，被害人因法庭质证而被迫陷入对被害经历的痛苦回忆中，从而经历"二次被害"（secondary victimization）。审判实践中，曾发生过被害人家属冲击法庭的现象，原因就是被告人的辩护人在庭审发表意见时大肆渲染被害人的过错从而引发被告人对被害人性侵犯，更甚者个别性侵犯

---

① Howard Zebr, Changing Lenses: A New Focus for Crime and Justice, Scottdale: Herald, 1990, p. 32.

案件的被害人害怕出庭作证而卧轨自杀。①

4. 从被害人角度看，参与庭审对被告人的量刑没有发表实质性意见的机会。我国庭审程序中定罪与量刑程序不分，不存在独立的定罪阶段和量刑阶段，在法庭辩论阶段主要是控辩双方对事实、证据及定罪问题发表意见，不存在独立的量刑辩论阶段，法院在法庭调查和辩论后进入评议阶段，在合议庭评议中一并解决被告人的定罪和量刑问题。在被害人看来，虽然参与庭审程序，但对法院的裁判尤其是对被告人的量刑并没有发表实质性意见的机会。

5. 在法院刑事裁判文书的制作中，一般不对被害人的诉讼主张予以引述和回应。最高人民法院制作的刑事裁判书的格式中也没有被害人诉讼主张的一席之地。法律既然规定了被害人的诉讼主体地位，但在诉讼程序具有终局性的法律裁判文书中却没有对被害人的诉讼主张的回应，作为裁判者的法院对被害人的诉讼主体地位存在法律事实上的"遗忘"。

三、刑事被害人作为诉讼主体的正当化根据

（一）以人为本司法理念的体现

以人为本的司法理念，就是把人置于整个社会的目的地位来考量，注重协调个人和国家、社会之间的关系，重视个人、社会和国家之间的利益分配调整，程序的设置和运行都应充满人文关怀。② 表现在诉讼中，就是要以当事人为中心主体，使其成为诉讼活动的实质参与者和主要支配者，整个程序都应尊重当事人的意志和尊严，不能将当事人作为司法之客体。因此，体现在现代刑事诉讼中，不仅要确立被告人的诉讼主体地位，而且还要确立被害人的诉讼主体地位。

对于国家在刑事诉讼中的责任，拉德布鲁赫说："自从有刑法的存在、国家代替被害人实施报复时开始，国家就承担着双重责任，正如国家在采取任何行为时，不仅要为社会利益反对犯罪者，也要保护犯罪人不受被害人的报复。"③ 因此，国家一方面是犯罪的追究者，另一方面又是被告人的保护者，它既要保护犯罪人的合法权益，更要注意保护被害人，在二者之间创造一种平

---

① "住在桃园的纪姓女子，今年四月间遭两名网友灌醉性侵，还用酒瓶插入下体凌虐，两名色狼被捕后反而讥笑被害人太丑，他们根本没'性'趣，这起性侵害案，桃园地方法院前天开庭，赫然发现纪女已经卧轨自杀，研判她可能接到传票后，自尊心受到二度伤害，心情低落而寻短。"详见 http://www.metro.com.tw/? action - viewthread - tid - 46580。

② 申君贵：《刑事诉讼理念与程序完善研究》，中国法制出版社 2006 年版，第 7 页。

③ ［德］拉德布鲁赫：《法学导论》，中国大百科全书出版社 1997 年版，第 96 页。

等的气氛。对于刑事司法中"国家—犯罪人—被害人"的这种三角关系，"如果说犯罪人主体地位的确立是现代刑法对个人自由命题的重要贡献，是适合'国家—个体'二元范式处理国家与犯罪人之间关系的结果，那么，在被害人问题实际上同样涉及其作为主体的自由如何被尊重和实践的问题时，不适用'国家—个体'来处理国家与被害人之间的关系就毫无根据。""被害人相对于国家的公法地位的确立，是将被害人引入刑事法律关系的逻辑前提，同时也构成刑事实体法领域引入被害人视角的正当性根据。"① 国家和犯罪人之间的关系、国家与被害人之间的关系以及犯罪人与被害人之间的关系，都应当属于刑事法律关系的基本内容。

（二）司法主体性理念的体现

司法的主体性理念是以人为本理念在司法制度中的弘扬和型塑。现代刑事诉讼强调控辩双方地位平等、权利平衡。在公诉案件中，公诉人虽然是控诉方，但并不能完全代表被害人的利益，被害人作为与案件有直接利害关系的程序参与者，需要有独立的利益表达机会，因此，就需要被害人与被告人之间具有平等的诉讼地位。

由于国家追诉权的行使易侵犯被告人的人权，所以对被告人权利的保护问题一直备受社会的关注，而被害人则被认为极少或几乎不会受到国家的暴力侵害，所以被害人权利的保护问题便很少受到社会的关注。如果被害人不以诉讼主体的身份参与诉讼，而被告人却享有诉讼主体的资格以及由此带来的诸多诉讼权利，被害人与被告人在诉讼中的地位便会失衡，势必造成诉讼中新的不平等。因此强化被害人权利保障以实现被害人和被告人之间的权利平衡，是司法主体性理念的应有之义，也是人权保障不可或缺的一方面。

（三）程序参与性原则的要求

程序参与原则，是指在诉讼程序中所有涉及自己利益的人或者代表都能够参加诉讼，对自己的人身权利、财产权利等相关事项有知悉权和发表意见权。被害人是直接遭受犯罪行为侵害的人，是权益可能受到刑事裁判直接影响的个体。被害人的个体利益与公诉人所代表的国家利益、社会整体利益一样，应在诉讼活动中享有独立表达的地位。因此，被害人应有充分的理由参与刑事诉讼，这种参与应当是一种积极的、能动的参与。而要保证被害人的充分参与性，就必须赋予被害人的诉讼主体地位。因为只有诉讼主体才能享有充分、有效的参与权，这是诉讼主体与其他诉讼参与者的重要区别。同时，更为主要的一点是，对程序的参与本身便具有吸收被害人报复心态、化解痛苦情绪的功能。

---

① 劳东燕：《被害人视角与刑法理论的重构》，载《政法论坛》2006 年第 5 期。

（四）惩罚犯罪和诉求赔偿是被害人参与诉讼的心理动因

被害人是犯罪危害后果的直接承受者，其人身或财产权益受到犯罪侵害后，往往面临着巨大的精神创伤，形成一种不良的痛苦情绪，并继而产生恢复心理平衡的需要，报复与获得赔偿是被害人的两项主要心理动机。现代刑事司法并不完全排斥报复，更不排除赔偿和国家补偿，甚至在一定程度上说，现代刑事司法是围绕被害人的报复和赔偿的愿望建立的，被害人报复和获得赔偿意愿的满足在一定程度上构成了现代刑事司法的主线。被害人的报复和获得赔偿的两种心理之间基本上是同时发生、并行不悖的。被害人报复追求的是对犯罪人的惩罚，而赔偿的意愿追求的是弥补损失。而在两种心理动机的实现过程中，也存在一定的冲突或相互影响，产生此消彼长的情况。① 譬如，犯罪人如果愿意高额赔偿，使被害人获得赔偿的愿望得到充分满足，那么，被害人的复仇动机相应地就会减弱些，从而同意对犯罪人判处较轻的刑罚，所以，高额赔偿有时能消解报复；但在另一种情况下，被害人宁愿少得些补偿甚至不求补偿，只追求对犯罪人实施严厉的惩罚。在不同性质的案件中，被害人报复与赔偿的愿望表现侧重不同，一般在侵犯人身权利的比较恶性的暴力案件中，被害人报复的心理会明显强烈；而在侵犯财产的犯罪中，被害人要求恢复财产的赔偿愿望明显增强。因此，当被害人其中一种心理处于主导地位时，而这种心理动机的满足将会减弱另一种动机的需要。

所以，被害人参加刑事诉讼的实体权利内容就是其诉求报复和获取赔偿的两种心理动机的具体体现，被害人参与刑事庭审，在这种"看得见的正义"的场景下使犯罪人得到刑事惩罚并承担相应的民事赔偿，更能使被害人在心理上得以平抚。刑事诉讼所追求的对犯罪人的惩罚目的本身也是被害人追求的目的之一，二者是统一的。我们在刑事审判中不能忽视被害人的报复心理，不能认为被害人作为诉讼主体其诉求仅仅是获取经济赔偿，使犯罪人受到刑事惩罚并承担经济赔偿责任是被害人作为诉讼主体的主要实体权利内容。

四、刑事庭审诉讼主体关系的合理架构

在现代刑事诉讼过程中，重视被害人诉讼主体地位，应注重研究被害人与公诉方、犯罪人、裁判者之间权利和权力内容的冲突和制约。

（一）被害人与其他诉讼主体关系的规范性分析

1. 被害人与公诉方之间。在公诉案件中，公诉机关代表执掌国家起诉权，取代被害人的位置，承担起追究和控诉犯罪的职责。但由于各自的立场和考虑问题的层面不同，公诉机关所代表的国家和社会利益，时常与被害人的个体利

---

① 房保国：《被害人的刑事程序保护》，法律出版社 2007 年版，第 56 页、第 57 页。

益之间产生冲突，被害人对检察官的重大决定不服却无法进行有效的制度制约。"公诉中被害人与控诉机关在执行控诉职能上的关系是相互配合、相互制约的，控诉机关的控诉是主线，被害人通过对控诉机关的相互配合与相互制约来行使自己的控诉职能。""为了防止控诉机关懈怠控诉，为了防止诉讼中被害人沦为控诉犯罪的工具，被害人应具有充分权利来制约控诉机关的权力行使。"① 所以，被害人与检察官之间关系的协调出路在于构建一种权利制约权力的制度机制。②

2. 被害人与被告人之间。增强被害人的权利保护或许会产生一种疑虑，即加重了控方在诉讼中的砝码，从而冲击被告人权利的保护，有导致现代刑事诉讼在被告人保护上所取得的进步毁于一旦的危险。毋庸讳言，被害人与被告人的有些诉讼权利是直接冲突的，所以加强被害人诉讼主体地位及权利的保护应坚持以下原则：在不损害被告人基本诉讼权利的前提下，增强对被害人权利的保护；对于被告人与被害人之间并不冲突或共同享有的诉讼权利，应在基本诉讼权利方面不加歧视地予以平等保护。③

3. 被害人与裁判者之间。法官作为刑事案件的最终裁判者，在刑事程序中居于中立的地位，对于被害人报复和获得赔偿心理的实现具有决定性的影响。"被害人在经历了犯罪人、警察、检察官和辩护律师的不正当待遇后，希望法官能最终实现他们寻求的正义。"④ 因此，吸收被害人参与刑事审判，参加庭审质证，尤其是参加量刑程序，发挥控诉职能，有助于被害人愿望的实现和对司法程序的满意。被害人对审判程序的参与，主要是发挥被害人影响陈述对法官量刑的影响，被害人可以通过书面和口头的形式提交被害人影响陈述，述说犯罪对其个人和家庭造成的肉体或精神的伤害以及财产上的损失，同时也可以就犯罪人对其积极悔罪或赔偿，其对犯罪人表示谅解，从而促使法官对犯罪所造成的危害后果产生真切的感受，从而更准确地适用刑罚。

（二）被害人与其他诉讼主体关系的实践运行

案例：⑤ 1997 年 4 月 6 日凌晨，被告人刘某林认为员工王某富泄露其经营信息，纠合同案人刘某刚共同对被害人王某富拳打脚踢，致被害人王某富伤重死亡。当晚，被告人刘某林指使同案人刘某刚等人将被害人王某富的尸体抛弃

---

① 石英：《论被害人的控诉》，载《现代法学》2001 年第 10 期。

② 该机制主要体现为被害人权利对公诉方权力的约束，通过发挥被害人的制约作用，实现对公诉方在审查起诉阶段的充分参与，但这种制约应有相应的规范保障。

③ 房保国：《被害人的刑事程序保护》，法律出版社 2007 年版，第 195 页。

④ Andrem Karmen, Crime Victims: An Introduction to Victimology, Wadsworth Publishing Company, 1990, p. 196.

⑤ ××省××市中级人民法院（2007）刑一初字第 27 号案。

于广州市天河区东圃镇的水沟内。被告人刘某林的同案人刘某刚已经在1997年因此案被判处无期徒刑，并判处附带民事赔偿13万元，但没有执行到款项。

从该案开庭及庭后双方的调解情况看，被告人及被害人的家属都有在民事方面进行协商调解的意向，最终双方均能接受的调解数额是50万元，但被告人家属对该调解的数额是附条件的，要求法院对被告人刘某林在无期徒刑以下量刑才同意支付上述款项，被害人家属同意被告人家属的附条件的调解意见，要求法院对被告人从轻处罚，可以对被告人在无期徒刑以下量刑。该案在最后处理中，并没有根据上述附条件调解协议直接下判，而是将该调解协议在公诉方、被告人、被害人三方均到场的庭审中予以质证，并听取公诉方的意见。该案最后以被告人刘某林犯故意伤害罪被判处有期徒刑14年，民事部分调解以被告人赔偿50万元结案。公诉方、被告人及被害人对上述判决结果均没有意见。

本案在审理过程中体现了公诉方、裁判方、被告人及被害人之间权利与权力内容的冲突与制约：

1. 被害人与裁判方之间，被害人提出被告人家属最少支付50万元以上才接受双方的调解，才对被告人表示谅解，同意法院对被告人在无期徒刑以下量刑，而法院根据犯罪事实情况，如果双方在民事调解方面不能达成谅解，被告人刘某林的量刑不能低于其同案人的量刑情况，而且由于刘某林是指使同案人参与犯罪，刘某林的量刑只能高于同案人的量刑。所以，在上述法律关系中，被害人家属对被告人表示谅解的被害人影响陈述对裁判方的量刑存在一定的影响和制约。

2. 被害人与公诉方之间，本案在第一次庭审中公诉方认为被告人刘某林故意伤害他人致死，并抛尸灭迹，情节恶劣，应该从重量刑，但在第二次庭审中，鉴于被害人与被告人家属达成调解意见，公诉方也建议法院根据双方的调解意见可以对被告人刘某林从轻判处。所以，被害人所接受的调解意见符合被害人方的个体利益，该个体利益与公诉方所代表的公共利益并没有冲突，公诉方也支持被害人与被告人方所达成的调解意见。

3. 被害人与被告人之间，该调解意见是双方基于自愿作出，在法律上并没有侵犯双方的基本诉讼权利，被害人方在惩罚犯罪人和获取赔偿方面得到了一个可以接受的中间点，被告人方通过对被害人作出积极赔偿争取到一个较轻的量刑结果。

总之，上述案例虽然是重罪案件，但双方的和解协议在个体利益和公共利益所允许的范围内，因此能得到裁判方和公诉方的支持，参与诉讼的各方均能满意，取得了良好的法律效果和社会效果。

五、刑事庭审中被害人诉讼权利的保障机制

我国《刑事诉讼法》虽然确立了被害人在诉讼中的当事人地位，并赋予其相应的诉讼职能和诉讼权利，但对于被害人在刑事庭审中基本诉讼权利的具体实施和保障，无论是立法规范还是具体的配套制度都存在一定的局限和缺失，"既然被害人和犯罪人问题经常是同一枚硬币的两面"，那么，"刑事司法制度为犯罪人提供了正当程序（due process），也必须为另一批顾客—被害人，提供相应的新规则和新规定"。①

（一）在立法层面加强刑事被害人基本权利的保护

1948 年《世界人权宣言》第 8 条规定："任何人当宪法或法律所赋予他的基本权利遭受侵害时候，有权由合格的国家法庭对这种侵害行为作有效的补救。"1985 年联合国大会《为罪行和滥用权利行为受害者取得公理的基本原则宣言》要求对被害人的权利全面保护，其中第 4 条、第 5 条规定："对待罪刑受害者时应给予同情并尊重他们的尊严。他们要向司法机关申诉，并为其所受损害迅速获得国家法律规定的补救"，并强调被害人可以参加诉讼。

在美国，20 世纪 60 年代就兴起了被害人保护运动（victim movement），1982 年总统里根发起成立的犯罪被害人保护方面的总统特别委员会建议宪法修正案的内容为："犯罪被害人在每一项刑事指控中，在司法程序的所有关键阶段，应当拥有出席和听证的权利"，认为这一条款应当直接写到联邦宪法第六修正案中被告人权利的后面。在英国，1994 年英国《皇家检察官准则》的第 6 条、第 7 条关于"被害人与公共利益的关系"中规定："皇家检控署基于公共利益而活动，但在确认公共利益之关系时应当非常慎重地考虑被害人的利益，被害人的利益是一项重要的公共利益因素。"在德国，在《刑事诉讼法典》第五编"被害人参与程序"和第二编规定了被害人有提起自诉、附带民事诉讼、附带诉讼和国家补偿的权利，同时规定了被害人在公诉程序中的具体权利，并于 1986 年制定的《被害人保护法》加大了对被害人的保护。

我国宪法确立了人权保障的宪法原则，刑事诉讼法也赋予被害人当事人地位。但立法规定和审判实践出现较大的反差，其中一个重要的原因应该是立法者基于传统的刑事法理念而缺乏对被害人基本权利的重视，从而造成在立法上对被害人基本权利保护的缺失。具体而言，我国《宪法》对人权保障的规定是一个原则性规定，对刑事被害人基本权利的保障也是该《宪法》规定的推演性原则；《刑事诉讼法》虽然规定刑事被害人是当事人，但没有专设被害人

---

① William G. Doerner and Steven P. Lab, Victimology, Cincinnati, Ohio: Anderson Publishing Co. 1995, p. 221.

诉讼权利篇章，而仅有附带民事诉讼篇。在具体的司法实践中，被害人会被附带民事诉讼原告人的身份所替代，导致被害人只能在提起附带民事诉讼的情况下才作为刑事诉讼的当事人。相比较上述以基本部门法和特别法对被害人的基本权利予以细化规定的国家而言，我国的立法理念和立法技术都存在一定的差距。因此，我国《刑事诉讼法》在下一步的修改中，宜增设专门的"被害人权利篇"，或者制定专门的《被害人保护法》。

（二）被害人参与庭审的具体保障机制之构建

1. 更新司法理念，依法保障被害人的庭审参与权。

《刑事诉讼法》是一部具体的人权保障法，被告人与被害人的诉讼地位具有对等性，决定了刑事被害人的诉讼权利也应不受任何歧视地获得平等保护。因此，司法机关及司法人员需要更新司法理念，重视被害人的诉权，尊重被害人的诉讼主体地位，在推进司法改革和具体司法实践中，正确履行通知被害人出庭的义务，依法保障刑事被害人的庭审参与权。

2. 依法保障被害人的知情权，并尊重被害人自由处分其诉讼权利。

被害人享有知情权是行使其他权利的基础，主要是通过司法机关履行告知义务的方式来实现，主要包括两个方面的内容：一是被害人享有的各项权利的告知。被害人只有知道自己拥有何种诉讼权利，才能具体行使；二是被害人应当享有的对诉讼进程和司法机关重大决定的知情权。同时，对诉讼权利的自由处分权是被害人诉讼权利中的一项实质性权利，确立被害人为刑事诉讼的当事人身份，并不是说被害人都应参加诉讼，在被害人自动放弃诉讼或不参加诉讼又不至影响查明事实的情况下，应该允许被害人根据自己的意愿放弃参加诉讼。尤其是在参加诉讼将会给被害人造成诉累的情况下，更应该尊重被害人自己的选择。

在具体的审判实践中，为保证被害人的知情权和处分权落到实处，应该实施以下具体制度：

（1）参与诉讼的被害人名单由检察机关开具，具体个案有多少名被害人（特别是被害人近亲属），开庭审判前法院无法知晓。因此，对于要求参与诉讼的被害人的名单及通讯地址，应由检察机关在起诉时一并提交，这符合人民检察院刑事诉讼规则的规定。

（2）通过现代化通讯手段送达法院的起诉书、传票及通知书。除按照法律的要求送达法律文件外，采用现代化的通讯手段送达法律文书为现代刑事审判所必需。

（3）经通知被害人未到庭，即视为放弃诉权。

（4）允许被害人推举代表参与诉讼，对于有多名被害人的情况下，推举诉讼代表对于法院与被害人来说是一种经济的办法。

3. 定罪程序和量刑程序分开，引入被害人影响陈述制度。

被害人影响陈述①（Victim Impact Statement，简称 VIS）是指被害人在量刑阶段向法官作出的，关于犯罪对其个人或家庭造成的身体上的或精神上的伤害，或者对财产上造成的损失，或者产生的其他影响的表述，并允许被害人发表关于量刑的建议。被害人影响陈述可以是书面的，也可以是口头的，旨在影响法官的量刑，尤其是被害人通过参加量刑听证的方式，使法官对犯罪所造成的危害后果产生真切的感受，从而更准确地判处刑罚。被害人向法院提交被害人影响陈述在英美法系国家已被认为是被害人参与量刑程序的最重要方式之一，值得我们合理借鉴。

鉴于我国《刑事诉讼法》中已规定被害人陈述这一证据种类，被害人影响陈述制度在我国的引入，应该在改造现有的被害人陈述证据制度的基础上进行：

（1）将被害人陈述纳入一般证人证言之内，适用证人证言的一般质证规则；

（2）在庭审中将法庭辩论阶段分为定罪辩论和量刑辩论两个阶段，让被害人充分参与量刑辩论，陈述其量刑意见；

（3）在审判过程中将定罪程序和量刑程序分离，量刑程序在定罪程序后的 10 至 15 日内进行，在这个期间控辩双方可以就量刑问题作准备，量刑程序可以以法官听证的形式展开；②

（4）在法院量刑评议程序中，被害人提交被害人影响陈述，供法官在量刑时考量。

4. 保护被害人的隐私权，防止庭审中被害人受"第二次伤害"。

在刑事诉讼中加强对被害人隐私的保护，其主要意义是防止出现刑事诉讼中的"第二次被害人化"，③避免和减少刑事审判中被害人再次受到侵害尤其是情感上的侵害。对被害人隐私的保护，体现在各国刑事诉讼立法以及有关被害人保护的特别立法之中。1986 年《联邦德国被害人保护法》规定："在刑事审判的提问中，只有在确系查明案件真相所绝对必需的案件中，才能就涉及被害人个人隐私的问题提问，尤其是严重犯罪的被害人、性攻击犯罪的被害

---

① 张鸿巍主编：《刑事被害人保护问题研究》，人民法院出版社 2007 年版，第 46 页。

② 量刑程序中的"听证"是指法官在作出量刑决定前，听取侦查人员、起诉人员、被害人、被定罪人及其他诉讼参与人对量刑问题的意见，并最终作出处理决定的程序。参见彭海青：《论定罪和量刑程序的分离》，载《中国法学会诉讼法 2004 年学术研讨会论文集》，第 252 页。

③ 宋英辉：《刑事诉讼中被害人权利保障问题研究》，载《政法论坛》1993 年第 5 期。

人。"对于性攻击犯罪被害人的保护，《澳大利亚刑事诉讼法》作了如下三方面的规定：一是只有当被害人以往的性生活史直接涉及指控，且根据特定案件的所有情况认为使用该证据是正当的，才允许就有关被害人以往的性生活史提问；二是询问证人（即被害人）尽可能在被告人不在场的情况下进行，以保护性攻击等特定犯罪的被害人；三是对于涉及被害人隐私的案件，对于审判的公开性加以限制。①

我国《刑事诉讼法》对于被害人隐私的保护，主要体现在规定涉及个人隐私的案件不予公开审判，通过不公开审判，保护被害人的隐私。但对庭审中公诉人、被告人及其辩护人及其他诉讼参与人对被害人隐私问题的提问方式及内容可能对被害人造成"二次伤害"的情况没有具体的庭审规则，这是我国庭审制度尤其是被害人（包括证人）出庭制度需要进一步完善之处。笔者认为，对于性侵犯犯罪、严重暴力犯罪案件的被害人可以设立以下出庭保护制度：

（1）被害人可以在法庭上设置的遮屏后，也可通过网络等方式不直接面对被告人陈述案件事实；

（2）禁止没有律师代理的被告人亲自交叉询问性侵犯犯罪案件的被害人；

（3）为被害人提供具有心理辅导背景的社会援助律师或代理人，在被害人接受法庭询问时，为被害人提供法律及心理方面的咨询，或者由亲友陪伴被害人出庭；

（4）只有在确属为查明案件事实所绝对必需的案件中，才允许公诉人、辩护人要求被害人就被侵犯的细节作当面的回忆性陈述。

5. 建立重大案件被害人（证人）出庭保护制度。

刑事被害人还具有证人的地位，特别是受到直接侵害的被害人，其个人对犯罪事实的陈述本身就是认定犯罪事实成立的关键证据。但是，随着犯罪有组织化、智能化和暴力化的发展，被害人出庭指证犯罪人所面临的危险和威胁越来越大，特别是面对重大严重暴力案件、黑社会性质案件及其他有组织犯罪案件。鉴此，第16届国际刑法大会通过宣言，允许在特殊情况下，被害人（证人）隐瞒其年龄、家庭住址及工作单位，同时要求对被害人及证人采取可能的改变身份和工作的保护。美国在20世纪70年代就制定了《有组织犯罪控制法》、《证人安全方案》，并成立专门的证人保护局。我国香港特区成立了证人保护组（WITNESS PROTECTUNIT，简称 WPU），受 WPU 保护的证人主要是香港刑事诉讼案件中所称的"恐惧证人"，这些证人一般是在与黑社会、有组

---

① 莫洪宪主编：《刑事被害人救济理论与实务》，武汉大学出版社 2004 年版，第 171 页。

织犯罪、高利贷组织有关的案件中作证的。①

当前，从我国审判实际出发，在审理重大案件、黑社会性质案件及其他有组织犯罪案件中，可以设立以下被害人出庭保护制度：

（1）正式开庭审理前（庭前证据展示程序）展示被害人陈述（证言）及其个人被侵害的情况并形成录像资料，在庭审中作为证据出示；

（2）允许匿名出庭，即允许被害人在法庭上不告知其真实身份、姓名和住址，但其真实身份、住址应在案卷中有具体反映；

（3）被害人出庭方式可以作变通规定，重大案件的被害人可以不在法庭上出现，而在法庭外的房间通过电子传输系统与公诉人、被告人及辩护人开展质证。

6. 在法庭上设置被害人席，刑事裁判文书的制作中对被害人的诉讼请求应当予以回应。

法庭空间设置和安排的方式具有重要的象征意义，并因此影响审判的参与者和旁观者，其中法庭空间设置中最关键的因素是各诉讼角色的位置与相对关系，它由司法的理念和制度所决定，同时又以其文化和心理的作用对程序的运行甚至审判的结局产生影响。② 然而，审判实践中法庭席位的设置上一般只有附带民事诉讼原告人席而没有被害人席，③ 但从我国刑事附带民事诉讼范围的规定看，是刑事案件的被害人并不一定能作为附带民事诉讼原告人提起诉讼，④ 在刑事被害人具备提起附带民事诉讼条件下才具有附带民诉原告人的身份。所以，被害人才是刑事庭审中"遭受物质损失和精神损失"一方的基本诉讼主体。笔者认为，审判实践中不设置被害人席并非简单的偶然"遗忘"，而是理念和制度的缺失，对庭审中的裁判者、公诉人及被告人等诉讼参

---

① 莫洪宪主编：《刑事被害人救济理论与实务》，武汉大学出版社 2004 年版，第 176 页、第 177 页。

② 龙宗智：《刑事庭审制度研究》，中国政法大学出版社 2001 年版，第 13 页。

③ 笔者所在是一个经济较发达省的省会城市中级法院，但从中院到各区法院的刑事审判庭中一般只有附带民事原告人席而没有被害人席。而从规范性文件看，1997 年 1 月 31 日《中共中央政法委员会关于实施修改后的刑事诉讼法几个问题的通知》中明确规定：被害人席、附带民事诉讼原告人席应置于公诉人席右侧。

④ 最高人民法院《关于刑事附带民事诉讼范围问题的规定》第 5 条规定：犯罪分子非法占有、处置被害人财产而使其遭受物质损失的，人民法院应当依法予以追缴或者责令退赔。经过追缴或者退赔仍不能弥补损失的，被害人向法院民事审判庭另行提起民事诉讼。从该规定看，遭受犯罪分子非法占有、处置财产的被害人不能提起附带民事诉讼，但其是当然的刑事被害人，在该类案件的审理中其应以被害人身份出庭。另外，可以提起附带民事诉讼的被害人在放弃提起民事诉讼的情况下，其也可以被害人的身份出庭。

与者在文化和心理上意味着被害人的诉讼主体地位和权利并没有在庭审这个场景中得到确认，所以，在刑事庭审中设置被害人席正是从司法理念和制度的层面确认刑事被害人的诉讼主体地位。

同时，作为诉讼程序具有终局性的刑事裁判书的制作中，应该对被害人在庭审中对案件的事实、证据及量刑提出的意见予以回应，这是裁判者在法律事实上对被害人作为诉讼主体的地位和权利的确认。

7. 完善被害人法律援助制度和诉讼代理人制度。

1996 年《刑事诉讼法》基本上确立了对被告人进行法律援助的制度，但对被害人来说，我国《刑事诉讼法》并没有赋予被害人获得法律援助的权利。虽然 2003 年通过的《法律援助条例》全面规定了被害人的法律援助权利，但在部门法的规范上被害人与被告人获得法律援助的权利明显不对等。

同理，在诉讼代理人制度方面，《刑事诉讼法》第 40 条规定了被害人有权委托诉讼代理人，但对诉讼代理人的权利、义务内容没有明确规定，这使得此制度的实际运行效果大打折扣，而《刑事诉讼法》第 36 条、第 37 条、第38 条对被告人的辩护人的权利、义务作了比较具体的规定，这也说明在平等保护双方当事人合法权益上存在反差。所以，在《刑事诉讼法》的下一步修改中有必要根据诉讼主体权益平等保护原则对被害人的法律援助制度和诉讼代理人制度以基本部门法的形式规定下来，并进一步充实完善。

结　语

被害人诉讼地位及权利独立性、重要性的确认，必然对以被告人和国家为研究中心的传统诉讼理论和诉讼模式构成一定挑战。[①] 正如大谷实所说，"如果不在刑事诉讼中建立反映犯罪被害人意思的制度，则刑事诉讼便会游离于国民之外而失去信赖"。[②] 构建一种容纳被害人合理参与和意思充分表达的诉讼结构所追求的正是一种强调被害人利益、被告人利益、国家与社会利益相协调与共存的新诉讼理念，不但能更有效地降解犯罪所造成的社会伤害和震荡，也更符合现代刑事诉讼文明化、人性化及透明化发展的基本趋势。

[①] 传统刑事诉讼理论认为，被害人的当事人地位及相应诉讼权利会导致诉讼结构的失衡和诉讼程序的紊乱，被告人因此遭受来自公诉人和被害人的双重压力。参见龙宗智：《被害人作为公诉案件诉讼当事人制度的评析》，载《法学》2001 年第 4 期。

[②] ［日］大谷实：《犯罪被害人及其补偿》，载《中国刑事诉讼法杂志》2000 年第 2期。

被害人陈述与证据补强

欧卫安*

【内容摘要】

作为一种证据规则，证据补强是针对某种证明力薄弱之言词证据，须与其他证据合并提出。证据补强规则与我国"印证证明模式"在实质上具有相通性。作为一种当事人证据，被害人陈述具有极大的主观性，在一定程度上削减了被害人陈述的可信性或者证明力。在口供补强已经被我国《刑事诉讼法》移植确认的情况下，确立被害人陈述之补强规则也是合理的。

【关键词】被害人陈述　证明力　证据补强

被害人陈述是指作为自然人的刑事被害人就其所感知的案件事实（包括其被害情况）在刑事诉讼的审前程序及审理程序中依法向公安司法机关所作的陈述。作为我国《刑事诉讼法》上明确规定的一种细致证据种类，被害人陈述甚少为人所关注。关于被害人陈述的判断和运用，即被害人陈述的证明力问题，相关研究尤为不足。本文试图从言词证据的证明力判断入手，详细探讨被害人陈述的证据补强问题。

一、被害人陈述在证明力上的特征

被害人陈述在证明力上的特征就是直接性与间接性的相互兼容。作为刑事犯罪的直接受害者，被害人通常是案件的直接亲历者，往往与犯罪嫌疑人（被告人）有直接的、甚至经常是面对面的接触。因此，在经验法则上，被害人对于案件事实尤其是犯罪嫌疑人（被告人）的感知是直接的、全面的，一旦被害人陈述属实，则可直接证明案件的全部事实，尤其是对于犯罪嫌疑人（被告人）的犯罪实行行为更着直接证明力。当然，被害人陈述通常具有直接证明力并不意味着所有案件中的被害人陈述都必然具有直接证明力。"被害人

---

* 法学博士，广州大学法学院副教授。

陈述的内容在许多方面取决于他与犯罪事件的关联。如果他是侵害的客体（犯罪侵害生命和健康权以及性不受侵犯权），则被害人的陈述可能含有关于加害人、加害人的共同犯罪人、时间发生时间和地点、行为实施的方式以及被偷盗、被损坏或毁灭的财产以及与各种刑事诉讼参加人相互关系的信息材料。如果被害人不是犯罪的目击者，则他提供的情况对案件的意义就极为有限了。他关于所发生事件的意见以及推测在证明过程中应该加以考虑和审查。"① 事实上，由于案件的个别特点，某些案件中的被害人并没有实际遭遇犯罪嫌疑人（被告人），甚至也可能没有任何接触。即使在实际遭遇犯罪嫌疑人（被告人），甚至犯罪嫌疑人（被告人）面对面的情况下，也可能由于被害人本身的紧张、环境因素等影响导致认识能力大为下降，实际印象模糊不清，不可能直接认定犯罪嫌疑人（被告人）或者犯罪事实。在这个意义上，被害人陈述就只能间接地、与其他证据共同来证明案件主要事实或确定犯罪嫌疑人（被告人）。

被害人陈述的内容一般来自于案件现场中被害人的亲历经验，因此，在其主观的回忆、陈述中所蕴涵的必然是案件客观事实的描述，至少是其本人认为客观的真实描述。但是，由于其陈述者反映能力的个体差异性，特别是由于陈述者的与认识能力无涉的意志因素，被害人陈述的形式真实性极易歪曲，并最终或者同时使其陈述的实质真实性仅仅在在局部的、程度的意义上存在，甚至不复存在。归纳被害人陈述可能丧失可信性的原因主要有两点：（1）被害人主观意志作用下的陈述失真。作为刑事案件的当事人，被害人与案件的处理有实际上的利害关系。基于报复扩大化心理、主动掩盖心理、被动掩盖心理或者假被害人心理，被害人有扭曲事实的心理动机。（2）被害人作证能力限制下的陈述失真。在案件发生过程中，由于被害人的精神通常都极为紧张，而且被害人的感知能力被人为的压迫限制，如绑架犯罪中的被蒙眼或者被抛弃隔离等，因此，在极短的时间和极其不理想的犯罪场所内，被害人很难做到冷静、全面、有效的观察，甚至不敢或者没有时间观察，其反映的事实往往受限甚至与客观事实相反。

二、印证与补强

证据相互印证是我国刑事诉讼实践中保证证据证明力及案件事实真实的一

---

① ［俄］К.Ф.古岑科主编，黄道秀等译：《俄罗斯刑事诉讼教程》，中国人民公安大学出版社 2007 年版，第 221 页。

项传统规则及理论主张。① 依据我国刑事诉讼之"印证证明模式"，获得印证性直接证据支持是证明的关键，"孤证不能定案"是我国刑事证明制度中为司法实践所普遍认可的原则。② 在"印证证明模式"下，包括被害人陈述在内的任何证据都必须得到其他证据的印证性支持，而这就在一定层次上与英美国家刑事诉讼中盛行的补强证据规则连结起来。正如英国法官 Per Lord Morris 所指出的，"补强证据就是用一个值得信任的证人去巩固另一个值得信任的证人证言。在不止一个可接受的证人提供控罪证言的情况下，无辜定罪的风险自然大大降低。……补强证据的目的不是为无效证据或者不可信的证据提供有效性或者可信性，而是加强并且支持已有证据的充分性、满意性和可信性"。③ 对此，有学者指出，许多国家或地区刑事证据法上的补强证据规则便是对证据相互印证最有力的肯定和强调。证据印证的功能实际上就是补强，相互印证也就是相互补强，而能够补强的证据必然也是具有印证功能的证据。证据补强或者证据相互印证，都是为了保证证据的真实性和认定案件事实的可靠性。④ 当然，证据补强与证据相互印证毕竟是不同诉讼证明制度下的证明力规则，二者的区别也是比较清楚的：首先，补强证据规则仅适用于言词证据，特别是口供，而证据相互印证适用于所有证据；其次，补强证据规则适用中有主体证据与补强证据之分，证据相互印证虽然在具体场合也有印证与被印证之分，但总的来说，证据相互印证不强调印证证据与被印证证据之区分；最后，补强证据规则是英美法一项明确的证据法规则，而证据相互印证只是我国司法实践中的一项潜规则。⑤

关于补强证据规则，陈朴生教授指出："补强规则，为数量规则之一。数量规则，乃认某种证据，存有弱点，须与其他证据合并提出之规则，如主要之待证事实，须有二人以上之证人或某种供述证据，须依其他证据补强之，借以担保其真实性之价值。"⑥ 补强证据规则似乎与自由心证原则相冲突。"大陆法系的学者会将补强证据规则称为否定性而非积极性的法定证据规则。后者要求只有收集到某种特定的证据才能定罪，而不考虑事实裁判者的主观评价如何，

---

① 参见李建明：《刑事证据相互印证的合理性与合理限度》，载《法学研究》2005 年第 5 期，第 20～32 页。

② 参见龙宗智：《印证与自由心证》，载《法学研究》2004 年第 2 期。

③ D PPv Hester (1972) 3 WLR 910, HL.

④ 参见李建明：《刑事证据相互印证的合理性与合理限度》，载《法学研究》2005 年第 5 期。

⑤ 参见李建明：《刑事证据相互印证的合理性与合理限度》，载《法学研究》2005 年第 5 期。

⑥ （台）陈朴生：《刑事证据法》，海天印刷厂有限公司 1979 年版，第 534 页。

而前者要求事实裁判者不考虑其内心确信如何，在收集到某种特定的证据前个得定罪。尽管消极性法定证据规则给事实裁判者对证据进行主观评价留下了更多的回旋余地，但是，仍然违反了在大陆法系备受推崇的自由心证原则。"①这与龙宗智教授关于我国"印证证明模式"的批判有异曲同工之处。龙宗智教授指出，注重证明的"外部性"而不注重"内省性"是我国"印证证明模式"的主要特征之一。所谓"外部性"是指一个证据外还要有其他证据；而"内省性"则是指通过接触某一证据在事实判断者心中留下的印象与影响。自由心证中的"心证"原则，是强调证据（无论是单个还是多个）所能达到判断者确信的程度。只要事实判断者能够相信某一证据或某些证据所提供的事实信息，就能据此定案。也就是说，"孤证不能定案"这一原则并不适用于典型的自由心证制度。而印证证明模式则不同，或许你能从某个或某些个证据中建立自己的确信，但只要这些证据缺乏"外部性"，即相互印证性程度不高，你就不敢或者不愿据以下判。② 在这个意义上，探讨被害人陈述的证明力印证是没有特别的意义的。就被害人陈述而言，陈述者的复杂程序角色、直接的利害关系、决定了被害人陈述在证明力上较之其他证据的薄弱性。这种证明力上的薄弱性之扶持，乃是与印证有关，而又超越于印证的证据补强。

　　所谓"补强证据（Corroborative evidence），指为增强或担保主证据证明力之证据，并不以与主证据系各自独立证据为必要；即依主证据所得之证据而证明之者，亦无不可，且不限直接证据，并包括间接证据在内。至补助证据，乃以证明证据信用性有关之事实，如关于证人性格能力等事项，与补强证据并不相同，故补强证据，其作用在担保主证据之真实性，以防止下列情形：一、自白之虚构性……二、被害人等供述之夸张性。如性的犯罪之女性被害人之证言。因之，证据之补强性，并不限于被告人之自白，即其他供述证据亦有之。"③ 从这里来看，被害人陈述无论是依据中国式的证据相互印证要求还是依据英美法上的证据补强规则，都有补强之需要。通常人们总是认为只有被告人自白才需要补强，这主要归功于普通法对于错误定罪风险规避的需要。事实上，英美法之证据补强规则的适用范围有相当之开放性。以英国为例，"英格兰有些法律条款要求对特定案件提供补强证据，但是效果可能不一样。如《1956 年性犯罪法》，其中就有要求证据补强的条款。其他的法律要求有一个以上的宣誓证人作证，以支持有罪认定。《1984 年道路交通管制法》第 89 条

---

　　① ［美］米尔吉安・R. 达马斯卡著，吴宏耀、魏晓娜译：《比较法视野中的证据制度》，中国人民公安大学出版社 2006 年版，第 118 页。

　　② 龙宗智：《印证与自由心证》，载《法学研究》2004 年第 2 期。

　　③ 陈朴生：《刑事证据法》，海天印刷厂有限公司 1979 年版，第 146～147 页。

第 2 款规定，在与超速驾驶摩托车有关的犯罪中，仅仅依靠证人提供的、证明该车飞速驾驶的意见证据就认定被告人有罪是不可靠的。……另外，对法律推定可能不说话的证人法官要发出'补强警告'；这样的证人包括声称某男子是孩子父亲的母亲，声称是性犯罪的被害人以及被告人的同谋。普通法还挑出特别不值得信赖的证人，包括儿童；性犯罪案件中的原告；以及被告人以前的同谋。"① 另外，在对伪证罪或假证罪以及英国 1911 年《伪证法》所规定的任何其他同类罪行的起诉中，如果只有一名证人证明某人作了伪证，不能依据这一证言判处某人伪证罪，因为不能用誓言反对誓言。在对每一事实的虚假性进行证明时，对进行这种证明的证人证言必须有其他证据予以补强。② 同样，在美国的许多司法辖区，如果没有其他证据补强，强奸案件受害人的证词甚至不能被提交事实的裁判者进行评价。③ 可以看出，在英美法的证据补强规则中，被害人作为证人所提供的陈述从来就没有被排除在规则适用范围之外。

　　从目前中国法律的现状来看，虽然一直坚持对所有证据的印证要求，以确保所有形式的证据都具有证明力上的可接受性，但其发展趋势却有在印证之外，特别突出特定证据补强的要求。除了《刑事诉讼法》第 46 条中"只有被告人供述，没有其他证据的，不能认定被告人有罪和处以刑罚"的规定以外，2002 年实行的《最高人民法院关于民事诉讼证据的若干规定》第 69 条规定："下列证据不能单独作为认定案件事实的依据：（一）未成年人所作的与其年龄和智力状况不相当的证言；（二）与一方当事人或者其代理人有利害关系的证人出具的证言；（三）存有疑点的视听资料；（四）无法与原件、原物核对的复印件、复制品；（五）无正当理由未出庭作证的证人证言。"这一规定与《刑事诉讼法》第 46 条的规定都展示了立法者对于某些特定类型证据的证明力所持有的疑虑，而不仅仅是证据相互印证的要求——在我国"印证证明模式"中，无论某一个单独的证据有多大的证明力，都需要印证。另外，证据相互印证的要求在于复数的证据之间的互为支持，而无论这些证据是否同一种类。与印证不同的是，证据补强恰恰是基于特定言词证据的证明力不足而作出的补强要求，其中典型的自白补强规则禁止以自白陈述者的其他陈述甚至同案

---

　　① ［英］詹妮·麦克埃文著，蔡巍译：《现代证据法与对抗式程序》，法律出版社 2004 年版，第 141 ~ 142 页。

　　② 卞建林：《刑事证明理论》，中国人民公安大学出版社 2006 年版，第 389 页。

　　③ ［美］米尔吉安·R. 达马斯卡著，吴宏耀、魏晓娜译：《比较法视野中的证据制度》，中国人民公安大学出版社 2004 年版，第 389 页。

犯的自白作为补强证据。① 这表明我国之补强证据规则已经在实质上得以确立。最高人民法院《关于民事诉讼证据的若干规定》第 69 条"与一方当事人或者其代理人有利害关系的证人出具的证言"不能单独作为认定案件事实的依据亦表明了该司法解释对于作证者之利害关系对于其证言可信性的冲击所持有疑虑。

三、被害人陈述应当适用证据补强规则

陈朴生教授在阐述被害人陈述证言的证明力时指出:"被害人之证言,虽属证人本身之内心的意识。唯有以被害人于被害当时内心的事实之证言,为其重要资料;有关于被害感情之事实,于刑之量定上亦极关紧要。不过此项事实,系直接依据被害人之证言而为证明时,在证据法上应防止其有夸张之危险。英美法就此证言,须有补强证据,以担保其真实性,如性的犯罪。我国台湾地区'刑诉法'就此虽无明文加以限制;唯实例上仍有此趋向。"② 事实上,作为直接利害关系人之被害人,其陈述具有天然夸大犯罪之特征。在同样独立区分被害人陈述之俄罗斯,亦有学者洞察被害人陈述可信性不足之原因:"被害人陈述一般对案件的结局有利害关系,因此他可能歪曲发生的事件(如夸大被盗财物的数量,对威胁他的危险言过其实)。在侦查终结时他了解案件全部材料,审判庭上询问其他证人和审查其他证据时他在场,也都可能对被害人陈述的真实性产生影响。"③

考察我国刑事诉讼的立法与司法实践,由于被害人陈述涉及陈述者的复杂程序角色、直接的利害关系,兼之疏于程序机制的取证活动和质证活动,在极大的程度上削弱了被害人陈述的证明力或者可信性。换言之,与其他言词证据比较起来,被害人陈述的证明力更为薄弱。英美国家刑事诉讼中的自白证据,由于传闻证据规则和自白任意性原则的作用,其证明力较之于被害人陈述更有保证,而出于防止错误定罪的风险,其使用仍须补强规则的制约。④ 这一规则

---

① 从来源来说,口供补强证据必须独立于被告人口供。不仅被告人在此场合的供述不能作为彼场合供述的补强证据,即使是其他人的陈述,如果实质上是重复被告人口供的内容,也不得作为补强证据。参见卞建林:《刑事证明理论》,中国人民公安大学出版社 2006 年版,第 388 页。在英国普通法中,作为补强自白的证据必须是能够倾向确立犯罪事实的独立证据。也就是说,补强证据无须借助自白可独立证明犯罪事实的相关内容。参见牟军:《自白制度研究》,中国人民公大学出版社 2006 年版,第 333 页。

② 陈朴生:《刑事证据法》,海天印刷厂有限公司 1979 年版,第 206 页。

③ [俄] K. Ф. 古岑科主编,黄道秀等译:《俄罗斯刑事诉讼教程》,中国人民公安大学出版社 2007 年版,第 222 页。

④ 参见牟军:《自白制度研究》,中国人民公安大学出版社 2006 年版,第 331 页以下。

的要求甚至在我国《刑事诉讼法》第 46 条中，亦以"只有被告人供述，没有其他证据的，不能认定被告人有罪和处以刑罚"之规定予以认可，故对于证明力更为薄弱之被害人陈述而言，如何保证或者补强证明力仍然是一个需要认真考虑的问题。

笔者认为，应当在我国刑事证明制度中确立被害人陈述之补强规则，其理由在于：（1）作为一种当事人证据，被害人陈述之主体与案件结果有极大的利害关系，并且被害人在诉讼中一般都有与被告人相对立的程序主张或者预设立场，导致作为诉讼证据的被害人陈述具有极大的主观性，尤其是关于被害人所遭受的犯罪伤害（包括身体伤害、精神伤害等既对定罪有关，又与个人感受紧密关联的定罪量刑情节）之陈述有夸大、虚构的危险。在我国《刑事诉讼法》第 46 条实质上确认了自白补强规则以后，同样在于预防错误定罪危险的被害人陈述之补强，就有了法条上和法理上的支持，有助于构建一个相对完善、合理的刑事证据补强规则体系，实现刑事证明的合理化，保证刑事证明的公正性。（2）审前被害人陈述的收集、固定是在犯罪嫌疑人一方不在场的情况下由控诉机关单独调查完成的，这不仅无助于消除被害人陈述本身即具有的夸大、虚构之危险，而且还使被害人与控诉机关在维护被害人陈述之证据效力上结成了事实上的同盟，从而加大了这一危险。由于我国刑事诉讼法并不承认直接言词原则，这种具有极大倾向性危险的审前被害人陈述在刑事审判程序中畅通无阻，造成被害人陈述作为传闻证据的滥用，进一步降低了被害人陈述的可信性或者证明力，并使这一证明危险蜕变为程序上的不公。（3）在被害人出席法庭的情况下，由于被害人具有作为当事人参与整个刑事审判程序的诉讼权利，尤其是在法庭审判阶段，被害人作为当事人享有询问被告人、证人的诉讼权利，并且对于物证、书证、鉴定结论、勘验检查笔录、视听资料等证据都有权质证，这就为被害人根据其他证据内容或者法庭上法官的审判倾向随时"修正、改造"自己的作证陈述提供了不公正的机会，从而进一步削减了被害人陈述的可信性或者证明力。（4）如前所述，在英美法强调证人作证之交叉询问规则，反对传闻证据的前提下，其对于特定的言词证据、尤其是性犯罪被害人的证言，仍然强调需要补强。我国《刑事诉讼法》将被害人陈述从证人证言中独立划分出来的，本身即包含着慎重判断作为当事人证据的被害人陈述之立法目的。对被害人陈述进行补强，可以慎重判断被害人陈述的证明力，保障刑事程序公正。（5）我国"印证证明模式"与证据补强规则在实质上具有相通性。我国"印证证明模式"要求任何定案证据都需要其他证据的证明力支持，关于被害人陈述之证据补强规则要求以被害人陈述以外的其他证据来补强其证明力，这是对印证证明的适用和进一步扩展。

四、如何对被害人陈述进行补强

至于被害人陈述如何补强，限于篇幅，笔者认为主要把握两点：

1. 补强证据要有能够被法庭采纳的证据能力。非法取得的证据当然不得作为补强证据，但传闻证据是否就必然被排除在补强证据之外，笔者认为需要认真权衡。如果被害人陈述本身就是以传闻证据的形式进行证明，为控制传闻证据泛滥，减少证据传递环节，提高证据的可信性，①并且防止对于控辩双方尤其是辩护方的程序权利侵害，应当将该传闻证据排除在补强证据之外；如果被害人陈述是以被害人出庭作证的形式提交法庭并且接受法庭（交叉）询问，则传闻证据可以作为补强证据使用，因为被害人的出庭接受质证可以使作为补强证据的传闻证据所带来的消极影响被控制在一个相对合理的范围内之内。另外，被害人陈述可否以被害人陈述补强，仍然需要具体分析。如果作为补强证据的被害人陈述与作为主证据的被害人陈述都是基于同一个陈述主体，无论意图作为补强证据的被害人陈述是否来自他人转述，无论意图作为补强证据的被害人陈述在形式上如何，都不得作为补强证据使用。如果作为补强证据的被害人陈述与作为主证据的被害人陈述基于不同的陈述主体，也就是说，刑事案件中有两个以上的被害人，则不同的被害人分别进行的陈述是否足够作为定罪之依据？笔者认为，由于被害人陈述整体上与证人证言的可靠性差距，以及被害人作为当事人与被告人的程序对立，即使不同的被害人分别进行证明犯罪事实之陈述，亦不能改变被害人陈述在整体上的证明力，因此被害人陈述不能补强被害人陈述。当然，这并不能影响被害人陈述作为自白补强证据的资格。

2. 补强证据要具有证明被害人陈述真实性的证明力。关于被害人陈述等自白以外的言词证据的补强问题，一般在各国的立法和理论中都少有提及。可以参考的是，以自白补强规则为例，日本的判例指出，补强自白的证据不必是自白所涉及的全部犯罪构成事实，能够保证自白所涉及事实的真实性即可。至于补强证据在什么程度上有证明力，日本学者主张，对于法庭外自白，补强的程度是补强证据本身的证明力程度问题；对于法庭自白，补强的程度则是与自白的证明力相关的证明力程度问题。②从控制错误定罪的风险这一角度上来看，比较自白的补强程度，被害人陈述的补强程度要求应当更加宽松。毕竟被害人陈述作为一种广义上的证人证言（在大多数国家被害人陈述都是作为普

---

① 补强证据只有在自身具备完全的可信性的情况下才可能补强。See D PPv Hester (1972) 3 WLR 910, HL。

② 参见［日］田口守一：《刑事诉讼法》，刘迪等译，法律出版社 2000 年版，第 254～255 页。

通证人证言使用的），其本身的可信度应当高于被告人自白。因此，笔者认为，被害人陈述的补强证据，只要能直接或者间接地证明被害人陈述的真实性即可，无须具有独立证明案件事实的证明力。以儿童被害人陈述为例，其证据的补强可以由其他儿童被害人陈述或者儿童证人陈述相互印证补强之。① 换言之，在补强证据可以直接或者间接证明待证事实的情况下，其补强的任务可以认定已经遂行；在补强证据不能证明待证事实的情况下，只要其能证明被害人陈述的真实性，亦可以认定已经完成补强的任务。

【参考文献】

1. 龙宗智：《刑事庭审制度研究》，中国政法大学出版社 2001 年版。

2. 陈朴生：《刑事证据法》，海天印刷厂有限公司 1979 年版。

3. 卞建林：《刑事证明理论》，中国人民公安大学出版社 2006 年版，第 389 页。

4. ［美］约翰·W. 斯特龙主编，汤维建译：《麦考密克论证据（第五版）》，中国政法大学出版社 2004 年版。

5. 王进喜：《刑事证人证言论》，中国人民大学出版社 2002 年版。

6. 宋英辉：《日本刑事诉讼法》，中国政法大学出版社 2000 年版。

7. ［美］罗纳德·J. 艾伦、理查德·B. 库恩斯、埃莉诺·斯威夫特著，张保生、王进喜、赵滢译：《证据法：文本、问题和案例》，高等教育出版社 2006 年版。

8. 高忠智：《美国证据法新解：相关性证据及其排除规则》，法律出版社 2004 年版。

9. ［日］松尾浩也著，丁相顺译：《日本刑事诉讼法》，中国人民大学出版社 2005 年版。

10. 高忠智：《美国证据法新解：相关性证据及其排除规则》，法律出版社 2004 年版。

11. ［英］詹妮·麦克埃文著，蔡巍译：《现代证据法与对抗式程序》，法律出版社 2004 年版。

12. 宋英辉主编：《刑事诉讼原理》，法律出版社 2007 年版。

13. ［美］诺曼·M. 嘉兰、吉尔伯特·B. 斯达克著，但彦铮译：《执法人员刑事证据教程（第四版）》，中国检察出版社 2007 年版。

14. ［美］米尔建·R. 达马斯卡著，李学军等译：《漂移的证据法》，中国政法大学出版社 2003 年版。

---

① 在英国，一个儿童被害人的陈述就可以与另外一个儿童被害人的陈述相互补强。See D PPv Hester（1972）3 WLR 910，HL。

专题七

调 研 报 告

◎ 刘焱焱：刑事诉讼取保候审制度实证调查报告

刑事诉讼取保候审制度实证调查报告[*]

刘焱焱[**]

取保候审，是指在刑事诉讼过程中，公安机关、人民检察院、人民法院责令犯罪嫌疑人、被告人提出保证人或者交纳保证金，保证犯罪嫌疑人、被告人不逃避或者妨碍侦查、起诉、审判，并随传随到的一种强制方式。作为现行刑事诉讼法规定的非羁押性强制措施的一种，取保候审的适用，一方面，可以保证被取保嫌疑人、被告人在人身自由的前提下，进行法律规定内的正常生活、工作和学习。另一方面，也可以减少政府用于羁押所支出的各项管理费用和管理压力，防止羁押人群的心理和生理性交叉感染。从某种意义上讲，取保候审的适用状况直接关系到刑事诉讼中惩罚犯罪与保障人权之间的有效平衡问题。

一、中国取保候审制度的现状

严格意义上讲，现行《刑事诉讼法》第51条关于取保候审条件的规定，从法理上讲是十分宽宥的。换句话讲，任何一个嫌疑人或者被告人都有可能因司法机关认定其"不致发生社会危险性"而被取保候审。遗憾的是，司法实践的结果正好相反，被取保候审的比例非常低，从我们调查的结果看平均不到20%。事实上，《刑事诉讼法》第51条关于取保候审条件的弹性模糊规定，是导致目前各地取保候审随意性现状的一个重要原因。

（一）取保候审率较低

某区分局的一组统计数据是我们本次调查中关于取保候审比例最多的一组。他们2004年的取保候审比例为20.5%，2005年的比例略有上升，达到了24.2%。而某刑事辩护律师2007年经手办理的案件中，取保比例仅为6%左右，其中因证据不足被取保的占到了80%。某区检察院检察官告诉我们的数据是：2006年她办理了130多件案件，只有20多件嫌疑人被公安机关取保，比例不足20%。而某区法院2005年上半年办理的公诉案件中，被告人共计

---

* 本调研报告以北方某城市的基层公、检、法机关为调查对象，具体地名隐去。

** 北京京伦律师事务所律师。

998 人，其中取保候审的为 123 人，取保候审的比例为 12.44%。

由此可见，虽然现行《刑事诉讼法》给予了各司法机关关于决定取保候审极大的自由裁量权，但在具体操作过程中，取保候审普遍走向了过于严苛的极端。承办人员或为讯问取证方便或为惩罚犯罪心理或为规避取保后各种潜在风险，大多倾向于采取最为安全、方便又可趋利避害的羁押方式，而非取保。

（二）户籍成为取保候审的重要参考指标

调查中我们发现，户籍不在本地的嫌疑人、被告人，即便符合取保候审条件，即便犯罪情节、社会危险性比本地嫌犯更为轻微，也很难被取保候审，实践中，外地人取保候审的比例大大低于本地人。以上面提到的某区法院为例，在 12.44% 的取保候审案件中，其中 80.21% 为本地人。而上述某某分局 2004 年至 2005 年的一个统计数据表明：本地户籍嫌疑人取保候审比例为 41.4%，外地籍嫌疑人取保候审比例仅为 18.3%。即使是未成年人，户籍也成为其是否可取保候审的重要考核指标。

事实上，随着大量流动人口的增加，一些大中城市的绝大部分嫌疑人、被告人都为外地人员。而对外地人员监控措施的缺乏，使各地司法机关对外地人的取保候审都达成了一种默契——能不取保就不取保，虽然现行《刑事诉讼法》中并未有户籍条件的限制性规定。

一位检察官告诉笔者一组数据：2004 年度其所在检察院起诉部门的统计数据表明，被取保候审人脱保的比例为 8.1%，其中外地人占到了 95.8%。他随即解释说，这样的数据正切合了实际办案人员的担忧，由于现行取保候审条件可严可宽，所以，对外地籍身份的犯罪嫌疑人、被告人取保候审率低也并不违法。

（三）辩护律师在取保候审程序中缺乏救济手段

现行《刑事诉讼法》第 52 条规定：被羁押的犯罪嫌疑人、被告人及其法定代理人、近亲属有权申请取保候审。第 96 条第 1 款规定：犯罪嫌疑人被逮捕的，聘请的律师可以为其申请取保候审。从上述规定可以看出，在犯罪嫌疑人被逮捕前的刑事拘留期间，律师是没有权利为其申请取保候审的。而一旦嫌疑人被批捕，再申请取保候审成功的难度也很大。湖南某律师反映："我每个案件都会帮助当事人申请取保候审，反正社会危险性的解释是开放性的，理论上都具有取保候审的可能性。但遗憾的是，截止到目前，我主动申请的案件中获批的比例很低。司法机关通常的做法是不予理会，追问下来顶多是一种口头上的回绝。被拒绝后，辩护律师和当事人也没有任何救济程序。"

（四）保证人诺而不保

调查显示，保证人保证的方式在取保候审中所占比例正在加大。"我们现在更愿意采用人保方式，因为很多人现在都不在乎财保那点儿钱了，所以理论上讲，人保对脱保更有制约性"，某区检察院检察官告诉笔者，但她同时强调说："实践中保证人真正尽责的很少。遇到被取保候审人脱保的情况，我们同样没有办法。虽然法律规定了保证人应该承担类似罚款、承担连带赔偿以及刑事责任等，但又缺少具体执行细则，实际上我个人还没有看到一例对保证人处罚的案例。"对此，某派出所警官认为：目前绝大部分保证人是被取保候审人的亲属，这种特殊身份属性，一方面使其更为容易掌握和控制被取保人的人身自由，但在另一方面，从情感因素上讲，他们也不愿意控制被取保人的自由。另外，很多保证人其实和被取保人一样都缺乏基本的法律常识和观念，对自己的保证人资格、能力特别是法律责任缺少基本了解，认为人一旦被放出来就等于无罪了，客观上便会对被取保候审人放任自流。当然，缺少行之有效的处罚制度也是造成保证人签字承诺后不尽保证责任的主要原因。

（五）实际脱保、翻供、串供现象不多

无论是被访警官、检察官还是法官，对于不愿意为嫌疑人、被告人办理取保候审的主要原因几乎众口一词：防止其脱保、翻供、串供，影响正常诉讼活动。但我们的调查结果表明，实际脱保比例并不高。"我没有具体统计过，但估计不会超过10%。而且还应注意厘清一个概念，这些人是脱保还是暂时联系不上？"某区检察院检察官告诉笔者："据我个人了解，很多人其实是后一种情况。他们要养家糊口，所以大多会在取保期间出外打工，一旦联系电话改变，就可能无法顺利找到此人。但我觉得不能认为他是故意脱保了。"对此，另外一个区检察院检察官表示认同："我也遇到过找不到人的情况。一方面是侦查机关办理取保时告知不明，很多人以为取保等于无罪释放，所以根本不遵守取保期间的规定；另一方面是这些人大多被生活所困，仍需到处打工养家，导致联络方式多变，无法联系上。当然，也有很少一部分人是故意拖延甚至脱保，即便通知到了，仍不按时参与讯问和诉讼活动。更有一些未成年家长将被取保的子女送出国躲避审判的个案发生。"

对于取保期间的翻供、串供问题，所有被访对象都未表示担忧，正如北京某区检察院检察官所说："现在能被取保的嫌疑人前提是认罪的，而且各种证据都已经固定下来，你再去翻供、串供没有任何意义。事实上，我们也很少发现被取保人因为取保而翻供、串供的案件。"

当然，我们不能忽视这样一个现实背景，即脱保、翻供、串供的"例外"情形是建立在目前严苛的取保候审条件基础之上的。对此，几乎所有被访警官和检察官都提醒笔者：目前这个看似乐观的现状，实际上是用严格限制取保候审条件换来的。未来一旦大幅度提高取保候审率的话，脱保率也会成正比增长。如果再放宽取保候审的时间点，那么翻供、串供所带来的对侦查、起诉、审判活动的不利影响也将无法避免。届时，我们今天反复强调的脱保带来的一系列社会和法律问题就会成为焦点和难点。因此，一个新的取保候审制度，必须要在保障人权和危害诉讼活动安全之间达成平衡。

二、取保候审现状之原因分析

（一）取保候审法律设计上的缺陷

《刑事诉讼法》第 51 条规定了取保候审的条件：可能判处管制、拘役或者独立适用附加刑的；可能判处有期徒刑以上刑罚，采取取保候审、监视居住不致发生社会危险性的。而我国对取保候审的适用，采用的是核准主义，即在申请取保候审时，除了上述法律规定的条件外，还必须经过司法机关的批准。这一理念表现在立法上，便是采用授权性规范而非义务性规范。即司法机关在适用取保候审问题上享有较大的自由裁量权。而我们看到，在上述取保候审的两种情形中，都要依赖于最终的量刑结果。但是，我们又知道，对同一个案件，按照法官的自由心证，不同的法官可能会作出不同的判决。这种情况下，侦查、检察人员又该如何依据嫌疑人最后的量刑而决定是否取保候审？同样，对于第二种情形中的有期徒刑是否包括上线？以及"不致发生社会危险性"的判定等，法律也没有给出一个具体的参考阈值，这便再次给办案人员的自由心证留下发挥空间，使取保候审在法理上走向过宽或者过严两个极端。

除了《刑事诉讼法》第 51 条以外，《刑事诉讼法》第 60 条、第 65 条、第 74 条规定的几种特殊情形的取保候审适用条件中，采用的仍是授权性规范，均为"可以"取保候审，即在所有取保候审适用选择上，最终决定权都在司法机关。这种立法设计直接导致取保候审随意性增加，而任何一个面临刑罚处罚的嫌疑人、被告人理论上又都具有社会危险性，所以，司法机关倾向于以嫌疑人、被告人的自由丧失为代价而采用"能不保便不保"的安全羁押做法，导致目前不足 20% 的取保候审率。

另外，目前《刑事诉讼法》关于取保候审的适用规定中，公、检、法三家机关都可以决定适用，但《刑事诉讼法》并没有明确规定由哪家机关进行监督、如何监督以及违法后果等条款，导致权利滥用，出现保而不诉、不审、一日取保终审候审、非法没收保证金等一系列问题。另外，因为三个司法机关都有取保候审决定权，但在立法中又缺少程序上的相互协调、配合机制，导致取保候审政出多门，各司法机关各行其是。比如《刑事诉讼法》第 58 条规定的取保候审期限最长不得超过 12 个月，案件在三个机关交接时，是否需要"继续取保候审"、"如何重新办理取保候审"以及续保后的期限如何计算等都缺少明确规定，从而在司法实践中存在理解上的分歧，有些嫌疑人、被告人先后被公、检、法机关取保 3 次，长达 36 个月之久。

除此之外，《刑事诉讼法》以及最高人民法院、最高人民检察院、公安部、国家安全部《关于取保候审若干问题的规定》中关于保证金、保证人条款的规定，因实际操作性不强以及缺乏可执行的法律责任条款，导致在司法实践中，无论财保还是人保都出现了弃保脱逃现象，且嫌疑人、被告人一旦脱保，除了没收保证金外，对保证人的处罚方面却没有任何可借鉴的案例操作。

另外，关于取保候审申请、审批、答复以及救济程序，在现行《刑事诉讼法》中也是业界广为诟病的立法漏洞。正如本文前述所载，当事人及其辩护律师、近亲属申请取保候审成功的比例极低，而司法机关通常的答复方式或为口头拒绝或置之不理。而且无论哪种方式，均不给予任何理由告知。而被拒绝后，当事人再无任何申诉或者复议等救济渠道。

（二）有罪推定、惩罚犯罪观念的影响

我国的取保候审率处于较低状态，除了上面提到的立法设计上的瑕疵外，另外一个重要原因是司法机关特别是具体办案人员审前入罪观念的影响很深，与《刑事诉讼法》体现的无罪推定原则相违背。有罪推定观念在办案人员脑中转化成"假定嫌疑人有罪—羁押—证明嫌疑人有罪"的思维定式，从而导致侦查人员努力去搜集有罪证据而忽视那些无罪和罪轻证据，避免错误羁押造成的一系列后果。

而作为案件的被害人，更希望嫌疑人被关押被定罪服刑，从而满足被伤害后的一种心理平衡。他们认为，关押本身就是一种惩罚，而取保候审就是放纵犯罪。为此，笔者询问了12名普通公众，他们给出的回答几乎一致：人还是关着好。取保放出来，最后肯定判得轻。更有多起案件的被害人一方曾咨询笔者同样的问题：如果他们有人被取保候审放出来，这个人是否就不会受到惩处了？那么我们该怎么办？可见，无论是社会公众还是专业司法人员，羁押等于惩罚犯罪的观念根深蒂固，直接导致目前低取保候审率的现状。

（三）监管措施乏力，被取保候审人处于失控状态

现行《刑事诉讼法》以及最高人民法院、最高人民检察院、公安部、国家安全部《关于取保候审若干问题的规定》中都规定了取保候审的执行机关为公安机关，具体执行机构是各地派出所。但调查结果表明，基层派出机构根本没有足够的警力、物力应对这些被取保候审人员的监管工作，大部分被取保候审人实际上处于无人管理的失控状态。而几乎所有被访的检察官、法官和律师也注意到了这个问题，他们普遍认为：一部分被取保候审人员脱逃或者找不到的原因就是基层公安机关监管上的疏漏。目前的监管力度明显不足甚至根本没有监管，导致被取保候审人无视法律规定，到处游离或者索性躲匿逃避，影响正常诉讼进行。

三、完善取保候审制度的设计构想

我们知道，强制措施中羁押与非羁押的适用，很大程度上关系到嫌疑人、

被告人的自由与诉讼活动安全的制衡问题。我们的调查结果也充分体现了上述两种力量的博弈。作为律师群体，他们无一不欢迎扩大取保候审的适用，并希望完善目前的申请和救济程序。而被访警官、检察官、法官的心理更为矛盾、复杂，作为专业法律人员，他们关注人权保障，并亲身感受到羁押带来的种种弊端，但从实际工作角度，他们又几乎全部反对过快提高取保候审率。他们担心，以目前较高的流动人口犯罪比例看，如果过快放宽取保候审的适用条件，其他配套机制跟不上的话，未来脱逃的比例会大幅度上升，诉讼成本也会成比例提高，从而极大地影响正常诉讼活动的进行，在一定程度上也是对被害人人权的侵犯。当然，他们也承认，目前我国的取保候审率以及司法实践现状确实与先进的国际刑事司法制度不相吻合，在一定程度上扩大取保候审适用，降低羁押率是大势所趋。问题的关键仍是，如何在扩大取保候审适用的同时，避免或者降低由此带来的一系列问题，实现人权保障和诉讼顺利进行的"双赢"。

（一）取保候审的适用条件

1. 应当取保候审的情形

（1）正在怀孕、哺乳未满 1 周岁婴儿的妇女。

在目前的司法实践中，正在怀孕或者哺乳未满 1 周岁婴儿的妇女的嫌疑人、被告人，都是被取保候审的，因此建议将此情形归入应当取保候审适用的情形中，且不受最终量刑幅度、户籍等条件的限制。

（2）对可能判处 3 年以下有期徒刑，且在本辖区有固定住处或者在当地连续工作、居住 1 年以上的嫌疑人、被告人。

本条款设计首先界定了 3 年有期徒刑以下的轻刑犯罪，同时限定了辖区、职业等条件，以使监管更为方便可行。调查显示，在目前的司法实践中，3 年以下有期徒刑是办案人员普遍考虑的一个量刑分界线，同时兼顾其日常表现、是否初犯、认罪态度、户籍所在地等情节，决定是否给予其取保候审。当然，正如前述，这方面存在一个最大的争论焦点，即外地人的取保候审问题。为了给予外地人员同样公正的待遇，部分检察官、律师和法官提出了"在本地有固定职业或者固定住所"的建议，从而将更多的外地嫌疑人、被告人纳入取保候审的可行性考量中。值得一提的是，就在我们提出这样的初步调查结果时，浙江省人民检察院出台了意见，提出了相似观点，这份《意见》中规定"在当地有相对规定的工作单位或者住所或者在当地连续工作、居住一年以上的外来人员，涉嫌轻微犯罪，符合取保候审、监视居住条件的，一般不予批准逮捕"。

（3）未满 18 周岁未成年人以及已满 70 周岁的老年人。

调查显示，相对成年人，各地对未成年人的取保候审比例都较高，适用条件较为宽松。"未成年人的生理、心理特点，原则上不适合羁押，取保候审更符合'教育、感化、挽救'的刑事政策，有利于诉讼活动的正常进行。因此，在面对未成年嫌犯时，我们会综合考虑其犯罪情节、个人情况、家庭状况、帮教条件、是否就读等情况，为其办理取保候审。特别随着宽严相济刑事政策的实施，我们院不予批捕的未成年人比例上升了很多。当然，外地未成年人大多享受不到此类待遇"，某区检察院检察官告诉笔者。另外，从调查中我们获知，嫌疑人、被告人的心智、身体状况、职业身份等正成为是否取保的重要参考因素，比如老年人、精神病人、正在上学的未成年人等，都有可能被取保候审。"这样做，是综合考虑社会效果和经济效果，而不仅是从法律效果出发。比如一些在校学生，羁押就会造成其被开除从而失去受教育的机会，这样就失去了挽救的根本意义，所以，一般我们会考虑对其取保候审"，某预审警官介绍说。关于未成年人、老年人的其他限制条件，争论比较大，主要集中在量刑幅度上。有人建议他们同样适用"可能判处3年以下有期徒刑"的条件，有人则建议适度放宽，比如5年甚至10年有期徒刑以下量刑的犯罪。

2. 可以取保候审的情形

（1）患有严重疾病的。

调查显示，对患有严重疾病的嫌疑人、被告人，司法实践中的做法分为：病情特别严重不适合羁押的，可被取保候审；患有严重疾病的轻刑犯罪，也可被取保候审；而患有严重疾病的重刑犯罪、累犯等则不适用取保候审，选择控制就医方式。因此，我们将患有严重疾病的，纳入"可以"取保候审的选择性条款中。

（2）因邻里纠纷、亲属纠纷犯罪的，犯罪后积极赔偿并得到被害人谅解的。

随着宽严相济刑事政策的推行，刑事和解案件比例呈上升态势。调查显示，对于上述案件，检察机关能不捕的一般作不予逮捕处理。以此推论，这类嫌疑人、被告人应属"可以"被取保候审之列。可综合考虑其犯罪情节、主观恶性、犯罪动机、赔偿数额以及可能的量刑幅度等，决定对其是否取保候审。

（3）被拘留、逮捕的嫌疑人、被告人，在法定期限内未办理完结，需要继续查证的。

调查结果显示，关于此类情形，实际操作中一般分为两种：一种是取保候审继续查证，一种是直接无罪释放。从这个角度上讲，将此类嫌疑人、被告人纳入"可以"取保候审中，逻辑上容易产生歧义，会出现"可以"取保和"继续羁押"两种理解。

3. 不得取保候审的情形

（1）累犯；

（2）可能判处死刑、无期徒刑的犯罪；

（3）违反取保候审的规定的或者在取保候审期间重新犯罪的；

（4）有证据表明可能逃避、妨碍诉讼活动正常进行的；

（5）危害国家安全的犯罪；

（6）重大暴力犯罪；

（7）犯罪集团的主犯。

为了更加明确取保候审的适用条件，被访对象均赞同列入"不得取保候审情形"条款。上述情形，均为目前司法实践中的通行做法，实际上是办案人员对嫌疑人、被告人涉嫌罪名、量刑幅度、犯罪情节、犯罪地位、犯罪动机、犯罪情节、社会危害程度以及社会危险性等因素的综合考虑结果。但在具体法律用语的表述上，也存在一定程度的争议，比如暴力犯罪一项，故意伤害其实也为暴力案件，那么一般的轻微伤害犯罪仍应可取保候审，所以在此界定为"重大"，但何为重大，又会产生不同理解。

（二）增加申诉或复议救济程序条款

现行《刑事诉讼法》中只有关于取保候审申请权的模糊性规定。正如我们的调查结果表明，决定权仍在公、检、法机关，当事人、家属或者辩护律师主动申请取保候审获批的比例低，难度很大。而且被拒绝大多为口头方式，没有任何正式书面法律文书。其后，申请人也无其他救济渠道进一步主张自己的权利。因此，几乎所有被访律师都建议增加一项申诉或者复议救济程序条款，这样做也可在一定程度上增强对取保候审制度的监督，增加取保候审程序上的透明度，减少部分违法现象的发生。具体到本条款的设计，是采用申诉机制还是复议机制，是向本级决定机关申诉还是向上一级机关申诉或者统一向检察机关申诉，因缺少实证调查数据而无法提出准确描述。

（三）增加财保和保证人方式的细化条款

在我们的调查中，取保方式带来的问题非常复杂和集中，因此，几乎所有被访对象都谈到，应在新的取保候审制度中对取保方式作进一步的细化规定。比如有些检察官提出，应根据嫌疑人、被告人所涉罪名、标的金额等对保证金金额作出弹性规定，比如一些经济犯罪、涉案金额较大的犯罪，保证金金额应适当提高，甚至可按涉案标的的一定比例收取。还有人提出保证人资格问题，希望在新的取保候审制度中，对担任保证人的资格认定条件、审核程序等作进一步规定，以使保证人起到应有的保证作用。当然，遗憾的是，因为缺少详细而具体的实证研究数据和建议，如何涉及此项条款，仍需进一步的补充调研。

（四）修改取保候审决定主体条款

调查结果显示，关于公、检、法机关各自独立的取保候审决定权带来的一系列问题，所有被访对象都表示了不同程度的异议。比如，三个司法机关各行其是、续保手续不统一、续保期限计算标准混乱等。而且，缺少必要的相互监督、制衡机制，取保候审程序相互屏蔽。因此，有超过一半的被访对象建议将取保候审决定权归入一个机关，从而改变目前政出多门的状况。此条款因与审前羁押司法审查制度有重叠之处，在此不作进一步赘述。

（五）以案件快速办理机制作为提高取保候审率的过渡

如前述提到的，在谈到提高取保候审率从而减少羁押的必要性时，公、检、法被访对象均表示出了一定程度的抗拒和担忧。同时，他们却给笔者提供了这样的信息，即增加快速办理案件的数量，从而通过减少对嫌疑人、被告人的羁押期限以及成本，而实现保障人权的目的。"案件快速办理机制更具实际操作性，比一味追求取保候审率的提高风险更小，至少不会对正常诉讼带来不利影响。而缩短案件办理期限，客观上缩短了嫌疑人、被告人的审前羁押期限，也达到了人权保障的根本目的"，某区检察院检察官这样解释。而另外一个区检察院检察官和区法院法官向我们介绍了他们刚刚联合下发的文件，即本区公、检、法三家机关针对符合条件的轻微案件开通联合快速办理通道，从侦查机关到检察机关，最长办案时间不得超过40天，起诉到法院后，法院必须在10天内审结。"案件快速办理不会增加我们的工作强度，相反，客观上能帮助我们提高办案效率。更为重要的是，保证了这些轻微案件的嫌疑人、被告人审前被羁押的期限最短。当然，相比非羁押的取保候审措施，他们仍然失去了人身自由。但从中国国情角度考虑，大范围提高取保候审率为时过早，配套机制尚未健全，所以，快速办理机制的普遍实行可以视为是一种有效过渡"，该区法院法官说。

（六）设立社区或其他组织的联合监管机制

针对目前基层派出机构的警力不足、资金缺口较大的现实，部分被访警官和检察官提出了社区联合监管建议。"监管力度较弱已经是一个不争的事实，如果提高取保候审率，以目前的监管措施看，脱保的可能性会增加很多。我个人认为，仅靠公安机关一方的监管肯定不现实，未来应建立社区或者其他第三方组织的综合监管体系"，某区检察院检察官建议说。他的这个观点得到了几乎所有被访警官的认可和赞同。

（七）建议在《刑法》中设置脱逃罪以及保证人不履行保证义务罪

因为缺少行之有效的刑罚措施，被取保候审人员脱逃后，除了被没收保证金、具结悔过、网上追逃、重新被羁押外，很少承担任何实体上的法律责任，导致法律的震慑力和权威性受到极大挑战。同样，保证人因消极履行保证义务导致被取保候审人脱逃的，实践中也没有任何可操作性的刑罚措施。因此，我们建议在完善取保候审制度的同时，建议在《刑法》中增加取保候审人员脱逃罪以及保证人不履行保证义务罪等罪名，从而增强取保候审人员以及保证人积极履行法律义务的主动意识，避免并有效减少脱逃现象的发生。